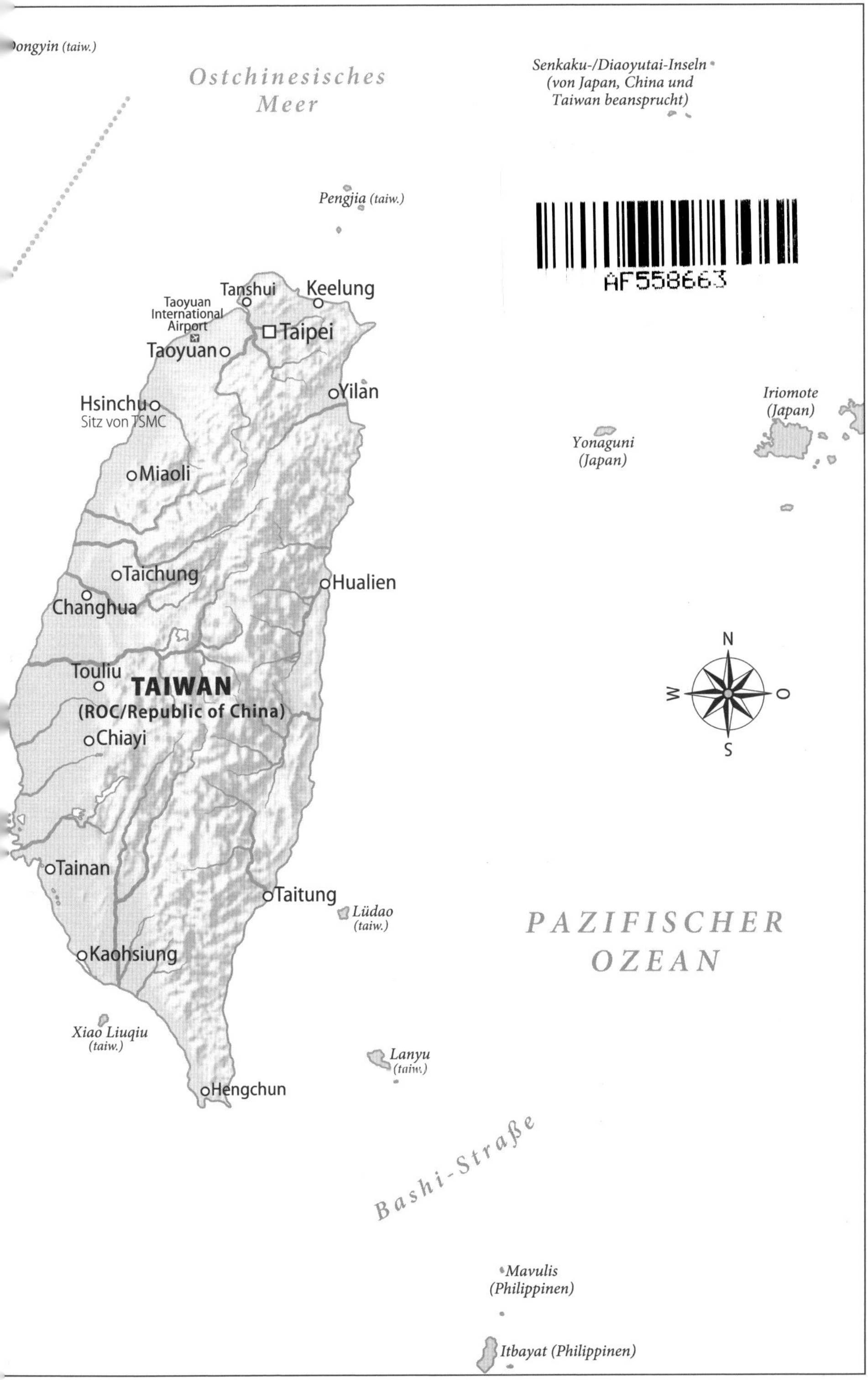

Dongyin (taiw.)

Ostchinesisches Meer

Senkaku-/Diaoyutai-Inseln (von Japan, China und Taiwan beansprucht)

Pengjia (taiw.)

Tanshui

Keelung

Taoyuan International Airport

Taipei

Taoyuan

Yilan

Hsinchu

Sitz von TSMC

Iriomote (Japan)

Yonaguni (Japan)

Miaoli

Taichung

Hualien

Changhua

N

W

O

S

Touliu

TAIWAN

(ROC/Republic of China)

Chiayi

Tainan

Taitung

Lüdao (taiw.)

PAZIFISCHER OZEAN

Kaohsiung

Xiao Liuqiu (taiw.)

Lanyu (taiw.)

Hengchun

Bashi-Straße

Mavulis (Philippinen)

Itbayat (Philippinen)

SV

STEPHAN THOME

Schmales Gewässer, gefährliche Strömung

Über den Konflikt
in der Taiwanstraße

Suhrkamp

Erste Auflage 2024
Originalausgabe

Umschlaggestaltung: Rothfos & Gabler, Hamburg
Karten: Peter Palm, Berlin
Satz: Dörlemann Satz, Lemförde
Druck: GGP Media GmbH, Pößneck
ISBN 978-3-518-43204-4

www.suhrkamp.de

INHALT

WO BEREITS GEKÄMPFT WIRD: DREI AKTUELLE BEISPIELE

Für Knut Dethlefsen,
dreißig Jahre nach unserem ersten gemeinsamen Chinesischkurs

Einleitung: Zwei Konflikte, drei Akteure

Der Entschluss, dieses Buch zu schreiben, fiel im Frühjahr 2022. Nach Russlands Überfall auf die Ukraine war in internationalen Medien plötzlich auffallend oft von meiner Wahlheimat Taiwan die Rede, und auch dort kursierten auf einmal Slogans wie »Heute die Ukraine, morgen Taiwan«. Die auf den ersten Blick ähnliche Konstellation zweier Demokratien, deren Existenzrecht von einer benachbarten Autokratie nicht anerkannt wird, weckte offenbar alte und neue Ängste. Hatten die beiden Staatschefs Wladimir Putin und Xi Jinping nicht gerade erst eine weitreichende strategische Partnerschaft verkündet? Dass sich die Volksrepublik China beharrlich weigerte, Russlands Invasion zu verurteilen, wurde als Hinweis auf ein geheim vereinbartes Quidproquo gedeutet: Pekings Unterstützung für den Krieg in der Ukraine gegen Moskaus spätere Hilfe bei einer Invasion der Insel Taiwan. Diese endlich mit dem Mutterland zu vereinen ist bekanntlich ein lange gehegter Traum der chinesischen Führung.

Ein halbes Jahr später schien es so weit zu sein. Auf den Taiwanbesuch der damaligen Sprecherin des US-Repräsentantenhauses Nancy Pelosi antwortete die Volksrepublik im August 2022 mit den umfangreichsten Militärmanövern, die das Land bisher in der Taiwanstraße durchgeführt hat. In großer Zahl überquerten chinesische Kampfflugzeuge und Schiffe die sogenannte Mittellinie, eine inoffizielle Grenze zwischen chinesischer und taiwanischer Seite. Nicht wenige ausländische Beobachterinnen und Beobachter äußerten die Befürchtung, dass ein Krieg um Taiwan – womöglich unter Beteiligung der USA – näher rücke und vielleicht bereits unausweichlich sei. Nach einer Woche wurden die Manöver zwar beendet, aber China kündigte an, fortan regelmäßige Militärübungen in der Taiwanstraße abzuhalten, ausdrücklich auch östlich der Mittellinie. Diese Vorgänge waren für mich der konkrete Anlass, die Arbeit am vorliegenden Buch zu beginnen.

Wenngleich die entscheidenden Anstöße also aus der jüngsten Zeit stammen, beschäftigt mich das schwierige Verhältnis zwischen China und Taiwan schon, seit ich beide Länder vor fast dreißig Jahren zum ersten Mal besucht habe. Im Sommer 1995 kam ich als Sprachstudent in die Millionenstadt Nanjing am Unterlauf des Yangzi, ohne Chinesisch zu sprechen oder über Geschichte und Kultur meines Gastlandes viel zu wissen. Staunend lief ich durch eine Stadt, in der überall rund um die Uhr gebaut wurde; sogar nachts im Bett spürte ich die beständige Vibration des Bodens. Seitdem ist Chinas wirtschaftlicher Aufstieg – ohne den es die aktuellen Spannungen so nicht gäbe – für mich kein abstraktes Konstrukt aus Wachstumsraten und Handelsbilanzen, sondern etwas, womit ich unauslöschliche Erinnerungen verbinde: an ein im Wortsinn aufgewühltes Land, so dicht eingehüllt in Dunst und Staub, dass ich die Sonne auch dann nicht sah, wenn sie schien.

Im ersten Semester erschien ich jeden Morgen zum Unterricht, im zweiten nahm ich mir die Freiheit, lieber auf Reisen zu gehen. Die Züge fuhren langsam – für die Strecke zwischen Peking und Shanghai benötigte man etwa fünfmal so viel Zeit wie heute –, brachten mich aber in jeden Winkel des Landes: Nach Yunnan an die Grenze zu Myanmar, nach Heilongjiang im äußersten Nordosten und im Frühjahr 1996 in die ganz im Süden gelegene Metropole Guangzhou, wo ich allerdings nur wenige Stunden blieb, ehe die Nachtfähre nach Hongkong ablegte. Mein eigentliches Ziel auf dieser Reiseetappe war Taiwan. Ein Freund aus Berlin studierte dort, aber mangels direkter Flugverbindungen konnte ich die Insel nur auf dem Umweg über die britische Kronkolonie erreichen.

Mein spärliches Wissen über China wurde von dem über Taiwan noch einmal deutlich unterboten. Offiziell hieß das Land Republik China und war eine junge Demokratie, die ersten freien Präsidentschaftswahlen lagen gerade einmal zwei Monate zurück. Dass die Volksrepublik darauf mit Militärmanövern geantwortet und Raketen in küstennahe taiwanische Gewässer gefeuert hatte, erklärte ich mir mit dem Bürgerkrieg, den Maos Kommunisten und die Nationalisten unter Chiang Kai-shek ein halbes Jahrhundert zuvor ausgefochten hatten. Nie durch einen Friedensvertrag oder Waffenstillstand beendet, war der Krieg in einen prekären, kalten Frieden übergegangen, denn damals wie heute betrachtete Peking die Insel als »abtrünnige Provinz«, die de jure der Souveränität der Volksrepublik unterstand.

Angekommen in Taiwan, fand ich die Insel noch einmal ganz anders als sämtliche chinesischen Gegenden, die ich bis dahin bereist hatte: sichtlich wohlhabender, spürbar freier und irgendwie vertrauter. Statt wie ich in einem Wohnheim für Ausländer zu leben, das einheimische Kommilitonen nur nach Vorlage ihres Ausweises betreten durften, wohnte mein Freund in einem privat angemieteten Zimmer. Auf der Straße sah ich keine Propagandaslogans, in den Kinos liefen westliche Filme, es gab englischsprachige Tageszeitungen und ein Nachtleben, das sich von dem in deutschen Städten kaum unterschied. Gleichzeitig jedoch kam mir Taiwan viel chinesischer vor als die Volksrepublik: Überall stieß ich auf gut besuchte Tempel, in den meisten Geschäften stand ein Ahnenaltar, und im Palastmuseum am Stadtrand von Taipei konnte ich all die Kunstwerke bewundern, die ich kurz zuvor bei meinem Besuch in Pekings Verbotener Stadt vermisst hatte. Dem Bild, das ich mir *vor* meinem Studienjahr von China gemacht hatte, entsprach die Insel Taiwan viel eher als das im rapiden Umbruch begriffene Festland.

Seit diesem ersten Besuch bin ich dem auf der Spur, was beide Seiten der Taiwanstraße miteinander verbindet und was sie trennt. Taipei ist inzwischen mein Hauptwohnsitz, auf dem Festland habe ich auf ausgedehnten Reisen so gut wie alle Provinzen besucht, auch die ganz entlegenen wie Tibet und Xinjiang. Da mein taiwanischer Zungenschlag sofort verrät, wo ich lebe, sind mir im Lauf der Jahre unzählige Reaktionen auf das Stichwort »Taiwan« begegnet. Von kriegslüsternen Taxifahrern, die die Insel lieber heute als morgen »befreien« wollten, bis zu nachdenklichen Geschäftsleuten und Lehrerinnen, die in Taiwans demokratischer Entwicklung ein Vorbild für die Volksrepublik sahen, war alles darunter. Umgekehrt kenne ich in Taipei sowohl Menschen mit vielfältigen Verbindungen nach China als auch solche, die das verhasste Nachbarland niemals betreten würden. Was man auf Chinesisch *liang an guanxi*, »das Verhältnis beider Ufer« der Taiwanstraße, nennt, ist seit über siebzig Jahren eine äußerst komplizierte Geschichte.

In letzter Zeit allerdings nehmen die Spannungen spürbar zu. Die Volksrepublik China wird politisch, wirtschaftlich und militärisch immer mächtiger und tritt stets dann besonders aggressiv auf, wenn ihre territorialen Ansprüche betroffen sind. Xi Jinping scheint von dem Wunsch getrieben zu sein, als größter Staatsmann seit Mao in die Geschichte seines Landes einzugehen, was er nur auf einem Weg erreichen kann: indem er Taiwan der Herrschaft der Kommunistischen Partei unterwirft. Ab und zu betont er in Reden, dass die Lösung der Taiwanfrage nicht immer weiter von einer Generation auf die nächste abgeschoben werden dürfe. Sollte der 1953 geborene Xi die »Wiedervereinigung«, wie es im offiziellen Sprachgebrauch heißt, tatsächlich innerhalb seiner Regierungszeit anstreben – was man aus guten Gründen bezweifeln, aber keineswegs ausschließen kann –, wäre das verbleibende Zeitfenster sehr klein.

Hinzu kommt, dass nicht nur die Feindseligkeit zwischen beiden Ufern der Taiwanstraße zunimmt, sondern auch die zwischen beiden Ufern des Pazifiks. Wir haben es mit einem regionalen Konflikt zu tun, der im Zentrum eines viel größeren, letztlich globalen Spannungsfeldes liegt und sich um die Frage dreht, wer im 21. Jahrhundert die Ordnungsmacht Nummer eins im pazifischen Raum sein wird. Seit 1945 waren das die USA, dank eines dichten Netzes von Allianzen sind sie es auch gegenwärtig noch, aber das will Peking ändern. Wenngleich das ganze Ausmaß der chinesischen Ambitionen schwer abzuschätzen ist, vor der eigenen Haustür möchte das Land selbst zur bestimmenden Macht werden. Die Insel Taiwan aus der Kette der amerikanischen Verbündeten herauszulösen und dem eigenen Herrschaftsbereich einzuverleiben wäre *der* entscheidende Schritt der Wachablösung, den Peking unbedingt gehen und den Washington mit allen Mitteln verhindern will. Dass der sonst so sachliche *Economist* Taiwan bereits vor dem Besuch von Nancy Pelosi den »gefährlichsten Ort der Welt« genannt hat, mag nach journalistischer Sensationslust klingen, dennoch gilt: Nirgendwo auf der Welt ist eine direkte Konfrontation der beiden Supermächte wahrscheinlicher als hier.

Die naheliegende Frage, *wie* wahrscheinlich ein Krieg um Taiwan ist, wird die folgende Darstellung auf eher indirekte Weise leiten. Auch wenn ich meine Einschätzung im letzten Kapitel offenlegen werde, bleibt das eigentliche Ziel ein anderes: Ich will Leserinnen und Lesern helfen, den Konflikt in der Taiwanstraße besser zu *verstehen*. Die Einschätzung von Eskalationspotenzial ist zwar wichtig, sich zu sehr darauf zu konzentrieren führt aber fast zwangsläufig zur Fokussierung auf den Worst Case und zu einer Verengung des Blicks auf militärische Szenarien. Tatsächlich resultieren die aktuellen Spannungen aus historischen Entwicklungen, politischen Interessen und nationalen Pathologien, die in Deutschland nur zum Teil als bekannt gelten dürften. Sie offenzulegen ist das Hauptanliegen meines Buches.

Auf seinen Kern reduziert, dreht sich der chinesisch-taiwanische Konflikt um die Frage, ob die Insel Taiwan zur Volksrepublik China gehört oder nicht. Das Regime in Peking erhebt einen Souveränitätsanspruch, dem sich Taipei nicht beugt, bzw. Taipei besteht auf einer Eigenständigkeit, die Peking nicht akzeptiert. Eine wesentliche Dynamik des Konflikts liegt in der Entwicklung einer dezidiert taiwanischen Identität, die im frühen 20. Jahrhundert zaghaft begonnen hat und sich nun, da die Insel eine Demokratie ist, deutlicher artikuliert und von immer größeren Teilen der Bevölkerung vertreten wird. Keine Frage, das Aufkommen dieses explizit nichtchinesischen Nationalgefühls hat die gefährliche Strömung in der Taiwanstraße deutlich verstärkt. Die andere Dynamik besteht in Chinas wachsenden militärischen Fähigkeiten, die eine gewaltsame Einnahme der Insel allmählich machbar erscheinen lassen. Aus dem Säbelrasseln eines rückständigen Landes sind die Drohungen eines Regimes geworden, das über zwar unerfahrene, aber hochmoderne Streitkräfte verfügt.

Diese Verschiebung wirkt zwangsläufig auf den chinesisch-amerikanischen Konflikt zurück. Erstaunlich spät haben die USA die größte Herausforderung für ihre globale Vormachtstellung erkannt, umso entschiedener versuchen sie seither, diese zu behaupten. Nachdem sie zum Frieden in der Taiwanstraße jahrzehntelang beigetragen haben, indem sie die eine Seite von militärischen Abenteuern und die andere von einer formalen Unabhängigkeitserklärung abhielten, verfolgen die Vereinigten Staaten in jüngster Zeit eine eindeutig gegen China gerichtete Agenda. Teile des politischen Betriebs bedienen sich, wenn es um die Volksrepublik geht, einer geradezu manichäischen Rhetorik. Die frühere US-Diplomatin Susan Shirk hat die Dynamik treffend beschrieben als Wechselspiel von *overreach and overreaction*: Peking übernimmt sich mit seinen zunehmend globalen Ambitionen und dem totalitären Machtanspruch, Washington überreagiert, wenn es jeden chinesischen Vorstoß als Teil eines epochalen Kampfs zwischen Demokratie und Diktatur, Freiheit und Tyrannei versteht. Die Folge ist eine massive Verschlechterung der bilateralen Beziehungen, die die Gefahr einer militärischen Konfrontation weiter erhöht.

In *diesem* Konflikt, den manche bereits als neuen Kalten Krieg beschreiben, ist Taiwan der Zankapfel zwischen den Fronten. Ohne die Insel bleibt Xi Jinpings Traum von der »großen Wiederauferstehung des chinesischen Volkes« unerfüllt; ohne den taiwanischen Partner – mangels vertraglich geregelter Allianz vermeide ich das Wort »Verbündeter« – wäre Washingtons Position im Indopazifik eine viel schwächere als heute. Dass Taiwan der weltweit wichtigste Produzent von Halbleiterchips ist, von dem Firmen in China wie in den USA und überhaupt auf der ganzen Welt abhängen, erhöht den Einsatz zusätzlich und sorgt für eine unauflösliche Verquickung beider Konflikte. Daher verwende ich im Untertitel des Buches zwar den Singular, versuche aber durchgängig, die (teilweise) unterschiedlichen Dynamiken zu beachten, die hier am Werk sind. Sosehr Taiwan auf die amerikanische Unterstützung – nicht zuletzt durch Waffenverkäufe – angewiesen ist, befürchten Teile der Bevölkerung auch, dass die Rivalität mit den USA Pekings Entschlossenheit erhöhen könnte, den Anspruch auf die Insel durchzusetzen. Manche unterstellen Washington gar, die gegenwärtigen Spannungen zum Schaden Taiwans mutwillig anzuheizen. Seit dem Besuch von Nancy Pelosi und der darauf folgenden Krise sind solche Stimmen deutlich lauter geworden.

Wie nähert man sich nun einem derart komplexen Konfliktfeld? Die ersten beiden Kapitel skizzieren zunächst die geographischen Gegebenheiten und fragen, wie diese in Pekings militärische Planspiele eingehen. Taiwan liegt ca. 180 Kilometer vor der chinesischen Küste, die vorgelagerten Inseln Kinmen (Quemoy) und Matsu befinden sich gar in Sichtweite des Festlands – diese Territorien zu kontrollieren betrachtet Peking als sicherheitspolitisch unbedingt geboten. Dass

Taiwan im Kreuzungspunkt wichtiger internationaler Schiffsverbindungen liegt und das zentrale Glied einer Inselkette bildet, die Chinas Zugang zum Pazifik beschränkt, verleiht der Insel aber auch für die USA höchste strategische Bedeutung. Außerdem folgt aus Taiwans besonderer Geographie, dass eine militärische Eroberung ein äußerst riskantes Unterfangen wäre. Nicht zuletzt mit Blick auf das gewaltige Zentralmassiv sprechen Militärexperten von einem die Verteidiger eindeutig begünstigenden Terrain.

So aufschlussreich diese Fakten sein mögen, taugt ein Blick auf die Karte allenfalls als erster Schritt, um den Konflikt in der Taiwanstraße zu verstehen. Im nächsten Abschnitt versuche ich daher, in Form dreier historischer Skizzen zu zeigen, auf welche markanten Wendepunkte im 20. Jahrhundert die heutige Konstellation zurückgeht.

Die erste Skizze umfasst den Zeitraum vom Ende des Pazifikkriegs 1945 bis zum Ausbruch des Koreakriegs 1950. Mit dem Pazifikkrieg endete die fünfzigjährige japanische Kolonialherrschaft über Taiwan: Gemäß der Kairoer Erklärung von 1943 wurde die Insel an die Republik China übergeben. Wenig später brach auf dem Festland ein Bürgerkrieg zwischen den Kommunisten unter Mao Zedong und den Nationalisten unter Chiang Kai-shek aus, der 1949 mit der Flucht der Letzteren nach »Formosa« endete, wie man damals sagte. Seitdem existiert auf der einen Seite der Taiwanstraße die Volksrepublik China, auf der anderen die offiziell immer noch so genannte Republik China, die sich inzwischen meistens Taiwan nennt. Nicht zuletzt wegen des Koreakriegs, der die USA zu einer abrupten Kehrtwende in ihrer Asienpolitik zwang, bestehen die seinerzeit geschaffenen Verhältnisse bis heute fort.

Die zweite Skizze beginnt 1972 mit Richard Nixons historischem Chinabesuch und endet mit dessen um sieben Jahre verzögerter Konsequenz: der Aufnahme diplomatischer Beziehungen zwischen den USA und der Volksrepublik bzw. des Abbruchs diplomatischer Beziehungen zwischen Washington und Taipei 1979. Der Übergang wurde begleitet von einer Reihe bilateraler Vereinbarungen, auf deren Grundlage Peking und Washington den Status quo in der Taiwanstraße heute sehr unterschiedlich interpretieren. Außerdem umfasst der Zeitraum gewichtige Einschnitte in der inneren Entwicklung Chinas und Taiwans: hier Mao Zedongs Tod und der Aufstieg Deng Xiaopings zum starken Mann der Volksrepublik, dort Chiang Kai-sheks Tod und die Übernahme der Staatsgeschäfte durch seinen Sohn Chiang Ching-kuo, der 1987 das Kriegsrecht aufheben und damit eine große Hürde auf dem Weg zur Demokratisierung der Insel beseitigen sollte. Erneut dürfte unmittelbar einsichtig sein, inwiefern wir gegenwärtig noch immer mit den Folgen der damaligen Veränderungen leben.

Das gilt auch für die dritte Skizze, die die Taiwanstraße nach dem Ende des Kalten Kriegs betrachtet. Das Massaker auf dem Tian'anmen-Platz sorgte 1989 für eine erhebliche Verschlechterung des chinesisch-amerikanischen Verhältnisses, während geheime Gespräche zwischen Peking und Taipei kurzzeitig ein Klima der Entspannung schufen, das zum berühmten »Konsens von 92« führte. Bei näherem Hinsehen zeigt sich aber, dass dieser so nie bestanden hat, weil die jeweiligen Positionen in Wahrheit unvereinbar waren. Kein Wunder, dass die Hoffnung auf eine Beilegung des Konflikts 1995/96 mit der sogenannten dritten Krise in der Taiwanstraße unterging, die weitreichende Konsequenzen zeitigte: Seitdem ist Peking davon überzeugt, dass die USA Taiwan benutzen, um Chinas Aufstieg zu verhindern, weshalb die ersehnte »Wiedervereinigung« nur aus einer Position der militärischen Stärke heraus geschehen kann. Diese will sich die Volksrepublik daher so schnell wie möglich erarbeiten, und während Fachleute noch darüber streiten, wie schlagkräftig die chinesischen Streitkräfte bereits sind, dürfte eines unstrittig sein: Die Kräfteverhältnisse in der Region haben sich radikal zugunsten Pekings verschoben.

Ob daraus folgt, dass die Eroberung Taiwans nur noch eine Frage der Zeit ist, untersuchen die beiden nächsten Kapitel. Seit langem sieht das Regime in Peking die Vereinigung mit Taiwan als unausweichlichen Trend der Geschichte und versucht unter Xi Jinping auf vielfältige Weise, den Status quo in der Taiwanstraße auszuhöhlen. Sogenannte Grauzonen-Aktivitäten zehren das taiwanische Militär aus und drohen die Verteidigungsfähigkeit der Insel nachhaltig zu schwächen, was auch die USA vor große Herausforderungen stellt. Fieberhaft arbeitet Washington nicht nur an einer Strategie, um Chinas Aufstieg zu verlangsamen, sondern auch an der Bereitstellung von Waffen, die eine Einnahme Taiwans noch schwieriger machen würden, als sie aufgrund der geographischen Gegebenheiten ohnehin ist. Diese Strategie beinhaltet jedoch ihrerseits Risiken, insofern sie China zwingen könnte, einen Militärschlag zeitlich vorzuziehen. Für Taiwan bedeutet das ein klassisches Sicherheitsdilemma: Maßnahmen, mit denen sich das Land schützen will, könnten heraufbeschwören, was sie abwehren sollen. Zudem hindern sowohl interne Uneinigkeit als auch Unstimmigkeiten mit den USA die Insel daran, konsequent auf eine asymmetrische Verteidigungsstrategie umzustellen. Ein Zwischenfazit wird daher lauten, dass die Zeit gegenwärtig nicht für Taiwan arbeitet (wie die beiden Schlusskapitel deutlich machen sollen, folgt daraus aber noch nicht, dass sie für China arbeitet).

Mit »Nationalismus: Zwei sich ausschließende Narrative« ist der nächste Abschnitt überschrieben, der zu den Wurzeln des chinesisch-taiwanischen Konflikts vorzustoßen versucht. Zeigen will er, dass beide Länder heute an einem Punkt ihrer Geschichte stehen, wo nur der Widerstand der jeweils anderen Seite sie an der Erfüllung eines seit Jahrzehnten gehegten Traums hindert. Nicht erst seit Staatschef Xi Jinping den »Chinesischen Traum« zum zentralen Propagandaslogan seiner Amtszeit erkoren hat, träumt die Volksrepublik von dem, was sie die volle Wiederherstellung ihrer territorialen Integrität nennt: die Rückgewinnung aller Gebiete, die einmal zu China gehört haben. Dabei orientiert sich Peking an der gewaltigen Ausdehnung des Kaiserreichs im 18. Jahrhundert unter der Qing-Dynastie, von der schon die nationalistischen Revolutionäre des frühen 20. Jahrhunderts die Vorstellung der »eigentlichen« Grenzen übernommen hatten, in denen China existieren sollte – solange das nicht der Fall ist, hat die Kommunistische Partei ihre historische Mission der großen Wiederauferstehung der chinesischen Nation nicht vollendet. Die Rückkehr zu alter Größe soll die Wunden heilen, die der westliche und der japanische Imperialismus dem Land zugefügt haben. In dieses längst zur Staatsdoktrin gewordene Narrativ von China als Opfer passt jedoch nicht, dass die Qing-Dynastie im 17. und 18. Jahrhundert selbst ein äußerst erfolgreicher imperialistischer Akteur war, der durch gewaltige Eroberungsfeldzüge das Reichsgebiet mehr als verdoppelte. Keineswegs zufällig drehen sich die größten Konflikte gegenwärtig um die damals hinzugewonnenen Territorien: Tibet, Xinjiang und Taiwan.

Taiwan wurde im späten 17. Jahrhundert erobert und damit erstmals dem Qing-Reich eingegliedert. Die heute von der Kommunistischen Partei verfochtene Behauptung, die Insel gehöre »seit Urzeiten« zu China, ist schlicht falsch. Von 1895 bis 1945 war sie eine japanische Kolonie, danach wurde sie von Chiang Kai-sheks Truppen besetzt und blieb politisch vom Festland getrennt. Für die Kommunistische Partei stellt Taiwans Existenz als de facto unabhängiger Staat daher die territoriale Integrität – und damit die Souveränität – der Volksrepublik China nachhaltig in Frage. Das sogenannte »Jahrhundert der nationalen Demütigung«, das vom ersten Opiumkrieg bis zur Gründung der Volksrepublik 1949 reicht, ist nicht ganz und gar vorüber, solange die demütigende Trennung Taiwans vom Mutterland bestehen bleibt. Anders sind die bisweilen hysterischen Reaktionen Pekings auf jede Andeutung taiwanischer Eigenständigkeit nicht zu verstehen. In der stolz geblähten Brust, mit der sich China heute auf der internationalen Bühne präsentiert, schlägt ein überraschend nervöses Herz; das auf den ersten Blick wie in Stein gemeißelte Selbstbild der Volksrepublik erweist sich bei näherem Hinsehen als brüchig und historisch unhaltbar; im Nationalstaat von heute lebt ein Kolonialreich fort, das nie dekolonisiert wurde und panische Angst davor hat, zu enden wie die Sowjetunion. Um das zu verschleiern, hat die Regierung ein nationalistisches Narrativ etabliert und zum Dogma erhoben, das nur in sehr losem Verhältnis zur historischen Wahrheit steht. Ironischerweise liegt sein Ursprung in der großchinesischen Ideologie der Republikzeit, also in den frühen Jahren jenes Staates, der heute zum Ärger des kommunistischen Regimes auf Taiwan fortlebt.

Dort, auf der anderen Seite der Taiwanstraße, hat sich in jüngster Zeit allerdings ein neues Narrativ geformt, das dem großchinesischen diametral entgegengesetzt ist. Seine Ursprünge lassen sich zurückverfolgen bis in die Mitte der japanischen Kolonialzeit vor gut hundert Jahren. Damals ermutigte eine Reihe von Reformen die kleine einheimische Elite, mehr Mitbestimmung in politischen Fragen zu fordern, womit die langwierige Herausbildung einer dezidiert taiwanischen Identität begann, die Taiwans Gesellschaft heute maßgeblich prägt, auch wenn sie keineswegs unumstritten ist. Das Narrativ des taiwanischen Nationalismus handelt von der Verschmelzung verschiedener Ethnien – indigene Völker wie auch Einwanderer vom chinesischen Festland – zu einer neuen Gemeinschaft, die sich im Kampf gegen Fremdherrschaft und Unterdrückung allmählich als Volk konstituiert hat und nun nach politischer Anerkennung verlangt. Für die Anhänger dieses Narrativs ist eine staatliche Einheit mit der Volksrepublik vollkommen unannehmbar; nicht nur, weil es sich um eine kommunistische Diktatur handelt, sondern auch, weil es sich um eine *chinesische* kommunistische Diktatur handelt. Behauptet Pekings Narrativ, dass China Taiwan zurückgewinnen muss, um endlich wieder es selbst zu sein, antwortet das taiwanische, dass Taiwan nur es selbst sein kann, wenn es sich Chinas Zugriff entzieht. Ein Kompromiss zwischen beiden Positionen ist nicht denkbar, sie schließen einander aus.

Der Abschnitt »Wo bereits gekämpft wird: Drei aktuelle Beispiele« soll zeigen, dass der Konflikt um Taiwan nicht zu verstehen ist, wenn man ihn ausschließlich als künftig drohenden Krieg betrachtet. Tatsächlich hat der Kampf längst begonnen und bestimmt unsere Gegenwart auf vielerlei Weise. Durch Desinformationskampagnen will das Pekinger Regime die taiwanische Bevölkerung verunsichern und sein eigenes Narrativ global durchsetzen. Auf dem Feld der Diplomatie versucht es mit allen Mitteln, die Insel zu isolieren und den Rest der Welt auf das Ein-China-Prinzip zu verpflichten; als sich Litauen dem im Herbst 2021 nicht fügte, statuierte Peking ein Exempel und erließ massive Sanktionen, um potenzielle Nachahmer abzuschrecken. Im Bereich der Halbleiterproduktion wiederum sind es die USA, die China den Zugang zur neuesten, oft aus Taiwan stammenden Technologie verwehren wollen, wogegen sich die Volksrepublik mit ihrer geballten Wirtschaftsmacht wehrt. Immer stärker berührt der Handelskrieg, der tatsächlich ein Kampf um globale Vorherrschaft ist, auch die Interessen europäischer und deutscher Firmen.

Was aber folgt aus alldem? In den beiden Schlusskapiteln werde ich darlegen, dass die komplexen, teils widersprüchlichen Entwicklungen, die mein Buch nachzeichnet, am Ende auf eine wichtige Einsicht hinauslaufen: Die größte Gefahr für eine militärische Eskalation in der Taiwanstraße droht in der zweiten Hälfte des laufenden Jahrzehnts – nicht etwa weil die Volksrepublik immer mächtiger wird, wie oft behauptet wird, sondern weil sie im Gegenteil auf große interne Probleme zusteuert, die den Machtanspruch des Regimes schwächen und den Chinesischen Traum zum Platzen bringen könnten. Das mag für manche Ohren beruhigend klingen, birgt aber die Gefahr, dass Peking mit Blick auf Taiwan einer brandgefährlichen Logik des »Jetzt oder nie« folgt. Anzeichen dafür gibt es bereits, weshalb sich das diffizile Problem der Abschreckung mit äußerster Dringlichkeit stellt. Um eine Katastrophe zu verhindern, müssen alle Beteiligten erhebliches staatspolitisches Geschick beweisen, und zwar jetzt. Was General Douglas MacArthur, Oberkommandierender der US-Streitkräfte im Pazifikkrieg, einst »the vital moment« nannte, der über Krieg und Frieden entscheidet, dieser Moment ist in der Taiwanstraße längst gekommen. Sollten die Verantwortlichen – zu denen weder an erster noch an letzter Stelle die Europäische Union gehört – ihn ungenutzt verstreichen lassen, werden sie jene tragische Geschichte des Versagens fortschreiben, die man MacArthur zufolge in zwei Worten zusammenfassen kann: zu spät.

Um falschen Erwartungen vorzubeugen: Mein Buch ist kein Ratgeber, und es enthält nur im abschließenden Fazit einige grundsätzliche Überlegungen zum politischen Umgang mit dem Konflikt. Auch ein Weck- oder Warnruf will es höchstens in zweiter Linie sein. Vor allem richte ich mich in aufklärerischer Absicht an Leserinnen und Leser ohne sinologische Fachkenntnisse, um ein Thema zu durchleuchten, das in tagesaktuellen Medienberichten buchstäblich zu kurz kommt. Statt eine chronologische Geschichte des Konflikts zu erzählen, trage ich Aspekte zusammen, die ihn von verschiedenen Seiten beleuchten und so seine Vielschichtigkeit enthüllen. Daher muss man die folgenden Abschnitte nicht unbedingt in der Reihenfolge lesen, in der sie hier präsentiert werden.

Wer sich primär für die aktuelle politische Konfrontation interessiert, mag mit den drei Beispielen in dem Abschnitt »Wo bereits gekämpft wird« beginnen. Historisch Interessierte hingegen wollen vielleicht lieber über die entsprechenden Skizzen einsteigen. Lediglich die sechs durchnummerierten Kapitel bauen unmittelbar aufeinander auf und versuchen, den drohenden bzw. bereits schwelenden militärischen Konflikt umfassend darzustellen – sie kann man daher auch direkt hintereinander lesen. Mit »Zwei sich ausschließende Narrative« zu beginnen würde ich jedoch nur denen empfehlen, die über chinesische und taiwanische Geschichte bereits einiges wissen.

Ganz bewusst also wechselt meine Darstellung zwischen Abschnitten über den gegenwärtigen Konflikt mit solchen über seine historischen Wurzeln und kulturellen Implikationen. Das kann hier und da zu Wiederholungen führen, aber es war mir wichtig, die Vertracktheit des Problems nicht durch eine allzu geschmeidige Präsentation zu verdecken. Am Ende käme das nur Pekings Versuchen entgegen, das schwierige Thema auf wenige apodiktische Behauptungen zu reduzieren, die größtenteils auch noch falsch sind. Um sich gegen verführerische Vereinfachungen zu wappnen, braucht es eine erheblich größere Chinakompetenz, als die deutsche Öffentlichkeit sie gegenwärtig aufbieten kann. Die intellektuelle Herausforderung, die von der Volksrepublik ausgeht, mag gelegentlich eine Überforderung sein, stellen müssen wir uns ihr umso dringender! Wenn ich meine Sache gut gemacht habe, gibt dieses Buch einen Anstoß dazu.

1
Schmales Gewässer: Von der Geographie zur Strategie

> Das Verhängnis der Taiwaner war, dass ihre Insel nicht weit genug vom Festland entfernt lag, um die Trennung dauerhaft und ihr Leben in der Grenzregion sicher vor Einmischung zu machen. Die Insel war zu klein, um unabhängig zu sein, aber zu groß und zu reich, um sie zu ignorieren.
>
> George Kerr, *Formosa Betrayed*

Kaum hatte Nancy Pelosi die Insel wieder verlassen, sprachen die Waffen. Zwar war es lediglich eine militärische Sprech*übung*, mit der Peking im August 2022 sein Missfallen über den Taiwanbesuch der amerikanischen Politikerin kundtat, aber die Botschaft kam international an. Mehrere Tage lang beherrschte das Thema die Nachrichten, und zu großen Teilen ging es um die Frage, wie akut die Kriegsgefahr in der Taiwanstraße sei bzw. ob dort »nur« eine chinesische Invasion drohe oder womöglich der große Showdown zwischen der Volksrepublik und den USA. Hinweise darauf, dass in jenem Sommer beides gleichermaßen unwahrscheinlich war, drohten im allgemeinen Alarmismus unterzugehen.[1]

Vieles an den damaligen Ereignissen ist für die gegenwärtige Situation in der Taiwanstraße bezeichnend; nicht zuletzt die Tatsache, dass die Konfliktparteien weiterhin kaum direkt miteinander sprechen. Nach der Wahl von Taiwans Präsidentin Tsai Ing-wen 2016 hat China alle offiziellen bilateralen Kontakte abgebrochen, und auch zwischen Peking und Washington bestehen derzeit zu wenige offene Kommunikationskanäle. »Intensive Rivalität verlangt nach intensiver Diplomatie«, weiß Joe Bidens Sicherheitsberater Jake Sullivan, doch statt Letztere zu praktizieren, stellen beide Regierungen ihre Standpunkte entweder deklarativ in den Raum, oder sie kommunizieren durch symbolische Demonstrationen der Stärke, etwa die Verletzung der taiwanischen Luftraumüberwachungszone durch chinesische Kampfjets oder den Transitverkehr amerikanischer Kriegsschiffe in der Taiwanstraße.[2] Oft werden öffentliche Statements und symbolische Akte kombiniert, so wie wenige Wochen nach Pelosis Besuch, als zwei amerikanische Kreuzer die Taiwanstraße durchfuhren und ein Sprecher des Weißen Hauses erklärte, das amerikanische Militär werde weiterhin überall dort segeln, fliegen und operieren, wo internationales Recht es erlaube. Im Juni zuvor hatte Chinas Außenministerium nämlich erklärt, die Taiwanstraße unterstehe der Jurisdiktion der Volksrepublik. Wenn »gewisse Länder« die Meerenge ein internationales Gewässer nennten, täten sie das, »um einen Vorwand zu finden, unter dem sie Taiwan betreffende Angelegenheiten manipulieren und die Souveränität und Sicherheit Chinas bedrohen können«.[3]

Die eine Seite beruft sich auf Grundprinzipien der regelbasierten internationalen Ordnung, die andere sieht ihre staatliche Souveränität und Sicherheit gefährdet. Offenbar steht in der Taiwanstraße viel auf dem Spiel, und so waren die chinesischen Manöver im August 2022 nicht nur ein Ausdruck von Missfallen. Sie ließen auch erkennen, dass das chinesische Militär eine Blockade Taiwans übte, was eines Tages ein alternativer oder ein vorbereitender Schritt zur Invasion der Insel sein könnte. Egal von welchem Szenario man ausgeht: dass Taiwan eine Insel ist, die an der schmalsten Stelle der Taiwanstraße nur 130 Kilometer vor Chinas Küste liegt, ist *das* geographische Faktum, an dem jede Betrachtung des heutigen Konflikts ansetzen muss. Aus ihm folgt viel mehr, als es auf den ersten Blick den Anschein hat.

Geographie als Schicksal

Bereits seit dem 17. Jahrhundert werden die Geschicke der Insel maßgeblich von ihrer geographischen Lage bestimmt. Neben der Nähe zum chinesischen Festland – wie auch zu Japan – betrifft das vor allem die Tatsache, dass Taiwan im Kreuzungspunkt wichtiger internationaler Schiffsverbindungen liegt. Wer früher von Macau nach Nagasaki segelte, begegnete in taiwanischen Gewässern denen, die von chinesischen Häfen wie Xiamen (Amoy) unterwegs nach Manila waren. Kein Wunder, dass die Spanier 1626 eine kleine Kolonie im Norden der Isla Hermosa (Taiwan) errichteten und dies mit der Notwendigkeit begründeten, ihre philippinischen Besitzungen vor möglichen japanischen Angriffen zu schützen. Taiwans strategisch günstige Lage hatten sie allerdings nicht als Einzige erkannt. Im Süden der Insel unterhielt die holländische Ostindien-Kompanie bereits seit 1624 einen Stützpunkt, von dem aus sie Handel mit China und Japan betrieb und gemeinsame Sache mit verschiedenen Piraten- und Schmugglerbanden machte, um die Geschäfte von Portugiesen und Spaniern in der Region zu stören. 1642 gelang es den Holländern, die spanische Konkurrenz aus Taiwan zu vertreiben und die eigene Präsenz auszubauen. Ihren Stützpunkt Fort Zeelandia kann man in der Stadt Tainan heute noch besichtigen.[4]

Im 17. Jahrhundert begann eine vermehrte Einwanderung vom chinesischen Festland nach Taiwan, was eine direkte Folge der holländischen Aktivitäten war: Für den lukrativen Anbau von Reis und Zuckerrohr wurden Arbeitskräfte gebraucht. Vereinzelt waren chinesische Siedler schon in früheren Jahrhunderten nach Taiwan gekommen, Forscher schätzen ihre Zahl vor der holländischen Kolonisierung des Südwestens auf etwa 1500 bis 2000.[5] Die Übersiedlung war mit erheblichen Risiken verbunden, was an den häufigen Stürmen in der Taiwanstraße, den klimabedingten Krankheitsherden auf der Insel (Malaria) und an den indigenen Völkern lag, die regelmäßig Überfälle auf chinesische Siedlungen verübten. In der chinesischen Vorstellung jener Zeit galt Taiwan als Heimat gefährlicher Tiere und menschenfressender Wilder, lokalisiert »hinter dem Meer« (*haiwai*), also jenseits der Zivilisation.[6] Mangels einer staatlichen Autorität waren Neuankömmlinge vom Festland auf sich allein gestellt – aber genau das änderten die Holländer.

Durch ihre administrative und militärische Präsenz wurde zumindest die nähere Umgebung von Fort Zeelandia zum sicheren Ort, sowohl für einfache Arbeiter wie für wohlhabende Unternehmer aus China. Abenteuerlustig musste man immer noch sein, um die Übersiedelung zu wagen, aber nicht mehr verzweifelt oder lebensmüde. Sobald sich das in den chinesischen Küstenregionen herumgesprochen hatte, nahm die Einwanderung zu. Die allmählich entstehende Zusammenarbeit zwischen der holländischen Ostindien-Kompanie und chinesischen Partnern hat der US-amerikanische Historiker Tonio Andrade als »Co-Kolonisierung« bezeichnet.[7] Tatsächlich fiel die Entstehung eines »chinesischen Taiwans« zusammen mit der Integration der Insel ins globale Wirtschaftssystem der Frühen Neuzeit und also in die Konkurrenzkämpfe verschiedener chinesischer, japanischer und europäischer Akteure. Die geographische Lage der Insel – nah an China und Japan und im Knotenpunkt internationaler Seewege – war dabei ein entscheidendes Moment.

Trotz des erfolgreichen Wirtschaftsmodells dauerte die holländische Präsenz in Südtaiwan nur knapp vierzig Jahre. 1662 geriet die Insel zum ersten Mal unter ein chinesisches Regime, nämlich das des Ming-Loyalisten und Rebellen Zheng Chenggong, der im Westen unter der latinisierten Form seines kaiserlichen Ehrennamens bekannt wurde: Koxinga. In vielen taiwanischen Tempeln wird er bis heute als eine Art Schutzheiliger der Insel verehrt, die chinesische Staatspropaganda (v)erklärt ihn zum Nationalhelden, der Taiwan vom Joch der holländischen Kolonialherrschaft befreien wollte.[8] Das ist, wie wir gleich sehen werden, eine sehr zweifelhafte Deutung seiner Absichten.

Koxingas Vater war der Anführer einer jener Schmugglerbanden, die mit den Holländern zusammenarbeiteten. Seine Mutter stammte aus Japan, weshalb Koxinga dort zur Welt kam, ehe er als Kind in die Küstenprovinz Fujian zog, gegenüber der Insel Taiwan. Statt wie sein Vater zwielichtige Geschäfte zu machen, legte er die Beamtenprüfungen ab und lehrte an der kaiserlichen Akademie Guozijian. Als das Jägervolk der Mandschus die Ming-Dynastie 1644 von Norden her überrannte und der Kaiser sich das Leben nahm, floh Koxinga mit dessen Nachfolger in seine alte Heimat Fujian. Das machte ihn zum Todfeind der neuen Herrscher, die in der Hauptstadt Peking die Qing-Dynastie gründeten. Um den Kampf aufzunehmen, wurde Koxinga zum Feldherrn und Rebellen.

In den 1650er Jahren brachte er in einer Reihe von Feldzügen zwar große Landstriche unter seine Kontrolle, aber der Versuch, die alte Kaiserstadt Nanjing einzunehmen, scheiterte.[9] In zunehmend bedrängter Lage entschloss er sich, mit seinen Truppen nach Taiwan überzusetzen. Dass ihn die Holländer dort nicht mit offenen Armen empfangen würden, dürfte ihm klar gewesen sein, aber sein Hauptziel war nicht die Befreiung der Insel von holländischer Herrschaft, sondern die Etablierung eines sicheren Stützpunkts für den weiteren Kampf gegen die Qing-Dynastie. Nach längerer Belagerung von Fort Zeelandia gelang seinen Truppen dessen Einnahme, Gouverneur Frederick Coyett unterzeichnete eine Kapitulationserklärung, und die kurze holländische Kolonialzeit in Taiwan endete. Prompt schickte Koxinga einen Unterhändler nach Manila, um von den Spaniern Tributzahlungen zu verlangen und für den Fall der Weigerung mit der Einnahme der Philippinen zu drohen. Wie ernst es ihm damit war, ist schwer zu entscheiden, denn er starb wenige Monate nach der Einnahme von Fort Zeelandia, wahrscheinlich an Malaria. Hätte er seine Ankündigung wahr gemacht, würde die chinesische Regierung heute vermutlich behaupten, die Philippinen hätten schon immer zu China gehört.

Bleiben wir bei den historischen Tatsachen. Koxinga war kein chinesischer Nationalist, so etwas gab es zu seiner Zeit noch gar nicht, sondern der Loyalist einer untergegangenen Dynastie. Allerdings trug seine Flucht nach Taiwan dazu bei, dass den Herrschern in Peking die schlecht beleumundete Insel in neuem Licht erschien. Gegen die Widerstände eines über Jahrhunderte gepflegten Denkens, in dem nur die kontinentalen Grenzen des Reiches zählten, setzte sich am Hof allmählich ein Bewusstsein von Taiwans strategischer Bedeutung durch.

Taiwan als Barriere oder Brückenkopf

Wie groß die Widerstände waren, lässt dieses Zitat erkennen: »Taiwan ist nicht größer als ein Klumpen Dreck. Wir gewinnen nichts, wenn wir die Insel besitzen, und verlieren nichts, wenn wir es nicht tun.«[10] So reagierte laut Hofprotokoll Kaiser Kangxi (reg. 1661-1722) auf die Nachricht im Herbst 1683, dass seine Truppen besagte Insel erobert hatten. Etwas mehr Enthusiasmus wäre durchaus denkbar gewesen, schließlich beseitigte der Feldzug die Bedrohung durch ein auf Taiwan stationiertes Rebellenheer, denn Koxingas Männer hatten dort nach dem Tod ihres Anführers ein eigenes Königreich gegründet. Kangxi allerdings, der dritte Qing-Kaiser und einer der größten in Chinas Geschichte, richtete seinen strategischen Weitblick nicht aufs Meer, sondern auf die Grenzgebiete im Westen, wo von Mongolen, Dsungaren, Russen und anderen Nachbarvölkern die akutere Gefahr für das Reich ausging. Über das Wasser kamen lediglich exotische Europäer, die im 17. Jahrhundert noch keine Bedrohung darstellten.

Den Feldzug gegen Koxinga hatte der Kaiser dennoch mit aller Härte geführt. In der Provinz Fujian waren ganze Küstenabschnitte entvölkert worden, um die Rebellen auf Taiwan von der Unterstützung vom Festland abzuschneiden. Nun aber, da die Insel befriedet und im Besitz des Reiches war, erwog Kangxi, alle chinesischen Siedler zurück in die Heimat zu holen und Taiwan sich selbst zu überlassen. Dieses Ansinnen entsetzte den Mann, der als Oberbefehlshaber die Eroberung der Insel geleitet hatte und der sie aus eigener Anschauung kannte. Admiral Shi Lang wusste deshalb nicht nur von Taiwans fruchtbaren Böden, er hatte auch das Interesse anderer Nationen im Blick, insbesondere Hollands und Japans, für die ein chinesischer Rückzug ein Geschenk des Himmels wäre. In einer Eingabe an den Thron nannte Shi Lang die Insel einen »strategischen Dreh- und Angelpunkt«, der für die südöstlichen Küstenprovinzen einen »schützenden Zaun« bilde.[11]

Diese Ansicht setzte sich am Hof schließlich durch. Im Frühjahr 1684 wurde Taiwan als Präfektur der Provinz Fujian in die Qing-Verwaltung eingegliedert, auch wenn sich die Kontrolle der Insel auf die Ebenen im Norden, Westen und Süden beschränkte und nie das Zentralmassiv oder den östlichen Küstenstreifen umfasste, wo die meisten indigenen Völker lebten. Dennoch hatte Taiwan damit »die Landkarte betreten« (*ru bantu*) und wurde allmählich vom fremden Gebiet hinter dem Meer zum eigenen Territorium. Dessen strategische Bedeutung geriet mit der Zeit zum Gemeinplatz: Unter chinesischer Kontrolle bildete die Insel eine schützende Barriere gegen Angriffe vom Meer, in feindlicher Hand hingegen war sie ein potenzieller Brückenkopf für militärische Attacken.

In der Hochphase des Imperialismus sollte sich diese Einsicht nachhaltig bestätigen. Ende des 19. Jahrhunderts warfen neben Japan auch europäische Nationen begehrliche Blicke auf die schöne Insel. Der preußische Gesandte Albrecht zu Eulenburg empfahl König Wilhelm I. die Errichtung eines Marinestützpunkts auf Formosa, der Geograph und Forschungsreisende Ferdinand Freiherr von Richthofen – der Erfinder des Ausdrucks »Seidenstraße« – plädierte für die Annexion der gesamten Insel.[12] Aus diplomatischen wie ökonomischen Gründen wurde das Vorhaben zwar nie umgesetzt, aber die Idee eines »deutschen Hongkong« auf Formosa spukte noch geraume Zeit durch die Köpfe preußischer Politiker. Im Jahr 1874 unternahm Japan eine Strafexpedition nach Taiwan, nachdem 54 japanische Fischer dort gestrandet und von Ureinwohnern umgebracht worden waren.[13] Zehn Jahre später waren es die Franzosen, die im Zuge des Krieges mit China – der sich um den konkurrierenden Einfluss beider Länder im heutigen Vietnam drehte – mehrere taiwanische Häfen blockierten, um Druck auf die Qing-Regierung auszuüben. All das dürfte dazu beigetragen haben, dass der Kaiserhof Taiwan 1885 in den Rang einer Provinz des Reichs erhob und die Insel stärker als bisher in seine Verwaltung integrierte. Zu spät, möchte man sagen. Nur zehn Jahre darauf verlor China den ersten Krieg gegen Japan – der sich um den konkurrierenden Einfluss beider Länder in Korea drehte – und Taiwan ging als Kriegsbeute an den Sieger.

Von der strategischen Bedeutung der Insel hatten die japanischen Kolonialherren eine sehr genaue Vorstellung. Bei der Vorbereitung des Pazifikkriegs kam Taiwan, das sich in einen subtropischen Norden und einen tropischen Süden teilt, eine Schlüsselrolle zu. Japanische Mediziner konnten hier die Bedingungen erforschen – zum Beispiel mit dem Klima zusammenhängende Krankheitserreger –, unter denen die kaiserlichen Soldaten in den Kriegsschauplätzen des südlichen Pazifiks würden kämpfen müssen. Für die Marine war Taiwan später eine Zwischenstation auf dem Weg von den japanischen Hauptinseln nach Süden, die Luftwaffe unterhielt Flugfelder, die 1941 beim Angriff auf die Philippinen eine wichtige Rolle spielten.

Auch beim Ausbruch des zweiten Chinesisch-Japanischen Kriegs

1937 starteten Langstreckenbomber von taiwanischen Flugfeldern, um den Vormarsch der Armee das Yangzi-Tal hinauf zu unterstützen. Damit bewahrheitete sich erneut, dass die Insel in feindlicher Hand eine existenzielle Bedrohung für das chinesische Festland darstellte, und das wiederum bestätigte die 250 Jahre zuvor aufgestellte Maxime von Admiral Shi Lang: Um vor Angriffen von Osten her sicher zu sein, muss China Taiwan beherrschen. An der Triftigkeit dieses Grundsatzes hat sich aus Sicht des aktuellen Pekinger Regimes nichts geändert.

Aufgrund seiner geographischen Lage hat Taiwan, was der US-amerikanische Politologe Alan Wachman »a history of ambiguity« nennt.[14] Jahrhundertelang befand sich die Insel an der Grenze wettstreitender Reiche, gehörte aber nur für so kurze Zeit zu einem davon, dass ihr Status notgedrungen unklar und umstritten blieb. Für die meiste Zeit seiner Geschichte wurde Taiwan als Teil von etwas anderem verstanden: Als Überseebesitz europäischer Kolonialmächte (Spanien, Holland), Präfektur einer Provinz (Fujian), Provinz eines Kaiserreichs (Qing), Kolonie eines anderen Kaiserreichs (Japan), von 1945 bis 1949 als Provinz eines Nationalstaats (Republik China) und seitdem in den Augen Pekings als »abtrünnige Provinz« eines anderen Nationalstaats (Volksrepublik China). Mit den wechselnden Zugehörigkeiten gingen je andere Zwecke einher, welche die Insel für die verschiedenen Regime erfüllen sollte, denen sie unterstand. Dass General Douglas MacArthur Taiwan am Vorabend des Koreakriegs als »unsinkbaren Flugzeugträger« bezeichnete, reihte sich nahtlos in die funktionalen Zuschreibungen von außen ein. Bis ins späte 20. Jahrhundert hinein blieb ausgeblendet, was die Insel für jene Menschen bedeutete, die dort lebten. Mit der taiwanischen Binnenperspektive hielten sich die auswärtigen Machthaber nicht auf.

Glied einer Inselkette vs. Tor zum Pazifik

Auch den heutigen Streit zwischen China und den USA um Taiwan bestimmen konträre strategische Interessen, die mit der geographischen Lage der Insel zu tun haben. Wollen die USA die Ordnungsmacht Nummer eins im pazifischen Raum bleiben, können sie auf Taiwan nicht verzichten. Will China diesen Status erlangen, gilt dasselbe. Warum?

Schon ein oberflächlicher Blick auf die Karte zeigt, dass Taiwan ein zentrales Glied in der sogenannten Ersten Inselkette von US-Verbündeten und -Partnern ist, die derzeit Pekings Wunsch vereitelt, eine möglichst weit vor der eigenen Küste liegende Verteidigungslinie aufzubauen. Die Kette reicht von der südlichsten japanischen Hauptinsel Kyūshū über die ebenfalls zu Japan gehörenden Ryūkyūs nach Taiwan und trennt in ihrem nördlichen Teil das Ostchinesische Meer vom offenen Pazifik. Ihre Fortsetzung läuft über die Philippinen nach Malaysia, ehe sie im südlichen Vietnam wieder auf Festland trifft, also einen Ring um das Südchinesische Meer bildet. Nimmt man hinzu, dass ganz im Norden das Gelbe Meer am südlichen Teil der koreanischen Halbinsel endet, einem weiteren US-Verbündeten, wird Chinas eingeengte Lage vollends deutlich. Es ist kein Zufall, dass Peking derzeit fieberhaft daran arbeitet, den einzigen Freiraum *innerhalb* der ersten Inselkette, nämlich das Südchinesische Meer, für sich zu reklamieren – sehr zum Unwillen von Anrainern wie den Philippinen und Vietnam, die dadurch enger an die Seite Washingtons rücken. Ähnliches gilt für Japan, Südkorea und Indien: Zwar ist China ihr wichtigster Handelspartner, aber die politischen Beziehungen leiden unter Territorialstreitigkeiten, und um Pekings wachsender Macht zu begegnen, halten alle diese Länder Amerikas Einfluss für unverzichtbar für die Stabilität in der Region.[15]

Innerhalb dieser labilen Konstellation konfligierender Handels- und Sicherheitsinteressen wäre Chinas Kontrolle über Taiwan eine tiefe Zäsur. Sollte der Eindruck entstehen, die USA hätten die Insel fallengelassen, dürften sich vor allem Japan und Südkorea gezwungen sehen, ihre sicherheitspolitische Abhängigkeit von Washington zu überdenken. Japans Nationale Sicherheitsstrategie von 2022 nennt Taiwan – obwohl beide Länder keine diplomatischen Beziehungen unterhalten – erstmals »einen extrem wichtigen Partner und treuen Freund« und erklärt, Frieden und Stabilität in der Taiwanstraße seien

Sachalin
RUSSLAND
Iturup
Hokkaido
Wladiwostok
Japanisches Meer
NORDKOREA
Beijing (Peking)
Pjöngjang
JAPAN
Seoul
Tokio
SÜDKOREA
Qingdao
Gelbes Meer
Kyūshū
Ost-chinesisches Meer
Shanghai
»Zweite Inselkette«
Ryūkyū
CHINA
Okinawa
Senkaku o. Diaoyu I.
Xiamen
Taipei
TAIWAN
Marianen-Inseln
Xianggang (Hongkong)
»Erste Inselkette«
Hanoi
LAOS
Hainan
Vientiane
PAZIFISCHER OZEAN
VIETNAM
THAI-LAND
Paracel I.
Manila
Guam (US-Militärbasis)
Bangkok
KAMBODSCHA
Phnom Penh
PHILIPPINEN
Ho-Chi-Minh-Stadt
Spratly I.
Sulusee
Mikronesien
Südchinesisches Meer
BRUNEI
Bandar Seri Begawan
Kuala Lumpur
MALAYSIA
SINGAPUR
Äquator
Neuguinea
INDONESIEN
PAPUA-NEUGUINEA
Jakarta
OST-TIMOR (TIMOR-LESTE)
INDISCHER OZEAN
AUSTRALIEN

unverzichtbar für Sicherheit und Wohlstand der internationalen Gemeinschaft.[16] Von Chinas Präsenz so nahe an den Ryūkyū-Inseln würde sich Tokio massiv bedroht fühlen. In Seoul wiederum erinnert man sich noch gut an die Wirtschaftssanktionen, die Peking als Antwort auf den Ausbau des amerikanischen THAAD-Raketensystems verhängt hat.[17] Auch für die Philippinen würde ein zu China gehörendes Taiwan eine dramatische Verschlechterung der eigenen Sicherheitslage bedeuten, selbst Australien und Neuseeland wären betroffen.

Die Gründe dafür liegen in den gewaltigen, keineswegs auf Landesverteidigung beschränkten militärischen Möglichkeiten, die sich China böten, sollte es Taiwan kontrollieren. Östlich der Insel erstreckt sich die Philippinische See, eines der tiefsten Weltmeere, das einen großen Teil des Raumes zwischen erster und zweiter Inselkette einnimmt. Durch die Installation von Unterwassermikrofonen könnte die Volksrepublik amerikanische Kriegsschiffe, vor allem Flugzeugträger viel besser als bisher orten und im Konfliktfall angreifen. Derzeit sind es die USA, die durch solche Abhörmaßnahmen an strategischen Schnittstellen den Bewegungsspielraum chinesischer U-Boote einschränken, insbesondere außerhalb der ersten Inselkette. Mit U-Booten, die direkt in den Tiefwasserhäfen entlang Taiwans Ostküste stationiert würden, könnte sich China der Überwachung entziehen und seine Macht in die Philippinische See, den westlichen Pazifik und darüber hinaus projizieren.[18] Die Seewege, die sich in den Gewässern um Taiwan kreuzen, sind im 21. Jahrhundert noch viel wichtiger, als sie es im 17. waren. Durch das Südchinesische Meer führt ein Drittel des globalen Seehandels, Kabel auf dem Meeresgrund gewährleisten den internationalen Datenverkehr, und was in Friedenszeiten gilt, wäre im Kriegsfall noch entscheidender: Wer die Insel Taiwan kontrolliert, dessen Macht reicht weit über ihre unmittelbare Umgebung hinaus.

Chinesische Strategen wissen das nur zu gut. Sie bezeichnen Taiwan und die südchinesische Insel Hainan als »Augenpaar«, das das Südchinesische Meer und den westlichen Pazifik beobachtet. In vielen Texten findet das ursprünglich defensive Bild vom schützenden Zaun seine offensive Entsprechung darin, Taiwan das »Tor zum Pazifik« zu nennen, also zu dem maritimen Raum, den die Volksrepublik kontrollieren muss, um wirklich zur Supermacht aufzusteigen.[19] Eingeschlossen in der ersten Inselkette kann das Land schlecht als neue Ordnungsmacht im Indopazifik auftreten, umso weniger, als die Kette angelegt wurde von der alten Ordnungsmacht USA, die einem gängigen Topos zufolge »Taiwan benutzt, um China zu kontrollieren« (*yi tai zhi hua*). Aus der Perspektive Pekings ist die Insel *das* entscheidende Territorium, das der chinesische Drache braucht, um seine Fesseln zu sprengen.[20] Schließlich gäbe es ohne Taiwan gar nicht *eine* erste Inselkette, sondern zwei, und dazwischen klaffte eine Lücke: Das Tor zum Pazifik stünde endlich offen. Es wäre, so die Hoffnung, der Beginn eines schrittweisen Zerfalls des gesamten Systems amerikanischer Allianzen im pazifischen Raum, wodurch die Volksrepublik zum unangefochtenen Hegemon in der Region werden würde.

Man vereinfacht die Dinge tatsächlich nur ein kleines bisschen, wenn man sie so zusammenfasst: Alles hängt an Taiwan.

Aufgrund ihrer geographischen Lage, das sollte deutlich geworden sein, kommt der Insel also eine besondere Bedeutung im Wettstreit zwischen China und den USA zu. Bevor es im nächsten Kapitel um die Frage geht, welche strategischen Erwägungen sich daraus ergeben, gilt es allerdings kurz innezuhalten. Das Verhältnis von Geographie und Strategie ist immer eigentümlich wechselseitig. Militärplaner behandeln geographische Gegebenheiten als ebendas: Dinge, die sich nicht ändern lassen und an die sich operative Überlegungen anpassen müssen. Vieles folgt daraus, dass Taiwan eine Insel *ist*. Gleichzeitig nimmt jede Strategie eine spezifische Interpretation der Geographie vor, in der diese als etwas Bestimmtes *erscheint*. Dass Taiwan Teil einer Insel*kette* ist, zeigt genau genommen nicht – wie ich eben noch geschrieben habe – ein oberflächlicher Blick auf die Karte, sondern erst der von Intentionen oder Ängsten geleitete Blick durch eine bestimmte Brille. Keineswegs zufällig wurde der Ausdruck »erste Inselkette« in den Schriften chinesischer Militärs in den späten 1980er und frühen 1990er Jahren prominent. Im Zuge des wirtschaftlichen Aufschwungs verlagerte sich das ökonomische Zentrum des Landes immer mehr in die Küstenregionen, genauer gesagt in drei große Ballungszentren – das Perlfluss-Delta (Süden), das Yangzi-Delta (Mitte) und die Bohai-Bucht (Norden) –, wo heute mehr als ein Drittel des chinesischen Bruttoinlandsprodukts erwirtschaftet wird. Dort befinden sich auch die wichtigsten Häfen, die China mit der Welt verbinden. Über 90 Prozent der Importe und mehr als 85 Prozent der Exporte werden über das Wasser abgewickelt.[21]

Mit anderen Worten, Chinas Öffnung zur Welt war zuerst und vor allem eine Öffnung zum Meer. Damit gewann die 14500 Kilometer lange Küste des Landes nicht nur ökonomisch an Bedeutung, sondern auch verteidigungspolitisch. Frühere strategische Konzepte, die darauf abgezielt hatten, etwaige Angreifer tief ins Landesinnere zu locken, um dort ihre überdehnten Versorgungswege abzuschneiden, wurden obsolet, ja geradezu selbstmörderisch. Um die wirtschaftlich lebenswichtigen, äußerst dicht besiedelten Küstenregionen zu sichern, brauchte es vielmehr eine »Vorwärtsverteidigung« (*jiji fangyu*)[22] inklusive der Einrichtung maritimer Pufferzonen. In *dieser* Konstellation erschien es nun problematisch, dass zwischen China und dem Pazifik eine Reihe von Inseln lag, die den Zugang auf wenige schmale Durchgänge begrenzten. Dass diese Inseln größtenteils enge Beziehungen zu den USA unterhielten, machte die Sache nicht besser, ab einem gewissen Punkt sogar deutlich schlimmer. Jetzt auf einmal sah das Ganze nach einer *Kette* aus, die China daran hinderte, vitale nationale Interessen wahrzunehmen, denn: Kein wichtiger Hafen des Landes liegt außerhalb ihrer.

Die »erste Inselkette« stellt also keine bloße geographische Gegebenheit dar, sondern sie ist ein in strategischer Absicht vorgenommenes Konstrukt. Mutatis mutandis gilt das auch für das zentrale Glied dieser Kette, nämlich die Insel Taiwan. Zwar handelt es sich dabei um ein faktisch dicht vor der chinesischen Küste liegendes Stück Land, aber ein *zu China gehörendes* und deshalb *von China zu kontrollierendes Territorium von höchster strategischer Relevanz* haben daraus erst bestimmte Interessen gemacht, die viel weniger alt sind, dafür aber bis in die jüngste Vergangenheit deutlich wechselhafter waren, als Peking heute zugibt.

2
Chinas militärische Optionen und ihre Probleme

> Taiwans Geographie ist ein Gottesgeschenk an die Verteidiger.
> Ian Easton

Damit kommen wir zu einigen konkreten militärischen Szenarien, die nicht nur Taiwans geographische Lage und die damit verbundene Position der Insel im Machtgefüge des Westpazifiks berücksichtigen müssen. Auch bestimmte geographische Eigenschaften der Insel selbst spielen eine wichtige Rolle in allen derzeit in Taipei, Peking und Washington angestellten Überlegungen, wie ein Krieg in der Region verhindert werden kann bzw. wie er ablaufen würde, sollte es doch dazu kommen. Konkret sind vor allem drei Fakten wichtig: 1.) Zwischen der Insel und dem Festland liegt eine tückische Meerenge, die chinesische Truppen überwinden müssten, um Taiwan einzunehmen. In Friedenszeiten eine Barriere für potenzielle Angreifer, würden die Taiwanstraße und der westliche Pazifik im Kriegsfall zum Hindernis bei der Versorgung der Insel mit dringend benötigten Gütern werden. Wasser trennt Taiwan nicht nur von seinem größten Feind, sondern auch von allen potenziellen Unterstützern. Gleichzeitig ist klar, dass die »stopping power of water« (John Mearsheimer) zwar für Truppen gilt, nicht aber für Raketen.

2.) Neben der Hauptinsel Taiwan gibt es weitere derzeit von Taipei regierte Inseln, nämlich die Pratas-Inseln im Südchinesischen Meer, den Penghu-Archipel (Pescadores) in der Taiwanstraße sowie die beiden Inseln bzw. Inselgruppen Kinmen (Quemoy) und Matsu, die teilweise in Sichtweite vor der chinesischen Küste liegen. Eine Invasion würde dadurch deutlich komplizierter, da sie mehreren, wiederum durch Wassermassen separierten Territorien gelten müsste.

3.) Die Hauptinsel Taiwan weist bestimmte Charakteristika auf, zum Beispiel ein Zentralmassiv mit über 200 Gipfeln von mehr als 3000 Metern Höhe. Darin liegt ein wesentlicher Grund, weshalb Militärexperten von einer »favorable defensive geography« sprechen, also einem natürlichen Vorteil für die Verteidiger der Insel.

Hätten sich Chiang Kai-shek und seine Truppen 1949 nicht nach Taiwan, sondern an einen Ort auf dem Festland zurückgezogen, wären sie früher oder später von der Volksbefreiungsarmee gestellt und besiegt worden. Dann gäbe es heute keinen Streit um Taiwan. Dass die Republik China seinerzeit überlebt hat, verdankt sich der simplen Tatsache, dass große Wassermassen ein formidables Hindernis für Heere darstellen. Die Einnahme einer feindlichen Insel gehört sogar zu den kompliziertesten militärischen Operationen überhaupt, da sie eine exakte Koordination von Marine, Luftwaffe und Armee erfordert und die Truppen während der Überfahrt und bei der Landung besonders verwundbar sind. Umso mehr, wenn die Verteidiger über gut befestigte Stellungen verfügen und einen Angriff erwarten. Taiwan tut das seit über siebzig Jahren.

Im Pazifikkrieg haben die USA erwogen, das damals zu Japan gehörende Taiwan mit Bodentruppen zu besetzen. Operation Causeway wurde am Ende zwar nicht durchgeführt, weil sich General MacArthur mit dem Vorschlag durchsetzte, stattdessen Okinawa anzugreifen, aber die Planungen lassen erkennen, von welchem Szenario die US-Streitkräfte seinerzeit ausgingen.[1] Obwohl sie 1944 eindeutig die Lufthoheit über dem Pazifik besaßen, glaubten sie aufgrund der besonderen Geographie Taiwans, dass die normalerweise für Landungsoperationen angestrebte Überlegenheit von drei zu eins Soldaten nicht ausreichte und eine Ratio von fünf zu eins erforderlich sein würde, um den Erfolg der Operation zu gewährleisten.[2] Angesichts der 100 000 Verteidiger planten die USA also für ein Invasionsheer von 500 000 Mann. Trotz Lufthoheit, überlegener Feuerkraft und fünfmal mehr Soldaten rechneten sie aber immer noch mit einem Feldzug von drei Monaten und rund 150 000 toten oder verwundeten GIs.

Für die heutige Situation nicht unmittelbar relevant, aber historisch dennoch interessant ist der Vergleich des amerikanischen Plans mit dem, den die Volksbefreiungsarmee 1950 aufstellte, als sie ihre Invasion Taiwans vorbereitete. Seinerzeit verfügte Chiang Kai-shek über ca. 300 000 Soldaten auf Taiwan und weitere 200 000 auf den

Inseln Kinmen und Matsu. Maos Invasionstruppen sollten eine halbe Million Mann umfassen, das hätte Gleichstand bedeutet. Zudem lag die Lufthoheit eindeutig bei den Verteidigern, und die Angreifer besaßen keine Marine und keinerlei Erfahrung mit Amphibien-Operationen. Dennoch gingen chinesische Planer davon aus, dass sie Taiwan binnen 15 Tagen würden einnehmen können! Bemerkenswert ist das, weil oft geschrieben wird, allein der Ausbruch des Koreakriegs und der militärische Schutz der USA hätten seinerzeit Taiwans Überleben gesichert. Nach dem Vergleich beider Invasionspläne zieht der US-amerikanische Sicherheitsexperte Ian Easton einen anderen Schluss: »[D]as seit langem etablierte Narrativ dürfte falsch sein; wahrscheinlich hätte Chiang Kai-sheks Armee die chinesischen Kommunisten zurückgeschlagen, wäre ihr Angriff in den frühen 1950er Jahren erfolgt.«[3]

Zu einem Angriff auf Taiwan kam es in den 1950er Jahren zwar nicht, wohl aber zu erbitterten Gefechten um die beiden vorgelagerten Inseln Kinmen und Matsu. Die Ereignisse von 1954/55 und 1958 nennt man heute die erste und zweite Krise in der Taiwanstraße. Es waren Fortsetzungen des formal nie beendeten Bürgerkriegs, den die Kommunisten auf eine für sie unbefriedigende, weil unvollendete Weise gewonnen hatten: Die feindlichen Bastionen direkt vor der eigenen Küste bedeuteten eine inakzeptable militärische Bedrohung und stellten der geplanten Invasion Taiwans ein gewaltiges Hindernis entgegen. Um dem vorzubeugen, hatte Mao im Oktober 1949 gegen den Rat seiner Generäle den Befehl zur Einnahme von Kinmen gegeben und damit die letzte große Niederlage seiner Truppen im Bürgerkrieg herbeigeführt. Binnen zwei Tagen verlor die Volksbefreiungsarmee 10 000 Soldaten.[4]

Während der ersten beiden Krisen in der Taiwanstraße kam es zwar zu heftigen Bombardements von Kinmen und Matsu, aber an der militärischen Ausgangslage änderte sich nichts. Ein Invasionsversuch im August 1958 scheiterte ebenso kläglich wie der neun Jahre zuvor. Als Mao einsah, dass die vor seiner Küste verschanzten feindlichen Truppen nicht kapitulieren würden, fuhr er den Beschuss auf eine gesichtswahrende, den Anspruch auf Taiwan symbolisch hochhaltende

Maßnahme zurück: die fortgesetzte Bombardierung Kinmens an den ungeraden Tagen des Monats. Dabei blieb es für die nächsten zwanzig Jahre.

Alternative Szenarien

Bekanntlich haben sich die Kräfteverhältnisse in der Taiwanstraße seitdem radikal zugunsten Chinas verschoben. Damals besaß die Volksrepublik keine Marine, heute verfügt sie über die nach Anzahl der Schiffe größte der Welt, und damit erscheinen die geographischen Gegebenheiten zumindest teilweise in anderem Licht. Zunächst einmal strebt in Taiwan niemand mehr eine Rückeroberung des Festlands an, womit die mögliche Brückenkopffunktion von Kinmen und Matsu entfällt. In den Planungen der Volksbefreiungsarmee spielt das Szenario zwar weiterhin eine Rolle, ist aber mehr auf einen amerikanischen als auf einen taiwanischen Angriff ausgerichtet. Umgekehrt zweifelt man weder in Taipei noch in Washington an der chinesischen Fähigkeit, die Inseln Kinmen und Matsu einzunehmen, sollte Peking das anstreben. Kinmen liegt sechs Kilometer vor der Millionenstadt Xiamen, aber 187 Kilometer vor Taiwans Küste. Sogar ihr Trinkwasser bezieht die Insel größtenteils vom Festland. »Wenn die Chinesen uns erobern wollen«, sagte mir ein Einheimischer im Sommer 2023, »müssen sie keine Bomben werfen, sondern nur das Wasser abstellen.« Jahrzehntelang war die Insel militärisches Sperrgebiet, heute sind dort lediglich noch 2000 bis 3000 Soldaten stationiert. Lokalpolitiker fordern gar eine komplette Demilitarisierung.[5] Die kilometerlangen Tunnel, in denen sich einst Soldaten vor Maos Bomben verkrochen, können längst von Touristen besichtigt werden, die durch die Schießscharten – wo sie nicht von Pflanzen überwuchert sind – auf die Skyline von Xiamen schauen.

Russlands Annexion der Krim 2014 hat Spekulationen genährt, dass Peking mit Kinmen und Matsu ähnlich verfahren könnte: eine rasche, sowohl territorialen Anspruch wie militärische Tatkraft demonstrierende Besetzung. Da sich große Teile der Bevölkerung dem Festland nicht nur geographisch nahe fühlen und wohl keinen Widerstand leisten würden, stünden die USA vor einem Dilemma: Soll man geschehen lassen, was wie ein erster Schritt zur »Befreiung« Taiwans aussähe, oder 10 000 Kilometer von der Heimat entfernt um ein Stück Land kämpfen, das innerhalb chinesischer Hoheitsgewässer liegt? Letzteres wäre ein hoffnungsloses Unterfangen.

Dass Peking den vermeintlich einfachen Schritt bisher nicht getan hat, lässt allerdings auf Bedenken schließen. Die Besetzung von Kinmen oder Matsu wäre ein symbolischer Sieg, mehr nicht, und sollten die USA und ihre Verbündeten darauf mit Wirtschaftssanktionen reagieren, könnte er sich als sehr kostspielig erweisen. Die gesamte Region würde aufgeschreckt, bei den pazifischen Anrainern würde die ohnehin bestehende Angst vor Chinas Macht noch einmal zunehmen, und obendrein hätte sich Peking unter Zugzwang gesetzt, denn wer A sagt, muss irgendwann auch B sagen. Das wiederum lässt vermuten, dass das Regime den ersten Schritt nur machen wird, wenn es auch zu den folgenden bereit ist.[6]

Ähnlich verhält es sich mit einem anderen Szenario, das gelegentlich diskutiert wird, nämlich einer Blockade oder »Quarantäne« Taiwans. Da die Insel lebenswichtige Nahrungsmittel und Rohstoffe über den Seeweg erhält, wäre sie für eine Sperrung ihrer Versorgungsrouten durch die chinesische Marine äußerst anfällig. Die Militärmanöver im August 2022 haben so etwas zumindest in Ansätzen durchgespielt. Zweifellos könnte Peking auf diese Weise erheblichen Druck ausüben und in der taiwanischen Gesellschaft Verunsicherung, vielleicht sogar Panik hervorrufen. Zugleich würde sich das Regime wie im ersten Szenario aber selbst internationalem Druck aussetzen. In globalen Lieferketten nimmt Taiwan einen so zentralen Platz ein, dass eine Blockade dramatische Auswirkungen auf die Weltwirtschaft hätte. Stichwort Halbleiterchips. Sollte Taiwan nicht binnen kürzester Zeit einknicken, läge der Schwarze Peter beim Aggressor China, und vom eigentlichen Ziel, die Insel politisch zu kontrollieren, wäre man immer noch weit entfernt. Von der »Wiedervereinigung« nicht zu reden.

Eine Studie des US-amerikanischen Think-Tanks RAND Corporation weist jedoch darauf hin, dass China seine Maßnahmen modulieren könnte: keine komplette Blockade Taiwans, sondern eine

Kontrolle seiner Versorgungswege zu Wasser und in der Luft, bei der bestimmte Güter durchgelassen werden und andere nicht.[7] Es wäre ein notfalls über lange Zeit hinweg aufrechterhaltener Zugriff, der sich mal lockert und mal verstärkt und damit demonstriert, wer tatsächlich über die Insel herrscht. Eine solche partielle Quarantäne würde Taiwan und seine Verbündeten in eine schwierige Lage bringen, denn obwohl sie selbst kein kriegerischer Akt wäre, ginge mit jedem Versuch, sie zu durchbrechen, ein erhebliches Risiko der Eskalation einher. Allerdings ist China selber abhängig vom Seehandel und aufgrund seiner Geographie anfällig für eine Seeblockade, weshalb die politische Führung seit langem befürchtet, dass die US-Marine wichtige »choke points« wie etwa die Straße von Malakka für chinesische Schiffe sperren könnte – darin bestünde eine mögliche amerikanische Antwort auf eine Blockade Taiwans.

Weitere Unwägbarkeiten kommen hinzu: Um ausländische Schiffe abzufangen, müsste China seine Marine und Küstenwache entsenden, die Luftwaffe würde Flugzeuge eskortieren und manche an der Landung hindern, was die Möglichkeit von Unfällen beinhaltet, die jederzeit eine Kettenreaktion auslösen könnten. Je länger sich das Ganze hinzieht, desto mehr Zeit hätten Taiwan und die USA, um eine Gegenstrategie zu entwerfen. Der US-amerikanische Sicherheitsexperte Elbridge Colby macht zudem geltend, dass sich mächtige Staaten selten mit Blockaden oder anderen Einschüchterungsversuchen zufriedengeben, sondern eher auf eine Eroberung des beanspruchten Territoriums setzen. Sollte China davon abweichen, würde es ungewollt signalisieren, dass es sich zu einer Invasion nicht in der Lage sieht, was psychologisch den gegenteiligen Effekt zum gewünschten hätte.[8] Aller Wahrscheinlichkeit nach wäre daher auch eine Quarantäne ein Schritt, den das Regime nur in der Bereitschaft unternimmt, notfalls deutlich weiter zu gehen.

Noch einmal anders gelagert ist ein Vorgehen, das June Teufel Dreyer vom Foreign Policy Research Institute vor einigen Jahren als »Anakonda-Strategie« bezeichnet hat. Gemeint ist die allmähliche Strangulation Taiwans durch die stetige Erhöhung von militärischem, ökonomischem und diplomatischem Druck durch das gesamte

Arsenal von Zwangsmaßnahmen unterhalb der Schwelle eines Krieges: Sanktionen, Desinformationskampagnen, Einschüchterung und Unterwanderung.[9] Dieser Gefahr ist Taiwan bereits heute ausgesetzt, und zwar massiv, wie ich in einem späteren Kapitel darlegen werde. Wenn ich mich hier zunächst auf die Möglichkeit einer *full-scale invasion* durch die Volksbefreiungsarmee konzentriere, behaupte ich daher nicht, dieses Szenario sei das wahrscheinlichste. Es ist aber dasjenige, das in Chinas Planungen seit langem den größten Raum einnimmt. Taiwan notfalls auch gegen amerikanischen Widerstand zu erobern stellt das die gesamte Modernisierung des chinesischen Militärs anleitende Ziel dar, denn nur eine erfolgreiche Invasion würde die Erlangung der vollen politischen Kontrolle über die Insel garantieren. In diesem Sinne wäre sie die einzige echte (weil endgültige) Lösung der Taiwanfrage.

Wie aber würde ein solcher Feldzug vonstattengehen?

Topographie einer möglichen Katastrophe

Als ich Ian Easton im Mai 2023 in Washington zum Interview traf, lautete meine erste Frage, ob er hinsichtlich der taiwanischen Verteidigungsfähigkeit weiterhin so optimistisch sei wie in seinem 2017 veröffentlichten Buch *The Chinese Invasion Threat*. Viele andere Studien gelangten nämlich zu deutlich pessimistischeren Schlüssen, gleichzeitig bot Easton eine sehr detaillierte Darstellung des Themas und stützte sich fast ausschließlich auf volksrepublikanische Quellen. Meine Hoffnung war, dass der Autor entschieden nicken und mir schlüssig darlegen werde, warum seine Einschätzung keiner Revision bedürfe.

Nein, sei er nicht, lautete die Antwort stattdessen.

Unser Gespräch in der folgenden Stunde kreiste vor allem um die tiefgreifenden Reformen, die Staatschef Xi Jinping seinem Militär seit 2015/16 verordnet hat und die von vielen Analysten als Zeitenwende in der neunzigjährigen Geschichte der Volksbefreiungsarmee beschrieben werden.[10] Für sein Buch habe er Quellen bis zum Jahr 2016 ausgewertet, erklärte mir Easton, und wie viele andere Forscherinnen und Forscher habe auch ihn überrascht, wie konsequent und umfassend die Reformen ausgefallen seien. Das gelte insbesondere für die Befähigung des chinesischen Militärs zum gemeinsamen Vorgehen aller Teilstreitkräfte – genau das, was die Invasion einer Insel erfordern würde, bei der nach Raketen- und Luftangriffen eine gewaltige Anzahl von Bodentruppen über die Taiwanstraße transportiert werden müsste.

In diesem Kapitel werde ich trotzdem vor allem die Schwierigkeiten betonen, denen im Ernstfall die Invasoren gegenüberstehen würden. Wie das vorangestellte Motto zeigt, fiel Ian Eastons Urteil bezüglich der geographischen Gegebenheiten nämlich ebenfalls eindeutig aus: Taiwans Geographie sei ein Gottesgeschenk an die Verteidiger. Unter Kriegsbedingungen Hunderttausende Soldaten und Unmengen an Material von einer Seite der Taiwanstraße auf die andere zu transportieren wäre eine der kompliziertesten Militäroperationen der Geschichte und ganz sicher *die* schwierigste Operation der Volksbefreiungsarmee seit ihrer Gründung. In den Kapiteln drei und vier, die Chinas massiver Aufrüstung der letzten Jahrzehnte und Taiwans zögerlicher Antwort darauf gelten, werde ich die womöglich noch größeren Herausforderungen schildern, denen im Kriegsfall die taiwanischen Verteidiger gegenüberstehen würden.

Derzeit streiten Expertinnen und Analysten noch darüber, ob die Volksbefreiungsarmee bereits zu einer Invasion Taiwans in der Lage ist. Sogar viele chinesische Beobachter halten das keineswegs für sicher.[11] Als größtes Hindernis gelten mangelnde Transportkapazitäten über das Wasser (*amphibious lift*). Einige Autoren glauben, dass China diesen Mangel notdürftig mit zivilen Schiffen ausgleichen müsste, was militärisch riskant wäre. Andere behaupten, das Zusammenspiel von Marine und ziviler Schifffahrt sei ein integraler Bestandteil der chinesischen Planungen und bezeuge deren hohes Maß an Flexibilität.[12] Ich muss mich hier darauf beschränken, die Transportfrage als eine der vielen Unbekannten im Invasionsszenario zu behandeln. Auch deshalb sollten die folgenden Ausführungen keinesfalls als Prognose gelesen werden; es handelt sich um die auf insgesamt dürftiger Quellenlage beruhende Rekonstruktion einer Absicht. Die Leitfrage lautet weniger, wie die Operation wahrscheinlich ablaufen würde, sondern eher: Wie sieht *der von Peking anvisierte Verlauf einer Invasion* aus und welche Schwierigkeiten antizipieren sowohl chinesische als auch amerikanische und taiwanische Planer?

Die chinesischen Planungen für den Tag X stehen unter der Überschrift »Teilstreitkräfteübergreifender Feldzug gegen die Insel« (*lianhe gongdao xingdong*). Dieses Wortungetüm werde ich im Folgenden zu »Angriffsplan« verdichten. Es handelt sich, wie Ian Easton erklärt, nicht um ein einzelnes Dokument, sondern um eine ganze Serie davon, die streng unter Verschluss gehalten und laufend aktualisiert werden.[13] Wichtig zum Verständnis ist, dass mit »Teilstreitkräften« nicht nur die drei klassischen – Heer, Marine und Luftwaffe – gemeint sind, sondern zusätzlich die 2016 zur eigenen Teilstreitkraft erhobene Rocket Force sowie spezialisierte Einheiten für die Kriegsführung im All (Zerstörung feindlicher Satelliten etc.) und im Cyberspace (Desinformation, Propaganda, Hackerangriffe). Was die Volksbefreiungsarmee als die »drei Übergewichte« (*san quan*) bezeichnet, die sie anstrebt, bezieht sich auf die Dimensionen Luftraum, Wasser und *Information* – sowohl eigene Informationsbeschaffung und -verarbeitung als auch Kontrolle über das, was die Gegenseite und der Rest der Welt vom Kampfgeschehen erfahren.[14] Chinas Militär konzeptionalisiert Kriege nicht mehr allein als Konfrontation von Armeen auf dem Schlachtfeld, sondern von umfassenden *operativen Systemen*. Anzugreifen sind daher die Verbindungsstellen und Knotenpunkte des feindlichen Systems, da, wo seine Teile ineinandergreifen, miteinander kommunizieren und Informationen austauschen – das kann auch im All oder im Internet sein.[15]

Nichtsdestotrotz werden auch die Hightech-Kriege des 21. Jahrhunderts in bestimmten Landschaften geführt. China kann seine Soldaten nicht nach Taiwan beamen, sondern braucht Schiffe und Flugzeuge, die es vor Attacken schützen muss. Der Angriffsplan entwirft daher ein mehrstufiges Vorgehen, das vor Beginn der eigentlichen Invasion versucht, Kampfkraft und Kampfeswillen der taiwanischen Seite zu brechen.

Am Anfang steht ein massiver Raketenbeschuss vom Festland. Er soll zuerst den taiwanischen Verteidigungsanlagen gelten, also Radarstationen, Frühwarnsystemen und Flugabwehr, begleitet von Cyberangriffen und Maßnahmen zur Störung elektronischer Systeme, das sogenannte »Verklemmen« oder *jamming*. Das Ziel bestünde darin, Taiwans Internetverbindungen ganz oder teilweise lahmzulegen, Chaos und Panik zu stiften und die Fähigkeit zur Selbstverteidigung zu schwächen – im Militär, bei der politischen Führung und in der Bevölkerung. Bei Bedarf könnten die Angriffe zwischendurch aussetzen, um Taiwan die Gelegenheit zu Verhandlungen oder zur Kapitulation zu geben, kurz: Das Vorgehen soll neben materiellem vor allem psychologischen Schaden anrichten und die Insel davon überzeugen, dass Widerstand zwecklos ist. »Shock and awe« nannten die US-Streitkräfte das im Irakkrieg. Gibt Taiwan nicht nach, werden die Angriffe ausgeweitet auf die kritische Infrastruktur: Flughäfen, Kontrolltürme, Kommandoposten oder auch auf Symbole der taiwanischen Eigenständigkeit wie den Präsidentenpalast und das Parlament.

Über die Dauer dieser ersten Stufe und die Intensität des Beschusses will die chinesische Führung situativ entscheiden, nach Maßgabe ihrer strategischen Ziele. Dient der Beschuss der Vorbereitung einer Invasion, oder soll er deren Notwendigkeit beseitigen? Wie stark ist der taiwanische Widerstand? Ein wesentlicher Faktor wäre wie in *allen* Stufen des Angriffsplans die Frage nach dem Verhalten der USA.

Als zweiter Schritt könnte eine Blockade folgen, die Taiwan möglichst komplett von der Außenwelt abschneidet; dies in Kombination mit fortgesetztem Raketenbeschuss oder – falls man die taiwanische Flugabwehr bereits für entsprechend geschwächt hält – gezielten Luftangriffen, um den Druck weiter zu erhöhen.[16] Begleitet werden soll die Blockade von intensiven Bemühungen, auf die öffentliche Meinung in Taiwan einzuwirken und den Rest der Welt von der Rechtmäßigkeit und Unverrückbarkeit der chinesischen Position zu überzeugen. Auch Kommandoaktionen von chinesischen Spionen in Taiwan gehören zum Plan, beispielsweise Attentatsversuche auf die politische Führung oder Sabotageakte gegen weitere kritische Infrastruktur (Transport, Energieversorgung, Kommunikation).

Da eine Blockade ein höheres Maß an militärischer Mobilisierung erfordert als ein Raketenbeschuss, befasst sich der Angriffsplan intensiv mit der Möglichkeit, dass andere Staaten die Gunst der Stunde nützen könnten, um ihre gegen China gerichteten Interessen durchzusetzen, etwa Indien im Himalaya oder Vietnam im Südchinesischen Meer. Diese Gefahr würde steigen, je länger der Feldzug gegen Taiwan dauert und je mehr Ressourcen er bindet. Auch Unruhen innerhalb der Volksrepublik sind denkbar, sei es in Krisenregionen wie Xinjiang und Tibet oder unter der städtischen Bevölkerung, die den Feldzug ablehnt.[17] Man darf nicht vergessen, dass aufgrund der jahrzehntelangen Ein-Kind-Politik gilt: Alle chinesischen Soldaten, die in einem Krieg sterben, sind die einzigen Söhne ihrer Eltern. Chinesisches Leben zu opfern, um die Republik *China* zu unterwerfen, ist grundsätzlich ein heikles Unterfangen, von dessen Notwendigkeit man die Zivilbevölkerung mittels massiver Propaganda überzeugen müsste.

Am meisten aber treibt chinesische Strategen die Frage um, was die USA im Konfliktfall tun würden bzw. wie China den großen Rivalen neutralisieren könnte. Anders als Japan und Südkorea ist Taiwan kein offizieller US-Verbündeter, Washington unterliegt also keiner vertraglichen Verpflichtung, die Insel zu verteidigen. Wie wir gesehen haben, bestehen aber wichtige Gründe, es trotzdem zu tun. Derzeit jedenfalls deutet nichts auf eine Bereitschaft der USA, ihren Posten als Ordnungsmacht im Indopazifik und damit als Weltmacht Nummer eins kampflos zu räumen.

Wenngleich China keinen Krieg mit den USA will, diskutieren chinesische Strategen präventive Angriffe auf US-Basen in der Region. Solche gibt es in Südkorea und Japan, auf Guam, den Philippinen und letztlich überall dort, wo amerikanische Flugzeugträger unterwegs sind, auf denen bis zu 5000 Soldatinnen und Soldaten Dienst tun. Die Volksbefreiungsarmee könnte sich gezwungen sehen, zuerst die Kontrolle über das Kriegsgebiet zu erlangen, indem sie diese Bedrohung ausschaltet oder zumindest verringert, bevor die eigentliche Invasion Taiwans beginnt. Hier ergibt sich jedoch ein Problem: Je länger China die ersten beiden Phasen des Feldzugs ausdehnt, um die Invasion für die eigenen Truppen sicherer zu machen, desto mehr Zeit hätten die USA, ihrerseits aktiv zu werden und die Invasion zu erschweren. US-amerikanische Analysten wie Hal Brands gehen daher von einer schneller getakteten Abfolge oder sogar Gleichzeitigkeit der bisher skizzierten Phasen aus: simultane Raketen- und Luftangriffe auf taiwanische *und* amerikanische Ziele, begleitet von Cyberattacken und Versuchen, die politische Führung der Insel auszuschalten. Die Volksbefreiungsarmee würde dann »durch das sich ergebende *window of opportunity* sprinten, um mit Amphibienangriffen und Luftlandetruppen Taiwans geschwächte Verteidigung zu überwältigen«. Wie der Titel von Brands' Studie verrät – »Getting Ready for a Long War with China« –, mündet aber auch das Szenario eines versuchten Blitzkriegs in einen langen, sich beständig ausweitenden Flächenbrand mit letztlich unbegrenztem Eskalationspotenzial.[18]

Einerseits also behandelt Chinas Angriffsplan einen gleichzeitigen Krieg gegen taiwanische, amerikanische und japanische Truppen als Worst Case mit ungewissem Ausgang – auch Japan verfügt über eine hochmoderne Marine –, anderseits zieht er vorbeugende Angriffe auf US-Militärbasen in Erwägung, um einen Best Case, nämlich das sichere Überqueren der Taiwanstraße zu erreichen. Hier bewegt sich der Angriffsplan auf einem schmalen Grat: Chinas Erstschlag müsste das amerikanische Militär so heftig treffen, dass es zu weiteren Kampfhandlungen nicht in der Lage ist[19] – ganz ähnlich sah bekanntlich einst das japanische Kalkül vor Pearl Harbor aus.

Eine Invasion in schwierigem Terrain

Betrachten wir abschließend die entscheidende Phase des geplanten Angriffs, nämlich die Invasion selbst, die sich ihrerseits in drei Schritten vollziehen würde: Überfahrt, Landung und Kämpfe auf der Insel Taiwan. Hierbei kommen wiederum geographische, ferner meteorologische und klimatische Bedingungen ins Spiel, die das Unternehmen erheblichen Unwägbarkeiten aussetzen. Die Schwierigkeiten für die Angreifer würden direkt vor der chinesischen Küste beginnen.

Zur Einnahme von Kinmen, Matsu und Penghu hatte ich oben gesagt, sei China seit langem in der Lage. Das stimmt zwar, aber chinesische Planer richten trotzdem viel Aufmerksamkeit auf die Frage, wie die Einnahme vonstattengehen würde.[20] In allen drei Fällen handelt es sich nämlich genau genommen um *Gruppen* von Inseln und Atollen. Kinmen besteht aus insgesamt 15 davon, die teilweise zwar nur kleine Felsformationen sind, aber groß genug, um sie zu bewaffnen. Matsu umfasst einen Archipel von 28 Inseln, bei den Penghu-Inseln (Pescadores) weiter östlich sind es sogar 64, die etwa fünfzig Kilometer vor der taiwanischen Westküste liegen und sich gut für Angriffe auf die Flanken einer vom Festland kommenden Armada eignen. Sie waren bereits wichtig für die Qing-Truppen, die Taiwan im 17. Jahrhundert erstmals eroberten. Später haben die Japaner dort umfangreiche Militäranlagen errichtet, die heute noch existieren. Die zu Matsu gehörende Insel Dongyin, Taiwans nördlichstes Territorium, ist mit Luftabwehr und Anti-Schiffs-Raketen ausgestattet und so gut befestigt, dass sie nach Meinung von Experten nur entweder durch den Einsatz von Nuklearwaffen oder mit riesigen Verlusten einzunehmen wäre.[21]

Die derzeit geringe Militärpräsenz auf Kinmen und Matsu ließe sich im Vorfeld eines drohenden Konflikts wieder erhöhen, wenn auch nicht von heute auf morgen. Da erstere Inselgruppe direkt vor Xiamen und letztere vor Fuzhou liegt, zwei zentralen Ausgangspunkten für eine chinesische Invasion, liefe die Volksbefreiungsarmee Gefahr, dass ihr komplizierter Feldzug gleich zu Beginn der Überfahrt ins Stocken gerät. Die Autoren des Angriffsplans diskutieren daher eingehend, welche Inseln man unbedingt einnehmen müsste, und welche weniger wichtig bzw. weniger gefährlich wären, wenn man sie samt ihren Verteidigern im Rücken hat. Auf jeden Fall würden Kämpfe um die vorgelagerten Inseln auch die dicht besiedelte, wirtschaftlich extrem wichtige Küstenregion Chinas betreffen. Chinesische Planer rechnen mit Angriffen der taiwanischen Luftwaffe auf jene Häfen, von denen aus die Invasionsarmada in See stechen würde.[22]

Eine andere Art von Schwierigkeit bietet die Taiwanstraße als Gewässer. Sie ist zwar schmal, weist aber gefährliche Strömungen, starke Winde und einen durchschnittlichen Seegang zwischen vier (mäßig bewegt) und sieben (hohe See) auf. Damit können moderne Kriegsschiffe zwar umgehen, Amphibienfahrzeuge und Landungsboote aber nicht unbedingt, und viele hundert Schiffe in einer präzise vorgegebenen Formation fahren zu lassen stellt in jedem Fall eine Herausforderung dar. Von Oktober bis März sorgen Nordwinde für deutlich höheren Seegang, in den Sommermonaten kommt es regelmäßig zu Taifunen, die den Schiffsverkehr in der Taiwanstraße komplett unterbrechen. Seekrankheit als Faktor ins Feld zu führen mag auf den ersten Blick abwegig wirken, aber die Autoren des Angriffsplans tun es und zeigen sich besorgt über negative Auswirkungen auf die Kampfkraft der Truppen. Sie kommen zu dem Schluss, dass letztlich nur zwei Zeitfenster für die Überfahrt bestehen, nämlich von Ende März bis Ende April und zwischen dem späten September und dem späten Oktober. Für die Verteidiger wird das Unternehmen dadurch deutlich besser berechenbar.[23]

Ähnliches gilt für die eng begrenzte Anzahl von taiwanischen Stränden, die sich für größere Landungsoperationen eignen. Taiwans Zentralmassiv, dessen höchster Gipfel knapp 4000 Meter misst, macht zwei Drittel der Fläche aus, insgesamt kann man fast drei Viertel der Insel als bergig bezeichnen. Im Osten reicht das Gebirge bis direkt an die Küste, dort wären landende Truppen sofort zwischen Wasser und steilen Bergwänden gefangen. Die wenigen Auswege bestünden aus Tunneln, die die Verteidiger sprengen oder auf andere Weise versperren könnten, weshalb die Ostküste als Landungsgebiet ausscheidet. Wohl aber würde China versuchen, seine Marine östlich der Insel in Stellung zu bringen, um sie von dort aus zu beschießen und ihre Versorgungswege abzuschneiden – ein schwieriges Unterfangen, solange im westlichen Pazifik die US-Marine mit ihren überlegenen U-Booten aktiv ist.

Im Westen verläuft die Küste zwar flacher, aber frei von Hindernissen ist sie nicht. Taiwan hat in etwa die Größe Baden-Württembergs, aber fast so viele Einwohner wie »das Ländle« und Bayern zusammen, nämlich knapp 24 Millionen, und das bedeutet: In dem einen Drittel der Fläche, wo überhaupt Menschen leben, ist die Besiedelung extrem dicht. Wer die Insel mit dem Schnellzug von Nord nach Süd durchquert, sieht entlang der Westküste keine weiten offenen Strände, wie sie die Alliierten seinerzeit in der Normandie vorfanden. Stattdessen reicht die Bebauung meistens bis direkt ans Wasser, es gibt Wellenbrecher und Dämme, Windkraftanlagen und Einrichtungen der Aquakultur, Teiche zur Fischzucht und ab und zu Strandabschnitte aus Watt und Schlick, durchzogen von Rinnen, die sich nach Regenfällen mit Wasser aus dem nahen Zentralmassiv füllen – kein Untergrund, auf dem Truppen und schweres Gerät schnell vorankommen. Außerdem geht das Land auch im Westen bald in Berge über, die den Verteidigern eine deutlich bessere Ausgangsposition bieten als den Angreifern.

Im Fall einer Invasion bestünde das erste Ziel der Volksbefreiungsarmee darin, Brückenköpfe zu bilden und zu sichern, so dass möglichst schnell weitere Truppen und mehr Kriegsgerät auf die Insel gelangen. Wichtig wäre der Zugang zu funktionierenden – d. h. nicht von den eigenen Raketen zerstörten – Häfen und/oder Flughäfen, und idealerweise würden die sich im Norden der Insel befinden, nah an der Hauptstadt Taipei. Diese einzunehmen und die taiwanische Regierung auszuschalten wäre das zweite Ziel der Angreifer, dessen Erreichen hohe praktische wie symbolische Bedeutung besäße. Aus diesem Grund haben die Autoren des Angriffsplans die Gegend um die westlich an Taipei angrenzende Stadt Taoyuan als zentrales Tor der Invasion ausgemacht, aber ganz sicher würden sie auch anderswo an Land zu gehen versuchen, vor allem in den Ebenen um Jiayi im Südwesten Taiwans, die schon den US-Truppen 1944 als günstigstes Terrain für eine Landung galten. Kaohsiung, der wichtigste Hafen der Insel, befindet sich noch weiter im Süden; der zweitgrößte Hafen Keelung liegt schwer erreichbar an der Nordküste.

Taoyuan ist die viertgrößte Stadt Taiwans, sie beherbergt den internationalen Flughafen der Hauptstadt, wohin deshalb vielfältige Verkehrsverbindungen bestehen. Die Landebahn des Flughafens reicht bis fast ans Wasser, in der Nähe gibt es zudem Fischereihäfen und Küstenabschnitte, die sich grundsätzlich für größere Landungsoperationen eignen. Dessen ist sich freilich auch das taiwanische Militär bewusst, das die eigene Küste regelmäßig überprüft und ein Bewertungssystem eingeführt hat, um einzelne Abschnitte hinsichtlich ihrer

Eignung für eine Invasion zu bewerten. Rote Strände sind am besten geeignet, aber davon gibt es nur zwei, und keiner weist eine gute Verbindung nach Taipei auf. Gelbe Strände bilden die mittlere Kategorie, hiervon gibt es zwölf, wobei wiederum nur zwei (Linkou und Haihu, beide unweit von Taoyuan) strategisch günstig gelegen sind. Bei grünen Stränden geht man davon aus, dass dort allenfalls sehr kleine Kontingente von Angreifern an Land gehen könnten.[24]

Mit welchen Maßnahmen sich Taiwan für eine Invasion rüstet, ist naturgemäß kaum öffentlich bekannt. Im vierten Kapitel werde ich darauf zurückkommen. Hier wiederhole ich nur den Hinweis, dass die Insel über siebzig Jahre lang Zeit hatte, sich auf den Ernstfall vorzubereiten, weshalb es für die Volksbefreiungsarmee zwar extrem wichtig wäre, aber auch äußerst schwer sein dürfte, Taiwans Verteidiger zu überraschen. Angesichts der chinesischen Aufrüstung der letzten Jahrzehnte heißt das aber noch nicht, dass die Insel in der Lage wäre, eine Invasion abzuschrecken bzw. im Ernstfall abzuwehren. Insofern werden spätere Kapitel das bisher gezeichnete Bild schrittweise ergänzen und teilweise relativieren.

Halten wir einstweilen Folgendes fest: Erstens, aufgrund der geographischen Gegebenheiten wäre eine Invasion Taiwans mit gewaltigen Risiken behaftet. Zwar demonstriert Chinas Führung nach außen hin Entschlossenheit, aber die internen Planungen des Militärs – soweit sie uns zugänglich sind – verraten ein bemerkenswertes Maß an Unsicherheit. Zweitens, angesichts der überragenden strategischen Bedeutung Taiwans für China *und* die USA gibt es kaum ein realistisches Szenario für einen lokal begrenzten und kurzen Krieg (es sei denn, China gelingt es doch, die USA von einer Intervention abzuhalten). Wesentlich wahrscheinlicher wäre ein lange andauernder Flächenbrand, der das Eskalationspotenzial zur globalen Katastrophe besitzt; ein Krieg ohne Sieger, der deshalb drittens in niemandes Interesse ist. Es wäre aber natürlich nicht der erste Waffengang in der Geschichte, von dem man das sagen kann.

Für die USA wäre ein Showdown mit der Volksbefreiungsarmee 10 000 Kilometer entfernt von der Heimat in jeder Hinsicht ein Alp-

Übersicht über die für Landungsoperationen geeigneten Strände Taiwans. Bewertungssystem des taiwanischen Militärs: rote Strände am besten geeignet, gelbe Strände bedingt geeignet.

traum. Für China wäre es militärisch zwar von Vorteil, vor der eigenen Haustür zu kämpfen, ökonomisch aber umso schlimmer: Das Land ist abhängig vom Außenhandel, der größtenteils über genau die Gewässer abgewickelt wird, wo der Krieg mit den USA toben würde. Eine Studie der RAND Corporation geht davon aus, dass nach einjährigen Kämpfen das chinesische Bruttosozialprodukt um 25 bis 35 Prozent einbrechen könnte.[25] Bei einem solchen Kollaps wäre nicht einmal die Versorgung der Bevölkerung mit Nahrungsmitteln sichergestellt, denn auch die kommen zu großen Teilen über den Seeweg.[26] Selbst bei einem schnellen militärischen Erfolg Chinas wären die ökonomischen und politischen Folgen äußerst gravierend und die Opferzahlen auf allen Seiten extrem hoch – am höchsten natürlich auf der taiwanischen.[27]

Diese bedrohlichen Szenarien militärischer Eskalation ändern indes nichts daran, dass der Konflikt um Taiwan im Kern politischer Natur ist und sich aus historischen Wurzeln speist, die man im Indikativ beschreiben kann, statt über die Folgen im Konjunktiv spekulieren zu müssen. In den nächsten drei Kapiteln wird uns ein Blick in die jüngere Vergangenheit helfen, besser zu verstehen, welch komplizierte Dynamik den Streit heute anheizt.

WENDEPUNKTE:
DREI HISTORISCHE SKIZZEN

1945-1950
Vom Ende des Pazifikkriegs zum Beginn des Koreakriegs

> Wenn er von seiner Heimat auf sie zurückschaute, erschienen Taiming die Jahre, die er auf dem Festland verbracht hatte, wie ein flüchtiger Traum. Er war froh, wieder in Taiwan zu sein, aber sobald er in Keelung die Fähre verließ, stellte sich ein Gefühl der Schwere ein und begleitete ihn, wohin er auch ging.
>
> Wu Zhuoliu, *Das Waisenkind Asiens*

Im Spätsommer 1945 begann auf der Insel Taiwan eine neue Zeitrechnung. Aus dem Jahr Shōwa 20, benannt nach der Regierungsdevise des japanischen Kaisers Hirohito, wurde das 34. Jahr der am 1. Januar 1912 ausgerufenen Republik China. Der Umschlag erfolgte plötzlich, aber es sollte eine Weile dauern, bis sich die neuen Verhältnisse klärten. Am 15. August lauschten die Inselbewohner einer Radioansprache des Kaisers, die nach übereinstimmender Erinnerung aller Zeitzeugen kaum zu verstehen war. Statt sich live an seine Untertanen zu wenden, hatte Hirohito den Text tags zuvor in einem Bunker unter dem Palast in Tokio aufgenommen; in seiner Anspannung übersprang er gelegentlich ein Wort, und obendrein bediente er sich einer hochgestochenen Palastsprache, die nicht nur in taiwanischen Ohren ziemlich fremd klang. Nie zuvor in der fünfzigjährigen japanischen Kolonialherrschaft über die Insel hatte jemand das gottgleiche Wesen reden gehört.

»Wir sind uns völlig im Klaren über die innersten Gefühle von euch allen, Unseren Untertanen«, behauptete die unbekannte Stimme, unterlegt vom Rauschen des Äthers. »Doch es entspricht dem Diktat der Zeit und des Schicksals, dass Wir beschlossen haben, allen zukünftigen Generationen den Weg zu einem großen Frieden zu bereiten, indem Wir das Unerträgliche ertragen und das nicht Erduldbare erdulden.«[1] Das Wort Kapitulation fiel nicht, Hirohito sagte lediglich, er habe angeordnet, den Regierungen der USA, Großbritanniens, Chinas und der Sowjetunion mitzuteilen, »dass Unser Reich die Bestimmungen ihrer gemeinsamen Erklärung akzeptiert«. Welcher Erklärung, dürften sich Zuhörerinnen und Zuhörer in Taiwan gefragt haben, die nicht wussten, dass die Alliierten kurz zuvor in Potsdam Japans bedingungslose Kapitulation verlangt hatten. Dass der Krieg vorbei war, sprach sich in den nächsten Tagen zwar herum, aber wie der Schriftsteller Wu Zhuoliu notierte, traute sich niemand, seine Freude offen zu zeigen.[2] Etwa eine halbe Million Japaner befanden sich auf der Insel, darunter 200 000 Soldaten. In der Hauptstadt Taihoku (Taipei) kursierten Gerüchte über eine schwarze Liste mit den Namen derer, die die Kolonialherren im Fall einer Kriegsniederlage noch rasch liquidieren wollten. Man müsse jetzt sehr vorsichtig sein, mahnte Wu Zhuoliu seine Freunde.

Ob der Kaiser im fernen Tokio die innersten Gefühle seiner sechs Millionen taiwanischen Untertanen tatsächlich kannte, darf man bezweifeln. Sie waren in diesem historischen Moment auch höchst widersprüchlich. Fünfzig Jahre lang hatten sich die Menschen in ihrer eigenen Heimat als Bürgerinnen und Bürger zweiter Klasse gefühlt, politisch entmündigt und auf vielfältige Weise diskriminiert, gleichzeitig hatte sich Taiwan von einem rückständigen Flecken an der Peripherie des Reiches zu einem ausgesprochen modernen Ort gewandelt. Ein heutiger Historiker bezeichnet das Kolonialregime treffend als »progressive Despotie«.[3] Es gab Schulen und Krankenhäuser, Bahnlinien und Elektrizität, eine effiziente Verwaltung, produktive Industrieanlagen und in der Hauptstadt der Insel sogar eine Universität, deren Besuch den Nachkommen einheimischer Familien jedoch weitgehend verwehrt blieb. Manche hassten die Japaner für ihre Überheblichkeit, andere arrangierten sich mit ihnen und wieder andere versuchten, ihnen möglichst ähnlich zu werden. Genau wie in europäischen Überseekolonien waren auch die japanischen Kolonialherren Unterdrücker und Vorbild, Feind und Lehrmeister, alles in einem.

So individuell unterschiedlich, wie sich Taiwaner in der Kolonialzeit verhalten hatten, reagierten sie auf deren plötzliches Ende. Der Schriftsteller Wu Xinrong begann gleich am 16. August damit, sein Tagebuch auf Chinesisch zu führen, aber Wu Zhuoliu vollendete seinen bekanntesten Roman *Das Waisenkind Asiens* – damit war Taiwan gemeint – in der offiziellen Landessprache der Kolonie, Japanisch. *Taiwans Neue Zeitung* veröffentlichte die Potsdamer Erklärung, deren achter Artikel feststellte, dass sich Japans Souveränität künftig auf das ursprüngliche Territorium des Landes ohne die Kolonien beschränken würde. Wem die Insel Taiwan gehören sollte, ließ der Text offen. China? Den USA? Den Taiwanern selbst? Manche Menschen werden sich wirklich wie Waisen gefühlt haben, die ohnmächtig ihre Adoption erwarteten und im Stillen darauf hofften, für mündig erklärt zu werden. Tatsächlich aber war über ihre Zukunft schon zwei Jahre zuvor entschieden worden, mehrere tausend Kilometer entfernt und ohne dass irgendwer auf die Idee gekommen wäre, sie um ihre Meinung zu fragen.

Fragwürdige Erklärungen in Kairo

Im November 1943 zu Konsultationen mit US-Präsident Roosevelt und dem britischen Premier Churchill nach Kairo zu reisen markierte in der politischen Laufbahn von Chiang Kai-shek einen seltenen Triumph. Als Nachfolger von Landesvater Sun Yat-sen, dem ersten Präsidenten der Republik China, war Chiang seit 1928 der starke Mann in einem schwachen Land. Seit über sechs Jahren befand sich die Republik im Krieg mit Japan und hatte vom ersten Moment an mit dem Rücken zur Wand gestanden. Materiell und organisatorisch war die chinesische Armee der japanischen weit unterlegen, ihre Hauptstadt hatte die Regierung in das tief im Landesinneren gelegene Chongqing verlegen müssen, aber auch dort wurde sie pausenlos aus der Luft bombardiert. Es schien, als seien eine Kapitulation oder ein Verhandlungsfriede nur eine Frage der Zeit. Allenfalls auf dem Papier war China ein souveränes Land, tatsächlich wurden große Teile des Territoriums entweder vom japanischen Feind oder von den europäischen Kolonialmächten beherrscht, oder aber von den aufständischen Kommunisten, die in Yan'an einen Staat im Staate regierten. Nicht nur Winston Churchill fand es absurd, China symbolisch auf eine Stufe mit den USA, Großbritannien und der Sowjetunion zu stellen, doch genau das bedeutete Chiang Kai-sheks Einladung in die ägyptische Hauptstadt: Fortan gehörte die Republik zu den Big Four, den alliierten Großmächten im weltweiten Kampf gegen den Faschismus. Vergebens schlug Churchill vor, Mr und Mrs Chiang sollten sich die Pyramiden ansehen, während Roosevelt und er die Welt retteten.[4] Um Japan nicht zu provozieren, war Josef Stalin gar nicht erst nach Kairo gereist.

Der amerikanische Präsident jedoch sah die Dinge anders. Seit dem Überfall auf Pearl Harbor besaßen die USA ein überragendes Interesse daran, Chinas Kampf gegen Japan zu unterstützen, und sei es nur symbolisch. Im Fall einer chinesischen Kapitulation wäre ein großer Teil der rund 600 000 japanischen Soldaten im Land frei geworden für andere Aufgaben, etwa den Kampf gegen amerikanische Truppen im Pazifik oder einen Angriff auf die Sowjetunion von Osten her. Letzteres Szenario bereitete auch Stalin schlaflose Nächte, denn einen Zweifrontenkrieg gegen die deutsche Wehrmacht *und* Japan hätte die Rote Armee nicht führen können. *To keep China in the war* stand daher weit oben auf der alliierten Agenda. Der europäische und der asiatische Kriegsschauplatz waren enger miteinander verbunden, als uns das heute bewusst ist.

Allerdings konnten weder Roosevelt noch Churchill, noch Stalin Chiang Kai-shek viel anbieten. Die Sowjetunion und Großbritannien brauchten ihre militärischen Mittel für den Kampf gegen Hitler, die USA mussten im Pazifik ein riesiges Kriegsgebiet versorgen und bereiteten obendrein ihren Eintritt in die Schlacht um Europa vor.[5] Um Chiang Kai-shek dennoch von einer Einigung mit Japan abzuhalten – die er nicht anstrebte, mit der er aber wiederholt drohte –, lockte man ihn mit Versprechungen über die Zeit nach dem Krieg. Die meisten gingen auf persönliche, nicht mit der Administration abgestimmte Initiativen von Präsident Roosevelt zurück, dessen Vorfahren mütterlicherseits mit dem Opiumhandel reich geworden waren und der sich deshalb für einen Chinaexperten hielt, auch wenn sein Wissen hauptsächlich auf Folklore und Stereotypen beruhte. Das Reich der Mitte sollte einer der »vier Weltpolizisten« werden, die in einer globalen Nachkriegsordnung für Frieden sorgen würden. Das war der wichtigste Grund, weshalb der US-Präsident schon einige Zeit vor Kairo entschieden hatte, die Insel Taiwan nach der japanischen Kapitulation der Republik China zuzusprechen. Heutige Historiker betonen, dass Roosevelt seine Entscheidung nicht nur ohne Rücksprache mit dem State Department gefällt hatte – wo zeitgleich viele andere Szenarien erwogen wurden –, sondern auch ohne selbst lange darüber nachzudenken. In der US-Politik jener Jahre war Taiwan von minimaler Bedeutung.[6]

»Alle Territorien, die Japan den Chinesen gestohlen hat, etwa die Mandschurei, Formosa und die Pescadoren [Penghu-Inseln], sollen an China zurückgegeben werden«, hieß es folglich in der Kairoer Erklärung, mit der die Zusammenkunft endete. Damit war der Grundstein sowohl für die Nachkriegsordnung in Ostasien gelegt als auch für den chinesisch-taiwanisch-amerikanischen Konflikt von heute. Viele grundsätzliche Fragen blieben unbeantwortet: Worauf gründete der chinesische Anspruch auf die Insel? Wie sollte die Übergabe vonstattengehen? Verfügte die Republik China über genügend erfahrene Beamte, um eine so komplexe Wirtschaft wie die taiwanische am Laufen zu halten? Soweit wir wissen, wurde über all das in Kairo nicht geredet. Ob die Inselbewohner zu China gehören *wollten*, stand auch in den von Roosevelt ignorierten Debatten im Außenministerium nie zur Diskussion.[7] Das Waisenkind Taiwan besaß keinerlei Mitspracherecht über die eigene Zukunft.

Einige US-Diplomaten nahmen Anstoß an der nachlässigen Art, in der die Kairoer Erklärung aufgesetzt worden war. Während Japan die Mandschurei tatsächlich ohne Rechtsgrundlage militärisch besetzt hatte, konnte man von Taiwan und den Penghu-Inseln nicht sagen, sie seien China »gestohlen« worden. Vielmehr waren sie nach der chinesischen Niederlage im ersten Krieg gegen Japan 1894/95 dem Sieger zugesprochen worden, und zwar dem Vertrag von Shimonoseki zufolge für immer. George Kerr, einer der besten Taiwankenner im Außenministerium, glaubte nicht, dass eine bloße Absichtserklärung wie die von Kairo einen geltenden bilateralen Vertrag ersetzen und gegenstandslos machen könne.[8] Genau genommen sah die amerikanische Regierung das ebenso. In ihren Augen war die Kairoer Erklärung kein bindendes Abkommen und die japanische Kapitulation kein Akt, der über Souveränitätsfragen entschied, dafür würde es einen sorgfältig ausgearbeiteten Friedensvertrag brauchen. Solange der nicht vorlag, hielt Washington den Status von Taiwan für völkerrechtlich nicht entschieden.[9]

Chiang Kai-shek hatte eine andere Sicht. Der Gipfel von Kairo bedeutete für ihn nicht zuletzt deshalb einen außenpolitischen Erfolg, weil dort Taiwans Zugehörigkeit zu China so klar und unmissverständlich festgestellt worden war. Knapp zwei Jahre später, nach der deutschen Kapitulation, reiste Chiang zwar nicht nach Potsdam, vernahm aber erfreut, dass sich an der alliierten Position nichts geändert hatte. »Die Bestimmungen der Erklärung von Kairo sollen umgesetzt werden«, erklärte das Abschlussdokument von Potsdam bündig.

Zwei Wochen darauf hielt Kaiser Hirohito seine historische Radioansprache. Indem Tokio bedingungslos kapitulierte, akzeptierte es alle von den Alliierten gestellten Forderungen, auch die, deren Konsequenzen die Akteure in Kairo nur unzureichend bedacht hatten. Chiang Kai-shek hingegen wusste genau, was er wollte. Misstrauisch gegenüber den USA, begann er augenblicklich damit, die Vereinbarung von Kairo in seinem Sinn umzusetzen: Seine Nationalpartei, die Kuomintang (KMT), würde die Insel Taiwan übernehmen, egal ob sie sie effektiv verwalten konnte oder nicht. Jetzt ging es nicht um administrative Detailfragen, sondern um das heilige Prinzip nationaler Einheit! Über die sechs Millionen Bewohner der Insel wusste der Diktator nur eines, aber das reichte ihm: Sie lebten auf chinesischem Territorium, waren also Chinesen und würden zu Bürgerinnen und Bürgern der Republik China werden. Ob sie wollten oder nicht.

Guangfu: *Vom Triumph zum Debakel*

Als *Taiwans Neue Zeitung* wenige Tage nach der japanischen Kapitulation auch die Erklärung von Kairo veröffentlichte, überraschte deren Inhalt niemanden mehr. In den letzten Kriegsmonaten war die Insel von der amerikanischen Luftwaffe bombardiert worden, und zusammen mit ihrer tödlichen Fracht hatten die Flugzeuge Flyer mit dem Porträt von Roosevelt und Chiang Kai-shek sowie folgender Versicherung abgeworfen: »Gemeinsam geben die beiden alliierten Kräfte im Pazifik allen Menschen auf Formosa das feste Versprechen, dass ihre Freiheit wiederhergestellt werden wird, indem die japanischen Streitkräfte vertrieben werden.«[10] Das sollte den Inselbewohnern signalisieren, dass die Angriffe nicht ihnen galten, auch wenn sie darunter zu leiden hatten. Insgesamt 5500 Menschen starben bei den Bombardements, Zehntausende wurden obdachlos.

Manch einer wird damals überlegt haben, inwiefern die Insel je frei gewesen war und was also die *Wieder*herstellung von Freiheit bedeuten sollte. Aus Sicht der chinesischen Regierung lag die Antwort im Ausdruck »guangfu«: Taiwans »glorreiche Rückübertragung« in den Schoß des Mutterlandes. Chiang Kai-shek wusste, dass die Ausarbeitung eines Friedensvertrags mit Japan Jahre dauern würde, und weder wollte er so lange warten, noch assoziierte er »Freiheit« mit irgendeiner Form von Selbstbestimmung für die Menschen in Taiwan. Nicht länger von Japan versklavt zu sein, sondern wieder zu China zu gehören, *das* war ihre Freiheit. Anders als das deutsche Wort »Rückübertragung« oder das englische »retrocession« ist »guangfu« reich an politisch-moralischen Implikationen, meint es doch die Rückgewinnung von Gebieten, die dem Land gewaltsam entrissen worden waren. Insofern zielte das chinesische Wort nicht lediglich auf die Wiederherstellung souveräner Herrschaft, sondern auf die Tilgung einer historischen Schmach. Mit demselben Ausdruck hatten chinesische Nationalisten Jahrzehnte zuvor gegen die Qing-Dynastie agitiert, weil diese aus Mandschus bestand und daher kein Recht besitze, über China zu herrschen. Im nationalistischen Ruf nach *guangfu* schwang der Wunsch nach Vergeltung für die dem Vaterland zugefügten Wunden mit, also nach Rache an den Feinden – und erst recht an den Kollaborateuren.[11]

Wenngleich das Kriegsende nicht für solche Freudentaumel wie auf dem Festland gesorgt hatte, waren die meisten Taiwanerinnen und Taiwaner froh, nicht länger unter japanischer Herrschaft leben zu müssen. Angesichts der alltäglichen Diskriminierung durch die Kolonialherren hatte sich ansatzweise ein neues taiwanisches Wir-Gefühl gebildet, getragen von einer zwar kleinen, aber gut ausgebildeten Mittelschicht, die für ihresgleichen mehr politische Mitbestimmung anstrebte. Das war wohlgemerkt keine Unabhängigkeitsbewegung, sondern ein Zusammenschluss gut situierter Bürger, die innerhalb des Kaiserreichs mehr koloniale Selbstverwaltung forderten, inklusive der Einrichtung eines taiwanischen Parlaments. Erfolg hatten sie damit nicht. In japanischen Augen fehlte es den Einheimischen an Reife, um ihre eigenen Belange zu regeln. Frustriert vom wiederholten Scheitern und abgeschreckt von der forcierten Assimilierungspolitik der Kriegsjahre richtete Taiwans Elite ihre Hoffnungen im Herbst 1945 auf die neuen Herrscher. Dass Chiang Kai-shek eine sechsköpfige taiwanische Delegation eingeladen hatte, am 9. September in Nanjing der Unterzeichnung der japanischen Kapitulationserklärung beizuwohnen (die Kapitulation an die USA war eine Woche zuvor an Bord der *USS Missouri* in der Bucht von Tokio über die Bühne gegangen), verstärkte die Hoffnungen noch.[12] Demnach wollte die KMT die Einheimischen in ihre Planungen für die Insel einbeziehen. Der seit den 1920er Jahren gehegte Traum von größerer Selbstbestimmung schien sich endlich zu erfüllen.

»Die Begeisterung der Taiwaner über ihre ›Befreiung‹ hielt etwa sechs Wochen an.«[13] Diese Einschätzung von George Kerr, der nach dem Krieg nach Taiwan zurückkehrte, wo er bereits von 1937 bis 1940 gearbeitet hatte, mag etwas übertrieben sein, aber nicht sehr. Kerrs Buch *Formosa Betrayed* berichtet aus erster Hand über die rasante Abwärtsentwicklung, die mit der Ankunft der chinesischen Truppen im Oktober 1945 einsetzte und anderthalb Jahre später zu einem Massaker an der Bevölkerung führte, dessen Schatten bis heute über der taiwanischen Gesellschaft hängt. Nach fünfzigjähriger Trennung begegneten sich Festlandchinesen und Taiwaner an einem Punkt ihrer jeweiligen Geschichte, an dem kollektive Erfahrungen und Erwartungen kaum gegensätzlicher hätten sein können. Das machte die Eskalation zwar nicht unausweichlich, aber um sie abzuhalten, hätte es eines umsichtigen politischen Managements bedurft, und damit konnte die KMT nicht aufwarten. Die meisten Vertreter, die sie nach Taiwan entsandte, agierten unflexibel, selbstherrlich und brachial. Vor allem hassten sie Japan – dass Taiwan und seine Bewohner in ihren Augen ziemlich japanisch aussahen, sorgte bald für böses Blut.

Zum Gouverneur über die Insel hatte Chiang Kai-shek seinen Vertrauten Chen Yi ernannt, der wie der Generalissimus selbst aus der Provinz Zhejiang stammte. Am 24. Oktober kam er in Taiwan an, um am nächsten Tag die offizielle Kapitulationszeremonie zu leiten. Obwohl er fließend Japanisch sprach, nicht aber den auf der Insel üblichen Minnan-Dialekt, weigerte er sich standhaft, die einzige Sprache zu benutzen, in der eine Verständigung mit den Einheimischen möglich gewesen wäre.[14] Vermutlich hielt er das für einen Ausweis seiner Prinzipientreue. Dass er auf der Fahrt vom Songshan-Flughafen hinein in die Stadt mit lauten »Banzai!«-Rufen empfangen wurde, dürfte ihn darin bestätigt haben, dass man die Inselbewohner erst einmal zu Chinesen würde umerziehen müssen. Ob er es als Widerspruch empfand, dass er in Begleitung seiner japanischen Geliebten nach Taiwan reiste, ist nicht bekannt.[15]

Kurz nach General Chen Yi gingen in den Hafenstädten Keelung und Kaohsiung rund 12 000 chinesische Soldaten an Land. Die einheimische Elite hatte Empfangskomitees organisiert, an den Docks drängten sich Tausende Schaulustige, um den großen Moment mitzuerleben. In Kaohsiung hatte der Vater von Peng Ming-min[16] keine Kosten und Mühen gescheut, um für den Empfang genug Essen, Getränke und Feuerwerkskörper zu organisieren. Für das von der offiziellen Kapitulationszeremonie ausgeschlossene Volk war dies der eigentliche Augenblick, in dem in Taiwan eine neue Zeit begann. Auf amerikanischen und japanischen Schiffen – wie sonst? – kamen die Befreier in Taiwan an. Ebenfalls an den Docks standen, ordentlich aufgereiht und in frisch gewaschenen Paradeuniformen, japanische Truppen, die auf ihre Rückführung warteten. Vermutlich lag nicht nur freudige Erwartung, sondern auch eine gewisse Spannung in der Luft.

Dann war es so weit. »Das Schiff legte an, die Gangway wurde herabgelassen, und heraus kamen die chinesischen Truppen, die Sieger«, so Peng Ming-min in seinen Memoiren. »Der erste Mann, der sich zeigte, war ein verwahrloster Kerl, der eher einem Coolie als einem Soldaten glich und sich auch so benahm. Mit einer Tragestange über der Schulter, an der sein Schirm, eine Schlafmatte sowie Kochtopf und Tasse hingen, schlich er davon. Weitere Männer wie er folgten, manche trugen Schuhe, andere nicht.«[17]

Die mir bekannten Berichte über die Truppenankunft gleichen einander so sehr, als hätten die Autoren voneinander abgeschrieben. Tatsächlich war der Eindruck wohl überall derselbe. Ohne Ordnung gingen die chinesischen Soldaten von Bord, bedienten sich an den Erfrischungsständen und zogen weiter in die Stadt, wo sie sich in den Geschäften einfach nahmen, was ihnen gefiel. »Mein Vater«, notierte Peng Ming-min, »fragte sich, was die Japaner wohl denken mochten. Nie im Leben hatte er sich so sehr geschämt.«[18]

Eine bezeichnende Aussage. Dass die Taiwaner in den kommenden Monaten oft an die Kolonialzeit zurückdenken und sich sagen sollten, die Japaner seien zwar hochmütig und herrisch, aber immerhin auch kompetent gewesen, lag an den chinesischen Beamten, die den Soldaten folgten und deren Hochmut sich mit Inkompetenz und Korruptheit paarte. George Kerrs Befürchtung, die KMT könnte mit der Verwaltung einer modernen Gesellschaft überfordert sein, erwies sich als berechtigt. Inflation, Mangelwirtschaft und Arbeitslosigkeit nahmen zu, Produktivität, öffentliche Sicherheit und das Gesundheitsniveau sanken rapide; es kam zu einem Choleraausbruch, 1946 kehrte kurzzeitig gar die Pest nach Taiwan zurück! Während etwa 7000 japanische Spezialisten auf der Insel bleiben durften, weil die Regierung ihre Dienste benötigte, wurde Einheimischen der Zugang zu höheren Positionen verwehrt.[19] Dass die KMT ihnen offenbar noch weniger vertraute als ihrem Erzfeind, sorgte für Empörung. Bei der Verfügung über japanisches Eigentum, vor allem Wohnraum, wurden Taiwaner regelmäßig übergangen, in vielen Fällen verloren sie *ihr* Eigentum an die neuen Herren. »Wenn ein Chinese mit einem gewissen Einfluss ein bestimmtes Grundstück haben wollte, musste er nur den taiwanischen Besitzer beschuldigen, während der vergangenen fünfzig Jahre ein Kollaborateur gewesen zu sein.«[20]

Der Generalverdacht der Kollaboration lastete schwer auf den

Einheimischen. *Hanjian*, »Verräter am chinesischen Volk«, lautete der Ausdruck dafür, der die Beschuldigten auf eine Stufe stellte mit jenen, die während des Kriegs auf dem Festland mit den japanischen Invasoren kollaboriert hatten. Wie die Historikerin Chen Cui-lian zeigt, hatte die KMT-Regierung zwar zunächst verfügt, dass dieser Ausdruck auf die kolonialzeitlichen Verhältnisse nicht anwendbar sei, im Zuge der rapide zunehmenden sozialen Spannungen geschah das aber dennoch. »Keine Gnade für *Hanjian*!«, forderte die Tageszeitung *Neues Leben* im Januar 1946.[21]

»Die schlechten Beziehungen zwischen Nationalisten und Taiwanern erwuchsen aus Tausenden kleiner Handlungen«, schreibt der Historiker Steven Phillips und nennt als Beispiel, dass chinesische Soldaten beschuldigt wurden, alle Fahrräder auf der Insel zu entwenden.[22] George Kerr berichtet eine mit eigenen Augen beobachtete Episode: Ein chinesischer Soldat hielt einen kleinen Jungen an, der auf dem Rad vorbeifuhr, zwang ihn abzusteigen und beanspruchte das Gefährt für sich. Als der lautstarke Protest des Jungen die Aufmerksamkeit von Passanten weckte, wollte sich der Soldat davonstehlen, aber offenbar war er nie zuvor Rad gefahren. Zur allgemeinen Belustigung fiel er mehrmals um und musste schließlich unter höhnischem Gelächter zu Fuß fliehen. »Solche Konfrontationen ereigneten sich häufig und überall auf der Insel«, resümiert Kerr. »Das ist, glaube ich, einer der wichtigen Schlüssel für die Situation, die dann auf Formosa entstand.«[23]

Gegenseitiges Misstrauen und Verachtung nahmen immer weiter zu. Verglichen die Taiwaner die Festländer unvorteilhaft mit ihren früheren Kolonialherren, bestätigten sie auf chinesischer Seite das Vorurteil, sie besäßen noch immer eine »Sklavenmentalität«, die man ihnen gründlich austreiben musste. Zum ersten Jahrestag der glorreichen Rückübertragung im Herbst 1946 wurden Printprodukte in japanischer Sprache verboten, bis dahin zweisprachige Tageszeitungen durften nur noch auf Chinesisch erscheinen. Das hatte den willkommenen Nebeneffekt, große Teile der einheimischen Elite mundtot zu machen und ihre Kritik am Missmanagement der KMT zu unterbinden.

Zu einem nicht unerheblichen Teil erklärt sich die katastrophale KMT-Politik in Taiwan mit der gleichzeitigen Entwicklung auf dem chinesischen Festland. Kaum hatten die Japaner kapituliert, brach dort der seit Jahren schwelende Bürgerkrieg zwischen Nationalisten und Kommunisten erneut aus und verlangte nach Maßnahmen, die das Klima auf der Insel weiter vergifteten. Dass sämtliche Lastwagen der Taipeier Müllabfuhr nach China geschafft wurden, um dort als Truppentransporter zu dienen, war noch eine Petitesse. In großem Stil wurden Industrieanlagen abgebaut und nach Shanghai verschifft, mal von Verwaltungsstellen, mal von Schmugglerbanden, die mit ihnen unter einer Decke steckten. Festländer schienen die Insel als Selbstbedienungsladen zu betrachten, und unter den Einheimischen setzte sich im Lauf des Jahres 1946 das Gefühl fest, nicht befreit, sondern rekolonisiert worden zu sein. Es bedurfte nur noch des berühmten Tropfens, um das Fass zum Überlaufen zu bringen. Der kam im Frühjahr 1947. Bevor ich die tragische Eskalation schildere, müssen wir die Entwicklung am anderen Ufer der Taiwanstraße jedoch zunächst noch einen Schritt weiter verfolgen.

George Marshalls »Mission Impossible«

»Die einzige Weise, einen Krieg zu gewinnen, besteht darin, ihn zu vermeiden.« Dass das ausgerechnet der Mann sagte, der als Architekt des alliierten Sieges über Nazideutschland und Japan gilt, ist kein Widerspruch. Besser als viele andere wusste George Marshall von dem unermesslichen Leid, das auch großen militärischen Triumphen einen Hauch von Vergeblichkeit verleiht. Als er im Dezember 1945 als Sonderbotschafter nach China reiste, statt sich in den verdienten Ruhestand zurückzuziehen, wollte er dem kriegsgebeutelten Land einen weiteren Waffengang ersparen, der zwischen Kommunisten und Nationalisten auszubrechen drohte. In Präsident Trumans erbaulichen Worten lautete Marshalls Auftrag, China zu Friede, Einheit und demokratischen Reformen zu verhelfen.[24]

Das erwies sich schon bald als unmöglich. Ein zweiwöchiger Waffenstillstand, den der Sonderbotschafter im Januar 1946 aushandelte, sollte der größte Erfolg seiner Bemühungen bleiben. Die kommunistischen Anführer bezeichneten Chiang Kai-shek als »faschistischen Häuptling«, der seinerseits nannte Mao Zedong einen »ruchlosen, üblen Verbrecher«. Außerdem hatten sich beide Seiten schon vor der japanischen Kapitulation auf den Showdown eingestellt, den sie trotz gegenteiliger Beteuerungen für unausweichlich hielten. Dass die Sowjetunion kurz vor Kriegsende in den Kampf gegen Japan eingetreten war und weite Teile der Mandschurei besetzt hielt, verkomplizierte die Lage zusätzlich. Trumans Entscheidung für den Einsatz der Atombombe war auch in der Hoffnung gefallen, Japan könnte kapitulieren, *bevor* Stalin das Versprechen einlöste, das er Roosevelt in Yalta gegeben hatte: Eintritt in den Krieg gegen Japan binnen drei Monaten nach der deutschen Kapitulation. Der sowjetische Schritt erfolgte jedoch pünktlich; am Tag des Bombenabwurfs auf Nagasaki strömten eine Million Rotarmisten in die Mandschurei, und die USA fürchteten ebenso wie Chiang Kai-shek einen Schulterschluss mit Maos Truppen, die sich von Yan'an aus in Marsch setzten.[25]

Das zermürbende Hin und Her der folgenden Monate kann ich hier nicht en détail schildern.[26] Es ist aber wichtig, den seit den 1920er Jahren währenden Kampf zwischen KMT und Kommunistischer Partei als Bruderzwist zu begreifen, denn trotz ihrer erbitterten Feindschaft ähnelten sich beide Parteien nicht nur darin, dass sie ihre diktatorische Herrschaft »Demokratie« nannten. Auch bei den Kommunisten handelte es sich in erster Linie um chinesische Nationalisten, und die KMT jener Jahre war ebenfalls eine leninistische Kaderpartei, die zeitweise bessere Beziehungen zu Moskau unterhielt als ihr Rivale – vom hysterischen Antikommunismus, der später ihre Herrschaft in Taiwan auszeichnete, darf man sich nicht täuschen lassen. Stalin hegte ohnehin keine hohe Meinung von den chinesischen Genossen und verlangte, dass sie die Führungsrolle der KMT akzeptierten. Zunächst geschah das auch. »Gegenwärtig beschränkt sich unsere Arbeit darauf, der Nationalregierung und der KMT zu helfen«, erklärte Zhou Enlai, der künftige Premier und Außenminister der Volksrepublik ungewohnt brav.[27]

Das war im März des Jahres 1927, als die Republik endlich auf dem Weg zu stabilen Verhältnissen zu sein schien. Durch seinen sogenannten Nordfeldzug hatte Chiang Kai-shek mehrere regionale Kriegsherren entmachtet und damit alternative Machtzentren ausgeschaltet. Von der Hauptstadt Nanjing aus begann er ein ambitioniertes Reformprogramm, um China in einen geeinten, modernen Nationalstaat zu verwandeln. Auf die Hilfe der Kommunisten glaubte er nicht länger angewiesen zu sein. Im Gegenteil, im Frühjahr 1927 sah er die Chance, sich ihrer ein für alle Mal zu entledigen. Die von Chiang angeordnete Säuberung führte zur Exekution von 3000 bis 4000 kommunistischen Parteimitgliedern, 25 000 weitere wurden verhaftet.[28] Es war der Startschuss für den Bürgerkrieg, der in den folgenden zwei Jahrzehnten gelegentlich zugunsten zögerlicher Zusammenarbeit unterbrochen wurde, aber erst 1949 mit der Flucht der Nationalisten nach Taiwan faktisch endete. Formal beendet wurde er nie, weshalb die 1927 als Antwort auf die Säuberungen gegründete Volksbefreiungsarmee noch heute darauf wartet, durch eine Invasion Taiwans einen endgültigen Schlussstrich zu ziehen.

Insofern ging Chiang Kai-sheks Kalkül nur kurzfristig auf. Statt die Kommunisten zu vernichten, vertrieb er sie aus den Städten hinaus aufs Land, wo Mao Zedong ihr Vordenker und schließlich ihr Anführer wurde. Maos größte Leistung als Revolutionär bestand in der Entwicklung einer Strategie, die mit der marxistischen Orthodoxie brach und nicht auf das städtische Proletariat, sondern auf Chinas bettelarme bäuerliche Massen setzte. Auf dem Land – erst in Jiangxi, dann in Yan'an – kam die Kommunistische Partei Chinas zu sich selbst, hier fand sie die Ressourcen, die sie schließlich an die Macht bringen sollten. Die KMT hingegen blieb die Partei der städtischen Elite, die außerhalb der urbanen Zentren keine Machtbasis besaß und für Chinas Bauern nur Verachtung übrig hatte. Maos Strategem, vom Land aus die Städte zu umzingeln, könnte man *die* Siegesformel des chinesischen Bürgerkriegs nennen.

Während George Marshalls Chinamission war diese Entwicklung so nicht vorhersehbar, aber sie begann sich abzuzeichnen. Als sich die sowjetische Armee schließlich aus der Mandschurei zurückzog, überließ sie kommunistischen Truppen Waffen und andere militärische Ausrüstung, oft aus japanischen Beständen. Die Chancen auf eine friedliche Einigung erhöhte das nicht. Sosehr beide Seiten ihren guten Willen beteuerten, so hartnäckig hielten sie an ihren unvereinbaren Forderungen fest. Chiang Kai-shek war bereit, Kommunisten in seine Regierung aufzunehmen, aber er bestand auf einer einheitlichen Armee unter seiner Führung. Die KP ihrerseits hatte nicht vor, auf ihre Streitkräfte zu verzichten. Steckten die Verhandlungen einmal nicht fest, drehten sie sich im Kreis. Mühsam ausgehandelte Absprachen wurden umgehend gebrochen, vertrauliche Informationen gelangten sofort an die Öffentlichkeit, und als das Jahr 1946 zu Ende ging, wurde Marshall klar, dass er gescheitert war. Um den Druck auf Chiang Kai-shek zu erhöhen, hatte die amerikanische Regierung bereits ein Waffenembargo verhängt, nun fror sie auch ihre Finanzhilfen ein – eine Einigung blieb aus.

Im Januar 1947 rief Präsident Truman Marshall zurück. Zu diesem Zeitpunkt war Chiang Kai-shek noch fest davon überzeugt, den Bürgerkrieg auch ohne amerikanische Unterstützung gewinnen zu können. Das sollte sich schon im nächsten Jahr als Irrtum erweisen. Niederlagen auf dem Schlachtfeld führten zu Auflösungserscheinungen in der Regierung, der Zusammenbruch der Wirtschaft verursachte Proteste in der Bevölkerung, deren gewaltsame Unterdrückung dem Ruf des Regimes weiter schadete. Fünfzig Millionen Menschen, die vor der japanischen Armee nach Westen geflohen und gerade erst in ihre Heimatstädte zurückgekehrt waren, fanden sich aufs Neue in einem Kriegsgebiet wieder; ein großer Teil von ihnen musste umgehend die nächste Flucht antreten, aber wohin? Einen klaren Frontverlauf gab es nicht und nur sehr wenige Orte, wo man sich vor den Kämpfen sicher fühlen konnte.

Einer davon war Taiwan. Zwar kursierten in chinesischen Küstenstädten Gerüchte, dass im Frühjahr 1947 auch auf der Insel Gewalt ausgebrochen sei, aber Genaues wusste man nicht, und schlimmer als auf dem Festland konnte es gar nicht sein. Immer mehr Menschen beschlossen, die Überfahrt zu wagen. Die meisten rechneten mit einem kurzen Aufenthalt, einen endgültigen Sieg der Kommunisten wagte sich niemand vorzustellen. *Duo duo yu* lautete eine oft benutzte Redeweise: sich unterstellen, bis der Regen vorbei ist. Viele, die so dachten, sollten ihre Heimat entweder als alte Menschen wiedersehen oder nie mehr.[29]

228: Das Massaker und seine Folgen

Am Abend des 27. Februar 1947 kam es im Stadtbezirk Dadaocheng in Taipei zu einem Zwischenfall. Agenten des Monopolamts konfiszierten die Ware einer Frau namens Lin Chiang-mai, die vor einem beliebten Teehaus geschmuggelte Zigaretten verkaufte. Als sie sich zur Wehr setzte, schlug einer der Männer sie mit dem Griff seiner Pistole nieder. Passanten eilten herbei, böse Worte gingen hin und her, im entstehenden Handgemenge löste sich ein Schuss und traf einen unbeteiligten Nachbarn, der später seinen Verletzungen erlag.[30] Erschrocken suchten die Agenten des Monopolamts das Weite. Wie fast alle Beamten in Taiwan stammten sie vom Festland, Frau Lin und der Tote hingegen waren Einheimische.

Das Kürzel 228, unter dem die Ereignisse heute bekannt sind, steht für den folgenden Tag, den 28. Februar. Mehrere tausend aufgebrachte Bürger zogen zum Monopolamt, bei dessen Erstürmung sie zwei Beamte lynchten, und weiter zum Amtssitz von Generalgouverneur Chen Yi, wo es zur Konfrontation mit chinesischen Streitkräften kam. Mehrere Demonstranten starben, als die Soldaten das Feuer eröffneten. Von Taipei aus griffen die Unruhen um sich, vielerorts kam es zu Gewalt gegen Festländer, die völlig verängstigt Schutz in Armeebaracken suchten. Aus dem Zwischenfall in Taipei wurde ein spontaner Volksaufstand. Vereinzelt scheint es Beteiligten gelungen zu sein, durch die Plünderung von Polizeistationen an Waffen zu gelangen, und da die Truppen auf der Insel größtenteils aus unerfahrenen Rekruten bestanden, befand sich Taiwan nach wenigen Tagen in der Hand der Einheimischen.

Anfang März lag eine gespannte Ruhe über der Insel. Sogenannte Service-Corps von Schülern und Studenten sorgten für öffentliche

Ordnung, in Taipei verhandelte die einheimische Elite mit Chen Yis Getreuen und versuchte, ihnen Reformen abzuringen. Am 6. März legte sie eine Liste mit 32 Forderungen vor, die sich teils auf die Aufarbeitung der jüngsten Ereignisse bezogen und teils politische Fragen betrafen: Es war die Fortsetzung des langen Kampfes um mehr Mitbestimmung, den dieselben Männer bereits in der Kolonialzeit geführt hatten. »Lokale Selbstverwaltung« (*difang zizhi*) lautete das zentrale Schlagwort, das in den Ohren der KMT-Vertreter allerdings gefährlich an Sezessionsbestrebungen erinnerte, gegen die sie ihre Herrschaft auf dem Festland einst hatten durchsetzen müssen. In ihren Augen war es immer dasselbe: An den Rändern der Republik wollten gewisse Gruppen die Souveränität der Zentralregierung nicht anerkennen; dem nachzugeben hätte früher oder später zum Zusammenbruch der Staatsgewalt geführt. Zwar gab Chen Yi vor, mit Nanjing über die 32 Forderungen beraten zu wollen, aber in Wahrheit schwebte ihm eine andere Lösung vor.

Am 8. März landeten in Keelung und Kaohsiung erneut chinesische Soldaten. Statt sich wie im Oktober 1945 in Geschäften die Taschen zu füllen, gingen sie diesmal an Land und begannen zu schießen. Mehrere Wellen von Gewalt brachen in den nächsten Tagen, Wochen und Monaten über die Insel herein. Erst willkürliche Erschießungen auf offener Straße, dann die Verhaftung von tatsächlichen oder vermeintlichen Anführern des Widerstands, die mal an Flussufern exekutiert und mal summarisch abgeurteilt wurden. Da eine ernsthafte Aufarbeitung der Ereignisse erst Jahrzehnte später begann, wird über die Opferzahlen bis heute gestritten. Steven Phillips nennt 10 000 Tote und 30 000 Verwundete einen »ungefähren Konsens in der einschlägigen Forschung«, aber es kursieren auch viel höhere oder niedrigere Zahlen.[31] In jedem Fall bewirkte die Gewalt, dass die in der Kolonialzeit entstandene taiwanische Elite als politische Kraft verschwand. Zwar hatte sie die spontane Erhebung nicht angeführt, sondern sich vergebens bemüht, sie in eine Reformbewegung zu überführen, aber das Regime wertete die Ereignisse als Staatsstreich und reagierte entsprechend. Aus Sicht der KMT hatten die Einheimischen einmal mehr gezeigt, dass es ihnen an Loyalität zur Republik mangelte.

Beendet war die Gewalt damit noch nicht. Ihren Höhepunkt erreichte sie erst, als die KMT-Herrschaft auf dem Festland vollends zusammenbrach und sich Chiang Kai-shek und seine Truppen 1949 ganz nach Taiwan zurückzogen. Ihr tiefsitzender Hass auf die Kommunisten und die gleichzeitige Angst vor kommunistischer Unterwanderung entluden sich in einer Politik, die man heute als »Weißen Terror« bezeichnet. Was dabei oft vergessen wird: Zu den Opfern gehörten auch überdurchschnittlich viele Festländer, denn jeder konnte als vermeintlicher Spion ins Visier der Sicherheitspolizei geraten, insbesondere Personen, deren Angehörige im Zuge der großen Flucht auf dem Festland zurückgeblieben waren. Im Mai 1949 wurde das Kriegsrecht verhängt und galt ununterbrochen für 38 Jahre. Zwischen 100 000 und 200 000 Menschen wurden verhaftet, oft aufgrund haltloser Denunziationen, die sie für Jahre auf die berüchtigte Grüne Insel verbannten. In ideologischer Verblendung hatte die KMT das Problem des Kommunismus in eine Gesellschaft importiert, wo es so gut wie keine Kommunisten gab.[32]

Bereits einen Monat nach den Massakern von 1947 wurde Chen Yi als Generalgouverneur abberufen. Das sah nach Bestrafung aus, aber dass Chiang Kai-shek ihn im Jahr darauf zum Gouverneur ihrer gemeinsamen Heimatprovinz Zhejiang machte, zeigt, dass sich der Mann in den Augen des Generalissimus keines Verbrechens schuldig gemacht hatte. Erst als Chen Yi im neuen Amt begann, auf eigene Faust mit den Kommunisten zu verhandeln, ließ Chiang ihn verhaften und zurück nach Taiwan bringen. Seine Hinrichtung im Juni 1950 dürfte ein kalkulierter Versuch gewesen sein, sich bei der einheimischen Bevölkerung einzuschmeicheln – auf die etwas befremdliche Art, in der Diktatoren manchmal um Zuneigung werben.

Korea oder die große Kehrtwende

Die Herrschaft und sogar das Überleben der KMT hingen zu diesem Zeitpunkt am seidenen Faden. Ihr Zusammenbruch auf dem Festland war am Ende noch schneller erfolgt, als selbst die siegesgewissen Kommunisten geglaubt hatten. Chiang Kai-sheks Entscheidung im Dezember 1948, alle Goldreserven und unzählige Kunstschätze nach Taiwan bringen zu lassen, mochte noch eine Vorsichtsmaßnahme gewesen sein. Sie erwies sich aber schnell als Beginn einer verzweifelten Flucht.

Sämtliche Versuche, von den USA neue Militär- und Finanzhilfen zu erhalten, waren gescheitert. Die ständige Bitte um Geld hatte Chiang Kai-shek schon im Pazifikkrieg den Spitznamen »Cash-My-Check« eingebracht, nun war sein Kredit aufgebraucht. In Trumans Regierung glaubte niemand, dass das wankende Regime auf Taiwan lange überleben würde, doch daraus ergab sich eine Reihe schwieriger Fragen. Binnen kürzester Zeit hatte sich die politische Landschaft Ostasiens grundlegend gewandelt. Japan war kein Feind mehr, sondern unter amerikanischer Militärverwaltung dabei, Washingtons Verbündeter zu werden. Die in Kairo zur nominellen Großmacht aufgestiegene Republik China besaß de facto nur noch knapp acht Millionen Einwohner, und Stalin hatte sich – ganz ohne persönliche Veränderung! – vom Waffenbruder zur Inkarnation des Teufels gewandelt. Den Kalten Krieg begannen die USA unter der Prämisse, dass der Kreml seine Macht weltweit durchsetzen und dafür die Funktion der Regierung und die Struktur der Gesellschaft in *allen* noch nicht von ihm beherrschten Ländern zerstören wollte. Insbesondere bemühte er sich um die Unterwerfung der gesamten eurasischen Landmasse.[33] Fragte sich nur, ob der Sieg der chinesischen Kommunisten den Kreml seinem Ziel näherbrachte oder ob ein Schulterschluss der beiden roten Riesen noch irgendwie zu verhindern war.[34]

In dieser Situation wurde auch die strategische Bedeutung der Insel Taiwan neu durchdacht. Wie ein Telegramm von Außenminister Dean Acheson vom März 1949 zeigt, wollte sich Washington alle Optionen offenhalten, inklusive die einer Selbstverwaltung durch (natürlich antikommunistische!) Taiwaner ohne Beteiligung der KMT. Die USA sollten ihren Einfluss nutzen, schrieb Acheson, um den weiteren Zuzug von Festländern auf die Insel zu unterbinden, und »auf diskrete Weise« Kontakt zu möglichen politischen Führern unter den Einheimischen halten. So könnte man sich künftig einer taiwanischen Autonomiebewegung bedienen, sollte sich dies als im Interesse der USA liegend erweisen.[35] Es war ein schmaler Grat, auf dem der Außenminister wandelte; nur einen Tag nach seinem Telegramm betonte er im Nationalen Sicherheitsrat, dass keinesfalls der Eindruck entstehen dürfe, als zeigten die USA ein besonderes Interesse an Formosa. Vor allem dürfe es nicht so aussehen, als betreibe Washington die Abspaltung der Insel von China. Ein solcher Fall von Irredentismus[36] hätte es unmöglich gemacht, die andauernde Präsenz sowjetischer Truppen auf chinesischem Territorium, z.B. in Xinjiang zu nutzen, um einen Keil zwischen Moskau und Peking zu treiben. Das aber blieb das alles überragende Ziel, weshalb es gerade *nicht* ratsam erschien, die wenigen Verfechter von taiwanischer Selbstbestimmung zu unterstützen, die das Blutbad vom März 1947 überlebt hatten. Heute wissen wir: Personen mit gesellschaftlichem Einfluss befanden sich ohnehin nur in sehr geringer Zahl darunter.

Wie schon während des Pazifikkriegs wurde Washingtons Sicht auf Taiwan auch im beginnenden Kalten Krieg von strategischen Interessen bestimmt – die allerdings mussten erst einmal geklärt werden. Acheson und einige andere Regierungsmitglieder hofften 1949 noch, die USA könnten diplomatische Beziehungen zu Peking aufnehmen, um Moskaus Einfluss in China zu kontern. Diesen Offiziellen war folglich *jede* Errichtung eines abtrünnigen Regimes auf Taiwan unwillkommen, und sei es ein von Chiang Kai-shek geführtes. So kam es zu jenen beiden Statements, die das Schicksal der Insel Anfang 1950 zu besiegeln schienen. Zu dem Zeitpunkt hatte Mao Zedong mehrere hunderttausend Truppen an der chinesischen Küste zusammengezogen, um das letzte noch nicht »befreite« Territorium seiner Herrschaft zu unterwerfen. Dass er keine Marine besaß, beunruhigte ihn womöglich weniger als die Frage, wie die USA auf eine Invasion reagieren würden.

In einer Presseerklärung am 5. Januar 1950 versicherte Präsident Truman, die amerikanische Regierung habe nicht vor, ihre Streitkräfte in den Konflikt um Formosa eingreifen zu lassen. Den chinesischen Truppen dort werde man keine militärische Hilfe zukommen lassen.[37] Das war noch deutlicher als von Mao erhofft. Eine Woche später hielt Außenminister Acheson seine berühmte »Perimeter Speech«, in der er eine gedachte Verteidigungslinie durch den Pazifik zog und die Territorien, die sich amerikanischer Protektion erfreuten, von jenen trennte, für die das nicht galt. Japan und die Philippinen lagen innerhalb der Linie, Korea und Taiwan außerhalb. Den von kommunistischer Aggression bedrohten Regimen in Seoul und Taipei versetzten die beiden Statements augenscheinlich den Todesstoß.

Der Koreakrieg wird gemeinhin der erste »heiße« Krieg in der Ära des Kalten genannt. Außerdem gilt er als unmittelbarer Grund dafür, dass es den von Dean Acheson befürchteten irredentistischen Konflikt um Taiwan bis heute gibt, den in Korea sowieso. Bereits seit 1945 war die Halbinsel entlang des 38. Breitengrads in eine sowjetische und eine amerikanische Einflusszone geteilt gewesen, 1948 wurden daraus zwei souveräne Staaten, die Demokratische Volksrepublik Korea im Norden und die Republik Korea im Süden. Kim Il-sung, der starke Mann der kommunistischen Volksrepublik, lauerte jedoch auf eine Gelegenheit, den südlichen Teil zu erobern, und die jüngsten Statements aus Washington sagten ihm, der Moment sei gekommen. Amerikas Unterstützung für das autoritäre Regime von Syngman Rhee im Süden schien ebenso zu enden wie die für Chiang Kai-shek.

Es folgten intensive Beratungen zwischen Kim, Mao und Stalin, wie die Situation am besten auszunutzen sei. Zunächst tat der Kremlführer so, als überlasse er die Entscheidung den beiden Juniorpartnern, die sich untereinander einigen sollten; er entschied lediglich, keine eigenen Truppen nach Korea zu entsenden. Am Ende ließ Mao Kim den Vortritt, auch in der Hoffnung, dass der Sturz des mit Chiang Kai-shek verbündeten südkoreanischen Präsidenten das Regime in Taiwan zusätzlich demoralisieren werde.

Am 25. Juni überquerten nordkoreanische Streitkräfte den 38. Breitengrad. Drei Tage später nahmen sie Seoul ein, Anfang August war Syngman Rhees unorganisierte Armee zurückgedrängt worden bis an den südlichen Rand der Halbinsel. In Washington verfolgte man die Entwicklung mit großer Sorge. Offenbar hatte das kommunistische Lager die Verlautbarungen von Truman und Acheson als Einladung zur Aggression verstanden.

Von der Entscheidung zur Intervention in Korea sagte der US-Präsident später, sie sei ihm schwerer gefallen als die zum Atombombenabwurf auf Japan.[38] Trotzdem erfolgte sie schnell. Während Mao, Kim und Stalin ihre nächsten Züge beraten hatten, war im Nationalen Sicherheitsrat das berühmte Paper 68 verabschiedet worden, das zwar noch nicht das Wort »Dominotheorie« enthielt, wohl aber deren Logik. Dass der Fall von Seoul zu dem von Taipei führen könnte, sah in der Tat wahrscheinlich aus. Zwei Tage nach Beginn der nordkoreanischen Offensive ordnete Truman die Entsendung amerikanischer Truppen nach Korea an und schickte die siebte US-Flotte in die Taiwanstraße, um eine Invasion der Volksbefreiungsarmee zu verhindern. Die Insel Taiwan wurde, in den Worten von General MacArthur, als »unsinkbarer Flugzeugträger« gebraucht.

So kann man 1950 das Geburtsjahr des chinesisch-amerikanischen Konflikts von heute nennen. Als die nordkoreanische Armee hinter den 38. Breitengrad zurückgetrieben worden war, drängte Stalin Mao zur Hilfe für den unter Druck geratenen Nachbarn. Die Entscheidung fiel Mao ebenso schwer, wie Truman die seine gefallen war. Um den Anschein zu vermeiden, dass es sich um einen zwischenstaatlichen Krieg handelte, wurden die chinesischen Truppen als »Armee aus Freiwilligen des Volkes« ausgegeben, was sie keineswegs waren. Ihr Kommando übernahm Peng Dehuai, einer der Helden des chinesischen Bürgerkriegs und des Kampfes gegen Japan, der später zum Verteidigungsminister aufstieg.

Zum ersten und bisher letzten Mal kämpften in Korea also Truppen der Volksrepublik China und der USA direkt gegeneinander. In der Mythologie der kommunistischen Propaganda ist bis heute von einem heroischen Sieg über den US-Imperialismus die Rede. Tatsächlich taugt der Koreakrieg eher zum Beleg für George Marshalls Einsicht, dass man einen Krieg vermeiden muss, um ihn wirklich zu gewinnen. Militärisch bestand das Ergebnis in diesem Fall darin, den Status quo ante wiederherzustellen, nämlich die Teilung des Landes entlang des 38. Breitengrads. Zwischen drei und vier Millionen Menschen mussten dafür ihr Leben lassen, die Hälfte bis zwei Drittel davon koreanische Zivilisten.[39] Als zweite Demarkationslinie, die der

Krieg hinterließ, könnte man die Taiwanstraße bezeichnen. Statt die Insel Taiwan ihrem Schicksal zu überlassen, machten die USA sie zu einem wichtigen Außenposten im Kalten Krieg und nutzten sie z. B. für Spionage- und Sabotagetätigkeiten gegenüber der Volksrepublik.

Anderthalb Jahre nach dem Ende der Kämpfe in Korea trat am 1. Januar 1955 die Sino-American Mutual Defense Treaty in Kraft, womit die USA auch formal Taiwans Schutzmacht wurden. Mit Washingtons Verpflichtung, die Insel – nicht jedoch die beiden vorgelagerten Bastionen Kinmen und Matsu – im Ernstfall militärisch zu verteidigen, endete für das Regime in Peking jede Aussicht, den chinesischen Bürgerkrieg erfolgreich zu Ende zu führen. Ohne schlagkräftige Luftwaffe und Marine konnte die Volksrepublik keinen Konflikt mit den USA riskieren. Wie wir im ersten Kapitel gesehen haben, wäre sie in den 1950er Jahren vermutlich auch Chiang Kai-sheks Truppen allein unterlegen gewesen, trotzdem lastet Peking den USA bis heute an, den natürlichen Lauf der Dinge aufgehalten und damit den gegenwärtigen Konflikt verursacht zu haben.

Ziehen wir an dieser Stelle eine kurze Zwischenbilanz, so fällt sie beiderseits der Taiwanstraße gemischt aus. Die Kommunistische Partei hatte die Kontrolle über das Festland erlangt, nicht aber die über Taiwan, die KMT hatte zwar das Festland verloren, aber die Unterstützung der USA zurückgewonnen und damit ihr Überleben gesichert. Zudem blieb die Republik China Mitglied der Vereinten Nationen und sogar des Weltsicherheitsrats, insofern durfte sich das Regime in Taipei weiterhin als Großmacht und offizielle Vertretung des gesamten chinesischen Volkes fühlen. Wer außerhalb Taiwans dieses Gefühl teilte, ist eine andere Frage. Washington tat zumindest so.

Die Labour-Regierung in London hingegen fand die Konstellation ebenso absurd, wie Winston Churchill seinerzeit Chiang Kai-sheks Einladung nach Kairo gefunden hatte. Aus Sorge um britische Investitionen und die Sicherheit Hongkongs hatte London Peking gleich 1950 diplomatisch anerkannt. Wie der Historiker Graham Hutchings süffisant bemerkt, mochten britische Sozialisten zwar den Imperialismus nicht, aber das Empire lag ihnen durchaus am Herzen.[40] Die in Kairo noch unterschwelligen Spannungen mit Washington traten dadurch offen zutage, und das zeitigte bald eine bedeutsame Konsequenz: Beide Regierungen konnten sich nicht einigen, wer die chinesischen Interessen auf der Friedenskonferenz von San Francisco vertreten sollte, der es zugedacht war, einen formellen Schlussstrich unter den Pazifikkrieg zu ziehen. Mangels Einigung nahmen am Ende weder Vertreter aus Peking noch aus Taipei an der Konferenz teil.

Damit war auch das amerikanische Vorhaben gescheitert, in einem ordentlich ausgearbeiteten Friedensvertrag den Status von Taiwan zu entscheiden. Der Vertrag von San Francisco wurde im September 1951 zwar von 49 Ländern unterzeichnet, aber von keinem der beiden Chinas. Und obwohl Japan schon seit sechs Jahren nicht mehr über Taiwan herrschte, wurde erst jetzt festgelegt, dass Tokio seine Souveränität über die Insel abtrat – allerdings ohne zu sagen *an wen*. Statt durch ein allseitig anerkanntes Dokument gelöst zu werden, blieb die Taiwanfrage unbeantwortet im Raum stehen. Fest stand nur, dass das letzte Wort noch nicht gesprochen war, denn in seltener Einigkeit akzeptierten Peking und Taipei weder den Vertrag von San Francisco noch teilten sie die Ansicht, der Status Taiwans sei völkerrechtlich offen. Dass die Insel – so wie 1943 in Kairo verlautbart – zu China gehörte, stand für beide Regierungen unverrückbar fest. Lediglich in einem Detail wichen ihre Standpunkte voneinander ab: Sie konnten sich nicht einigen, zu welchem chinesischen Staat Taiwan gehörte, der Republik oder der Volksrepublik.

Die gesamten 1950er Jahre hindurch lauerten beide Länder auf eine Gelegenheit, die Verhältnisse zu ihren Gunsten zu verändern. Wie im ersten Kapitel gesehen, kam es 1954 und 1958 zu Gefechten um die Inseln Kinmen und Matsu, aber zur großen Entscheidungsschlacht fehlten beiden Seiten die Mittel, weshalb sie schließlich zähneknirschend zurückkehrten zum ungeliebten Status quo. Chiang Kai-shek träumte von der »Rückeroberung des Festlands«, Mao Zedong von der »Befreiung« Taiwans. Dass schließlich ein dritter Mann neue Bewegung in die Sache bringen sollte, der seinerseits vom Sieg über die Sowjetunion träumte, konnte zu diesem Zeitpunkt niemand ahnen.

1972-1979
Vom Durchbruch in China zum Abbruch in Taiwan

> Das Problem ist nicht, dass wir einander missverstehen, sondern dass wir uneins sind. Wir verstehen einander sehr gut. Der Premierminister sucht Klarheit, und ich versuche Uneindeutigkeit zu erreichen.
> Henry Kissinger zu Zhou Enlai, Oktober 1971

Unter Schlaflosigkeit litt Richard Nixon oft, aber am 21. Februar 1972 war es anders als sonst: Der Präsident befand sich in Peking und war *zu gut* gelaunt, um einzuschlafen. Kein Wunder, hinter ihm lag ein wahrhaft historischer Tag. Als erster amtierender US-Präsident hatte er chinesischen Boden betreten, hatte Mao Zedong getroffen und an einem Bankett mit tausend Gästen teilgenommen, das zu seinen Ehren in der Großen Halle des Volkes gegeben worden war. Eine chinesische Militärband hatte »America the Beautiful« gespielt, denselben Song wie bei Nixons Amtseinführung drei Jahre zuvor. Einem in der Wolle gefärbten Antikommunisten wie ihm musste das alles höchst ungewöhnlich erscheinen. Dass der chinesische Premier Zhou Enlai auf Nixons Wiederwahl im kommenden Herbst getrunken hatte, fand der Präsident besonders bemerkenswert. Besser hätte der Beginn des einwöchigen Staatsbesuchs gar nicht laufen können, oder? Nixons nächtliche Gesprächspartner, Stabschef Bob Haldeman und Sicherheitsberater Henry Kissinger, wussten, dass der Chef jetzt vor allem Zuspruch und Schmeichelei brauchte, um Schlaf zu finden.[1] Sechs Tage später sollte Nixon beim Abschiedsbankett in Shanghai einen Toast ausbringen und der Woche den Titel verleihen, unter dem sie seither in den Geschichtsbüchern firmiert: »the week that changed the world«.[2]

Wie alle Wochen, die die Welt verändern, hatte auch diese eine Vorgeschichte. Sogar zwei, eine unmittelbar kurzfristige und eine länger andauernde, die sich aus den Ereignissen der 1950er Jahre ergab. Beginnen wir mit Letzterer: Auf den ersten Blick könnte man Mao Zedong als einen der wenigen Sieger des Koreakriegs bezeichnen; von den mächtigen US-Truppen nicht geschlagen worden zu sein erhöhte sowohl das Renommee der jungen Volksrepublik und ihrer Streitkräfte wie auch das des großen Steuermanns persönlich. Der Preis war allerdings hoch, nicht nur hinsichtlich der Opferzahlen der chinesischen »Freiwilligen« – mindestens 150 000 Tote und doppelt so viele Verwundete[3] –, sondern vor allem außenpolitisch. Aus Washingtons Sicht hatten die nordkoreanischen Genossen das unablässige Expansionsstreben demonstriert, das nun einmal in ihrer kommunistischen DNA lag, und niemand zweifelte daran, dass Chinas Rote es ebenso halten würden. Gemäß der 1947 formulierten, in Korea nachdrücklich bestätigten Truman-Doktrin mussten ihnen also Grenzen gesetzt werden.

Containment bedeutete für das noch kaum etablierte Regime in Peking erstens schwere Wirtschaftssanktionen, die durch die mageren Finanzhilfen aus Moskau nicht ausgeglichen wurden, und zweitens eine Reihe von Verteidigungsabkommen, die Washington in den folgenden Jahren mit Tokio, Seoul und Taipei schloss. Nicht nur die erhoffte »Befreiung« Taiwans war damit vorerst ausgeschlossen, sondern auch eine Repräsentanz der Volksrepublik bei den Vereinten Nationen, womit ein empfindlicher Mangel an internationaler Anerkennung einherging. Soweit es Washington betraf, regierte in Peking eine Bande von Aufständischen. Die wahre chinesische Regierung hingegen saß in Taipei und erhielt bis 1965 pro Jahr einhundert Millionen Dollar an amerikanischer Unterstützung – *zusätzlich* zu den üppigen Militärhilfen.[4]

Mit solchen Summen hielten die USA eine Fiktion aufrecht, die sich ihren Verbündeten immer schlechter verkaufen ließ. In London hatte sie nie Abnehmer gefunden, und auch in anderen europäischen Hauptstädten fand man es eher bizarr, die Exilregierung in Taipei als

Vertreterin von 600 Millionen Menschen zu betrachten, die offensichtlich aus Peking regiert wurden. 1964 brach Frankreich aus der Phalanx aus und nahm diplomatische Beziehungen zur Volksrepublik auf, Schweden, Finnland und die Schweiz unterhielten solche schon seit 1950. Die Dekolonisierungswelle im globalen Süden bescherte China in den 1960er und 1970er Jahren neue Partner, nämlich junge Nationen, die in Mao Zedong den Anführer im globalen antiimperialistischen Kampf sahen. Regelmäßig brachten sie die Angelegenheit bei den Vereinten Nationen vor, und Washington fiel es zunehmend schwer, in der UN-Vollversammlung Mehrheiten zu organisieren, die für den Verbleib der Republik China und gegen die Aufnahme der Volksrepublik stimmten.

Auftritt Richard Nixon. Niemand, der dessen politische Karriere verfolgt hatte, konnte ahnen, dass solche Entwicklungen ausgerechnet ihn zum Umdenken bewegen würden. Schon in seinen Senatswahlkampf 1950 war über eine Washingtoner PR-Firma viel Geld aus Taiwan geflossen, und auch als Eisenhowers Vizepräsident hatte es Nixon nie an Unterstützung für »free China« fehlen lassen – unbeeindruckt davon, dass sich das Adjektiv »frei« auf die taiwanischen Verhältnisse allenfalls mit aufgesetzten ideologischen Scheuklappen anwenden ließ. In Wahrheit regierte auf der Insel ein autoritärer Polizeistaat, aber eben ein stramm antikommunistischer, und das allein zählte. Oder doch nicht? 1967 veröffentlichte Nixon einen programmatischen Artikel in der Zeitschrift *Foreign Affairs*. Darin nannte er »Rotchina« zwar die größte Bedrohung für die Stabilität in Asien und warnte davor, das Pekinger Regime durch diplomatische Anerkennung in seinem Kurs zu bestärken, er schrieb aber auch die inzwischen berühmten Zeilen: »Auf lange Sicht können wir es uns nicht leisten, China für immer außerhalb der internationalen Staatengemeinschaft zu belassen, wo es seine Fantasien nährt, seinen Hass pflegt und seine Nachbarn bedroht. Auf diesem kleinen Planeten gibt es keinen Platz, wo eine Milliarde seiner womöglich fähigsten Bewohner in zorniger Isolation (*angry isolation*) leben könnten.«[5]

Bei seinem publizistischen Vorstoß dachte der Aspirant aufs Präsidentenamt bereits an die zwei dringendsten Probleme, die ihn im Weißen Haus erwarten würden: Die verfahrene Situation in Vietnam und die Bedrohung durch die Sowjetunion, die kurz davor stand, Parität mit dem amerikanischen Atomwaffenarsenal zu erreichen. In beiden Fällen vermutete er den Schlüssel zu einer möglichen Lösung dort, wo ihn die amerikanische Regierung mangels diplomatischer oder sonstiger Kontakte nicht erreichen konnte – in Peking.

Wir wissen heute, dass Mao Zedong eine Übersetzung von Nixons Artikel las und ihn seinem treuen Diener Zhou Enlai zur Lektüre empfahl. Keinem von beiden dürfte das dahinterstehende Kalkül entgangen sein: Die Anwesenheit chinesischer Truppen in Nordvietnam schränkte den Bewegungsspielraum des US-Militärs in den 1960er Jahren stark ein.[6] Stets bestand die Gefahr, ein Regime zu reizen, zu dem kein verlässlicher Kanal bestand, um die eigenen Absichten zu kommunizieren. Eine Wiederholung der Ereignisse in Korea wollte niemand, aber das machte es schwer, auf dem Schlachtfeld die Voraussetzungen für einen gesichtswahrenden Abzug der US-Truppen – in Nixons Formulierung »peace with honor« – zu schaffen. Wenn es hingegen möglich wäre, den Vietcong über Druck aus China zu einem Verhandlungsfrieden zu bewegen …

Was die Sowjetunion betraf, wollte sich Nixon der chinesischen Unterstützung nicht deshalb versichern, weil die Beziehungen zwischen Moskau und Peking so gut gewesen wären, sondern im Gegenteil, weil die beiden roten Riesen einander inzwischen spinnefeind waren. Harmonie hatte zwischen ihnen nie geherrscht, zu eigensinnig war in Stalins Augen Mao Zedong, dessen Volksrepublik kein aus Moskau gesteuerter Satellit sein wollte, sondern ein Planet mit eigener Umlaufbahn. Maos persönlicher Respekt vor Stalin hatte die Spannungen lange Zeit gemildert, aber für Nikita Chruschtschow empfand der große Steuermann nichts als Verachtung und sah in dessen Abrechnung mit Stalins Personenkult eine verschleierte Kritik an seinem eigenen Führungsstil. Hinzu kam Moskaus Nähe zu Indien, dem anderen großen Nachbarn, mit dem Peking bereits damals einen Grenzkonflikt austrug, der 1959 zu bewaffneten Scharmützeln führte. Statt sich eindeutig auf die Seite der Volksrepublik zu stellen, wie es Mao erwartet hatte, drückte die Sowjetunion lediglich ihr Bedauern aus.

1960/61 eskalierte die Situation. Chruschtschow brach die politischen Verbindungen ab und rief alle Techniker und Berater zurück, die Chinas Modernisierung vorangetrieben und unter anderem den Grundstein für Pekings Atomprogramm gelegt hatten. Mao seinerseits verurteilte die »revisionistischen Verräter« in Moskau, denen es nur darum gegangen war, die Volksrepublik zu kontrollieren.[7] Im März 1969 brachen gar bewaffnete Kämpfe entlang der chinesisch-sowjetischen Grenze aus, um deren Verlauf schon das Zarenreich und die Qing-Dynastie gestritten hatten. Aus der Eiszeit zwischen Moskau und Peking wurde offene Feindschaft, und der große Stratege im Weißen Haus fragte sich, ob der Feind seines Feindes nicht sein Freund werden könnte. Würde Mao Interesse an einer Annäherung haben? Wenn ja, zu welchem Preis?

Die unmittelbare Vorgeschichte des Durchbruchs von 1972 beginnt kurz nach Nixons Wahl ins Weiße Haus und geradezu filmreif: mit dem kurzen Wortwechsel eines amerikanischen und eines chinesischen Diplomaten am Rande einer jugoslawischen Modenschau in Warschau. Dass sich US-Botschafter Walter Stoessel dem Chargé d'Affairs der chinesischen Botschaft Lei Yang näherte, um ein Gespräch zu beginnen, erschreckte diesen so sehr – in China tobte die Kulturrevolution, und mit einem leibhaftigen Imperialisten zu reden, konnte lebensgefährlich sein –, dass er fluchtartig den Saal verließ. Stoessel eilte ihm nach, schaffte es aber nur, Lei Yangs Dolmetscher in gebrochenem Polnisch zuzurufen, er habe kürzlich in Washington mit Nixon gesprochen. »Der Präsident sagte mir, er würde gerne ernsthafte, konkrete Gespräche mit den Chinesen führen.« Ohne stehen zu bleiben und Stoessel anzusehen, antwortete der Dolmetscher: »Gut. Ich werde das berichten.«[8] Dann suchte auch er das Weite.

Das war alles, aber es war viel: der erste direkte Kontakt der Nixon-Regierung mit einem Vertreter des chinesischen Regimes. Tatsächlich kam es im Januar und Februar zu zwei Gesprächsrunden in der polnischen Hauptstadt, bei denen die chinesische Seite allerdings fast ausschließlich über ein Thema reden wollte, nämlich die Präsenz amerikanischer Truppen auf Taiwan. Die Volksrepublik interpretierte das als militärische Besetzung ihres Territoriums und mithin als Verletzung ihrer Souveränität. Zwar bot Botschafter Stoessel an, über eine Reduzierung der Truppen nachzudenken, wenn sich Peking im Gegenzug für einen Frieden in Vietnam einsetzte, aber das war ein viel zu plumpes Ansinnen, das der chinesischen Seite vor allem zeigte, wie begierig Washington auf einen Durchbruch hoffte. Der amerikanische Einmarsch in Kambodscha im Mai 1970 beendete diese Hoffnung schnell, Peking brach die Gespräche ab. Ohnehin waren die anstehenden Fragen zu brisant, um auf Botschafterebene geklärt zu werden.

Vorübergehende Rückkehr zum großen Schweigen.

Nixons nächste Initiative bediente sich pakistanischer Vermittlung und bestand in dem Angebot, einen hochrangigen Vertreter zu Konsultationen nach Peking zu entsenden. Das hörte man dort gern, denn dass nicht nur der Sport, sondern auch die Diplomatie einen Heimvorteil kennt, weiß man in China seit Jahrhunderten. Zusätzlich versüßt wurde die Offerte mit der Zusicherung, dass sich die USA unter keinen Umständen mit der Sowjetunion gegen China verbünden würden. Trotzdem vergingen mehrere Wochen, in denen Nixon zu fürchten begann, er habe seine Hand ins Nichts ausgestreckt. Dann, im Dezember 1970, erschien Pakistans Botschafter im Weißen Haus und überbrachte eine persönliche Nachricht von Zhou Enlai, dem chinesischen Premierminister. Sie war kurz; wer sie heute liest, ahnt sofort, was Präsident Nixon und sein Sicherheitsberater Kissinger damals offenbar nicht klar erkannten: Zwar war die chinesische Seite an einer gegen Moskau gerichteten Entente ebenso interessiert wie die amerikanische, aber sie wusste das besser zu verbergen, indem sie so tat, als verfolgte sie nur ein Ziel. »Um die Räumung eines chinesischen Territoriums namens Taiwan zu diskutieren«, schrieb Zhou Enlai, »wird ein Sondergesandter von Präsident Nixon in Peking höchst willkommen sein.«[9]

Das war weder eine bloße Finte noch die ganze Wahrheit, vielmehr sollte der Zug die Partie eröffnen und en passant andeuten, nach welchen bzw. *wessen* Regeln gespielt wurde. »Ihr kommt zu uns« legte nicht allein den Ort für die Gespräche fest, sondern ihr Prinzip, das machte Zhou Enlai in einer Ansprache vor Parteikadern unmissverständlich klar.[10] Washington wollte etwas, Peking hörte zu, wägte ab und sagte ja oder nein. Als Zhou nach ein paar Monaten die Bedingung fallenließ, dass es ausschließlich um Taiwan gehen sollte, brach im Weißen Haus Jubel aus. Zur Feier des Tages öffnete Nixon eine Flasche Courvoisier. Henry Kissinger – nie um Superlative verlegen, wenn er persönlich involviert war – sah die USA vor der wichtigsten Zeitenwende seit dem amerikanischen Bürgerkrieg.[11] Dass Peking schon vor dem ersten Treffen diskret in Führung gegangen war, scheint in der allgemeinen Euphorie niemand bemerkt zu haben.

Geheimdiplomatie und ihre Fallstricke

Von Winston Churchill stammt das pikante Motto: »Die Geschichte wird es gut mit mir meinen, denn ich habe vor, sie zu schreiben.« Wenige Politiker haben sich dieses Motto so sehr zu eigen gemacht wie Henry Kissinger. Da vor allem sein erster Chinatrip im Juli 1971 unter strengster Geheimhaltung stattfand und nur wenige Personen die Mitschriften seiner Gespräche zu sehen bekamen, galten Kissingers Memoiren – insbesondere *White House Years* – lange Zeit als autoritative Quelle für alle, die sich ein Bild von den Verhandlungen in Peking machen wollten. Wie wir heute wissen, handelte es sich um ein Zerrbild. »Taiwan wurde in der ersten Sitzung nur kurz erwähnt«, schrieb Kissinger und versuchte auch sonst den Eindruck zu erwecken, die Taiwanfrage habe bei den Gesprächen keinen prominenten Platz eingenommen.[12] Da inzwischen die kompletten Gesprächsprotokolle freigegeben sind, steht allerdings fest: Die chinesische Seite verfolgte zwar eine umfassendere Agenda als sie im Vorfeld verraten hatte, aber Taiwan stand darauf ganz oben. Wieder und wieder betonte Zhou Enlai, dass daran die gesamte Normalisierung der beiderseitigen Beziehungen hing.[13] In Vorbereitung auf Kissingers Reise hatte das Politbüro der Kommunistischen Partei acht Prinzipien aufgestellt, die als Leitlinien für die Verhandlungen dienen sollten – die ersten sechs drehten sich um Taiwan. Im siebten ging es um Handelsfragen, über die Peking aber erst reden wollte, nachdem sich Washington zum

Truppenabzug aus Taiwan bereiterklärt hatte. Im achten Prinzip kamen schließlich in summarischer Form Korea, Japan und Vietnam vor. Obwohl Mao und Zhou gewiss an sie dachten, wurde die Sowjetunion überhaupt nicht erwähnt.[14]

Warum taten Kissinger und nach ihm Richard Nixon so, als sei Taiwan in Peking lediglich ein Randthema gewesen? Ging es ihnen um eine bewusste Täuschung der amerikanischen Öffentlichkeit oder täuschten sie sich selbst über die chinesische Position?

Beides. Aus amerikanischer Sicht war Taiwan ein Hindernis auf dem Weg zur Normalisierung der Beziehungen zu China; da man es vorerst nicht beiseiteräumen konnte, musste man es eben umgehen. Nicht nur unterhielt Washington diplomatische Beziehungen zu Taipei, die USA waren vertraglich zur Verteidigung der Insel verpflichtet. So herablassend Kissinger persönlich auch auf das dortige Regime schaute, es blieb ein strategischer Partner der USA und besaß in Washington eine starke Lobby, die jeden Kontakt zu Chinas Kommunisten ablehnte. Gerade weil Nixon in diesem Milieu so wohlgelitten war, hielt er sich für den einzigen amerikanischen Politiker, der eine Annäherung an die Volksrepublik politisch überleben konnte, aber vorsichtig musste auch er sein. Daher die strikte Geheimhaltung, die in Peking zeitweise Befürchtungen weckte, das ganze Vorhaben könnte eine Finte der bösen Imperialisten sein. Mao und Zhou Enlai mussten erst noch lernen, dass Kissinger und Nixon ihnen mehr vertrauten als ihrem eigenen Regierungsapparat.

Für die chinesische Führung ihrerseits war Taiwan eine Frage des Prinzips. Die »Chiang Kai-shek-Clique« besaß in ihren Augen keinerlei Legitimität und folglich kein Recht, internationale Verträge abzuschließen. Das Verteidigungsabkommen mit den USA war also null und nichtig, und die amerikanischen Truppen auf der Insel erfüllten keine Bündnisverpflichtung, sondern besetzten widerrechtlich chinesisches Territorium. Wie sollten beide Länder unter diesen Umständen »normale« Beziehungen unterhalten? Die einzige für Peking akzeptable Lösung bestand erstens im sofortigen Truppenabzug und zweitens in der Einsicht, dass die USA in der Taiwanfrage nicht mitzureden hatten, weil sie eine innere Angelegenheit Chinas war – an dieser Haltung hat sich bis heute nichts geändert. Ihr zufolge besitzen die USA kein Recht, Taiwan vor einer Invasion zu schützen oder sich in irgendeiner Form für die Sicherheit der Insel zu engagieren. Streng genommen sind sie nicht einmal befugt, dazu eine offizielle Position zu beziehen. Bezieht China etwa eine Position zu Hawaii oder Long Island?[15]

In diesem Punkt, glaube ich, täuschten sich Kissinger und Nixon. Ersterer meinte, die Chinesen würden in der Taiwanfrage taktieren und die Insel als »bargaining chip« benutzen, um amerikanische Konzessionen zu erzwingen, aber das stimmte nicht.[16] Für die chinesische Regierung ging es um das heilige Prinzip nationaler Souveränität. Kissinger und Nixon spielten die Taiwanfrage aber auch bewusst herunter, um die amerikanische Öffentlichkeit – und die Regierung in Taipei! – darüber zu täuschen, wie weit sie der chinesischen Seite entgegengekommen waren. Schon Kissingers allererste Unterredung mit Zhou Enlai setzte den Ton und brachte eine letztlich verhängnisvolle Dynamik in Gang. Ein großer Teil des Misstrauens, der Washingtons Beziehungen zu Peking wie zu Taipei bis heute prägt, hat hier seinen Ursprung.

Zum Auftakt der Unterredung legte Zhou Enlai die chinesische Position dar, wonach Taiwan seit tausend Jahren zu China gehörte und die Taiwanfrage heute nur wegen Präsident Trumans Kehrtwende von 1950 bestand.[17] Für die Volksrepublik war die Kairoer Erklärung von 1943 bindend, mit der Präsident Roosevelt Taiwan als chinesisches Territorium anerkannt hatte. An dieser Stelle hätte man von Kissinger den Hinweis erwartet, dass die Kairoer Erklärung keinen gültigen Vertrag, sondern eine bloße Verlautbarung darstellte, und dass Trumans Kehrtwende der Überfall der nordkoreanischen Kommunisten auf den Süden der Halbinsel vorausgegangen war, aber der Sicherheitsberater begnügte sich damit, »der historischen Analyse des Premierministers« in weiten Teilen zuzustimmen.[18] Zu Zhous Standpunkt, Taiwan sei ein integraler Teil chinesischen Territoriums, der mit dem Mutterland vereint werden müsse, erklärte Kissinger so folgsam wie gewunden, als Student der Geschichte müsse man vorhersagen, dass sich die politische Evolution wohl in die vom Premierminister angedeutete Richtung bewegen werde. Um es etwas klarer zu machen, fügte er hinzu, dass die USA dem nicht im Weg stehen würden.[19]

Zhou Enlai dürfte seinen Ohren kaum getraut haben: Im Auftrag seines Präsidenten hatte Kissinger soeben die offizielle US-Politik negiert, wonach die Republik China ein souveräner Staat war, zu dessen militärischer Verteidigung die USA vertraglich verpflichtet waren. Natürlich bestand er darauf, all das zum gegenwärtigen Zeitpunkt nicht öffentlich erklären zu können, aber er ließ keinen Zweifel daran, dass die Vereinigten Staaten ihre Verbündeten in Taiwan fallenlassen wollten, um auf der Grundlage der von Zhou skizzierten Prinzipien diplomatische Beziehungen zur Volksrepublik aufzunehmen. Explizit verneinte er, dass die USA »zwei Chinas« oder »ein China, ein Taiwan« anstrebten und stellte den raschen Abzug der amerikanischen Truppen von der Insel in Aussicht. Dass Taiwan in den folgenden Sitzungen tatsächlich die von Kissinger behauptete Nebenrolle spielte, hatte einen simplen Grund: Bereits im ersten Gespräch hatte die chinesische Seite viel größere Zugeständnisse erhalten, als sie realistischerweise hätte erwarten dürfen.[20]

Damit stand dem historischen Chinabesuch von Präsident Nixon nichts mehr im Weg. Kurz nach der Rückkehr seines Sicherheitsberaters ließ der US-Präsident die Bombe platzen und machte die Reisepläne öffentlich. Der sowjetische Botschafter in Washington wurde einige Stunden vorher informiert, die Regierungen in Tokio und Taipei hingegen erfuhren die Nachricht beinahe zeitgleich mit der amerikanischen Öffentlichkeit. Für die beiden Verbündeten war es ein gewaltiger Schock. Japan reagierte darauf, indem es ein Jahr später ziemlich überhastet diplomatische Beziehungen zur Volksrepublik aufnahm – was die USA in den 1950er Jahren noch strikt untersagt hatten –, aber dieser Weg stand der Regierung in Taipei natürlich nicht offen. Für sie wurde 1971 zum *annus horribilis*.

Wie eingangs bemerkt, war es im Verlauf der 1960er Jahre für die Vereinigten Staaten immer schwieriger geworden, die von Pekings Partnern erzwungenen Abstimmungen über Chinas UN-Repräsentanz zugunsten Taipeis zu beeinflussen. Auch wenn die Kulturrevolution für eine Atempause gesorgt hatte, drehte sich die Stimmung unaufhaltsam gegen das Regime von Chiang Kai-shek. In diesem Kontext war die Ankündigung von Nixons Chinareise ein wichtiges Signal: Sogar Washington dachte um. Hinter den Kulissen bemühte sich das Außenministerium zwar um eine Doppelmitgliedschaft für beide chinesische Staaten, doch eine solche Zwei-China-Lösung lehnten Mao und Chiang gleichermaßen ab, außerdem hatte Kissinger sie in Peking bereits kassiert – ohne das State Department zu informieren.[21] Dass der Sicherheitsberater, als im Oktober 1971 erneut über den chinesischen UN-Sitz abgestimmt wurde, zu seinem zweiten Besuch in China weilte, sendete ein noch stärkeres Signal aus, und das fand Gehör: Mit 76 Ja-Stimmen, bei 35 Gegenstimmen und 17 Enthaltungen wurden »die Repräsentanten Chiang Kai-sheks«, so die beleidigende Formulierung der Resolution, aus den Vereinten Nationen ausgeschlossen. Ihren Sitz, auch den als ständiges Mitglied im Weltsicherheitsrat, verloren sie an die Volksrepublik China. Amerikas UN-Botschafter George H. W. Bush räumte ein, dass das Timing von Kissingers Besuch nicht hilfreich gewesen sei. Kissinger selbst stritt das ab und behauptete, die Abstimmung sei überraschend vorgezogen worden, die Schuld liege – wie immer, soweit es den Sicherheitsberater betraf – beim Außenministerium.[22] Egal, wessen Version stimmt, mit der Entscheidung von New York begann Taiwans Weg in die diplomatische Isolation, die es dem Land heute so schwer macht, sich der chinesischen Bedrohung zu erwehren.

Nixons Besuch und das Shanghai-Kommuniqué von 1972

Wie wir eingangs gesehen haben, begann Nixons historischer Chinabesuch mit einem opulenten Bankett, das den Präsidenten vor Verzückung um den Schlaf brachte. Am nächsten Tag berichtete er dem chinesischen Premier stolz, seine Tochter sei sehr beeindruckt gewesen, wie geschickt er mit den Essstäbchen hantiert habe. Patricia Nixon war nicht etwa mit nach China gereist, sondern hatte zu Hause die vierstündige Fernsehübertragung des feierlichen Events verfolgt. Um die zu ermöglichen, hatte die amerikanische Seite eigens eine Bodenstation zur Satellitenübertragung nach China geschafft. Nixon zu Zhou Enlai, überaus selbstzufrieden: »Mehr Menschen als zu irgendeiner Zeit in der Geschichte haben Ihre und meine Rede live gesehen.« Zhou, gewohnt nüchtern: »Ihre Satelliten haben da eine wichtige Rolle gespielt.«[23]

Und damit zum Geschäftlichen. Dem US-Präsidenten war sehr an der Versicherung gelegen, dass auch seine Gespräche in Peking strengster Vertraulichkeit unterlagen. Selbst Außenminister William Rogers habe nur eine bereinigte Version der Kissinger-Protokolle zu lesen bekommen, aus gutem Grund: »Das State Department leckt wie ein Sieb«.[24] Unbedingt wollte sich Nixon die Möglichkeit bewahren, der chinesischen Führung Dinge zu sagen, die in seiner Regierung – vom Kongress nicht zu reden – einen Aufschrei der Empörung ausgelöst hätten. Insbesondere galt das in Bezug auf Taiwan.

Der Präsident bekräftigte fünf Prinzipien – »Zugeständnisse« wäre das bessere Wort –, die Kissinger bereits in seinen Gesprächen formuliert hatte: Erstens, es gibt nur ein China, und Taiwan gehört dazu. Soweit es in seiner Macht stehe, werde er als Präsident jedes Statement seiner Regierung unterbinden, wonach der Status von Taiwan nicht entschieden sei (was wohlgemerkt seit 1950 die offizielle amerikanische Position war). Zweitens, seitens der USA gibt es keine Unterstützung für die taiwanische Unabhängigkeitsbewegung. Drittens, die USA werden, wenn sie ihre Präsenz in Taiwan zurückfahren, Japan davon abhalten, die entstehende Lücke zu füllen (eine große Sorge der chinesischen Regierung) und Japans Unterstützung für die taiwanische Unabhängigkeitsbewegung nach Kräften unterbinden (*discourage*). Viertens, die USA unterstützen eine friedliche Lösung der Taiwanfrage und unterstützen keinen Versuch der Regierung in Taiwan, das Festland militärisch zurückzuerobern (die Möglichkeit einer militärischen Aggression vom Festland blieb hier unerwähnt). Fünftens schließlich, die USA wollen diplomatische Beziehungen mit der Volksrepublik und werden konstruktiv auf dieses Ziel hinarbeiten. Das Protokoll vermerkt an dieser Stelle: »Premier Zhou pausiert und bietet Tee an.«[25]

Möglicherweise gab die reservierte Reaktion Nixon das Gefühl, seinem Gastgeber noch weiter entgegenkommen zu müssen, also sprach er gleich darauf vom Abzug amerikanischer Truppen aus Taiwan. Eine Reduktion von zwei Dritteln sei bereits beschlossene Sache, das verbleibende Drittel könne abgezogen werden, wenn es Fortschritte gebe »mit der friedlichen Lösung des Problems«, also der Vereinigung von China und Taiwan. Auf dem Papier sieht das wie eine Bedingung der amerikanischen Seite aus – vollständiger Truppenabzug nur gegen Verzicht auf Gewalt –, aber sie stand im Dienst des selbstverständlich vorausgesetzten Ziels, China und Taiwan zu vereinigen. Wie die Regierung in Taipei darüber dachte, spielte keine Rolle, und ob die Bevölkerung der Insel kommunistisch regiert werden wollte, war sowieso egal. Es gibt auch keinen Hinweis darauf, dass sich Kissinger oder Nixon mit letzterer Frage im Privaten lange aufgehalten hätten. Das Waisenkind blieb entmündigt.

Wie explosiv seine Aussagen waren, wusste Nixon natürlich, also fügte er etwas hinzu, das ich hier im Original zitiere, weil es den Geist der Gespräche so schön einfängt: »The problem here, Mr Prime Minister, is not what we are going to do, the problem is what we are going to say about it.«[26] Mit bemerkenswerter Nonchalance bezeichnete der Präsident das Taiwanproblem als »irritant«: eine nervige Angelegenheit, die zur Vorsicht bei öffentlichen Verlautbarungen zwang, aber was zu tun war, stand fest. Nicht nur erklärte Nixon damit das Schicksal von seinerzeit rund 16 Millionen Menschen zur Nebensache, er zeigte auch, dass ihm ebenso wenig wie Kissinger bewusst war, welche prinzipielle Bedeutung die Taiwanfrage für die chinesische Führung besaß. Mit Verweis auf die innenpolitischen Zwänge, denen er unterlag, wollte Nixon die Gegenseite zu größerer Flexibilität bewegen, aber mehr als taktische Zugeständnisse erhielt er nicht. In der Souveränitätsfrage – und das *war* für Zhou und Mao die Taiwanfrage – gab es nicht den geringsten Spielraum.

Dass Peking in der Taiwanfrage flexibel sei, glaubten Kissinger und Nixon, weil ihre Verhandlungspartner gelegentlich beteuerten, sie verspürten hinsichtlich der Wiedervereinigung keinen Zeitdruck. »Wir haben die Taiwanfrage schon 22 Jahre lang ungelöst gelassen und können es uns leisten, sie noch für einige Zeit so zu lassen«, gab Zhou Enlai am Tag von Nixons Abreise zu Protokoll.[27] Vier Tage zuvor hatte der Premier noch ganz anders geklungen. Am 24. Februar ließ er erkennen, dass Mao und er unter einem geradezu existenziellen Zeitdruck standen. »Es wäre gut, wenn die Befreiung Taiwans in Ihrer nächsten Amtszeit [1973 bis 1977] vonstattengehen könnte«, sagte er und bekräftigte gleich darauf: »Als Dr. Kissinger meinte, es könne noch zehn Jahre dauern, das wäre zu lang. Das war in einer Lagebesprechung, und Sie [Kissinger] meinten, es könne noch zehn Jahre dauern, aber das wäre zu lang. Zehn Jahre kann ich nicht warten«, bekannte Zhou unter Anspielung auf sein fortgeschrittenes Alter.[28] Chinas »Wiedervereinigung« nicht mehr selbst zu erleben war für ihn wie für Mao eine inakzeptable Vorstellung.

Mit anderen Worten: Die vorgebliche Gelassenheit in der Taiwanfrage, die Nixon und Kissinger bei ihren Gesprächspartnern heraushörten, hatten sie selbst ermöglicht, indem sie einem völlig unrealistischen Zeitrahmen für die »Wiedervereinigung« nicht widersprachen. Ihnen kam es lediglich darauf an, sich nicht öffentlich darauf zu verpflichten. Dass weder Nixons eigene Regierung noch eine spätere die Hoffnungen erfüllen konnte, die damit bei der chinesischen Führung geweckt worden waren, sollte sich schon bald als schwere Hypothek für die beiderseitigen Beziehungen erweisen.

Am Ende einer historischen Woche stand in Shanghai die Verabschiedung eines historischen Dokuments. Am Abend des 27. Februar 1972 wurde im Jinjiang Hotel das Shanghai-Kommuniqué unterzeichnet, das bis heute im Brennpunkt des chinesisch-amerikanisch-taiwanischen Konflikts steht – sowohl wegen seines Wortlauts, der erheblichen Spielraum zur Interpretation lässt, als auch aufgrund dessen, was im Dokument unerwähnt blieb, weil es nur hinter verschlossenen Türen besprochen wurde. Zum Erbe der Geheimdiplomatie von Kissinger und Nixon gehört, dass Washington und Peking heute sehr unterschiedliche Vorstellungen darüber hegen, was mit dem damaligen Dokument *gemeint* war.

Ziemlich eindeutig ist die chinesische Haltung in der Taiwanfrage, die das Kommuniqué so festhält: »Die Regierung der Volksrepublik China ist Chinas einzige legale Regierung; Taiwan ist eine Provinz

Chinas, die schon vor langer Zeit dem Mutterland zurückgegeben wurde; die Befreiung Taiwans ist Chinas innere Angelegenheit, in die sich einzumischen kein anderes Land das Recht hat.«[29] In einer etwas knapperen Formulierung – »Es gibt auf der Welt nur ein China, Taiwan ist ein Teil davon, und die Regierung der Volksrepublik ist die einzig legitime ganz China repräsentierende Regierung« – bezeichnet man diese Position heute als das Ein-China-Prinzip, das Peking mit Klauen und Zähnen verteidigt und auf das es auch den Rest der Welt verpflichten will. Mit wachsendem Erfolg.

Weniger eindeutig und daher heftig umstritten ist die amerikanische Position zu Taiwan, wie sie das Kommuniqué formuliert: »Die Vereinigten Staaten erkennen an (*acknowledges*), dass alle Chinesen beiderseits der Taiwanstraße behaupten, dass es nur ein China gibt und dass Taiwan ein Teil davon ist. Die Regierung der Vereinigten Staaten stellt diesen Standpunkt nicht in Frage (*does not challenge that position*).« Auf dieser Position, die von der Regierung in Washington seither unverändert eingenommen wird, basiert die amerikanische Ein-China-*Politik*. Es ist sehr wichtig, zu verstehen, dass sie nicht mit Pekings Ein-China-*Prinzip* identisch ist! Genau genommen stellt sie gar keine eigene Position dar, sondern lediglich eine Haltung zu dem, was angeblich alle Chinesen beiderseits der Taiwanstraße behaupten (es gibt nur ein China, zu dem Taiwan gehört), und auch diese Haltung wird allein negativ formuliert: Die USA stellen es nicht in Frage. Keine Bestätigung, keine Zurückweisung und erst recht kein Wort dazu, wer das eine China politisch vertritt, Peking oder Taipei. Theoretisch wäre es mit der Ein-China-Politik vereinbar, zu sagen, dass es nur die Republik China gibt, deren Regierung (damals wie heute) in Taipei sitzt.

Hinsichtlich des Mottos, das diesem Kapitel vorangestellt ist, hat Henry Kissinger die von ihm gewünschte Ambiguität 1972 also tatsächlich erreicht. Das Shanghai-Kommuniqué legt die USA auf keine Position in der Taiwanfrage fest – auch nicht auf die, die Kissinger und Nixon ihren Gesprächspartnern im Geheimen unmissverständlich kommuniziert hatten.

Die weitere Geschichte zeigt vor allem eines: Mit ihrer Ausformulierung der Ein-China-Politik haben wechselnde US-Regierungen einen strategischen Spielraum verteidigt, den Peking ihnen ursprünglich nie gewähren wollte. Nach ihren offenherzigen Gesprächen hatten Mao und Zhou allen Grund anzunehmen, es bleibe allenfalls ein gewisser taktischer Manövrierraum, den Nixon nutzen werde, um seine Regierung und die heimische Öffentlichkeit behutsam von seiner Politik zu überzeugen. Eine Abkehr von den Zielen – zumal dem wichtigsten: der Vereinigung mit Taiwan – war nicht vorgesehen.

Heute, mehr als fünfzig Jahre später, will in Washington niemand mehr die Ein-China-Politik im Sinne des Ein-China-Prinzips als Vehikel verstehen, um Taiwan der Souveränität der Volksrepublik zu unterwerfen. Es geht auch niemand mehr von der Voraussetzung aus, die schon in der Nixon-Regierung höchst umstritten war, dass nämlich *alle* Chinesen beiderseits der Taiwanstraße behaupten, Taiwan sei ein Teil Chinas.[30] Folglich ist unklarer denn je, welche Position genau die US-Regierung nicht in Frage stellt, und in den Köpfen chinesischer Führer hat sich die Überzeugung festgesetzt, die Vereinigten Staaten seien grundsätzlich unehrlich, wenn es um Taiwan geht. Mit Blick auf die damaligen Zusicherungen ist das schwer von der Hand zu weisen. Genau genommen wollte Richard Nixon weniger Ambiguität als *deniability*. »Ich muss in der Lage sein, nach Washington zu gehen«, sagte er zu Zhou Enlai, »und zu sagen, dass zwischen dem Premierminister und mir keine geheime Absprache in Bezug auf Taiwan getroffen wurde.«[31]

Kein Wunder, dass der Schatten dieser Geheimdiplomatie fünfzig Jahre später noch immer über der Taiwanstraße liegt. In gewisser Weise sogar über beiden Ufern.

Eine Insel in Seenot

Für Taiwan hatte der von Nixon eingeleitete Umschwung dramatische Folgen. Was tun, wenn sich dein wichtigster Verbündeter plötzlich deinem größten Feind annähert? Völlig unvorbereitet stand Taipei vor dieser heiklen Frage und kam zunächst auf keine bessere Antwort als: am besten gar nichts. In Realitätsverweigerung besaß Chiang Kai-sheks Regime eine gewisse Übung, nun hielt es daran fest und steckte den Kopf in den Sand. Die gesamte Führung war gefangen in ihrer eigenen Version des Ein-China-Prinzips, die von derjenigen Pekings bekanntlich nur in einem Punkt abwich: Als die einzige legale Regierung Chinas betrachtete das KMT-Regime sich selbst. Seine Vertreter nahmen deshalb vehement Anstoß daran, dass im Shanghai-Kommuniqué von »Taiwan« statt von der Republik China die Rede war.[32] Als ob das noch etwas geändert hätte.

In den frühen 1970er Jahren tat sich Taiwans politische Führung schwer mit der Einsicht, dass die Vergangenheit vergangen war und die Zukunft vor der Tür stand. Verständlich, Chiang Kai-shek war schließlich Jahrgang 1887. Mehr und mehr delegierte er die Staatsgeschäfte an seinen Sohn Chiang Ching-kuo, der 1972 zum Premierminister aufstieg. Als Leiter des Sicherheitsapparats hatte Chiang junior in den 1950er und 1960er Jahren Tausende Existenzen vernichtet, gleichzeitig jedoch hatte das Land etwas demonstriert, das die Volksrepublik China Jahrzehnte später nachdrücklich bestätigen sollte: dass sich politische Repression und wirtschaftliche Reformen gut miteinander vertragen. Anders als auf dem Festland gelang es der KMT in Taiwan, durch eine effiziente Wirtschaftspolitik – und mit viel Geld aus den USA – die Voraussetzungen für Wachstum und Wohlstand zu schaffen. Die Führung sah darin die Bedingung dafür, eines Tages das Festland zurückzuerobern, für das Bodenpersonal des Wirtschaftswunders dürfte dieses Ziel unerheblich gewesen sein. Das dichte Geflecht kleiner und mittlerer Familienbetriebe, die zum allergrößten Teil nicht in festländischer, sondern in taiwanischer Hand waren, prosperierte auch deshalb, weil Einheimischen der Zugang zu anderen lukrativen Positionen verwehrt blieb, vor allem in Politik und Verwaltung. Ihre Energie floss daher in ökonomische Aktivitäten.[33]

Wirtschaftlicher Aufschwung, wachsende Bevölkerung, soziale Dynamik, politische Erstarrung (seit 1949 herrschte unverändert das Kriegsrecht!) – in dieser fragilen Lage traf Taiwan der Doppelschlag von UN-Ausschluss und »Nixon-Schock«, was hinsichtlich der Legitimität des Regimes Wirkungstreffer waren. Dass die Regierung im Begriff stand, zusammen mit ihrem internationalen Ansehen auch den amerikanischen Schutz zu verlieren, weckte Zweifel an ihrer Verlässlichkeit. Kein Volk verzichtet gern auf politische Mitbestimmung, wenn es im Gegenzug die Missachtung seiner vitalsten Sicherheitsinteressen bekommt.

Unter Chiang Ching-kuos Führung war das Regime zwar immer noch diktatorisch und autoritär, agierte aber nicht mehr so brachial wie in früheren Jahren. *Dangwai*, »außerhalb der Partei«, formierte sich eine Opposition, die Bürgerrechte und demokratische Reformen forderte. Im amerikanischen Exil operierende Gruppen gingen einen Schritt weiter und sprachen von taiwanischer Unabhängigkeit. Im September 1971, kurz vor Taiwans UN-Ausschluss, fand in New York ein Kongress statt, auf dem über 1000 Teilnehmerinnen und Teilnehmer ihr Recht auf Selbstbestimmung einklagten. »Wir haben genug darüber gehört, was Peking über Taiwan sagt. Wir haben genug darüber gehört, was die Nationalistische [KMT] Regierung, die niemanden repräsentiert, über Taiwan sagt. Wir haben genug darüber gehört, was die Regierung der Vereinigten Staaten über Taiwan sagt. Alle, die an diesem Treffen teilnehmen, sind gekommen, um im Wesentlichen eine Frage zu stellen: Was ist mit den Taiwanern?«[34]

Dem Redner, der in New York diese Worte sprach, sind wir bereits in der ersten historischen Skizze begegnet: Peng Ming-min, dessen Vater sich 1945 anlässlich der Ankunft chinesischer Soldaten in Kaohsiung gefragt hatte, was die Japaner von dieser heruntergekommenen Truppe halten mochten. Zwei Jahre danach, während der gewaltsamen Niederschlagung der 228-Proteste, hätte Peng senior fast sein Leben verloren. Der Sohn behielt seine politischen Überzeugungen lange Zeit für sich und ließ nach außen lediglich intellektuelle Brillanz erkennen. Als Schüler in Japan hatte er bei einem Bombenangriff einen Arm verloren und dann den Atombombenabwurf auf Nagasaki überlebt, später studierte er in Montreal und Paris Jura und wurde ein international anerkannter Spezialist im Gebiet des Luftfahrtrechts. Chiang Kai-shek persönlich berief den jungen Professor Anfang der 1960er Jahre zum Berater bei der nationalchinesischen UN-Vertretung.

Die glänzende Karriere, die vor ihm lag, zerstörte Peng Ming-min, als er 1964 in einem Manifest zum Sturz des KMT-Regimes und zur

Wahl einer neuen Regierung aufrief. Offenbar hielt er es nicht mehr aus, als Feigenblatt zu dienen, das die gleichberechtigte Einbeziehung von Einheimischen ins politische System vorgaukeln sollte.[35] Seine Festnahme erfolgte, noch ehe das Manifest an die Öffentlichkeit gelangt war. Ein Militärgericht verurteilte ihn zu acht Jahren Haft. Auf internationalen Druck hin kam er nach 14 Monaten frei und wurde unter Hausarrest gestellt, den er in seinen Memoiren eindrücklich schildert und dem er sich schließlich durch Flucht entzog; mithilfe mutiger Unterstützer im Land, der schwedischen Abteilung von Amnesty International und eines gefälschten japanischen Passes. Das war ein aufsehenerregender Coup, der das Regime Chiang Kai-sheks 1970 vor der Weltöffentlichkeit blamierte. Über Schweden reiste Peng Ming-min in die USA, wo er eine Professur an der University of Michigan annahm und zum bekanntesten Gesicht der taiwanischen Unabhängigkeitsbewegung wurde.

Was der Aktivist zu diesem Zeitpunkt nicht wissen konnte: Sein Fall war ein wiederkehrendes Thema bei den Gesprächen von Kissinger, Nixon und Zhou Enlai in Peking. Felsenfest davon überzeugt, dass die CIA Pengs Flucht in die USA organisiert hatte, kam der chinesische Premier mehrfach darauf zurück. Man hätte meinen können, dass ihm die Blamage des Erzfeindes Chiang Kai-shek Genugtuung bereitete, aber schwerer wog die Sorge, dass die taiwanische Unabhängigkeitsbewegung die baldige »Befreiung« der Insel erschweren könnte. Kissinger und Nixon stritten zwar jede Mitwirkung amerikanischer Behörden bei Pengs Flucht ab, bemühten sich ansonsten aber sehr darum, ihren Gesprächspartner zu beschwichtigen.[36] Nicht nur versprachen sie, die taiwanische Unabhängigkeitsbewegung nicht zu unterstützen – das sollte erst unter Bill Clinton zur offiziellen amerikanischen Politik werden –, sie sagten sogar zu, deren Aktivitäten auf amerikanischem Boden persönlich zu unterbinden.[37]

Für die weitere Entwicklung auf der Insel und für den chinesisch-taiwanischen Konflikt ist das alles von erheblicher Bedeutung: KMT und Kommunistische Partei mögen historische Erzfeinde sein, aber dass sie in der taiwanischen Unabhängigkeitsbewegung einen gemeinsamen Feind besitzen, sorgt bis heute für eine partielle Überschneidung ihrer Interessen. Die USA wiederum haben aus realpolitischen Gründen lange Zeit ein autokratisches Regime gestützt, auch gegen dessen demokratisch gesinnte, dem amerikanischen Wertesystems eigentlich näherstehende Gegner. Taiwans schließlich doch erfolgte Demokratisierung hat Washington seither mehrfach gezeigt, dass der Umgang mit Waisenkindern oft leichter ist als der mit einer mündigen Bevölkerung.

Das historische Jahr 1979: Ton, Steine, Verben

Auf dem Weg zur Aufnahme diplomatischer Beziehungen zwischen China und den USA war Nixons Staatsbesuch 1972 ein Meilenstein, doch danach geriet der Prozess ins Stocken. Watergate, Vietnam und die politische Schwäche von Nixons Nachfolger Gerald Ford verhinderten weitere Fortschritte. 1976 starben Zhou Enlai und Mao Zedong, die berüchtigte Viererbande übernahm das Ruder, und es dauerte einige Zeit, bis unter Deng Xiaoping wieder halbwegs stabile Verhältnisse einkehrten. Auf der anderen Seite der Taiwanstraße weckte das die Hoffnung, das scheinbar Unausweichliche sei doch noch irgendwie abwendbar, aber das war es nicht. Für die Wirtschaftsreformen, die ihm vorschwebten, brauchte Deng Xiaoping die Unterstützung Amerikas und war entschlossen, die Normalisierung der Beziehungen zu Ende zu führen. Gleichzeitig kannte er den Widerstand, den die alte Garde der Partei jeder Annäherung an die US-Imperialisten entgegensetzte, also durfte er keine zu großen Zugeständnisse machen – vor allem nicht in der Taiwanfrage.

Das monatelange Tauziehen zwischen der Carter-Regierung und dem Regime in Peking muss ich hier nicht en détail schildern.[38] Die amerikanischen Protagonisten fanden bald heraus, wie weit Kissinger und Nixon Peking entgegenkommen waren und dass Deng nicht vorhatte, auch nur einen Zentimeter gewonnenen Terrains preiszugeben. Jede Art von quasioffizieller amerikanischer Vertretung in Taipei war tabu! Das Verteidigungsabkommen von 1955 musste annulliert werden! Niemals würde sich die Volksrepublik auf eine friedliche Lösung der Taiwanfrage verpflichten! Deng Xiaoping hatte den Beginn der chinesisch-amerikanischen Entente nicht in Peking erlebt, sondern – bei Mao in Ungnade gefallen – in einer Traktorfabrik im ländlichen Jiangxi. Anders als Zhou Enlai war er kein geschliffener, elegant parlierender Diplomat, sondern ein eisenharter Parteisoldat. Wenn es sein musste, konnte er einen gewissen rustikalen Charme entwickeln, aber bei Verhandlungen reichte seine rhetorische Tonlage von forte bis fortissimo.

Als größter Streitpunkt erwies sich die Frage amerikanischer Waffenlieferungen an Taiwan. Aus Pekings Sicht verstießen sie gegen den »Geist« des Kommuniqués von 1972, für Carter waren sie moralisch geboten, strategisch sinnvoll und außerdem unverzichtbar, wenn er seine Chancen auf eine zweite Amtszeit wahren wollte. Ronald Reagan lief sich bereits warm mit dem Vorwurf, der Präsident betrüge den alten Verbündeten Taiwan, um mit Kommunisten ins Bett zu gehen. Der Insel jede militärische Unterstützung zu entziehen kam schlicht nicht in Frage. Lange Zeit wurden die Waffenlieferungen diplomatisch verklausuliert als »Aufrechterhaltung der vollen Bandbreite von Handelsbeziehungen«, aber kurz vor dem Ende der Verhandlungen kam der Moment der Wahrheit.[39] Besorgt, dass beide Seiten einander in diesem entscheidenden Punkt missverstanden haben könnten, schickte Carter seinen Botschafter in Peking noch einmal zu Deng, um Klartext zu reden: Nach der Aufnahme diplomatischer Beziehungen würden die USA *ein Jahr lang* keine Waffen an Taiwan liefern, danach sehr wohl wieder. Impliziert in dem Arrangement war ein verhaltenstherapeutischer Ansatz, denn Art und Umfang der Waffenhilfe würden sich daran orientieren, wie aggressiv die Volksrepublik gegenüber Taiwan auftrat. Je braver ihr seid, desto weniger liefern wir.

Deng Xiaoping holte tief Luft, dann schimpfte er eine Stunde lang. Seine Befürchtung war, dass Chiang Ching-kuo unter diesen Umständen keinen Grund sehen würde, in eine »Wiedervereinigung« einzuwilligen, und natürlich argwöhnte er, dass dies ganz im Sinne Washingtons wäre. Dass er trotz seiner lautstarken Drohung, den gesamten Deal platzen zu lassen, am Ende einlenkte, lag nicht zuletzt an dem bereits gefassten Entschluss, einige Monate später in Vietnam einzumarschieren.[40] Um sich gegen etwaige Vergeltungsmaßnahmen durch Hanois Unterstützer in Moskau abzusichern, wollte er möglichst nah an die Seite der USA rücken, aber über die Waffenlieferungen, ließ er seinen Gesprächspartner wissen, sei noch nicht das letzte Wort gesprochen.

In der Tat: Über den Verkauf von F-16-Kampfjets und Abrams-Panzern an Taiwan streiten Peking und Washington noch immer, und ein Ende ist nicht abzusehen.

Lange Verhandlungen, historisches Ergebnis: Am 15. Dezember 1978 verkündeten die Regierungen Chinas und der USA die Aufnahme diplomatischer Beziehungen zum 1. Januar des folgenden Jahres. Das gemeinsame Kommuniqué, das zu diesem Anlass unterzeichnet wurde, bestätigte im Wesentlichen, was bereits im Vorgänger von 1972 gestanden hatte. Der Kernsatz über die amerikanische Haltung zu Taiwan wurde etwas umformuliert und mied einen Rekurs auf das, was angeblich alle Chinesen beiderseits der Taiwanstraße glaubten. Stattdessen hieß es schlicht: »Die Regierung der Vereinigten Staaten nimmt die chinesische Position zur Kenntnis, dass es nur ein China gibt und dass Taiwan ein Teil davon ist.«[41] Im Original stand genau wie sechs Jahre zuvor das Verb »acknowledge«, das keine inhaltliche Akzeptanz von Pekings Position ausdrückte. 1972 hatte die chinesische Version des Kommuniqués das mit dem Verb »renshidao« wiedergegeben, das eher noch schwächer und insofern eindeutiger ist als das englische »to acknowledge«: eine bloße Kenntnisnahme. Diesmal allerdings ließ sich der stellvertretende Leiter der amerikanischen Mission, J. Stapleton Roy, aus ungeklärten Gründen zu einer Modifikation der chinesischen Fassung überreden. So stand dort auf einmal das Verb »chengren«, womit der fragliche Satz bedeutete: Die Regierung der Vereinigten Staaten *akzeptiert* die chinesische Position, dass es nur ein China gibt und dass Taiwan ein Teil davon ist.[42]

Obwohl sich die amerikanische Haltung nicht verändert hatte, suggerierte die chinesische Version des Kommuniqués also, dass genau das doch geschehen sei. Mit welchen Folgen? Ich will den Punkt nicht überbewerten, aber dass seither zwei Generationen von Parteikadern,

Diplomaten und Akademikerinnen mit dem Glauben aufgewachsen sind, die USA hätten 1978 den chinesischen Anspruch auf Taiwan akzeptiert, dürfte der politischen Verständigung zwischen beiden Ländern kaum gedient haben. Insgesamt jedoch war die Differenz zwischen beiden Textversionen weniger folgenreich als symptomatisch: Dass beide Seiten trotz ihrer im Kern unvereinbaren Positionen eine Einigung wollten, machte ein gewisses Maß an Täuschung und Verstellung unvermeidbar. Am Ende tat Washington so, als würde es Pekings Position teilen, und Peking tat so, als würde es das glauben. Gegenwärtig erleben wir, wie der Schleier fällt und hinter dem wechselseitigen *make-believe* der unüberbrückbare Gegensatz aufs Neue zum Vorschein kommt.

Ein Rettungsring für die Insel: Der Taiwan Relations Act

Auch bezüglich des Umgangs mit Taiwan setzte die Carter-Regierung den von Nixon eingeschlagenen Weg fort: Taipei wurde nicht gefragt, war in keine Entscheidung eingeweiht und fand sich am Ende vor vollendete Tatsachen gestellt. Um Chiang Ching-kuo zu sagen, dass die Aufnahme diplomatischer Beziehungen zwischen Washington und Peking in wenigen Stunden verkündet werden würde, ließ der amerikanische Noch-Botschafter in Taipei ihn um drei Uhr morgens aus dem Bett klingeln.[43] Chiangs Begeisterung kann man sich vorstellen, sie übertrug sich auch rasch auf die Bevölkerung der Insel. Als zehn Tage später eine amerikanische Delegation unter Führung des stellvertretenden Außenministers Warren Christopher eintraf, um die Wogen zu glätten, wurde sie von einer großen Menschenmenge und keineswegs kühl empfangen. Steine flogen, die Fenster mehrerer Limousinen wurden eingeschlagen, der Botschafter verlor seine Brille, Christopher selbst trug Schnittwunden davon. Die taiwanische Polizei sah schockiert weg. Es war ein hässliches Spektakel, provoziert durch einen schlecht durchdachten Schritt von Carter, der den Volkszorn weniger besänftigte, als dass er ihm ein geeignetes Ziel bot. Für die Stimmung in Taiwan hatte Washington selten ein sicheres Gespür.

Eine bis heute nicht völlig überwundene Folge der Episode besteht darin, dass man in Taiwan großes Misstrauen gegenüber den US-Demokraten hegt, obwohl sie in diesem Fall nur vollendeten, was der Republikaner Nixon begonnen hatte: Washington brach seine diplomatischen Beziehungen zu Taiwan ab. Danach stand man vor der schwierigen Aufgabe, das Verhältnis neu zu definieren und vertraglich auszugestalten. Weil die Regierung darauf bemerkenswert schlecht vorbereitet war, wurde der Kongress zur treibenden Kraft.[44] Seine Bemühungen führten im März 1979 zur Verabschiedung des Taiwan Relations Act (TRA), der die amerikanisch-taiwanischen Beziehungen bis heute definiert und den eine unlängst erschienene Dokumentation als »eine der bedeutsamsten Errungenschaften des Kongresses in den letzten vierzig Jahren« feiert.[45]

Auch hier muss ich mich auf die wichtigsten Passagen beschränken. Sie betreffen vor allem die Sicherheit der Insel, die nach dem Abbruch der Beziehungen zu Washington aufs Neue – wenn auch aufgrund der militärischen Schwäche Chinas nicht akut – gefährdet war. Zunächst: Anders als das Verteidigungsabkommen von 1955, das er in vielerlei Hinsicht ersetzte, ist der TRA kein bilaterales Abkommen, sondern ein nationales Gesetz. Folglich ist Taiwan kein Vertragspartner, und deshalb ist die gelegentlich zu hörende Behauptung irreführend, mit dem TRA hätten die USA der Insel »Sicherheitsgarantien« gegeben. Das Gesetz hält lediglich fest, dass die Aufnahme diplomatischer Beziehungen zu China auf der Erwartung basiert, dass die Zukunft Taiwans friedlich bestimmt werde und dass jeder Versuch, sie mit anderen als friedlichen Mitteln zu bestimmen, für die USA eine »schwerwiegende Angelegenheit« (*of grave concern*) wäre. Eine Verpflichtung formuliert das Gesetz wohlweislich nur in zweierlei Hinsicht: Durch die Bereitstellung von Verteidigungswaffen (*arms of a defensive character*) muss Taiwan in die Lage versetzt werden, sich selbst zu verteidigen, und die USA müssen ihrerseits »die Fähigkeit bewahren, jeder Anwendung von Gewalt oder Zwang zu widerstehen, welche die Sicherheit oder das soziale oder wirtschaftliche System der Bevölkerung Taiwans gefährden würde«.[46]

Mit anderen Worten, die Vereinigten Staaten müssen Taiwan militärisch verteidigen *können*, sie müssen es nicht zwingend *tun*.

Das Gesetz enthält keine Garantie dafür, dass die USA im Ernstfall Truppen entsenden, sondern entspricht jener Politik der strategischen Uneindeutigkeit, die Washington bezüglich des Konflikts in der Taiwanstraße bis heute verfolgt. Jede Gefährdung Taiwans durch die Volksrepublik China wäre für die USA eine schwerwiegende Angelegenheit, aber wie man ihr begegnet, entscheidet die Regierung, wenn es so weit ist. Wenngleich das Gesetz eindeutig auf China als möglichen Aggressor abzielt, bezweckt es letztlich eine doppelte Abschreckung: Peking muss damit rechnen, dass ein Angriff auf Taiwan zum Krieg mit den Vereinigten Staaten führen könnte, und Taipei muss darauf gefasst sein, im Falle eines eigenmächtig provozierten Konflikts mit China *keine* Unterstützung aus Amerika zu erhalten. Auf diese Weise wollte der Kongress seinen Beitrag leisten, um den Frieden in der Taiwanstraße zu wahren; dass dort in der Tat bis heute trotz mancher Krisen kein Krieg ausgebrochen ist, rechtfertigt in meinen Augen die obige Einschätzung des TRA als einer historischen Errungenschaft.

Das Waisenkind wird mündig

Was das Gesetz jedoch nicht schaffte, war, den Menschen in Taiwan das Gefühl zu nehmen, vom wichtigsten Verbündeten verraten worden zu sein. Ein Gefühl, das kaum angenehmer wurde durch das Wissen, dass die Sicherheit der Insel trotzdem unverändert von den USA abhing. So wie sein Vater in den 1940er Jahren war auch Präsident Chiang Ching-kuo der starke Mann in einem schwachen, in seiner Existenz bedrohten und zudem innerlich zerstrittenen Land. Anders als der Generalissimus ließ Chiang junior jedoch den Gedanken zu, dass es helfen könnte, wenn das Regime die Bereitschaft signalisierte, seine Macht einzuschränken. Auf Dauer war eine Alleinherrschaft, die drei Vierteln der Bevölkerung politische Repräsentanz versagte, kein zukunftsfähiges Modell – schon gar nicht angesichts des schweren Schadens, den das Ansehen des KMT-Regimes durch die jüngsten Ereignisse erlitten hatte. Worauf beruht politische Legitimität, wenn sowohl die Anerkennung durch andere Staaten als auch die Zustimmung der eigenen Bevölkerung höchstens partiell gegeben ist?

Mit der Antwort auf diese Frage tat sich die Opposition wesentlich leichter: Das Regime besaß keine Legitimität, sondern maßte sie sich an. *Dangwai*, außerhalb der Partei, fühlte man sich durch die jüngste Niederlage der Regierung beflügelt, und so kam es unmittelbar nach dem Abbruch der Beziehungen mit den USA zu einem Ereignis, das als Wendepunkt in der Geschichte der taiwanischen Demokratisierung gilt: Der Kaohsiung-Zwischenfall vom Dezember 1979 markiert den letzten schweren Schlag des Regimes gegen die oppositionellen Kräfte, die auf lange Sicht aber – nach teils langen Gefängnisstrafen – siegreich aus der Konfrontation hervorgingen.

Der Zwischenfall ereignete sich am 10. Dezember, dem internationalen Tag der Menschenrechte. Die Herausgeber des oppositionellen Magazins *Formosa* (*Meilidao*) wollten in der Hafenstadt Kaohsiung eine Kundgebung abhalten, die von den Behörden verboten wurde. Als sie trotzdem stattfand, kam es – vermutlich durch die Anwesenheit von Agents Provocateurs unter den Demonstrierenden – zu gewaltsamen Auseinandersetzungen mit der Polizei. Für Präsident Chiang Ching-kuo spitzten die Ereignisse einen Zwiespalt zu, in dem er schon seit geraumer Zeit steckte. Innerhalb der KMT kämpfte die vom Festland stammende alte Garde gegen liberalere, in Taiwan geborene Mitglieder, die die Partei öffnen wollten für ihresgleichen. Zwar sah der Präsident die Notwendigkeit der Öffnung, fürchtete aber, dass eine zu milde Reaktion auf die Ausschreitungen die alte Garde darin bestätigen würde, die Erneuerung der Partei zu hintertreiben. Am Ende nutzte er die Gelegenheit zu einer umfassenden Niederschlagung der *Dangwai*-Bewegung und sicherte amerikanischen Diplomaten, die hinter den Kulissen zur Mäßigung mahnten, lediglich zu, dass es keine Todesstrafen geben werde.[47]

Der Kaohsiung-Zwischenfall markiert den Punkt, an dem Taiwans Bürgerrechtsbewegung begann, sich die Forderung nach nationaler Selbstbestimmung zu eigen zu machen, die bis dahin vor allem Gruppen im amerikanischen Exil erhoben hatten.[48] Mit anderen Worten, es kam in den folgenden Jahren zum allmählichen Zusammenschluss von innerer Bürgerrechts- und äußerer Unabhängigkeitsbewegung, womit der Ruf nach demokratischer Öffnung ein neues Fernziel erhielt: ein von China unabhängiges Taiwan. Das war, auf seinen Kern reduziert, das Programm der Demokratischen Fortschrittspartei (Democratic Progressive Party, DPP), die schließlich aus den *Dangwai*-Protesten hervorging. In ihr gibt es bis heute eine kleinere Fraktion, die das Ziel der formalen Unabhängigkeit um jeden Preis realisieren möchte, und eine größere, die pragmatischer agiert und vor allem Taiwans reale Eigenständigkeit verteidigen und einen Krieg mit China vermeiden will.[49]

Zunächst jedoch endete der Kaohsiung-Zwischenfall mit einer Reihe aufsehenerregender Prozesse. Die Liste der Angeklagten und ihrer Verteidiger umfasst nicht weniger als sechs spätere Parteivorsitzende der DPP, zwei Premierminister sowie einen Präsidenten (Chen Shui-bian) und seine Vizepräsidentin (Annette Lu). Die langen Haftstrafen, die die Richter verhängten, mochten die reaktionären Kräfte innerhalb der KMT befriedigen, aber dem angekratzten Image des Regimes fügten sie nur weiteren Schaden hinzu, und den Gang der Ereignisse hielten sie auch nicht auf.[50]

Noch ein kurzer Hiatus, dann ging alles ganz schnell: 1986 ließ Chiang Ching-kuo die DPP zu, 1987 hob er das Kriegsrecht auf, ein halbes Jahr später starb er. Im Rückblick erscheint klar, dass der historische »Verrat« durch die USA die innere Demokratisierung Taiwans mit vorangetrieben hat, was freilich weder Nixon und Kissinger noch Carter und sein Sicherheitsberater Zbigniew Brzeziński beabsichtigt hatten. Im Großen und Ganzen war ihnen Taiwan egal. Sich mit der Volksrepublik gegen die Sowjetunion zu verbünden war für Nixon hingegen ein überragend wichtiges Strategieziel, das unter Carter zur Raison d'être der chinesisch-amerikanischen Beziehungen wurde. Aus heutiger Perspektive ist das Ausmaß der militärischen und geheimdienstlichen Kooperation beider Länder, das unter Reagan sogar noch zunahm, wahrhaft atemberaubend. Tonnenweise Waffen und Tausende Transportesel aus China, die die CIA über Pakistan nach Afghanistan schaffte, sind nur ein besonders sprechendes Beispiel.[51]

Halten wir mit Blick auf die weiteren Ereignisse fest: Erstens, durch

Taiwans demokratische Entwicklung bekam ein neuer Akteur ein Stimmrecht, der vorher keines gehabt hatte und dessen Bedürfnisse daher stets übergangen worden waren: das taiwanische Volk. Zweitens, die enge Kooperation zwischen China und den USA verlor ihre Raison d'être wieder, als der Kalte Krieg mit dem Untergang des gemeinsamen Feindes endete. Zwar stifteten Handelsbeziehungen danach neuen Sinn, aber das politische Verhältnis ruhte auf einem Fundament aus Misstrauen und enttäuschten Erwartungen, und das sollte schon bald für eine sehr gefährliche Strömung in der Taiwanstraße sorgen.

1989-1996
Vom Schock zum Konsens zur Krise

> Wir müssen die Wahrheit hinter den Ereignissen bekannt machen, die Opfer entschädigen, einen Gedenktag einrichten, die Wunden im Herzen unseres Volkes heilen und seine Würde wiederherstellen.
> Lee Teng-hui über die 228-Massaker von 1947

> Wir haben es mit einer rebellischen Clique und dem Abschaum der Gesellschaft zu tun, die unser Land zu Fall bringen und die Partei stürzen wollten.
> Deng Xiaoping nach dem Massaker auf dem Tian'anmen-Platz 1989

Im Jahr 1992 erschien in den USA ein Buch, das dem Autor erst viel Anerkennung und später noch mehr Spott einbrachte. Es unternahm den Versuch, die Zeitenwende von 1989-91 nicht nur politisch zu analysieren, sondern sie unter Rückgriff auf zwei deutsche Denker des 19. Jahrhunderts geschichtsphilosophisch zu deuten. In je unterschiedlicher Weise hatten sowohl Hegel als auch Marx behauptet, die Geschichte sei kein Prozess mit offenem Ende, sondern strebe zu auf ein Ziel, das Hegel im Reformpreußen seiner Zeit erreicht sah, während Marx es als zukünftige kommunistische Gesellschaft antizipierte. Unter »Geschichte« verstanden beide also nicht einfach eine unendliche Fülle von Ereignissen, sondern eine von Gesetzen und Prinzipien geleitete Evolution, die diesen zugrunde lag und ihren Verlauf bestimmte. Eine History mit großem H, wie Francis Fukuyama in der Einleitung seines Buches *The End of History and the Last Man* schrieb. Sein Leitgedanke lautete, dass in diesem Sinne die liberalen Demokratien der Gegenwart den historischen Endzustand darstellen. In ihnen ist die Geschichte an ihr Ziel gelangt.

Das war gewagt, und es sorgte für Kontroversen, aber auch für begeisterten Applaus. Ein Rezensent der *Washington Post* bescheinigte dem Buch, es mache erstmals die volle Tiefe und Breite der Veränderungen verständlich, die gegenwärtig die Welt erschütterten. Am Ende des Kalten Krieges traf Fukuyamas Optimismus einen Nerv, obwohl der Untergang der Sowjetunion für seine Argumentation systematisch von untergeordneter Bedeutung war. In den liberalen Demokratien des Westens kam die Evolution menschlicher Gesellschaften nicht deshalb an ihr Ende, weil sich ihre sozialistische Alternative als unterlegen erwiesen hatte, sondern – eine wesentlich stärkere These –, weil keine erstrebenswerte Alternative mehr *denkbar* war. Das beinhaltete wohlgemerkt nicht die Behauptung, die gegenwärtigen liberalen Demokratien seien perfekt; der Autor sagte lediglich: Was auch immer man an ihnen kritisieren mag, bietet keinen rationalen Grund, sie als Ganze überwinden zu wollen.

Fukuyamas Buch ist keineswegs so naiv, wie es Kritiker nach dem 11. September 2001 und dem »Krieg gegen den Terror« dargestellt haben. Ein zentrales Argument ergibt sich aus der empirischen Beobachtung, dass liberale Demokratien äußerst selten Krieg gegeneinander führen, was der Autor – wiederum unter kreativem Rückgriff auf Hegel und Marx – mit ihrer Fähigkeit erklärt, sich wechselseitig als gleich und gleichberechtigt anzuerkennen. Damit entfällt die Notwendigkeit, sich militärisch gegeneinander zu behaupten.

Wenig überraschend für alle, die das Land kennen, traf Fukuyamas Buch in der Volksrepublik China ebenfalls einen Nerv, allerdings einen empfindlichen. In einem Aufsatz von 1994 schrieb Wang Huning, der Vordenker der Kommunistischen Partei, Fukuyamas Buch verkörpere die Essenz kultureller Hegemonie, da es die Geschichte der Menschheit allein vom Standpunkt der westlichen Geschichte aus betrachte und die Erfahrung anderer Kulturkreise für gegenstandslos erkläre.[1] Wang spricht hier zwar von der *kulturellen* Hegemonie des Westens, aber wie seine Ausführungen klar machen, versteht er Fukuyamas Buch als direkten Angriff auf Chinas *politische* Souveränität, d. h. als Infragestellung der Legitimität der Herrschaft der Kommunistischen Partei. Diese stand nach Fukuyama auf der falschen Seite der Geschichte und würde von deren weiterer Entwicklung überholt werden. Das durfte schon deshalb nicht unwidersprochen bleiben, weil es auf den ersten Blick ziemlich wahrscheinlich aussah.

Zwischen den Zeilen – versteckt hinter dem Groll gegen den Hegemon am anderen Ufer des Pazifiks – lässt Wangs Text die tiefe Verunsicherung erkennen, die Chinas Führung zu Beginn der 1990er Jahre gefangen hielt. Seit 1982 war die gegen Moskau gerichtete chinesisch-amerikanische Kooperation immer umfassender geworden, nachdem Präsident Reagan seinen eigenen Kotau vollführt und das nach 1972 und 1978 dritte gemeinsame Kommuniqué unterzeichnet hatte. Darin ging es um den großen Streitpunkt, an dem die Aufnahme diplomatischer Beziehungen beinahe in letzter Minute gescheitert wäre: US-Waffenverkäufe an Taiwan.

Wir erinnern uns an Deng Xiaopings zähneknirschendes Einlenken, begleitet von der Ankündigung, es sei das letzte Wort noch nicht gesprochen. Aus chinesischer Sicht betraf das Thema keineswegs nur die Beziehungen zu den USA. Nach der Lieferung eines niederländischen U-Boots an Taiwan zog Peking seinen Botschafter aus Den Haag ab und stufte die Beziehungen zur dortigen Regierung formal herab. Sollte Washington die abtrünnige Insel mit F-16-Kampfjets versorgen, drohten chinesische Vertreter unverhohlen, werde dasselbe geschehen. Im August 1982 wurde das monatelange Tauziehen mit der Unterzeichnung eines Dokuments beendet, das der Journalist James Mann »die umstrittenste je zwischen den Vereinigten Staaten und der Volksrepublik China getroffene Vereinbarung« nennt[2] – umstritten war sie vor allem in Washington, denn in den Verhandlungen hatte Peking seine wichtigsten Forderungen durchgesetzt, ohne selbst viele Zugeständnisse zu machen.

In diesem dritten Kommuniqué bekräftigen die USA, dass sie keine Absicht hegen, Chinas Souveränität und territoriale Integrität zu verletzen, dass sie sich nicht in Chinas innere Angelegenheiten einmischen wollen und auch keine Politik verfolgen, die zu »zwei Chinas« oder »einem China, einem Taiwan« führen könnte.[3] Konkret hieß das, »[d]ie Regierung der Vereinigten Staaten versteht und begrüßt die chinesische Politik, nach einer friedlichen Lösung der Taiwanfrage zu streben«, von einer *Verpflichtung* auf friedliche Mittel ist indessen nicht die Rede. Stattdessen sagen die USA einseitig zu, dass künftige Waffenlieferungen an Taiwan weder quantitativ noch qualitativ über das Maß vergangener Jahre (seit 1979) hinausgehen würden und dass sie vorhätten, die Waffenverkäufe schrittweise zurückzufahren, was »mit der Zeit zu einer endgültigen Lösung« führen werde. Weil bewusste Uneindeutigkeit auch das dritte Kommuniqué durchzieht, verrät der Wortlaut nicht, was hier gemeint ist: nur die Frage der Waffenverkäufe oder eine endgültige Lösung der Taiwanfrage selbst.

Stattdessen fährt der Text fort: »Um im Lauf der Zeit eine endgültige Beilegung der Frage der amerikanischen Waffenverkäufe an Taiwan herbeizuführen, *welches eine in der Geschichte wurzelnde Angelegenheit ist*, werden beide Regierungen größte Anstrengungen unternehmen, um Maßnahmen zu ergreifen und Bedingungen zu schaffen, die einer vollständigen Beilegung der Angelegenheit dienlich sind.«[4] Expressis verbis geht es also um die Frage der Waffenverkäufe, aber ein *issue rooted in history* ist eher die Existenz zweier politischer Entitäten beiderseits der Taiwanstraße, die nach Pekings Überzeugung unbedingt vereinigt werden müssen. Keine andere Beilegung der Angelegenheit wäre akzeptabel. Wer das weiß, erhält den verwirrenden Eindruck, dass sich die USA verpflichtet hätten, auf das Ziel der »Wiedervereinigung« hinzuarbeiten.

Es muss Ronald Reagan sehr unangenehm gewesen sein, seinen Namen unter ein solches Dokument zu setzen. Seinen Vorgänger Carter hatte er 1978 noch heftig für den Ausverkauf taiwanischer Interessen kritisiert, aber auf der Insel herrschte im August 1982 kaum geringeres Entsetzen als vier Jahre zuvor. Es sah so aus, als würden die USA Taiwan schrittweise jede militärische Unterstützung entziehen, um dann den Dingen ihren Lauf zu lassen – egal mit welchen Mitteln das kommunistische Regime ihn vorantrieb! Antikommunismus sieht anders aus, das wusste Reagan nur zu gut. Sein Unbehagen bekämpfte er, indem er dem offiziellen Dokument ein präsidiales Memorandum beifügte, das ich hier annähernd komplett zitiere, weil es die tatsächliche amerikanische Haltung zur Taiwanfrage viel ehrlicher wiedergibt als das Kommuniqué selbst. Das gilt neben der Reagan-Regierung auch für alle folgenden.

> Die Gespräche im Vorfeld der Unterzeichnung des Kommuniqués standen unter der Bedingung eines klares Verständnisses, dass jede Reduzierung solcher Waffenverkäufe abhängt vom Frieden in der Taiwanstraße und der Fortsetzung von Chinas erklärter »grundsätzlicher Politik«, eine friedliche Lösung der Taiwanfrage anzustreben. Kurz gesagt, hängt die Bereitschaft der USA, die Waffenverkäufe zu reduzieren, absolut ab vom fortgesetzten Bekenntnis Chinas zu einer friedlichen Beilegung der Differenzen zwischen der Volksrepublik und Taiwan. Es sollte klar verstanden werden, dass die Verbindung dieser beiden Punkte ein bleibendes Gebot der US-Außenpolitik ist. Darüber hinaus ist es notwendig, dass Qualität und Quantität der Taiwan zur Verfügung gestellten Waffen ganz und gar abhängen von der Bedrohung seitens der Volksrepublik. In qualitativer wie quantitativer Hinsicht wird Taiwans Verteidigungsbereitschaft relativ zu jener der Volksrepublik aufrechterhalten.[5]

Es versteht sich von selbst, dass Deng Xiaoping dieser Auslegung des gemeinsamen Kommuniqués niemals zugestimmt hätte. Zwar hatte die Volksrepublik im Zuge der Aufnahme diplomatischer Beziehungen zu den USA ihre Rhetorik bezüglich Taiwans geändert; statt von der »Befreiung« der Insel sprach sie nun von »friedlicher Wiedervereinigung«, aber sie meinte das lediglich als Präferenz. Friedlich wenn möglich, gewaltsam wenn nötig. Ein erklärter Gewaltverzicht kam nicht in Frage, und die erzieherischen Maßnahmen in Reagans Memorandum waren sowieso inakzeptabel. Da es um eine innerchinesische Angelegenheit ging, hatten die USA nach Pekings Meinung kein Recht, irgendwelche Bedingungen für die Reduktion ihrer ohnehin illegalen Waffenverkäufe an Taiwan zu stellen.

Reagan seinerseits fand sein Dokument so bemerkenswert, dass er es niemandem zeigte, sondern in einem Safe in den Büroräumen des Nationalen Sicherheitsrats deponierte.[6] Nur wenn jemand daran erinnert werden musste, welche Position die USA *wirklich* zu Waffenverkäufen an Taiwan vertraten, wurde es hervorgeholt und sorgte vermutlich jedes Mal für große Erleichterung: zum Glück nicht die, die wir 1982 unterschrieben haben!

Reagans kreative Interpretation des dritten Kommuniqués sollte sich in den folgenden Jahren als wegweisend herausstellen. Da sie zunächst geheim blieb, stand sie dem Aufblühen der chinesisch-amerikanischen Beziehungen aber nicht im Wege. In den 1980er Jahren betrieben die CIA und der chinesische Geheimdienst gemeinsame Nachrichtenstationen, um die Bewegung sowjetischer Truppen und Waffensysteme zu überwachen. Sie versorgten afghanische Mudschahedin mit chinesischen Eseln und Waffen, und ab 1983 begann die Reagan-Regierung damit, China Zugang zu neuer amerikanischer Waffentechnik zu verschaffen. Ein Projekt mit dem hübschen Codenamen Peace Pearl umfasste 500 Millionen Dollar und sollte helfen, die völlig veralteten Kampfjets der chinesischen Luftwaffe zu modernisieren.[7]

Falls Präsident Reagan die vielfältige Unterstützung für ein kommunistisches Regime Kopfschmerzen bereitete, fand er bald einen noch ingeniöseren Weg als 1982, um sich selbst zu beruhigen: »Dieses sogenannte kommunistische China«, nannte er das Land auf dem Rückflug von seinem ersten Besuch im Frühjahr 1984 und suggerierte damit, die Volksrepublik habe sich im Zuge der jüngsten Wirtschaftsreformen auch politisch gewandelt und werde das weiterhin tun.[8] Auch hierin war Reagan wegweisend: Unter seiner Präsidentschaft gerieten die USA in den Bann eines neoliberalen Denkens, das in fragwürdiger Weise die Öffnung (d. h. Deregulierung) von Märkten als genuin *demokratischen* Fortschritt ausgab. Wer China durch diese ideologische Brille betrachtete, erblickte in der Ära Deng Xiaoping allenthalben Anzeichen für einen demokratischen Wandel. Viele im Washington jener Jahre schienen sich zwei Dinge zu sagen: Erstens, wer uns im Kampf gegen das »Reich des Bösen« unterstützt, kann kein Kommunist sein. Und zweitens, wer die Märkte so öffnet, wie Deng Xiaoping es tut, kann erst recht kein Kommunist sein.

Aus dieser schönen Illusion erwachten die USA in der Nacht vom 3. auf den 4. Juni 1989 ziemlich jäh. Panzer rollten über den Tian'anmen-Platz im Herzen Pekings, mit Maschinengewehren feuerte die Volksbefreiungsarmee auf alle Menschen, die sich noch auf dem Areal befanden. Wochenlange friedliche Proteste, die von den Universitäten der Hauptstadt aus das Land erfasst hatten, endeten in einem Blutbad, das Menschen überall auf der Welt schockierte, nicht zuletzt in Washington. Hatte man sich über die Reformbereitschaft des Regimes getäuscht? Aus freundschaftlichen Gefühlen gegenüber der Volksrepublik wurde Abscheu, die zuletzt immer engere Kooperation wich bald harten Sanktionen. Dass der kurze Sommer der chinesisch-amerikanischen Beziehungen schlagartig in eine Eiszeit überging, war wiederum für die Führung in Peking ein Schock. Genauer gesagt der erste von dreien, die das Land in rascher Folge trafen.

China und der dreifache Schock

Aus Sicht des Regimes war auf dem Tian'anmen-Platz eine Konterrevolution niedergeschlagen worden, nicht weniger, vor allem aber nicht mehr. Als Deng Xiaoping am 9. Juni eine Ansprache vor den Offizieren der Truppen hielt, die wenige Tage zuvor den Ort der Proteste geräumt hatten, gratulierte und dankte er ihnen.[9] Soweit es den *paramount leader* betraf, hatten sie ihre Sache gut gemacht. Trotz des Aufschreis in der westlichen Welt und der zügigen Verhängung von Sanktionen erwartete Deng keine langfristigen Auswirkungen dieses Militäreinsatzes gegen das eigene Volk. Im Weißen Haus saß inzwischen George H. W. Bush, der vor der Aufnahme diplomatischer Beziehungen das Verbindungsbüro der USA in Peking geleitet hatte und in beiden Hauptstädten als treuer Freund Chinas galt. Er betrachtete sich auch als Freund von Deng Xiaoping persönlich, und tatsächlich schien er die chinesischen Genossen nicht enttäuschen zu wollen.

Nur vier Wochen nach dem Blutbad landete in Peking ein C-141-Transportflugzeug auf einer so geheimen Mission, dass Chinas Luftabwehr es um ein Haar abgeschossen hätte. Zum Glück für die Besatzung vergewisserte sich die zuständige Einheit vorher bei Staatspräsident Yang Shangkun, und der befahl, nicht zu feuern. So erreichte Bushs Sicherheitsberater Brent Scowcroft sein Ziel unversehrt.[10] Im Gepäck hatte er folgende Botschaft des Präsidenten: Die öffentliche Meinung in den USA und die Empörung im Kongress hatten das Erlassen scharfer Sanktionen unumgänglich gemacht, aber das Weiße

Haus wollte alles tun, um ihren Umfang zu beschränken und die konstruktiven Beziehungen zwischen Washington und Peking aufrechtzuerhalten. Hört nicht auf das, was wir öffentlich sagen, sollte das heißen, sondern lasst uns gemeinsam abwarten, bis sich die Wogen geglättet haben und wir wieder business as usual betreiben können.

Deng Xiaopings Antwort auf diese höchst konziliante Botschaft war eine giftige antiamerikanische Tirade.[11] Die Verantwortung für die jüngsten Verwerfungen, behauptete er, trügen allein die USA, die mit Gerüchten über das angebliche Blutbad auf dem Tian'anmen-Platz Stimmung gegen die Volksrepublik machten und damit nicht nur chinesische Interessen verletzten, sondern auch die Würde des chinesischen Volkes. Sie seien deshalb »zutiefst involviert« in die gescheiterte Konterrevolution. Zwar lobte er die »geistesgegenwärtige und weise« Reaktion von Präsident Bush, sah aber trotzdem die Gefahr eines Abbruchs der bilateralen Beziehungen, sollten die USA nicht zur Vernunft kommen. Ein chinesisches Sprichwort zitierend, sagt er, Amerika habe den Knoten gebunden, nur Amerika könne ihn lösen. Stattdessen gieße der Kongress immer weiter Öl ins Feuer. Das Ganze sei eine innere Angelegenheit Chinas, und im Übrigen sei die Regierung noch lange nicht fertig damit, die Anstifter der Rebellion und ihre Hintermänner zu bestrafen. Es war ziemlich starker Tobak.

Scowcrofts Reaktion bestand im unterwürfigen Dank dafür, dass der chinesische Führer ihn empfangen hatte. Präsident Bush sei sehr beunruhigt wegen der jüngsten Ereignisse – damit war nicht etwa das Tian'anmen-Massaker gemeint, sondern die Gefahr, dass sich beide Länder darüber entfremden könnten. Es folgte eine Eloge auf die chinesisch-amerikanischen Beziehungen und der bedauernde Hinweis darauf, dass der US-Präsident nicht allmächtig sei, die letzte Runde der Sanktionen habe der Kongress gegen den Willen des Weißen Hauses, aber eben mit einer Mehrheit von 418 zu 0 beschlossen … Offenbar wollte Bush alles tun, damit Tian'anmen kein Wendepunkt in den chinesisch-amerikanischen Beziehungen wurde. Dass er dabei die Gefühle der amerikanischen Bevölkerung falsch einschätzte, sollte sich im nächsten Wahlkampf rächen. Zunächst jedoch präsidierte Bush über jenen epochalen Umschwung in Europa, der mit dem Fall der

Berliner Mauer begann und für die chinesische Führung zum zweiten großen Schock nach der internationalen Isolation wegen Tian'anmen wurde.

Den Absturz der osteuropäischen Satelliten konnte man sich in Peking gut erklären: Es waren nationalistische Erhebungen gegen die hegemonialen Bestrebungen der Sowjetunion, gegen die auch China seit Jahrzehnten kämpfte. Die Bilder vom Ende Nicolae Ceauşescus hinterließen dennoch einen tiefen Eindruck, und dass wenig später das kommunistische Regime in Moskau zu zerfallen begann, erschütterte die chinesische Führung bis ins Mark. Zwar milderte es die größte äußere Bedrohung der Volksrepublik, vor allem aber warf es jene Frage auf, die Francis Fukuyama schließlich auf originelle Weise beantwortete: Gab es einen notwendigen Gang der Geschichte, der über den Sozialismus hinweggehen würde so wie Jahrzehnte zuvor über den Kolonialismus oder Jahrhunderte zuvor über den Absolutismus? Innerhalb der chinesischen Führung wollte das zwar niemand glauben, aber einfach leugnen ließen sich die Indizien auch nicht.

Der zweite Schock war noch in der Entwicklung begriffen, da kam der dritte: Im Golfkrieg von 1990 demonstrierte das amerikanische Militär seine absolut konkurrenzlose Schlagkraft und technische Überlegenheit. Aus chinesischer Sicht sah es so aus, als könnte der unbestrittene Sieger des Kalten Krieges seinen Willen fortan überall auf der Welt durchsetzen. Die Ausrüstung der irakischen Armee ähnelte jener der chinesischen, teilweise galt sie sogar als moderner. Anfangs hatte Peking mit einem langen, verlustreichen US-Feldzug gerechnet, manche waren – durchaus hoffnungsvoll – von einem ähnlichen Verlauf wie in Vietnam ausgegangen. Sechs Wochen später war Kuwait befreit.

Ein weiteres Jahr später zerfiel die Sowjetunion endgültig, und die chinesische Führung fühlte sich im Fadenkreuz der einzig verbliebenen Supermacht. Angetrieben von einer jungen Abgeordneten namens Nancy Pelosi drohte der US-Kongress China mit dem Entzug der Meistbegünstigungsklausel, was dem Land den Zugang zum amerikanischen Markt versperrt und vermutlich seinen wirtschaftlichen Zusammenbruch herbeigeführt hätte. Im beginnenden Präsidentschaftswahlkampf kritisierte Bill Clinton den Amtsinhaber für seinen

Schmusekurs mit den »Schlächtern von Peking«,[12] auf dem Nominierungsparteitag der Demokraten traten zwei chinesische Dissidenten auf, und als wäre das alles noch nicht genug, entschloss sich Deng Xiaopings Freund im Weißen Haus zu einem unerwartet radikalen Schritt.[13]

In den Umfragen lag George H. W. Bush beinahe hoffnungslos zurück. Um bei der Wahl überhaupt noch eine Chance zu haben, musste er unbedingt die Wahlmännerstimmen aus Texas gewinnen. Für republikanische Kandidaten stellt das eigentlich eine lösbare Aufgabe dar, aber auch in Texas machte sich der Niedergang der amerikanischen Wirtschaft bemerkbar. Wenige Tage vor einem wichtigen Wahlkampfauftritt des Präsidenten kündigte der Rüstungskonzern General Dynamics an, er werde in seinem Werk in Fort Worth 6000 Arbeiter entlassen. Nach dem Ende des Kalten Krieges gab es für die dort produzierten F-16-Kampfjets nicht mehr viele Abnehmer. Allenfalls einen potenziellen Abnehmer, aber um das sensible Regime in Peking nicht zu verärgern, wiesen die USA seit Jahren Taiwans Ansinnen ab, den veralteten Bestand seiner Luftwaffe mit in Texas hergestellten F-16-Jets aufzustocken. 150 Stück wollte die Insel, für General Dynamics wäre das ein Auftrag im Umfang von rund sechs Milliarden Dollar.

Die Entscheidung, die Präsident Bush schließlich fällte, allein als wahltaktisches Manöver zu verstehen, wäre zu einfach. Sie hing auch damit zusammen, dass China im März desselben Jahres seine Luftwaffe um 24 Sukhoi-27-Kampfjets aus russischen Beständen ergänzt hatte. Überall auf der Welt gerieten die Dinge in Bewegung, alte Allianzen zerbrachen, neue wurden geschmiedet. Wenn mein Ex-Partner in Washington mein Feind wird, schien sich Peking zu sagen, will der alte Feind in Moskau vielleicht mein Partner werden. Zu amerikanischer Militärtechnik bestand wegen der Tian'anmen-Sanktionen kein Zugang mehr, das Unternehmen Peace Pearl war gestorben, aber die tote Sowjetunion führte ein Nachleben als williger Verkäufer militärischer Hardware. Bloß, dass der Sukhoi-27-Deal das militärische Gleichgewicht in der Taiwanstraße gefährdete. In einem solchen Fall, sagte sich das Weiße Haus, durfte man das Kommuniqué von 1982 ruhig so flexibel auslegen, wie es Ronald Reagan einst getan hatte.

Zehn Jahre lang hatte die Taiwanfrage das chinesisch-amerikanische Verhältnis kaum belastet. Nun war es damit vorbei. Am 2. September 1992 verkündete George H. W. Bush, dass Taiwan die 150 Jets bekommen werde.

Deng Xiaoping macht Druck, Lee Teng-hui macht Ernst

Wie Deng Xiaoping auf den jüngsten Rüstungsdeal reagierte, wissen wir nicht. Der 88-Jährige war zwar immer noch der international bekannteste Politiker seines Landes, aber das Tagesgeschäft überließ er weitgehend Staatschef Jiang Zemin und Premier Li Peng. Seinen letzten großen Coup, der als »Southern Tour« in die Geschichte einging, hatte der alte Revolutionär Anfang 1992 gelandet. Um den stockenden Wirtschaftsreformen neues Leben einzuhauchen, war er mit dem Zug in die Sonderwirtschaftszone Shenzhen gefahren, im äußersten Süden des Landes unmittelbar neben der Kronkolonie Hongkong. Die Parteiführung hatte er nicht über seine Reise informiert, nur ein paar alte Armeekontakte wussten Bescheid und übernahmen die Organisation. Es war eine typische Deng-Xiaoping-Aktion: unkonventionell, gewagt und am Ende erfolgreich.[14] Warum aber die strikte Geheimhaltung?

Der durchschlagende Erfolg der chinesischen Wirtschaftsreformen hat uns vergessen lassen, wie umstritten sie einst waren. 1992 sah es so aus, als könnten sie am Widerstand der orthodoxen Marxisten in der Partei scheitern, in deren Augen die ökonomische Liberalisierung der 1980er Jahre direkt verantwortlich war für die Proteste von 1989, und deren Lehre aus dem Debakel lautete: Zurück zu den bewährten Methoden von Kollektivismus und Planwirtschaft! Die Sonderwirtschaftszone Shenzhen, die Deng Xiaoping Anfang der 1980er als Experimentierfeld für den »Sozialismus mit chinesischen Charakteristika« eingerichtet hatte, glich für seine Gegner eher einer kapitalistischen Spielwiese.

Insgesamt vier Sonderwirtschaftszonen gab es, wo Unternehmer von bestimmten Steuern und Vorschriften befreit waren, die im Rest des Landes galten. Dass drei der Zonen in der Umgebung Hongkongs lagen und die vierte direkt gegenüber von Taiwan, beantwortet die Frage, auf wessen Investitionen China spekulierte. Bezüglich Taiwans mag das anfangs utopisch gewesen sein, galt unter Chiang Ching-kuo doch die Politik der drei strikten Neins: Kein Kontakt, keine Verhandlungen, keine Kompromisse. 1987 jedoch wurde nach dem Kriegsrecht auch das Verbot von Reisen aufs Festland aufgehoben, und Zehntausende Taiwaner, oft Veteranen des Bürgerkriegs, machten sich auf die Suche nach Angehörigen, die sie seit Jahrzehnten nicht gesehen oder gesprochen hatten. Ein Jahr später erließ Peking ein Gesetz mit dem unmissverständlichen Titel »Regeln für die Ermutigung von Investitionen durch taiwanische Landsleute«.[15] Genauer gesagt ging es um *taishang*, Geschäftsleute aus Taiwan, denen das Gesetz Steuerprivilegien einräumte, die weder andere ausländische Firmen genossen noch etwa chinesische.

Das dahinterstehende Kalkül war nicht allein ökonomisch, sondern auch politisch: Verstärkter Wirtschaftsaustausch sollte das Eis in der Taiwanstraße zum Tauen bringen und das Zusammengehörigkeitsgefühl beider Ufer stärken – natürlich mit dem Fernziel »friedliche Wiedervereinigung«. Für die hatte sich Deng Xiaoping das Prinzip »Ein Land, zwei Systeme« ausgedacht, das der Insel ein großes Maß an Autonomie innerhalb der Volksrepublik garantieren sollte. Keine sozialistische Planwirtschaft, dafür eigene politische Repräsentanz (wenn auch nicht international); es stand sogar die Möglichkeit im Raum, Taiwan könne nach vollzogener Einheit eigene Streitkräfte unterhalten.[16] Anders als Zhou Enlai zwanzig Jahre zuvor wusste Deng Xiaoping aber, dass er selbst auch eine solch moderate Form der »Wiedervereinigung« nicht mehr erleben würde. Gefragt war strategische Geduld, sowohl bezüglich Taiwans als auch mit Blick auf die USA.

Mit Taiwan begannen die Dinge vielversprechend, denn kulturelle Affinität und fehlende Sprachbarrieren erleichterten die Geschäfte der *taishang* erheblich. Ausgehend von einem Startpunkt nahe null betrug das jährliche Investitionswachstum in den 1990er Jahren durchschnittlich 146 Prozent, der Handel stieg Jahr für Jahr um 34 Prozent. »Ohne das Wirken der *taishang* würde Chinas Volkswirtschaft, wie wir sie heute kennen, nicht existieren«, konstatiert die Politikwissenschaftlerin Shelley Rigger.[17] Angesichts der gegenwärtigen Spannungen in der Taiwanstraße mag das ironisch wirken, aber es stimmt: Das mächtige China, das die kleine Insel so massiv bedroht, ist zu nicht unerheblichen Teilen made *by* Taiwan!

1992 war das freilich noch kaum absehbar, zu groß nahm sich das wirtschaftliche Gefälle zwischen Insel und Festland aus. Als Deng Xiaoping auf seiner Tour nach Süden Fabriken und Baustellen besichtigte und lokale Kader für ihre mangelnde Reformbereitschaft kritisierte, forderte er mehr Einsatz und Tempo. »Hört auf, euch zu bewegen wie Frauen mit gebundenen Füßen!«[18] Obwohl die Staatsmedien seine Reise mit keinem Wort erwähnten, verbreitete sich die Nachricht wie ein Lauffeuer, denn im Süden folgten die Leute kantonesischsprachigen Radiosendern aus Hongkong, und die berichteten täglich. Es ist ein guter Indikator für den Widerstand innerhalb der Partei, dass deren offizielles Organ *Renmin Ribao* (*Volkszeitung*) die »Neuigkeit« von Dengs südlicher Tour erst am 31. März vermeldete – über zwei Monate nach dem Ereignis!

Zu dem Zeitpunkt stand der spektakuläre Erfolg der Reise bereits fest. 1992 war das Jahr, in dem sich die Reformpolitik in der von Deng anvisierten Form endgültig durchsetzte, auch hinsichtlich ihrer Grenzen. Was auf Chinesisch unter dem Motto »Reform und Öffnung« (*gaige kaifang*) firmierte, hatte mit Glasnost nichts zu tun, im Gegenteil. Ein wichtiges Erbe von Deng Xiaopings Herrschaft, das wir heute eher mit Xi Jinping verbinden, ist die patriotische Erziehung, die Deng als Antwort auf die Proteste im Frühjahr 1989 begann, um dem Regime die absolute Kontrolle über das historische Narrativ zu sichern. Wirtschaftlich gab es Freiräume zum Experimentieren, politisch nach 89 nicht mehr. Deng war nie der unideologische Pragmatiker, zu dem man ihn im Westen erklärte, um schon bald nach dem Blutbad von Peking zum Glauben an Chinas baldige demokratische Öffnung zurückzukehren. Noch hat er sich je dafür ausgegeben. Der neoliberalen Versuchung, den Markt mit der Gesellschaft gleichzusetzen, erlag er ebenfalls nie. Damit allerdings war der erhofften Annäherung zwischen beiden Ufern der Taiwanstraße ein großes Hindernis in den Weg gestellt, denn auf der Insel wehte der *wind of change* vor allem über das Feld der Politik. Behutsam hatte ihn Chiang Ching-kuo angefacht, eher aus Einsicht in das Unvermeidliche denn aus demokratischer Überzeugung, aber sein Nachfolger Lee Teng-hui war aus anderem Holz geschnitzt – taiwanisch-presbyterianischem, ausgestattet mit japanischen Wurzeln und der seltenen Fähigkeit, zwar im Kern so unbeugsam zu sein wie Genosse Deng, aber ideologisch viel flexibler.

Geboren 1923 unter japanischer Kolonialherrschaft, hatte der junge Lee Teng-hui den Namen Iwasato Masao angenommen und sich 1944 freiwillig zum Dienst in der japanischen Armee gemeldet. Eingesetzt in der Luftabwehr gegen amerikanische Bombenangriffe, wurde er 1945 nach Japan beordert und blieb nach Kriegsende dort, um die Kaiserliche Universität Kyoto zu besuchen. Sein Studium der Agrarwissenschaft setzte er später in Taipei fort, wo er Distanz zur KMT wahrte und sich lieber in Intellektuellenzirkeln bewegte, in denen über sozialistische Theorie diskutiert wurde. Eine von ihm mitbegründete Vereinigung für Neue Demokratie wurde später von der Kommunistischen Partei Chinas absorbiert, in die Lee allerdings nie formal eintrat.[19]

In den 1950er und 1960er Jahren machte Lee zunächst akademisch Karriere. An der Cornell University promovierte er in Agrarökonomie, außerdem ließ er sich taufen und trat der Presbyterianischen Kirche Taiwans bei, die sich vor allem um Ureinwohner und die einheimische, d. h. nicht erst ab 1945 nach Taiwan gekommene Bevölkerung kümmerte. Unter der KMT-Diktatur standen viele Presbyterianer der Bürgerrechtsbewegung nahe, der ideologisch wendige Lee aber wurde 1971 doch KMT-Mitglied und wechselte von der Universität in die Politik, wo er sich rasch einen Ruf als durchsetzungsstarker Technokrat erwarb.

Entsprechend schnell erfolgte sein Aufstieg. Minister ohne Portfolio, Bürgermeister von Taipei und Gouverneur der Provinz Taiwan stand auf den Sprossen seiner Karriereleiter, ehe er 1984 Vizepräsident der Republik China wurde – wiederum ungewöhnlich für einen in Taiwan geborenen Mann, der Zeit seines Lebens zwar fließend Japanisch sprach, aber Chinesisch nur mit starkem Akzent. Als sein Mentor Chiang Ching-kuo im Januar 1988 starb, folgte Lee ihm sogar ins

Präsidentenamt nach. Dort musste er zunächst die alte Garde kaltstellen, die nicht gewillt war, sich einem Einheimischen zu unterwerfen. Von seinen Konkurrenten unterschätzt, erwies er sich als geschickter Player, der das Blatt eng an der Brust hielt und nur schrittweise seine ambitionierte Agenda enthüllte. Innenpolitisch ging es ihm vor allem darum, das Land zu demokratisieren und es in eins damit zu taiwanisieren. Viele Posten, auf denen bisher die alten Männer aus China gesessen hatten, wurden mit jüngeren, in Taiwan geborenen Beamten ersetzt. Im Schlüsseljahr 1992 durfte die Bevölkerung erstmals in freien Wahlen die Zusammensetzung ihres Parlaments bestimmen, des sogenannten Legislativ-Yuan. Die Wahlbeteiligung betrug 72 Prozent, und Lees KMT errang die absolute Mehrheit der Sitze.

Außenpolitisch verfolgte Lee zwei Ziele, die, vorsichtig formuliert, in einem gewissen Spannungsverhältnis zueinander standen. Er wollte der Republik China zu mehr internationaler Sichtbarkeit verhelfen und gleichzeitig für Entspannung in der Taiwanstraße sorgen. Dafür musste er am Ziel der »Wiedervereinigung« festhalten oder zumindest so tun. 1990 gründete der Präsident den Nationalen Vereinigungsrat, der seinem Namen alle Ehre machte, indem er die »Richtlinien zur Nationalen Vereinigung« verabschiedete. In schönstem Beamtenchinesisch hieß es darin: »Nach einer angemessenen Periode von freimütigem Austausch, Kooperation und Konsultation, durchgeführt gemäß den Prinzipien von Vernunft, Friede, Gleichheit und Gegenseitigkeit, sollten beide Seiten der Taiwanstraße einen Konsens über Demokratie, Freiheit und gleichen Wohlstand erzielen und gemeinsam ein neues, vereintes China aufbauen.«[20]

Auf dem Papier sah das nach einer hehren Absichtserklärung aus. Tatsächlich stellte das Dokument aber eine Reihe großer Hürden auf, die ein Erreichen des verkündeten Ziels eher unwahrscheinlich machten. Von Gleichheit und Gegenseitigkeit im Verhältnis zu Taiwan wollte man in Peking nämlich nichts wissen, und die Forderung der Jugend nach Demokratie und Freiheit hatte das Regime jüngst mit Maschinengewehren beantwortet. Eine Vereinigung mit *diesem* China war offenbar nicht erwünscht. Was Lee Teng-hui persönlich betrifft, erscheint es rückblickend ohnehin so, als sei ein vereintes China grundsätzlich keine attraktive Vorstellung für ihn gewesen, und es sollte nicht lange dauern, bis auf chinesischer Seite ebendieser Verdacht aufkam.

Zunächst jedoch machte Lee einen großen Schritt auf die Volksrepublik zu: Offiziell beendete er 1991 »Die Periode der Nationalen Mobilisierung zur Niederschlagung der kommunistischen Rebellion«. Was lediglich nach der Aufhebung einer längst obsolet gewordenen Verfügung aussah – womit symbolisch der Traum von der Rückeroberung des Festlands beerdigt wurde –, besaß eine zwar unausgesprochene, aber gewichtige Implikation: die Anerkennung der Tatsache, dass die Kommunisten keine Rebellen mehr waren, sondern auf dem Festland eine legitime Regierung stellten.[21] Klar aussprechen durfte man das freilich nicht, und zwar deshalb, weil die Republik China laut ihrer Verfassung unverändert das gesamte chinesische Territorium beanspruchte. Letztlich diente der Schritt zu gleichen Teilen innen- wie außenpolitischen Zielen, denn um mit der Demokratie Ernst zu machen, musste Taiwan zunächst den Dauerzustand einer militärischen Mobilisierung beenden.

Derweil zogen immer mehr *taishang* aufs Festland, angelockt von niedrigen Löhnen, niedrigen Steuern und einem Heer disziplinierter Arbeiterinnen und Arbeiter. Die internationalen Sanktionen infolge von Tian'anmen boten taiwanischen Unternehmen die Chance, ihren Marktanteil in China zu erhöhen. Dass ausgerechnet das Verhältnis zu Taiwan unter dem Massaker von 1989 überhaupt nicht litt, sieht nach einer weiteren Ironie der Geschichte aus, liegt aber vor allem daran, dass es gar kein Verhältnis gab. Zwischen beiden Regierungen bestand offiziell keinerlei Kontakt, weshalb die *taishang* in einem juristischen Niemandsland agierten: ohne Investitionsschutz, Steuerabkommen oder konsularischen Beistand.[22] Beide Seiten profitierten vom wachsenden Handel und wollten ihn weiter vorantreiben, bloß: Wie reden zwei Regierungen miteinander, wenn die Existenz der einen die Legitimität der jeweils anderen in Frage stellt?

Eines der wichtigsten und in vielerlei Hinsicht symptomatischen Schlagwörter in der Beziehung zwischen beiden Ufern der Taiwanstraße lautet »Konsens von 92«. Wichtig ist es, weil China und Taiwan höchst selten einen Konsens erzielen, und symptomatisch, weil bis heute kein Konsens darüber herrscht, worin der von 1992 bestanden haben soll. Der Ausdruck »Konsens von 92« kam erst acht Jahre später auf, aber kein Dokument hält seinen Wortlaut fest, und der Entstehungskontext ist so nebulös, dass man beinahe vom Mythos von 92 sprechen könnte. Dessen ungeachtet spielt der vermeintliche Konsens in jedem taiwanischen Wahlkampf eine zentrale Rolle – die KMT erkennt ihn an, die DPP nicht –, und obwohl das Pekinger Regime seinerseits ihn nie explizit anerkannt hat, benutzt es ihn ungeniert als Druckmittel, um Taiwans Regierung zur Akzeptanz des Ein-China-Prinzips zu drängen. Selten war ein Konsens so umstritten wie dieser.

Nach einem blutigen Bürgerkrieg gefolgt von vier Jahrzehnten Funkstille verlief die Annäherung beider Regime notwendig schleppend. Geheimverhandlungen, die zwischen 1990 und 1992 in Taipei, Peking und Hongkong stattfanden, enthüllten vor allem die Tiefe des gegenseitigen Misstrauens.[23] Wie, warum und worüber sollten China und Taiwan miteinander sprechen? Die chinesische Seite wollte zuerst Grundsatzfragen klären – das Ein-China-Prinzip und die Frage der Souveränität –, die taiwanische hätte es vorgezogen, sich sofort den anstehenden Sachproblemen zuzuwenden, etwa der Anerkennung von Reisedokumenten. Es wurde aber schnell klar, dass man den sprichwörtlichen Elefanten im Raum nicht ignorieren konnte: Irgendwie mussten beide Seiten kommunizieren, wie sie die Gretchenfrage »Wie hältst du's mit dem einen China?« zu beantworten gedachten.[24]

Sowohl die KMT als auch die Kommunistische Partei Chinas vertraten den Grundsatz, dass es nur ein China gibt – egal wie Lee Teng-hui persönlich darüber dachte. Gemäß ihrer jeweiligen Verfassung beanspruchten sowohl die Republik China als auch die Volksrepublik dasselbe Territorium, nämlich das chinesische Festland *und* Taiwan inklusive der zur Republik China gehörenden Inselgruppen Kinmen, Matsu und Penghu. Dass beide Ansprüche einander ausschlossen, bot schlechte Voraussetzungen für einen Konsens. Was der frühere KMT-Beamte und Buchautor Su Chi als »Durchschlagen des gordischen Knotens« bezeichnet,[25] war eine Formel, mit der sich beide Seiten schließlich darauf einigten, dass sie uneins waren, um dies dann als Konsens auszugeben, getreu dem Motto: Ich halte deine Meinung für so falsch wie du meine, also sind wir uns einig. Entsprechend lautet der Konsens in seiner bekanntesten Formulierung: Beide Seiten vertreten, dass es nur ein China gibt, haben aber unterschiedliche Auffassungen davon, was »ein China« bedeutet. Oder als Kurzformel: »Ein China, verschiedene Interpretationen« (*yizhong gebiao*).

Statt das Wort »Konsens« zu benutzen, würde ich eher davon sprechen, dass man sich 1992 nach langem Ringen auf einen Modus Vivendi einigte.[26] Zu Beginn jeder Sitzung der Geheimverhandlungen trugen beide Seiten ihr Verständnis des Ein-China-Prinzips *mündlich* vor, um dies dann so stehen zu lassen und sich der eigentlichen Tagesordnung zuzuwenden. Anders gesagt, man einigte sich darauf, eine Frage auszuklammern, hinsichtlich welcher ein echter Konsens unmöglich war. Nicht mehr, aber auch nicht weniger. Die erheblichen Fortschritte im bilateralen Verhältnis, die sich in den folgenden Jahren zeigten, ruhten allesamt auf der paradoxen Grundlage eines Als-ob-Konsenses, der es erlaubte, sich trotz diametral entgegengesetzter Auffassungen auf gemeinsame Interessen zu konzentrieren, vor allem ökonomische. Das Handels- und Investitionsvolumen wuchs, private Kontakte nahmen zu, und die Taiwanstraße wurde zu jenem Waren-Highway, der sie trotz aller Spannungen bis heute ist. Wer dieses Buch liest, hat mit hoher Wahrscheinlichkeit schon einmal ein Produkt in der Hand gehabt, das von taiwanischen Firmen in China hergestellt wurde – im Zweifelsfall ein iPhone.

Das ist aber noch nicht die ganze Geschichte. In einer Hinsicht nämlich stellte die Einigung von 1992 sehr wohl einen echten Konsens mit klarer politischer Absicht dar: Taiwan und China gehören zusammen, Punkt. So uneins sich beide Seiten in vielem waren, besaßen sie auch einen gemeinsamen Feind: all jene, die die Zugehörigkeit von

Festland und Insel *zum selben Staat* in Zweifel zogen. 1992 galt das in Taiwan für eine Minderheit der Bevölkerung, die rasch an Boden gewann. Zwar hatte die Demokratisierung der Insel gerade erst begonnen, aber es war bereits absehbar, dass sie einhergehen würde mit der Herausbildung einer kulturellen und politischen Identität, in der das chinesische Erbe nur ein Moment neben anderen darstellt.

Im selben Jahr 1992, in dem KMT und Kommunistische Partei ihren Konsens in Anführungszeichen erzielten, reformierte Lee Teng-hui das Strafrecht seines Landes. Wer Taiwans Unabhängigkeit forderte, konnte fortan nicht mehr der Staatsgefährdung angeklagt werden. Zahlreiche politische Gefangene erhielten eine Amnestie, für Exilanten bot sich die Möglichkeit zur Rückkehr. Einer der prominentesten war der Unabhängigkeitskämpfer Peng Ming-min, der nach 22 Jahren aus dem amerikanischen Exil zurückkehrte. Das gesellschaftliche Klima änderte sich nachhaltig. Für die KMT hieß das, dass sich ihr 1992 die vielleicht letzte Gelegenheit bot, einen »Konsens« mit dem alten Feind zu erzielen, ohne die Bevölkerung um Zustimmung bitten zu müssen. Gemeinsam mit dem kommunistischen Regime versuchte sie einen Status quo festzuschreiben, der dem taiwanischen Drang nach größerer Eigenständigkeit einen Riegel vorschob – ein Drang, den ausgerechnet der Präsident ebenfalls verspürte, auch wenn er das nicht offen zugab.

Lee Teng-hui trieb die Demokratisierung qua Taiwanisierung der Insel voran, reformierte das Strafrecht und holte sich in Washington die Erlaubnis zum Kauf von 150 F-16-Kampfjets. Der vermeintliche Konsens von 92 änderte nichts daran, dass die innere Entwicklung beiderseits der Taiwanstraße in entgegengesetzte Richtungen lief. Im Jahr 1992 schienen die Zeichen auf Entspannung und Annäherung zu stehen, doch es kündigten sich bereits neue Konflikte an.

Ein historischer Besuch in den USA

Da Peking die Insel Taiwan als eigenes Territorium betrachtete, räumte es ihr kein Recht ein, eine eigene Außenpolitik zu betreiben.

Folglich reagierte Chinas Führung empfindlich auf das, was Lee Teng-hui als »pragmatische Diplomatie« bezeichnete: Da nun einmal zwei politische Entitäten beiderseits der Taiwanstraße existierten, sah der Präsident keinen Grund, weshalb nicht beide Mitglieder in internationalen Organisationen sein sollten. Soweit es Taiwan betraf, würden andere Staaten künftig diplomatische Beziehungen sowohl mit Taipei als auch mit Peking unterhalten können. Für Chinas Führer lief das auf eine Aushöhlung des sakrosankten Ein-China-Prinzips hinaus, und heute wissen wir: So war es auch gemeint.

Als Lee die Einladung erhielt, im Juni 1995 bei einem Alumnitreffen seiner Alma Mater Cornell zu sprechen, witterte er die Gelegenheit zum großen internationalen Auftritt. Gleichzeitig wusste er, dass Washingtons Ein-China-Politik es kaum zuließ, ihm ein Visum für einen USA-Besuch auszustellen. Trotz des langen Schattens von Tian'anmen begann die Clinton-Regierung gerade, das gewaltige Potenzial des chinesischen Markts zu erkennen, der nach Deng Xiaopings Southern Tour zu neuen Höhenflügen angesetzt hatte. Amerikanische Unternehmen standen Schlange, um mitzufliegen, und das chinesische Regime verlangte dafür politisches Entgegenkommen. Wie wäre es mit einem Rabatt bei Menschenrechtsfragen? Wollte Washington das bilaterale Verhältnis wirklich vom Schicksal von ein paar Dissidenten abhängig machen? Vor die Wahl gestellt, entweder Nancy Pelosi zu verärgern oder Jiang Zemin, zierte sich Bill Clinton nur kurz. Dann kassierte er die ohnehin schwammigen Bedingungen, die er zuvor an die fortgesetzte Gewährung der Meistbegünstigungsklausel geknüpft hatte.[27] In Peking registrierte man es erfreut: Menschenrechts- und Handelsfragen wurden fortan konsequent getrennt, d. h., erstere wurden letzteren untergeordnet.

Allerdings hatte Clinton als Gouverneur von Arkansas mehrmals Taiwan besucht und einen positiven Eindruck von der Insel gewonnen – anders als Außenminister Warren Christopher, der sich noch gut an die 1979 erlittenen Schnittwunden erinnerte. Die jüngste Demokratisierung und die bevorstehenden ersten freien Präsidentschaftswahlen 1996 ließen Taiwan in einem noch besseren Licht erscheinen, vor allem im taiwanfreundlichen US-Kongress. Kurz und gut, entschied Lee Teng-hui, die Chancen auf ein Visum mochten schlechtstehen, aber aussichtslos war die Sache nicht. Man musste sie eben systematisch angehen und ein bisschen Geld investieren.

Viereinhalb Millionen Dollar erhielt die amerikanische PR-Firma Cassidy & Associates, damit sie Lees Anliegen voranbrachte. Ein US-Diplomat nannte die Lobbykampagne »die ausgeklügeltste Aktion, die ich je gesehen habe«.[28] Sie richtete sich weniger auf das Weiße Haus als auf die Legislative und führte zu einer zwar nicht bindenden, mit 396 zu 0 Stimmen aber eindeutigen Resolution im Abgeordnetenhaus, die den Besuch von Taiwans Präsident befürwortete. Eine ähnliche Initiative im Senat erbrachte das Ergebnis 97 zu 1. Zwar hatte Außenminister Christopher seinem chinesischen Amtskollegen fest zugesagt, dass Lee Teng-hui kein Visum erhalten werde, aber Bill Clinton erinnerte sich (wenn auch ungern) an das vollmundige Wahlkampfversprechen, die Menschenrechte ins Zentrum seiner Außenpolitik zu rücken. Sollte er mit dem ersten Veto als Präsident ausgerechnet das Regime zufriedenstellen, das sechs Jahre zuvor auf dem Tian'anmen-Platz die eigene Jugend massakriert hatte? Gut möglich, dass sich Clinton insgeheim für sein Einknicken bei der Meistbegünstigungsklausel schämte und die Chance auf einen kleinen Ablasshandel mit sich selbst witterte.

Lee Teng-hui erhielt sein Visum. Peking tobte. Die Clinton-Regierung war gespalten und verstimmt. James Mann zufolge markierte die Episode das Ende der verführerischen Illusion, in Bezug auf China bestünde kein Widerspruch zwischen amerikanischen Idealen und amerikanischen Interessen.[29] Ich fürchte aber, das wird der Langlebigkeit der Illusion nicht ganz gerecht.

Am 7. Juni 1995 landete Lees Flugzeug in Los Angeles. Dass der Besuch als private Visite galt und sich die US-Regierung bemühte, den Gast von der Öffentlichkeit abzuschirmen, scheint Lee in seinem genau gegenteiligen Bestreben bestärkt zu haben: Er kam mit großer Entourage und wollte so viel Aufmerksamkeit wie möglich. Natürlich hatte er dabei die taiwanischen Präsidentschaftswahlen im kommenden März im Auge, aber das war nicht alles. Als erster amtierender

Präsident seines Landes die USA zu besuchen war ein historischer Moment, und seine Rede an der Cornell University beschränkte sich keineswegs auf Reminiszenzen an seine Studienzeit, sondern klang bewusst staatsmännisch und ausgesprochen selbstbewusst – und für chinesische Ohren ziemlich provokant.[30]

Der Kommunismus sei tot oder liege im Sterben, verkündete Lee gleich zu Beginn, um danach ausführlich »die taiwanische Erfahrung« zu schildern, nämlich den schrittweisen, friedlichen Übergang von der Diktatur zur Demokratie. Den für Peking zentralen Begriff der Souveränität – dort verstanden als von äußerer Einmischung freie Herrschaft des Staates über sein Territorium – fasste er ausdrücklich als Souveränität des Volkes, welches durch demokratische Wahlen die Macht treuhänderisch einer Regierung übertrage. Für Lee stand dieses moderne Konzept in Übereinstimmung mit den kulturellen Grundlagen des Konfuzianismus, und er äußerte die Hoffnung, dass Taiwans Entwicklung als Inspiration für die künftige Demokratisierung des chinesischen Festlands dienen möge. Insgesamt fiel das Wort »Taiwan« fast dreißig Mal, über ein Dutzend Mal zusammen mit den Wörtern »Land« oder »Nation«. Wie sehr er Peking damit verärgerte, muss dem Redner bewusst gewesen sein. Als i-Tüpfelchen forderte er für Taiwan mehr diplomatische Anerkennung und die Akzeptanz als vollwertiges Mitglied der internationalen Gemeinschaft.

Die dritte Krise in der Taiwanstraße 1995/96

Lees Amerikareise und seine Rede an der Cornell University hinterließen bei der chinesischen Führung einen ebenso schlechten wie bleibenden Eindruck. Fortan galt Taiwans Präsident als Verräter, der das Mutterland nicht vereinen, sondern spalten wollte, und Bill Clinton als doppelzüngiger Betrüger, der das böse Treiben trotz gegenteiliger Versprechen unterstützte. Aus Pekings Sicht ergab sich ein stimmiges Bild: Roosevelts Zusagen 1943 in Kairo hatte Harry Truman sieben Jahre später kassiert, Nixons Zusagen 1972 in Peking waren von nachfolgenden Regierungen ebenfalls nicht erfüllt worden, jetzt brach Bill

Clinton das Versprechen seines eigenen Außenministers. Ging es um Taiwan, war Washington offenbar *nie* ehrlich.

Für Clintons Kritiker innerhalb der USA bewiesen die Ereignisse von 1995/96, dass der Präsident nicht verstanden hatte, was für Peking wie für Taipei auf dem Spiel stand. Er sprach von hehren Prinzipien wie Reise- und Redefreiheit und sah keinen Grund, einem Cornell-Alumnus einen Besuch bei seiner Alma Mater zu verbieten. Für beide Seiten der Taiwanstraße hingegen galt: »Dies war ein politischer Streitfall der aller grundsätzlichsten Art, der in ihren rivalisierenden Ansprüchen auf Souveränität wurzelte.«[31] Insofern könnte man sagen, dass in der Krise von 1995/96 erneut zum Vorschein kam, was der vermeintliche Konsens von 92 verdeckt hatte: die prinzipielle Unvereinbarkeit der beiderseitigen Positionen.

Das Regime in Peking reagierte gemäß dem Sprichwort »Angriff mit dem Wort, Drohung mit der Waffe« (*wengong wuxia*). In den Staatsmedien wurde Lee Teng-hui als unbelehrbarer Separatist geschmäht, gleichzeitig begannen in der Taiwanstraße umfangreiche Militärmanöver, die sich über Monate hinzogen und erst im kommenden März ihren Höhepunkt erreichten, als in Taiwan Präsidentschaftswahlen stattfanden. Die bilateralen Gespräche, die den Konsens von 92 erbracht hatten, wurden ausgesetzt, ebenso einige auf unterer Ebene geführte Verhandlungen über juristische und kommerzielle Belange.[32] Um auch die USA zu bestrafen, strich Peking einen Besuch des chinesischen Verteidigungsministers, zog seinen Botschafter aus Washington ab und verweigerte dem designierten neuen US-Botschafter in China die Einreise.

Etwa neun Monate dauerte diese nach 1954/55 und 1958 dritte Krise in der Taiwanstraße. Um die Gemüter in Peking zu beruhigen, ließ Präsident Clinton Staatschef Jiang Zemin einen Brief zukommen, worin er eine Position bezog, die er erst drei Jahre später bei seinem Besuch in China öffentlich machen sollte; heute wissen wir freilich, dass Kissinger und Nixon ihren Gesprächspartnern genau dieselben Zusagen schon 1972 gemacht hatten: Die USA unterstützen nicht Taiwans Unabhängigkeit, sie unterstützen nicht die Etablierung von »zwei Chinas« oder »einem China, einem Taiwan«, und sie unterstützen ebenso wenig Taiwans Mitgliedschaft in den Vereinten Nationen.[33] Bekannt geworden als Clintons »Three No's«, zeugten sie von Washingtons Bemühen, die Beziehungen zu Peking zu entspannen, und signalisierten gleichzeitig der taiwanischen Regierung, dass man sie für die Eskalation mitverantwortlich machte.

Im Vergleich zum Shanghai-Kommuniqué von 1972 hatten die USA ihre Haltung zu Taiwan damit präzisiert und verschärft. Statt es wortreich zu vermeiden, eine eigene Position zu beziehen, zog Clinton eine rote Linie. Offenbar begannen die USA, im taiwanischen Unabhängigkeitsstreben eine ebenso große Gefahr für den Frieden zu sehen wie im chinesischen Drängen auf »Wiedervereinigung«, auch wenn die Regierung in Peking etwas anderes argwöhnte. Wie viel Beruhigung sie aus Clintons Brief bezog, lässt sich nicht mit Sicherheit beurteilen, beendet war die Krise jedenfalls noch nicht.

Als die Bewohner Taiwans im März 1996 erstmals frei ihren Präsidenten wählen konnten, fuhr das Regime in Peking schwere Geschütze auf: 150 000 Soldaten nahmen an den Manövern teil, Raketen flogen in internationale Schifffahrtslinien und schlugen nahe der taiwanischen Häfen Keelung und Kaohsiung ein. Neben dem Ausdruck von Verärgerung war das der kalkulierte Versuch, Taiwans Wählerschaft einzuschüchtern, damit sie nicht für den »Separatisten« Lee Teng-hui stimmte. Das wiederum rief die Regierung in Washington auf den Plan, die gleich zwei Flugzeugträger in die Region entsandte. Zwar kam die *USS Nimitz* erst an, als die Krise tatsächlich vorüber war, aber größeren Eindruck machte in Peking vermutlich ein Flugzeugträger mit dem sprechenden Namen *USS Independence* – niemandem dürfte das die Überzeugung genommen haben, dass die USA die taiwanischen Unabhängigkeitsbestrebungen sehr wohl unterstützten, Clintons drei Neins hin oder her.[34]

In Taiwan brachen die Börsenkurse ein, die Währung verlor deutlich an Wert. Um die Bevölkerung zu beruhigen, machte die Regierung Erkenntnisse des Geheimdienstes öffentlich, dass die in Richtung der Insel abgefeuerten chinesischen Raketen keine scharfen Sprengköpfe besaßen. Dafür opferte sie sogar einen in China operierenden Spionagering, dessen Mitglieder umgehend gefasst und hingerichtet wurden.[35] Nach dem Auftauchen der amerikanischen Flugzeugträger zündete die chinesische Seite allerdings nur noch eine Rakete, so dass die ersten freien Präsidentschaftswahlen in Taiwans Geschichte schließlich ohne Zwischenfälle über die Bühne gingen.

Lee Teng-hui holte 54 Prozent der Stimmen, sein Hauptgegner von der Demokratischen Fortschrittspartei DPP landete mit gut 21 Prozent abgeschlagen auf Platz zwei. Es handelte sich um den Unabhängigkeitskämpfer Peng Ming-min, der vier Jahre zuvor aus dem Exil zurückgekehrt war. Zwei weitere, parteilose Kandidaten waren erst recht chancenlos. Insgesamt zeigte die Wahl, dass sich Taiwans politische Landschaft in einem tiefgreifenden Umbruch befand und dass Lee Teng-hui darin sowohl Kontinuität verkörperte als auch den Stolz vieler Menschen über die demokratische Öffnung ihrer Heimat. Pekings Einschüchterungsversuche hingegen hatten nicht gefruchtet. Während der nächsten vier Jahre hielt der Präsident an seinem zwar nicht immer gradlinigen, aber in der Tendenz eindeutigen Kurs fest, Taiwan mehr Eigenständigkeit und internationale Sichtbarkeit zu verschaffen – auch um den Preis zunehmender Spannungen in der Taiwanstraße.

Der allmähliche Übergang zur Dauerkrise

Das chinesische Regime zog aus den Ereignissen von 1995/96 zwei konkrete Schlüsse: Erstens, durch Verhandlungen allein würde sich Taiwan kaum zur Vereinigung mit dem Festland bewegen lassen. Insofern musste das seit den 1970er Jahren propagierte Streben nach einer friedlichen Lösung der Taiwanfrage um eine glaubwürdige militärische Option ergänzt werden. Zweitens war nicht mehr zu bestreiten, dass *jeder* mögliche Weg zum anvisierten Ziel über Washington führte. Auf den F-16-Deal von 1992 hatte Peking zurückhaltend reagiert, um die erhoffte Wiederwahl von George H. W. Bush nicht zu gefährden, aber die Entsendung zweier Flugzeugträger vier Jahre später machte klar, dass die USA sowohl den Willen als auch die Mittel besaßen, um den Gang der Ereignisse zu bestimmen. Sie waren die Ordnungsmacht Nummer eins im pazifischen Raum, und Peking verfügte vorerst über keine Möglichkeit, sie ernsthaft herauszufordern. Diese Demütigung hat das Regime bis heute nicht vergessen. Da sich die beginnende Aufrüstung aber über mehrere Jahrzehnte hinziehen würde, musste es zunächst andere Karten ausspielen, um die eigene Position zu stärken.

Der große Trumpf war der rasant wachsende heimische Markt. Gezielt kultivierte Peking innerhalb der amerikanischen Geschäftswelt eine chinafreundliche Lobby, die Washington zur Verbesserung der beiderseitigen Beziehungen und also zu Zugeständnissen drängte. Mit der Aussicht auf Profit, so das Kalkül, würden sich Kapitalisten am besten ködern lassen. Dass Bill Clinton im Sommer 1998 für volle zehn Tage und mit einem riesigen Tross von Wirtschaftsvertretern in die Volksrepublik reiste, deutete darauf, dass das Kalkül aufging.

Auf dieser Reise verkündete der US-Präsident seine zuvor per Brief formulierten »Three No's« erstmals öffentlich. Das geschah in Shanghai und nur einen Tag nachdem Clinton bei einem Auftritt an der Peking-Universität Folgendes gesagt hatte: »Als sich die USA und China darauf geeinigt haben, dass wir eine Ein-China-Politik vertreten, haben wir uns auch darauf verständigt, dass die Wiedervereinigung auf friedlichem Weg erfolgen würde. Und wir haben den Dialog zwischen beiden Seiten der Taiwanstraße ermutigt, um das zu erreichen.«[36] Eine in vielerlei Hinsicht problematische Aussage. Dreimal benutzte Clinton das Personalpronomen »wir«, aber zumal beim zweiten Mal ist unklar, ob er nur die USA oder die USA *und* China meint. Dass bezüglich des friedlichen Weges zur »Wiedervereinigung« zwischen beiden Ländern je Einverständnis geherrscht hätte, ist sowieso falsch. Beinahe scheint es, als habe Clinton noch immer nicht realisiert, dass es für Peking in der Taiwanfrage um das Prinzip der Souveränität und also um alles ging: Ein verbindlicher Gewaltverzicht hätte bedeutet, dass die Regierung eine (von ihr so gesehene) Verletzung ihrer Souveränität einfach hinnimmt – kein Staat der Welt würde das tun, geschweige denn öffentlich erklären. In Taipei wiederum nahm man Anstoß daran, dass Clintons Aussage so klang, als stünde bereits fest, welches Ergebnis der chinesisch-taiwanische Dialog zeitigen sollte, nämlich das von Peking gewünschte: die staatliche Einheit unter dem Dach der Volksrepublik.

Das konnte nicht unwidersprochen bleiben. Ohnehin fühlte sich Präsident Lee Teng-hui durch die Ereignisse von 1995/96 in seinem Kurs bestärkt, trotz der Verstimmungen mit Washington. Aus seinem überwältigenden Sieg bei den Präsidentschaftswahlen schloss er, dass die taiwanische Bevölkerung zwar Frieden wollte, einer Vereinigung mit der Volksrepublik aber große Vorbehalte entgegenbrachte, auch einer friedlichen. Lees Antwort auf Clintons drei Neins bestand in einem Interview mit der Deutschen Welle im Juli 1999, worin der Präsident die Beziehung zwischen beiden Seiten der Taiwanstraße so beschrieb: Es handele sich eher um eine »besondere zwischenstaatliche Beziehung als um die innere Beziehung zwischen einer legitimen Regierung und einer abtrünnigen Gruppe oder zwischen einer Zentralregierung und einer lokalen Regierung«. Damit entfalle im Übrigen für Taiwan die Notwendigkeit, sich formal für unabhängig zu erklären.[37]

Im Kontext des Interviews folgte diese Erklärung auf eine Bemerkung des Journalisten, dass Taiwan für die chinesische Regierung lediglich eine »abtrünnige Provinz« sei. Auf diesen bewusst verletzenden Sprachgebrauch griff Peking seit 1995/96 vermehrt zurück, und Lee Teng-hui dürfte sich davon provoziert gefühlt haben. Trotzdem stellte seine Antwort keinen spontanen Wutausbruch dar, sondern war lange und gründlich vorbereitet. Im Präsidentenpalast arbeitete eine Taskforce von engen Vertrauten, die im Austausch mit internationalen Expertinnen und Experten nach Möglichkeiten suchten, Taiwans Status vis-à-vis der Volksrepublik neu zu definieren. Eine der wichtigsten Vertrauten war die damals noch parteilose Tsai Ing-wen, Taiwans Präsidentin von 2016 bis 2024.

Das im Interview mit der Deutschen Welle präsentierte Ergebnis dieser geheimen Beratungen ist als Lee Teng-huis »Zwei-Staaten-Theorie« (*liang guo lun*) in die Geschichte des chinesisch-taiwanischen Konflikts eingegangen. Die Antwort aus der Volksrepublik war ebenso maßlos wie bezeichnend. Zwar blieben die Vergleiche zur Tierwelt konventionell (Ratte, Schwein etc.), und als Abschaum der Nation wurde Lee auch nicht zum ersten Mal tituliert, aber dass er eine Missgeburt aus dem Reagenzglas sei, gezüchtet in den Laboren der internationalen Anti-China-Lobby, dürfte eine echte Innovation gewesen sein, auf die ein kreativer Generalmajor der Volksbefreiungsarmee kam.[38] Mit etwas Abstand betrachtet, verrät die schrille Rhetorik, dass Pekings Taiwanpolitik zu dieser Zeit vor allem von Angst getrieben war: Wichtiger, als die »Wiedervereinigung« zu erreichen, war es, Taiwans Unabhängigkeit zu verhindern – bloß wie, wenn die andere Seite immer offener darauf zusteuerte und die eigenen militärischen Mittel nicht ausreichten, um sie abzuschrecken? Im nächsten Kapitel werden wir sehen, dass im Zuge von Chinas Aufrüstung der Umschlag zu einer eher von nationalistischer »Gier« getriebenen Taiwanpolitik erfolgte.[39]

Die Bevölkerung der Insel beantwortete die wüsten Beschimpfungen aus Peking auf ihre Weise: Im Jahr 2000 wählte sie mit Chen Shuibian erstmals einen unverblümt Taiwans Unabhängigkeit fordernden Oppositionspolitiker ins höchste Staatsamt. In den Prozessen nach dem Kaohsiung-Zwischenfall war er einer der Verteidiger gewesen. Seinen Sieg verdankte Chen einer Spaltung des Regierungslagers, die auf ein Zerwürfnis von Lee Teng-hui mit seinem Weggefährten James Soong zurückging, sowie dem taiwanischen Wahlrecht, in dem die einfache Mehrheit ausreicht. Am Ende holte er lediglich 39,3 Prozent der Stimmen, doch wie auch immer die Umstände der historischen Wahl gewesen sein mögen, eines war damit sichergestellt: Die gefährliche Strömung in der Taiwanstraße würde im 21. Jahrhundert weiter zunehmen.

3
Gefährliche Strömung: Chinas wachsende Konfliktbereitschaft

> Wir müssen uns in Zeiten des Friedens auf Gefahren vorbereiten, auf starke Winde und hohe Wellen und sogar auf die große Prüfung einer gefährlich aufgepeitschten See.
>
> Xi Jinping

Die vorangegangenen Skizzen sollten drei wichtige Wendepunkte in der Geschichte des chinesisch-taiwanisch-amerikanischen Konflikts beleuchten. An ihnen hat jeweils mindestens eine Konfliktpartei ihre Politik neu ausgerichtet und damit das Spielfeld auch für die beiden anderen verändert. Besonders abrupte Kehrtwenden vollzogen die USA, deren Chinapolitik jahrzehntelang ein Derivat war, das sich aus anderen, für wichtiger erachteten strategischen Zielen ergab. In der Kairoer Erklärung von 1943 die Rückgabe Taiwans an die Republik China zu versprechen war Präsident Roosevelts Versuch, auch ohne ausreichende Waffenhilfe einen Verbündeten zu gewinnen, der erst beim Sieg über Japan und dann beim Aufbau einer neuen Nachkriegsordnung in Asien helfen sollte. Nixons Initiative von 1972 erfolgte, um aus der Volksrepublik China einen Partner im Kampf gegen die Sowjetunion und einen Helfer bei der Beendigung des Vietnamkriegs zu machen. Als Reaktion darauf begann Peking in den 1970er Jahren, von »friedlicher Wiedervereinigung« zu sprechen, statt weiter die gewaltsame »Befreiung« Taiwans zu fordern. Seit der Krise von 1995/96 allerdings arbeitet das Regime aufs Neue an der Entwicklung einer militärischen Option, auch wenn das lange Zeit verborgen blieb.

In diesem Kapitel geht es darum, den Bogen von den drei historischen Skizzen in die Gegenwart zu schlagen. Deutlich werden soll dabei, dass der Konflikt in der Taiwanstraße zwar auf der zwischen 1945 und 1995/96 entstandenen Grundkonstellation beruht, seine aktuelle Zuspitzung aber dadurch erfährt, dass diese Konstellation wachsenden Fliehkräften ausgesetzt ist. Alle aus der Not geborenen, oft mehrdeutigen und umstrittenen Vereinbarungen, die den Konflikt einhegen sollten, ruhen auf Prämissen, die so nicht mehr gelten. China ist den USA nicht länger militärisch klar unterlegen, Taiwans Bevölkerungsmehrheit hält sich nicht länger für chinesisch, und die USA wollen nicht mehr bloß einen Krieg in der Taiwanstraße verhindern, sondern auch den Aufstieg der Volksrepublik bremsen. Insofern ist Chinas wachsende Konfliktbereitschaft zwar nicht der einzige Faktor, der gegenwärtig für eine gefährliche Strömung in der Taiwanstraße sorgt, spätestens seit dem Amtsantritt von Staatschef Xi Jinping ist es meiner Einschätzung nach aber der wichtigste, weshalb er auf den folgenden Seiten im Mittelpunkt stehen soll. Zuvor gilt es kurz zu skizzieren, wie sehr und für wie lange sowohl die USA als auch Europa Chinas Entwicklung missverstanden haben.

Chinas Aufstieg und die Blindheit des Westens

Trotz der Krisen von 1989 und 1995/96 begann nach dem Kalten Krieg eine Ära, in der die Volksrepublik in Washington nicht als Antipode und schon gar nicht als Rivale galt, sondern vor allem als Wirtschaftspartner. Der neoliberale Glaube, der Öffnung des Marktes werde eine Reform der Gesellschaft und des politischen Systems folgen, war beharrlicher als die Erinnerung an Tian'anmen. Anlässlich von Chinas Beitritt zur Welthandelsorganisation sagte Bill Clinton im Jahr 2000, das Land erkläre »sich nicht nur bereit zum gesteigerten Import unserer Waren, sondern zur Einfuhr von einem der höchsten Werte der Demokratie: ökonomische Freiheit. Je mehr China seine Wirtschaft liberalisiert, desto mehr setzt es das Potenzial seines Volkes frei [...]. Und wenn Individuen die Kraft haben, nicht nur zu träumen, sondern ihre Träume zu realisieren, werden sie größere Mitbestimmung verlangen.«[1] Die Kräfte des Marktes plus die Kraft des Individualismus plus eine Prise Überheblichkeit: Letztlich glaubte Clinton, besser als Chinas Führung zu wissen, wohin die Reise ging.

Die Tatsache, dass diese Illusion während des 2001 ausgerufenen »Kriegs gegen den Terror« mit seinen klaren Prioritäten platzte, machte es leichter, trotzdem an ihr festzuhalten. Für die amerikanische Sicherheitspolitik blieb China sekundär, daran änderte auch Barack Obamas »Hinwendung nach Asien« (*pivot to Asia*) wenig. Was die Taiwanpolitik betrifft, muss man sie geradezu als Derivat eines Derivats beschreiben: Welche Unterstützung der Insel gewährt wurde, hing davon ab, was man von der Volksrepublik wollte und wie sehr. In der Praxis organisiert sich übrigens bis heute nicht nur die amerikanische, sondern mehr noch die europäische Ein-China-Politik so. Innerhalb der EU firmierte Amerikas neoliberales Credo unter dem verführerischen Motto »Wandel durch Handel«, und auch dahinter stand ein Profitstreben, das sich als Einsicht in höhere historische Notwendigkeiten ausgab: Weil *unsere* Erfahrung besagt, dass ein aufstrebendes Bürgertum früher oder später die Aristokratie entmachtet, werden es Chinas Bürger mit dem roten Adel genauso halten. Lehren aus der eigenen Geschichte lassen sich desto leichter auf andere Kulturen übertragen, je weniger man über sie weiß.

Dass sich Chinas Aufstieg so lange Zeit vor aller Augen und doch hinter unserem Rücken vollziehen konnte, zeugt vom ungetrübten Vertrauen des Westens in seine eigenen Fehlurteile. In Washington setzte sich erst unter Donald Trump – verspätet und bisweilen panikartig – die Erkenntnis durch, dass von der Volksrepublik die größte Gefahr für Amerikas globale Vormachtstellung ausgeht. Genauer gesagt war es die Einsicht, dass sich neben der Hoffnung auf schrittweise Demokratisierung auch *die* Grundprämisse der amerikanischen Chinapolitik erledigt hatte: haushohe militärische Überlegenheit. Bestenfalls ein Freund, schlimmstenfalls ein unterlegener Feind, so hatte man sich das vorgestellt. Gekommen ist es anders. Inzwischen lässt die Volksrepublik keinen Zweifel mehr daran, dass sie die USA als Ordnungsmacht im Westpazifik ablösen will, vielleicht besitzt sie bereits die Mittel dazu. Der Mischung aus Arroganz und ideologischer Verblendung des Westens stand auf chinesischer Seite nämlich ein von strategischem Weitblick geleitetes Vorgehen gegenüber, das erst unter Xi Jinping umgeschlagen ist in eine neue und gefährliche Hybris. All das gilt es im Folgenden genauer nachzuvollziehen.

Nach der Zäsur von 1989 galt für Chinas Außenpolitik etwa zwanzig Jahre lang die von Deng Xiaoping ausgegebene Parole »Unsere Fähigkeiten verstecken und Zeit gewinnen«. Sie bildet den Kern von Dengs berühmtem strategischen Motto in 24 Schriftzeichen: »Gelassen beobachten, unsere Position sichern, besonnen reagieren, unsere Fähigkeiten verstecken und Zeit gewinnen, bescheiden bleiben, nie die Führung übernehmen.«[2] Zusammen sollte das dem vage anvisierten Ziel dienen, »etwas zu erreichen« (*you suo zuowei*). Auf den ersten Blick fällt es schwer, darin eine Blaupause für Chinas Aufstieg zur Weltmacht zu entdecken, und genau genommen war es auch nur die Vorbereitung dazu, gleichsam der Anlauf. Um die eigenen Ambitionen zu realisieren, musste man sie für eine gewisse Zeit vor der Welt verbergen.[3] Zuerst wollte Deng Xiaoping die ökonomische Basis legen, und dafür durfte sich das Land nicht zu früh dem Verdacht aussetzen, eine andere internationale Ordnung anzustreben. Mit diesem Ansinnen hätte es sich in den 1990er Jahren ohnehin bloß blamiert. Wie wir gesehen haben, führte die dritte Krise in der Taiwanstraße Dengs Nachfolger Jiang Zemin deutlich vor Augen, dass die Volksrepublik den USA militärisch wenig entgegenzusetzen hatte. Die nach dem Tian'anmen-Massaker verhängten Sanktionen machten es auch schwer, daran etwas zu ändern. Nur Russland und Israel boten sich als Lieferanten von Waffen und waffentechnischem Know-how an.[4]

Vorläufig musste das Regime versuchen, sein schwaches Blatt gekonnt auszuspielen. Das geschah auf vielen Feldern, aus Platzgründen beschränke ich mich hier auf die abenteuerliche Story, wie die Volksrepublik zu ihrem ersten Flugzeugträger kam.[5] Es handelte sich um ein ausrangiertes Schiff aus russischen Beständen, die *Varyag*, die in einem ukrainischen Hafen am Schwarzen Meer lag. Im Auftrag der Volksbefreiungsarmee reiste 1997 ein chinesischer Mittelsmann nach Kiew, wo er sich als flamboyanter Unternehmer mit Sitz in Hongkong ausgab und mit großen Mengen von Geld und Schnaps begann, den Kauf des Flugzeugträgers in die Wege zu leiten – angeblich, um daraus in Macau ein schwimmendes Spielkasino zu machen. Der Trick funktionierte, der Mann erwarb das Schiff und obendrein die für China fast noch wertvolleren Baupläne. Darunter darf man sich nicht ein paar Mappen mit Zeichnungen vorstellen, insgesamt wogen die Dokumente 45 Tonnen!

Um die Passage des Schiffs durch den Bosporus zu ermöglichen, flog Staatspräsident Jiang Zemin persönlich nach Ankara und versprach türkischen Firmen erleichterten Zugang zum chinesischen Markt. Nach insgesamt fünfjähriger Arbeit vor und hinter den Kulissen erreichte die *Varyag* 2002 ihren neuen Heimathafen im chinesischen Dalian, wo in den nächsten Jahren nicht viel mit ihr geschah; sie wurde gesäubert und gestrichen, man nahm kleinere Reparaturen vor, und irgendwer begann damit, 45 Tonnen Dokumente in russischer Sprache zu studieren. So etwas dauert, aber das war in Ordnung. Vorläufig wollte Chinas Führung niemanden wissen lassen, dass die *Varyag* kein Kasino beherbergen, sondern eines Tages selbst ein Chip auf dem Spieltisch der Weltpolitik werden sollte.

Es war Deng Xiaopings Motto wörtlich genommen: Seine Fähigkeiten verstecken und Zeit gewinnen. Ein Flugzeugträger symbolisiert den Willen eines Landes, jenseits der eigenen Grenzen militärische Präsenz zu zeigen. Mit einer solchen schwimmenden Festung verteidigt man nicht seine Hoheitsgewässer, sondern kontrolliert internationale Schiffsrouten, sichert Versorgungswege oder macht sie, wenn es sein muss, für andere Länder weniger sicher, kurz: Man projiziert Macht. Das wollte China eines Tages zwar tun können, aber noch gediehen der Außenhandel und der dringend benötigte Technologietransfer besser in einem Klima, in dem das Land von seinen Nachbarn nicht als Bedrohung und von den USA nicht als Konkurrent wahrgenommen wurde. Dass Washington 1992 eine neue Marinestrategie verabschiedete, die festhielt, dass die USA die Weltmeere beherrschten, keine Konkurrenz mehr zu fürchten hatten und deshalb ihre Seestreitkräfte reduzieren sollten, dürfte man in Peking gern gehört haben.[6] Die Jahre von 1989/90 bis zur globalen Finanzkrise von 2008 könnte man Chinas »Ära der strategischen Zurückhaltung« nennen. Erst einmal sollte die eigene Wirtschaft wachsen und der globale Hegemon sich in Sicherheit wiegen. Beides geschah.

Die Art und Weise, wie Jiang Zemins Nachfolger Hu Jintao schließlich eine Zeitenwende einläutete, verrät zweierlei: Sowohl die ungebrochene Autorität Deng Xiaopings, dessen Leitgedanken man nicht einfach verwerfen durfte, als auch Chinas nachlassende Angst davor, die falsche Art von Aufmerksamkeit zu erregen. Die weltweite Finanzkrise deutete die Führung als Beweis für die Überlegenheit des sozialistischen Systems und für eine nachhaltige Veränderung im »Gleichgewicht der internationalen Kräfte«. Dieses Schlagwort steht für den Niedergang der globalen Vorherrschaft der USA, wo die Finanzkrise 2008 ihren Ausgang genommen hatte – im selben Jahr, in dem die Olympischen Spiele von Peking das internationale Ansehen der Volksrepublik wie auch ihr Selbstvertrauen deutlich erhöhten.[7]

Im Juli 2009 sprach Hu Jintao auf der 11. Botschafterkonferenz, einem Treffen von Chinas außenpolitischer Elite, wo oft richtungsweisende Entscheidungen verkündet werden. Der für seine ungeheuer drögen Reden bekannte Staatschef huldigte zunächst dem Motto »Unsere Fähigkeiten verstecken und Zeit gewinnen«, fügte bei der Zieleingabe aber en passant zwei neue Zeichen ein: »aktiv« (*jiji*) etwas erreichen.[8] *Das* als strategische Neuausrichtung zu verstehen mag nach einer Überinterpretation aussehen, folgt aber aus der inneren Logik von Hu Jintaos Argument: Wenn sich das Gleichgewicht der internationalen Kräfte verändert und Chinas Strategie auf dieses Kräfteverhältnis ausgerichtet war, dann muss die Strategie jetzt angepasst werden. Die in Parteisprech geschulte Zuhörerschaft in Peking dürfte das Signal verstanden haben: Unser Moment ist gekommen, der Rivale ist geschwächt, lasst uns die Gelegenheit nutzen – aktiv!

So begann die »Ära des zunehmenden Aktivismus«, deren inoffizielles Motto lautete: Wir müssen unsere Fähigkeiten nicht länger verstecken, denn die Zeit arbeitet für uns. Ein Land, das von anderen nicht als mächtig wahrgenommen wird, ist es auch nicht, denn es kann zum Beispiel nicht drohen – etwa durch die Entsendung eines Flugzeugträgers. 2009 beschloss das Politbüro, aus der *Varyag* einen solchen zu machen. Gleichzeitig wurde das Vorgehen von Chinas Küstenwache und Marine im Südchinesischen Meer spürbar aggressiver, auf der UN-Klimakonferenz in Kopenhagen zeigten sich Pekings Diplomaten im selben Jahr von einer neuen, ziemlich rüden Seite; einmal wurde US-Präsident Obama physisch daran gehindert, einen Raum zu betreten, in dem Premierminister Wen Jiabao mit Vertretern anderer Länder sprach. Weniger schlagzeilenträchtig, aber ebenso folgenreich war, dass die Volksrepublik ihre sogenannten »Kerninteressen« (*hexin liyi*) auszuweiten und offensiver als früher zu verfolgen begann.[9]

Im Lexikon der Kommunistischen Partei sind Kerninteressen solche, die das Schicksal der Nation so grundsätzlich betreffen, dass sie notfalls mit kriegerischen Mitteln verteidigt werden müssen. Jahrzehntelang hatte die Partei aber meist nur im Singular von *einem* Kerninteresse gesprochen: Taiwans Unabhängigkeit zu verhindern. 2008 wurde die Souveränität über Tibet zum Kerninteresse erklärt, 2009 die über Xinjiang, nachdem es in beiden Provinzen zu Unruhen gekommen war. Wenig später galten auch die territorialen Ansprüche im Südchinesischen Meer als so essenziell, dass die Volksrepublik zu ihrer Durchsetzung notfalls Krieg führen würde.

Die Verschärfung zeigte sich in unverhohlenen Drohungen, die sich sowohl an die pazifischen Anrainer als auch an den Rest der Welt richteten: Wer Chinas Kerninteressen missachtet, muss mit Konsequenzen rechnen. In den meisten Fällen waren diese ökonomischer Art, denn dass die Volksrepublik inzwischen eine globale Marktmacht besaß wie außer ihr nur die USA, wurde mehr und mehr dazu benutzt, Folgsamkeit zu erzwingen. Die Entwicklung seiner militärischen Fähigkeiten vergaß Peking darüber allerdings nicht.

2012 wurde die umgebaute *Varyag* unter dem Namen *Liaoning* an die Marine übergeben. Ein Jahr später stellte der neue Staatschef Xi Jinping seine Amtszeit unter ein neues strategisches Motto: »energisch etwas erreichen« (*fenfa you wei*). Das ließ erkennen, dass das Land außenpolitisch noch einmal einen Gang zulegen wollte; in der Praxis vollzog sich der Übergang zur »Ära der großen Ambitionen« jedoch schrittweise, denn um Chinas internationalen Machtanspruch lauter denn je zu verkünden, musste Xi zunächst seine eigene Macht festigen. Das geschah durch Antikorruptionskampagnen, die mal die

Korruption und mal Xis persönliche Feinde bekämpften. Erst ab Ende 2015 begann der Staatschef einen Umbau der Volksbefreiungsarmee mit dem Ziel, auch fernab von Chinas Grenzen Kriege führen und gewinnen zu können. Die traditionelle Vormachtstellung der Armee wurde zugunsten der Marine gebrochen, zwischen 2015 und 2018 hat China mehr *neue* Schiffe vom Stapel gelassen als sich im gesamten Bestand der britischen, indischen, spanischen, deutschen und taiwanischen Marine zusammen befinden![10] Als ein von den Philippinen initiiertes Schlichtungsverfahren im Rahmen des UN-Seerechtsübereinkommens Chinas Ansprüche im Südchinesischen Meer 2016 zurückwies, ignorierte Peking das Urteil einfach und trieb die Militarisierung von Inseln und Atollen unvermindert voran. Seit 2017 unterhält die Volksrepublik eine Militärbasis im nordafrikanischen Dschibuti, nahe dem Golf von Aden, durch den das Land einen großen Teil seines Öls bezieht. Ein neu konstruierter Pier ist so lang, dass auch Flugzeugträger dort anlegen können. Davon besitzt China inzwischen drei, ein viertes atomgetriebenes Modell befindet sich in Planung.[11]

Keine Frage, die Volksrepublik schaut nicht länger – wie einst die Qing-Kaiser – zuerst auf ihre kontinentalen Grenzen, sondern hinaus auf den Pazifik, wo die USA ihr größter Rivale sind. Diese Konfrontation hat Peking schon früh vorausgeahnt, die Vorbereitung darauf erfolgte allerdings ebenso planvoll wie diskret. Während der Coronapandemie wurde der Glaube an die baldige Wachablösung noch einmal verstärkt, dasselbe gilt infolge des jüngsten Handelskriegs aber für die Überzeugung, dass Washington Chinas Aufstieg unbedingt verhindern und womöglich das kommunistische Regime stürzen will. Aus chinesischer Sicht ist das eigene Verhalten daher primär defensiv: Um der Umzingelung durch die USA und ihre Verbündeten zu entgehen, werden größere Einfluss- und maritime Pufferzonen gebraucht, die über die erste Inselkette hinausreichen. Wie wir im ersten Kapitel gesehen haben, geht das aber nur, wenn Peking die Insel Taiwan kontrolliert und sie zum eigenen Marinestützpunkt ausbaut. Mit anderen Worten, der Brennpunkt des zusehends global ausgetragenen Wettstreits der Supermächte liegt weiterhin direkt vor Chinas Küste.

Ein Nervenkrieg in grauen Zonen

Erst nach und nach wurde deutlich, dass Xi Jinping auch in der Taiwanfrage eine offensivere Strategie verfolgt als seine Vorgänger. Schrittweise vollzog sich der Übergang von einer Politik, die den Status quo bewahren und die Unabhängigkeit der Insel verhindern wollte, hin zu einer, die revisionistischen Ambitionen entsprechend die »Wiedervereinigung« erzwingen will. Spätestens im Herbst 2021 hatte sich der Wechsel vollzogen. Internationale Medien meldeten plötzlich, dass chinesische Kampfjets immer häufiger in die taiwanische Luftraumüberwachungszone (Air Defense Identification Zone, ADIZ) eindrangen. Es handelte sich um militärische Aktionen unterhalb der Schwelle eines bewaffneten Angriffs, die man gemeinhin *gray zone activities* nennt, da sie weder friedlich noch eindeutig kriegerisch sind, sondern irgendwo dazwischen liegen.[12] Seit dem Pelosi-Besuch 2022 gehören Verletzungen der taiwanischen ADIZ ebenso zur neuen Normalität in der Taiwanstraße wie das Überqueren von deren Mittellinie durch die chinesische Marine. Innerhalb kürzester Zeit hat Peking einen anderen Status quo etabliert, der für Taiwan deutlich bedrohlicher ist, als es der bisherige war.

Eine ADIZ ist ein Puffer zwischen internationalem und nationalem Luftraum, den Staaten einrichten, um letzteren besser überwachen zu können.[13] Nicht alle Staaten tun das, Deutschland zum Beispiel besitzt keine solche Zone. Die USA haben 1950 als erstes Land eine eingerichtet, und sie waren es auch, die im Kalten Krieg die ADIZ ihrer pazifischen Verbündeten – Japan, Südkorea, Taiwan und die Philippinen – festlegten, wobei diese den Zuschnitt später teilweise eigenmächtig modifizierten. Ursprünglich ging es um den Schutz vor chinesischen und sowjetischen Aktivitäten, die die Sicherheit der amerikanischen Partner hätten bedrohen können. Die Volksrepublik China hat ihre ADIZ über dem Ostchinesischen Meer erst 2013 eingerichtet, und auch das folgte der Logik, den eigenen Machtanspruch nicht länger zu verstecken, sondern offen auf seine Durchsetzung hinzuarbeiten.

Während der nationale Luftraum 12 Seemeilen (22 Kilometer) vor der Küste des jeweiligen Landes beginnt, erfolgt die Festlegung einer

ADIZ nach Maßgabe nationaler Interessen und insofern willkürlich. Das kann dazu führen, dass sich die Zonen verschiedener Staaten überlappen, wie es gegenwärtig mit denen Japans, Südkoreas und Chinas der Fall ist, ebenso mit denen Taiwans und Chinas. Obwohl eine ADIZ nach internationalem Recht nicht zum Souveränitätsgebiet eines Staates gehört, ist es üblich, dass sich die Flugzeuge anderer Nationen identifizieren, bevor sie in die Zone fliegen. Die Jets der chinesischen Luftwaffe und Marine, die seit dem Herbst 2021 vermehrt in die taiwanische ADIZ eindringen, halten sich an diese Etikette natürlich nicht.

Welchem Zweck dienen solche Manöver? Zunächst einmal gibt es eine psychologische Komponente: Die Volksbefreiungsarmee bekräftigt, dass sie Taiwans ADIZ nicht anerkennt, da die Insel chinesisches Territorium ist, welches man niemals aufgeben wird. Darüber hinaus besitzen die Flüge aber auch einen praktischen Nutzen. Piloten erlangen Vertrautheit mit dem maritimen Terrain, insbesondere mit jenen schmalen Durchgängen in der ersten Inselkette, die chinesische Schiffe passieren müssen, um den offenen Pazifik (oder im Kriegsfall Taiwans Ostküste) zu erreichen. Wenn die taiwanische Luftwaffe eigene Flugzeuge aufsteigen lässt, um die Eindringlinge abzuwehren, erhält China Aufschluss über Reaktionszeiten, Kapazitäten und allgemeine Verhaltensmuster. Außerdem wird Taiwans Luftwaffe in ständiger Alarmbereitschaft gehalten. Als ich im Juni 2023 den ehemaligen Generalstabschef der taiwanischen Streitkräfte Lee Hsi-min zum Interview traf, erklärte er, die Manöver verfolgten das Ziel, »unsere Fähigkeiten zu erschöpfen und uns auszuzehren. Tatsächlich sind wir bereits am Limit; was sollen wir tun, wenn sie die Frequenz weiter erhöhen?«[14] Dass wegen der vielen Einsätze kaum noch Zeit für die Wartung der Maschinen bleibe, stelle inzwischen eine ernste Gefahr für die Sicherheit und das Leben taiwanischer Piloten dar.

Von solchen Grauzonen-Aktivitäten geht also eine reale, schwer abzuwehrende Bedrohung aus. Schritt für Schritt wird der Druck erhöht, Grenzen werden ausgetestet und rote Linien verschoben, wodurch eine neue Normalität entsteht, die einer Partei nützt und der anderen schadet. China bestimmt, wann und wie oft Flugzeuge in die taiwani-

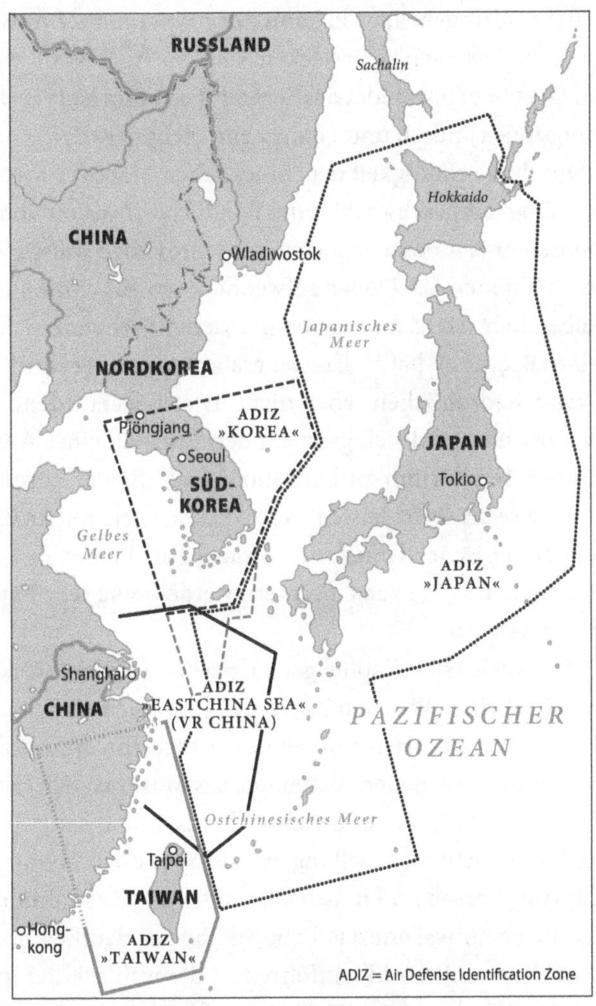

Übersicht über die regionalen Air Defense Identification Zones. Taiwans ADIZ teilt sich in zwei annähernd gleiche Hälften, die zusammen die Form eines Rechtecks ergeben. Der über chinesischem Territorium liegende Teil wird gestrichelt gezeichnet, weil die USA diesen Abschnitt der taiwanischen ADIZ nicht anerkennen. Gleiches gilt für die gesamte chinesische ADIZ, die auch von Japan und Südkorea nicht anerkannt wird. Da das taiwanische Verteidigungsministerium chinesische Flüge durch jenen Teil der Zone, der zugleich chinesischer Luftraum ist, nicht als Eindringen in seine ADIZ zählt, war der merkwürdige Zuschnitt der Zone allerdings nicht verantwortlich für die auffällige Häufung ihrer Verletzungen im Herbst 2021.

sche ADIZ eindringen, Taiwan kann nur reagieren bzw. muss das tun, um nicht den Anschein zu erwecken, sich der Aggression wehrlos zu ergeben. Die Grauzone bildet das Schlachtfeld eines Nervenkriegs, der die Bedingungen ändert, unter denen ein »richtiger« Krieg stattfinden würde. Durch die Häufigkeit der chinesischen Manöver wird nämlich Taiwans Fähigkeit geschwächt, eine feindliche Invasion abzuwehren. Allein in den ersten neun Monaten des Jahres 2020 musste das Land über 900 Millionen US-Dollar aufwenden, um auf chinesische Flüge innerhalb seiner ADIZ zu reagieren – deren Frequenz sich seitdem noch einmal erhöht hat.[15] Ex-Generalstabschef Lee fordert daher, solche zwar bedrohlichen, aber nicht existenzgefährdenden Aktionen hinzunehmen und sich ganz auf den Ernstfall eines Angriffs auf taiwanisches Territorium zu konzentrieren.[16] Beides könne das Militär schlicht nicht mehr leisten. Ausdrücklich erkennt er damit den Erfolg der chinesischen Grauzonen-Strategie an, betont aber, dass sich die Gefahrenlage weiter verschlechtern werde, sollte sich Taipei dieser Einsicht verweigern.

Wie wir im nächsten Kapitel genauer sehen werden, steckt Taiwan in einer sicherheitspolitischen Zwickmühle. Als Generalstabschef von 2017 bis 2019 war Lee Hsi-min verantwortlich für die Ausarbeitung eines revolutionären neuen Verteidigungskonzepts, des Overall Defense Concept (ODC), das angesichts Chinas militärischer Überlegenheit eine konsequente Umstellung auf die Methoden asymmetrischer Kriegsführung vorsah und in den USA auf breite Zustimmung stieß.[17] Nachzuvollziehen, warum das Echo in Taiwan deutlich gedämpfter ausfiel, wird uns mitten hineinführen in die militärische *und* politische Komplexität des gegenwärtigen Konflikts.

4
Kann sich Taiwan verteidigen? Was werden die USA tun?

> Wer sich auf Veränderungen einstellt, bevor sie geschehen,
> wird siegen;
> wer auf Veränderungen erst reagiert, wenn sie geschehen sind,
> wird verlieren;
> wer die geschehenden Veränderungen ignoriert,
> wird untergehen!
> Lee Hsi-min

Nach 1949 war das Militär der Republik China zunächst ganz auf das Ziel der Rückeroberung des Festlands ausgerichtet. Das Herzstück der Streitkräfte bildete die mit amerikanischen Kampfjets ausgestattete Luftwaffe, der die Volksbefreiungsarmee nichts annähernd Gleichwertiges entgegenzusetzen hatte. Die Flugzeuge der Republik China waren aber nicht nur de facto überlegene Waffensysteme, sie symbolisierten diese Überlegenheit auch und dienten als sichtbarer Beweis für die Unterstützung durch das mächtige Amerika. Dieselbe, für das Sicherheitsgefühl der Bevölkerung extrem wichtige Doppelfunktion erfüllten die Kriegsschiffe der Marine und die Panzer der Armee. China hatte mehr Grund, sich vor Taiwans Waffen zu fürchten als umgekehrt.

Den Traum von der Rückeroberung des Festlands nahm Chiang Kai-shek 1975 mit ins Grab. Vier Jahre später beendete der Abbruch der diplomatischen Beziehungen zwischen Washington und Taipei auch das gegenseitige Verteidigungsbündnis von 1955. An die Stelle eindeutiger Sicherheitsgarantien traten die mehrdeutigen Klauseln des Taiwan Relations Act, die zwar Washingtons Politik der strategischen Ambiguität entsprachen, die wachsende Angst in Taiwan aber nicht zu beseitigen vermochten. Auch wenn mittelfristig keine chinesische Invasion drohte, wurde sie allmählich zum wichtigsten, weil schlimmsten Szenario, auf das die Militärstrategie der Insel ausgerichtet sein musste.[1]

Diese Umorientierung geschah jedoch aus einer Position der Stärke heraus. Deshalb blieb die symmetrische Konfrontation zweier Heere, die sich hauptsächlich zu Wasser und in der Luft bekämpfen, das leitende Paradigma. Die Republik China strebte die Kontrolle der Taiwanstraße und der umliegenden Gewässer an, außerdem unterhielt sie ein Raketenarsenal und eine Luftwaffe, die Ziele tief im Landesinneren der Volksrepublik angreifen konnte. Sogar ein geheimes Nuklearprogramm gab es, gestartet noch unter Chiang Kai-shek, das in den 1980er Jahren von der CIA aufgedeckt und 1988 auf Druck der USA eingestellt wurde.[2] Für die konventionelle Abschreckung setzte Taiwan weiterhin auf schwere Waffensysteme wie Zerstörer, U-Boote, Jagdflugzeuge und Bomber, die größtenteils aus den USA kamen, seltener – etwa im Fall französischer Mirage-Kampfjets und La-Fayette-Fregatten – aus anderen westlichen Ländern. In einem schwieriger werdenden internationalen Umfeld musste die Insel aber auch zunehmend eigene Waffen produzieren. In den 2000er Jahren waren die USA darauf bedacht, Peking nicht durch Waffenverkäufe an Taiwan zu reizen, die Europäer agierten noch vorsichtiger, und ökonomisch ergab die Stärkung der heimischen Rüstungsindustrie ebenfalls Sinn. Viel Geld floss (und fließt) zum Beispiel in die Produktion dieselgetriebener U-Boote made in Taiwan, das erste lief im September 2023 vom Stapel.

Dessen ungeachtet ging von den 1990er Jahren bis in die jüngste Vergangenheit der taiwanische Verteidigungsetat kontinuierlich zurück. In einem demokratischen Staat war Regimesicherheit keine Hauptaufgabe des Militärs mehr, und in der Taiwanstraße standen die Zeichen (vermeintlich) auf Entspannung. Schrittweise wurde das Heer von etwa 600 000 erst auf 380 000 Mann reduziert (2001), dann auf 270 000 (2011) und 215 000 (2013), bis schließlich im Jahr 2015 die Umstellung auf eine reine Freiwilligenarmee mit einer Zielgröße von 195 000 Mann erfolgte.[3] Hatte der Verteidigungsetat in den 1970er Jahren sieben Prozent des Bruttosozialprodukts ausgemacht, waren es in Präsident Ma Ying-jeous zweiter Amtszeit (2012-2016) – die sich mit der ersten von Xi Jinping überschnitt – noch ganze 1,8 Prozent. Im Rückblick wirkt das durchaus erstaunlich: Taiwans Investitionen in die eigene Sicherheit schrumpften zur selben Zeit, da aufgrund der chinesischen Aufrüstung die reale Bedrohung wuchs. Offenbar war es nicht nur der Westen, der sich über die Entwicklungsrichtung der Volksrepublik täuschte, und deshalb dauerte es sehr lange, bis Taiwan begann, seine Verteidigungsstrategie auf einen deutlich *überlegenen* Gegner umzustellen.[4] Genauer gesagt dauert diese Umstellung immer noch an und vollzieht sich alles andere als reibungslos.

Im zweiten Kapitel hatte ich in groben Zügen Chinas Planungen für verschiedene militärische Szenarien vorgestellt. Sie reichen von Raketenbeschuss über eine Blockade/Quarantäne bis zur Invasion der Insel mit Bodentruppen, bzw. sie integrieren das alles zu einem mehrstufigen Angriffsplan mit dem Ziel, Taiwan vollständig zu beherrschen. In Entsprechung dazu hat Taipei einen »Nationalen Verteidigungsplan« (*guoan zuozhan jihua*), dessen Schwerpunkt auf der Abwehr einer Invasion liegt und der sich seinerseits in drei Phasen teilt: Mobilisierung und *force preservation* (die Wahrung der eigenen Kampfkraft während des chinesischen Raketenbeschusses), Angriffe auf die Volksbefreiungsarmee während der Überquerung der Taiwanstraße sowie Abwehr der Landung von Bodentruppen bzw. Kriegsführung auf der Insel, falls die Bodentruppen doch landen.

Die erste Aufgabe bestünde demnach darin, Truppen und Material vor chinesischen Raketen zu schützen. Viele taiwanische Luftwaffenstützpunkte sind mit unterirdischen Bunkern ausgestattet, große Teile der Marine würden in die Gewässer östlich der Insel, d. h. auf den offenen Pazifik ausweichen. Auch Attrappen kämen zum Einsatz, und natürlich würde eine Reihe technischer Maßnahmen ergriffen, um die Angreifer über die Verteilung der taiwanischen Streitkräfte irrezuführen. Gleichzeitig würde eine Mobilisierung von Reservisten erfolgen, deren Gesamtzahl Ian Easton mit 2,3 Millionen angibt, was auf dem Papier sehr beachtlich aussieht. Bei sinkenden Verteidigungsausgaben wurde allerdings auch das Training der Reserve sträflich vernachlässigt, weshalb an deren Kampfbereitschaft erhebliche Zweifel bestehen.[5]

Wann der Übergang zur zweiten Phase erfolgt, ist im Verteidigungsplan nicht genau definiert, darüber müssten Regierung und Armee situativ entscheiden. Eindeutig aber identifiziert der Plan die Überquerung der Taiwanstraße als den Moment, in dem die Volksbefreiungsarmee am verwundbarsten ist. Kombinierte Angriffe von Kampfjets, Anti-Schiffs-Raketen, Zerstörern und U-Booten sollen daraus Kapital schlagen. Wie der Nationale Verteidigungsbericht aus dem Jahr 2021 betont, gedenkt das taiwanische Militär jedoch nicht, tatenlos abzuwarten, bis die Invasionsarmada unterwegs ist, sondern will durch Angriffe auf die chinesische Küste ihre Formierung stören und sie zu weiter entlegenen Sammelpunkten zurücktreiben.[6]

Da wohl kaum das Übersetzen aller feindlichen Truppen verhindert werden könnte, sieht der Plan als dritte Phase die Verteidigung des Heimatbodens gegen landende Truppen vor. Im ersten Kapitel hatte ich auf die Sicherung taiwanischer Strände sowohl durch zivile als auch durch militärische Anlagen verwiesen. Zu Ersteren zählen Dämme, Wellenbrecher, Windkraftanlagen und andere kommerziell genutzte Einrichtungen, die den Bewegungsspielraum landender Truppen verkleinern. Letztere umfassen Pipelines mit brennbarem Öl und Gas, die bestimmte Strandabschnitte auf Knopfdruck in ein Flammenmeer verwandeln können, Seeminen sowie Raketenstellungen im bergigen Umland, die den Verteidigern einen strategischen Heimvorteil bieten. Die martialische Sprache des Verteidigungsplans sieht die vollständige »Auslöschung des Feindes an den Stränden« (*jiantan jiandi*) vor. Dementsprechend wird die etwaige letzte Phase des Krieges, nämlich dessen Fortsetzung auf taiwanischem Boden, mit der geringsten Aufmerksamkeit bedacht.

So weit in groben Zügen die Theorie. Nicht nur amerikanische Militärexperten fragen sich allerdings besorgt, ob dieser weitgehend auf symmetrische Kriegsführung ausgerichtete Plan dem mittlerweile riesigen Kräfteungleichgewicht in der Taiwanstraße angemessen Rechnung trägt. Der chinesische Verteidigungsetat ist 22,5-mal so hoch wie der taiwanische, Tendenz steigend, und da die Volksrepublik auch in dieser Hinsicht nicht transparent ist, dürfte das tatsächliche Missverhältnis noch krasser ausfallen.[7] Einige taiwanische Rüstungsprojekte haben in den letzten Jahren zwar viel Geld verschlungen, aber wenig Resultate gezeigt, während Chinas Entwicklung von Hyperschallraketen und einem »aircraft carrier killer« namens DF-26 sogar amerikanische Militärs aufgeschreckt hat.[8] Ist das Paradigma einer symmetrischen Konfrontation beider Ufer der Taiwanstraße also noch zeitgemäß?

Eindeutig nicht, lautet die Antwort von Ex-Generalstabschef Lee Hsi-min. Symmetrische Kriegsführung bedeutet, die eigene Stärke (d. h. die besten Truppen und Waffen) auf die Stärke des Feindes zu richten. Trotz aller Unwägbarkeiten, die ein tatsächlicher Krieg mit sich bringt, läuft das auf den Sieg der Partei hinaus, die über die größeren Ressourcen und effektiveren Waffen verfügt. Im Fall der Taiwanstraße ist das – solange die USA nicht eingreifen – zweifellos die Volksrepublik. Eine auf Symmetrie ausgerichtete Verteidigungsstrategie, folgert der Ex-Generalstabschef, leistet weder eine wirksame Abschreckung noch bietet sie im Ernstfall realistische Erfolgschancen. Er fordert einen radikalen Bruch mit der Tradition und die konsequente Umstellung auf ein Konzept *asymmetrischer* Kriegsführung.

Festung Taiwan: Der Drache und das Stachelschwein

Seit den Terroranschlägen vom 11. September 2001 ein oft gehörtes Schlagwort, hat »asymmetrische Kriegsführung« eine Ahnengalerie, die deutlich weiter zurückreicht. Afghanische Mudschahedin, der Vietcong und Chinas Kommunisten im Krieg gegen Japan, sie alle haben auf diese Weise gegen einen überlegenen Feind gekämpft – mit beachtlichem Erfolg. Noch viel älter ist der Urahn der asymmetrischen Kriegsführung, von dem das Alte Testament im 1. Buch Samuel berichtet: Ein Schafhirte namens David. Dessen Brüder waren Soldaten, er nicht, aber als er ihnen eines Tages Essen ins Heerlager brachte, geriet er genau im entscheidenden Moment in Israels Auseinandersetzung mit den feindlichen Philistern hinein: »Da trat aus den Reihen der Philister ein Riese heraus mit dem Namen Goliat aus

Gat, sechs Ellen und eine Handbreit groß. Der hatte einen ehernen Helm auf seinem Haupt und einen Schuppenpanzer an, und das Gewicht seines Panzers war 5000 Lot Erz, und er hatte eherne Schienen an seinen Beinen und einen ehernen Wurfspieß auf seiner Schulter.« Eine furchteinflößende Erscheinung, daran lässt der Bibeltext keinen Zweifel. David allerdings war nicht eingeschüchtert, sondern erklärte sich kurzerhand zum Duell Mann gegen Mann bereit. König Saul, muss man wissen, hatte dem, der den Riesen erschlägt, viel Geld und die Hand seiner Tochter versprochen. Zwar versuchte Saul zunächst, den schmächtigen Hirten zurückzuhalten, aber als sich David nicht umstimmen ließ, legte ihm der König »seine Rüstung an und setzte ihm einen ehernen Helm auf sein Haupt und legte ihm einen Panzer an. Und David gürtete sich Sauls Schwert über seine Rüstung und mühte sich vergeblich, damit zu gehen.« Für die Umstehenden muss es ein entmutigender Anblick gewesen sein. Nicht einmal die Rüstung konnte dieser Hänfling tragen! Schließlich legte David den schweren Panzer wieder ab, nahm statt des Schwerts fünf Steine aus dem Bach, griff nach seiner Schleuder und ging dem Philister entgegen.

Der Ausgang des Duells ist bekannt. Ex-Generalstabschef Lee stellt es in seinem bereits zitierten Buch, dessen Titel auf Deutsch »Taiwans Siegeschance« bedeutet, als frühes Beispiel asymmetrischer Kriegsführung vor und fragt: Was wäre geschehen, hätte David Sauls Rüstung anbehalten und mit dem Schwert gekämpft?[9] Nun, es wäre ein symmetrisches Duell gewesen und die stärkere Partei hätte gesiegt. Für Lee liegt die Moral der Geschichte darin, dass es manchmal nicht auf rohe oder nummerisch überlegene Kraft (*li*) ankommt, sondern auf die geschickte Ausnutzung von Umständen (*qiao*): Es gilt, die eigene Stärke gezielt auf die Schwäche des Feindes zu richten, in dem Fall Goliats vom Helm nicht bedeckte Stirn. Mit einer für ihn zu schweren Waffe hätte der körperlich unterlegene David sie gar nicht erreicht.

Als ehemaliger Admiral der Marine weiß Lee Hsi-min, was die Schwerter und Wurfspieße von heute leisten können. Auch die oben erwähnte psychologische Funktion schwerer Waffensysteme erkennt er an, sieht darin aber eine für Taiwan gefährliche Selbsttäuschung: Die Wehrhaftigkeit, die moderne Kampfflugzeuge und Kriegsschiffe suggerieren, würden sie im Ernstfall nicht besitzen, und zwar wegen der Reichweite und Präzision chinesischer Lenkraketen. »Geringe Überlebenswahrscheinlichkeit« nennen Militärexperten das Kardinalproblem schwerer Waffensysteme. Selbst wenn es gelänge, taiwanische Kampfjets in unterirdischen Bunkern zu verstecken, wo sie den ersten Raketenbeschuss überstehen, müsste die Volksbefreiungsarmee lediglich Start- und Landebahnen zerstören, um sie auszuschalten. Davon gibt es in Taiwan nicht viele, und verstecken kann man sie im Zeitalter von Satellitentechnik und Google Earth auch nicht mehr. Für Kriegsschiffe gilt Ähnliches: Im Hafen wären sie ein leichtes Ziel und müssten so weit hinaus auf den Pazifik, um sich den Raketen zu entziehen, dass sie in den Kampf um Taiwan kaum eingreifen könnten. Die Aufgabe, die das bisherige Verteidigungskonzept ihnen zuweist, könnten sie vermutlich nicht erfüllen. Selbiges gilt in einem Terrain, das entweder extrem bergig oder urban ist, für schwere Panzer.

Angesichts begrenzter Ressourcen wirkt die fortgesetzte Investition in herkömmliche Waffensysteme wie eine Vergeudung von Mitteln, die dann fehlen bei der Anschaffung von »kleinen Dingen in großer Zahl« – so nennen Militärs das Pendant zu Davids Schleuder und den fünf Steinen: leichte, mobile, relativ billige, aber höchst effektive Waffen wie Panzerfäuste, Anti-Schiffs-Raketen, Minen, Drohnen und dergleichen. Statt wie Kampfjets an wenigen Orten konzentriert zu sein, wären sie über die gesamte Insel verteilt, was ihre Überlebenswahrscheinlichkeit bei Raketenbeschuss deutlich erhöht. Anders als Flugzeuge oder Schiffe benötigen sie keine aufwendige Infrastruktur am Boden bzw. an Land. Kein Treibstoff, wenig Wartung und nur geringes Know-how, das zu ihrer Handhabung erforderlich ist. Statt alles auf wenige Karten zu setzen, die im Ernstfall nicht stechen, raten die Befürworter asymmetrischer Kriegsführung zu einer neuartigen »porcupine strategy«: Um sich gegen den feuerspeienden Drachen aus China zu erwehren, soll Taiwan zum uneinnehmbaren Stachelschwein mit Tausenden spitzer Stacheln werden.[10]

Auf den ersten Blick mag das kurios wirken, wenn nicht selbstmörderisch. Auch David schien seine körperliche Unterlegenheit ja noch zu *verschlimmern*, indem er Goliat ohne Panzer und Schwert gegenübertrat. Statt den chinesischen Tarnkappenbombern eigene Kampfjets entgegenzustellen, soll sich Taiwan auf Luftabwehrraketen beschränken? Statt gegen Kriegsschiffe eine eigene Armada aufzubieten, sollen von Fischereihäfen aus Dutzende kleine Minenleger ausschwärmen und die küstennahen Gewässer verminen? Statt Ziele auf dem Festland anzugreifen, soll man die Ankunft des Feindes auf der Insel abwarten? Zweifellos liegt in solchen Fragen ein Teil der Erklärung dafür, weshalb die konsequente Umstellung auf eine asymmetrische Verteidigungsstrategie bisher ausgeblieben ist. Befürworter machen jedoch geltend, dass zwischen China und Taiwan nicht nur ein erhebliches Ungleichgewicht der Kräfte besteht, im Kriegsfall wären auch die beiderseitigen *Ziele* ungleich: China müsste fremdes Territorium erobern, besetzen und dauerhaft kontrollieren, Taiwan hingegen müsste lediglich den Heimvorteil des Verteidigers nutzen, um das zu vereiteln.[11]

Der Gegensatz von Kontrolle (*control*) und Vereitelung (*denial*) ist eine andere Möglichkeit, zwischen symmetrischer und asymmetrischer Kriegsführung zu unterscheiden. Taiwans bisheriges Verteidigungskonzept ist auch darin symmetrisch, dass es mittels schwerer Waffensysteme die Kontrolle über das eigene Territorium plus den dazugehörigen Luftraum und die umliegenden Gewässer anstrebt, während das ODC darauf ausgerichtet ist, durch den gezielten Einsatz von kleinen Dingen in großer Zahl die dauerhafte Kontrolle durch den Feind zu vereiteln – wobei nach den amerikanischen Erfahrungen in Afghanistan und im Irak die Betonung tatsächlich auf *dauerhaft* liegt. Während die meisten Expertinnen und Experten darin einig sind, dass Taiwans Streitkräfte vor allem See und Luftraum nicht mehr effektiv kontrollieren können, ist es eine offene Frage, ob die Volksbefreiungsarmee ihrerseits in der Lage wäre, die Insel auf Jahre hinaus zu beherrschen. Das nämlich ist nicht nur eine Frage der militärischen Kräfteverhältnisse, vielmehr kommt als entscheidender Faktor ins Spiel, wie groß der Widerstandswille der gesamten Nation einschließlich der Zivilbevölkerung ist.

Ian Eastons Angaben zufolge rechnet das chinesische Militär mit erheblichem Widerstand seitens der taiwanischen Bevölkerung und mit einem langen, verlustreichen Kampf um die Insel.[12] Das ist in zweierlei Hinsicht bemerkenswert. Erstens kontrastiert es mit der sowohl in Taiwan als auch in den USA weit verbreiteten Skepsis hinsichtlich des Kampfeswillens der Bevölkerung.[13] Zweitens muss man, wenn Easton recht hat, die oft gehörte Behauptung, dass die Zeit für China arbeite, in einem wichtigen Punkt relativieren: Ist ein Krieg um Taiwan erstmal ausgebrochen, gilt das nicht mehr. Wie im zweiten Kapitel gesehen, treibt chinesische Strategen die Sorge um, dass eine Invasion, die nicht binnen kürzester Zeit zum Erfolg führt, eine von drei – schlimmstenfalls alle drei – bedrohlichen Situationen heraufbeschwören könnte: Ein Kriegseintritt der USA und Japans, Militäraktionen feindlicher Nachbarn sowie Proteste innerhalb Chinas. Die Führung des Landes stünde also unter enormem Zeitdruck und müsste versuchen, Fakten zu schaffen, bevor sich eines dieser Szenarien materialisiert hat. Das zu provozieren wäre folglich Taiwans Ziel. So könnte sich unter Umständen schon eine Verzögerung als entscheidender Schritt zum Sieg erweisen.

In dem unter Lee Hsi-mins Ägide entworfenen Overall Defense Concept spielt die Zivilbevölkerung eine wichtige Rolle. Sie soll in die Lage versetzt werden, diverse Hilfsdienste zu leisten – Versorgung von Verletzten, Informationsbeschaffung, Bedienung von Drohnen etc. – oder sogar aktiv am Guerillakampf teilzunehmen. Seit dem russischen Überfall auf die Ukraine finden solche Überlegungen in Taiwan größeren Widerhall, NGOs wie die Forward Alliance oder die Kuma Academy fordern entsprechende Programme und bieten sie im Rahmen ihrer Möglichkeiten bereits an. Das Verteidigungsministerium allerdings zeigt keine Neigung, Waffen in die Hände von Zivilisten zu geben.[14] Ex-Generalstabschef Lee hält das für einen Fehler. »Wenn die Schlacht nach Taiwan kommt«, schreiben er und sein Co-Autor in einem Aufsatz, »muss die Insel alle verfügbaren militärischen und zivilen Ressourcen für eine gesamtgesellschaftliche Anstrengung nutzen, den Feind zu besiegen«.[15]

Zumal für deutsche Ohren beschwören solche Aussagen das böse Wort vom totalen Krieg herauf. Eindeutig tendiert das ODC dazu, die Unterschiede zwischen Militär und Zivilbevölkerung zu verwischen, was die Volksbefreiungsarmee im Ernstfall dazu bewegen dürfte, die Unterscheidung auch nicht zu treffen. Im Übrigen liegt es in der Logik des Konzepts, dass die Schlacht nach Taiwan kommt, während die bisherige Strategie sie von der Insel fernhalten oder sogar aufs Festland verlagern wollte. Zwar identifiziert auch das ODC die Überquerung der Taiwanstraße und den Moment der Landung als spezifische Schwachstellen der Angreifer, die es auszunutzen gilt; da die Hoheit über Luft und Wasser aber von vornherein der Gegenseite überlassen bleibt – weil sie nur mit schweren Waffensystemen zu behaupten wäre, die Taiwan nicht länger kaufen soll –, müsste der Kampf in küstennahen Gewässern und an den Stränden geführt werden. Entlang der dicht besiedelten Westküste ließe das keine Möglichkeit, Städte und Wohngebiete zu verschonen, die Opferzahlen wären zwangsläufig immens. In diesem Sinne macht auch ein Buch mit dem optimistisch klingenden Titel »Taiwans Siegeschance« wenig Hoffnung auf mehr als einen Pyrrhussieg. Damit dürfte ein wichtiger Grund benannt sein, weshalb das ODC trotz des Beifalls aus den USA nie konsequent umgesetzt wurde. Es kommen aber noch weitere hinzu.

Ein militärisches Konzept und seine politischen Probleme

Der russische Überfall auf die Ukraine war ein Weckruf für die taiwanische Gesellschaft. Die Sorge, dass es Taiwan in naher Zukunft ähnlich ergehen könnte, hat weite Teile der Bevölkerung davon überzeugt, dass die Insel mehr in ihre Verteidigungsfähigkeit investieren muss. Auch in der Politik begann ein Umdenken. Im Dezember 2022 verkündete Präsidentin Tsai Ing-wen einen ambitionierten Plan zur Umstrukturierung der Streitkräfte, dessen wichtigste Maßnahmen die folgenden sind:

- Das derzeit 180 000 Soldaten umfassende Freiwilligenheer soll schrittweise auf 210 000 Mann aufgestockt werden.
- Der auf vier Monate geschrumpfte Militärdienst für alle männlichen Bürger wird ab 2024 auf ein Jahr erhöht, der Sold steigt um

400 Prozent auf gut 800 Euro im Monat (was augenfällig macht, wie lächerlich niedrig er bisher war).

- Neben dem stehenden Heer wird ein System aufgebaut, in dem verschiedene Truppenteile und auch Zivilisten mit militärischer Grundausbildung für Katastrophenhilfe, Schutz der Infrastruktur und die medizinische Versorgung im Kriegsfall mobilisiert werden können.[16]

Bereits vor dem Kriegsausbruch in der Ukraine hatte die DPP-Regierung begonnen, den über Jahrzehnte hinweg geschrumpften Verteidigungshaushalt in kleinen Schritten wieder zu erhöhen; 2023 betrug er 2,6 des Bruttosozialprodukts, das jetzt verfolgte Ziel sind drei Prozent. In den USA wurden all diese Maßnahmen begrüßt, wenn auch meist mit dem Zusatz, dass sie nicht weit genug gehen.[17] Ex-Generalstabschef Lee bezweifelt zudem, ob ein längerer Wehrdienst zur besseren Ausbildung der Soldaten führen werde. Er verweist auf fehlende Übungsplätze und schlechte Ausrüstung und sieht in den Plänen der Regierung keinen Ansatz, um solche grundlegenden Mängel zu beheben.[18]

Von einer konsequenten Umstellung auf asymmetrische Kriegsführung zeugen die jüngsten Reformen ebenfalls nicht. Im Nationalen Verteidigungsbericht von 2021 taucht das entsprechende Schlagwort zwar noch auf, aber vom ODC selbst ist schon seit dem Verteidigungsbericht von 2020 nicht mehr die Rede; unter taiwanischen Generälen und Admirälen war es nie populär, und so drängt sich der Verdacht auf, dass man am Schlagwort »asymmetrische Kriegsführung« vor allem deshalb festhält, weil es in Washington gut ankommt.[19] Auf diese Weise wird eine Umstellung des taiwanischen Verteidigungskonzepts suggeriert, die in Wahrheit allenfalls zögerlich und halbherzig erfolgt.

Hohe Militärs mögen schwere Waffensysteme, die das Prestige und die Schlagkraft ihrer Streitkräfte symbolisieren. Man muss nicht *Top Gun* gesehen haben, um zu wissen, dass Kampfjetpiloten eine Aura umgibt, die den Benutzern von Panzerfäusten abgeht. Richard Bush, ehemals Washingtons höchster Vertreter in Taipei, konstatiert gar eine Tendenz der taiwanischen Militärführung, Strategie als Funktion ihrer präferierten Waffenkäufe zu betrachten, statt als Reaktion auf bestimmte Bedrohungslagen. Salopp formuliert: Erst mal kaufen wir die Waffen, die wir mögen, dann schauen wir, was sich damit anstellen lässt.[20]

Eine solche Mischung aus Sorglosigkeit und eingefahrenen Denkwegen mag es geben, dahinter steht allerdings ein politisches Problem: Taiwan kann die chinesischen Grauzonen-Aktivitäten nicht einfach hinnehmen, um sich ganz auf den Ernstfall einer Invasion zu konzentrieren. Im In- und Ausland würde das den Eindruck erwecken, die Insel habe Chinas Übermacht nicht einmal in Friedenszeiten etwas entgegenzusetzen; wie dann erst im Krieg? Es wäre Wasser auf die Mühlen von Pekings Propaganda, die eine »Wiedervereinigung« als unaufhaltsamen Trend der Geschichte präsentiert. Im Übrigen lag dem Konzept asymmetrischer Kriegsführung aus amerikanischer Sicht nie der Glaube zugrunde, dass Taiwans Streitkräfte auf sich allein gestellt einen chinesischen Angriff zurückschlagen könnten. Sie sollen lediglich einen schnellen Sieg der Volksbefreiungsarmee verhindern und damit den USA Zeit verschaffen – nötig wären mehrere Monate –, um ein militärisches Eingreifen ihrerseits vorzubereiten. Anders ausgedrückt, Taiwan muss aushalten, bis Washington die Kavallerie schickt.

Was auf dem Papier nach einer sinnvollen Arbeitsteilung aussieht, wird in der Praxis erheblich behindert durch Washingtons Politik der strategischen Ambiguität. Die soll zwar vor allem *Peking* im Unklaren lassen, aber davon ist Taipei ebenso betroffen. Wird die Kavallerie wirklich kommen? Im Kalten Krieg hatte die Bundesrepublik großes Interesse an der Stationierung möglichst vieler US-Truppen in West-Berlin, die durch ihre Präsenz sicherstellen sollten, dass Washington im Ernstfall weitere Soldaten schickt.[21] Ein solches menschliches Faustpfand besitzt Taiwan nicht, weshalb die USA die von den taiwanischen Streitkräften gewonnene Zeit auch nutzen könnten, um sich *gegen* ein Eingreifen zu entscheiden. Oben hatte ich die Logik des ODC so zusammengefasst: Statt auf wenige Karten (schwere Waffensysteme) zu setzen, die im Ernstfall nicht stechen, sollte sich Taiwan mit »kleinen Dingen in großer Zahl« für eine Invasion rüsten. Wenn dahinter aber das Vertrauen auf den einen großen Trumpf steht, der womöglich auch nicht sticht, sieht das Ganze deutlich weniger logisch aus.

Tatsächlich muss das taiwanische Verteidigungskonzept daher zwei Ziele erreichen: Die Verteidigungsfähigkeit der Insel gegen einen chinesischen Angriff erhöhen *und* die USA in den Konflikt hineinziehen. Letzteres kann die Regierung natürlich so nicht sagen, aber es gibt Indizien, dass sie es so sieht. Anlässlich der Inbesitznahme neuer amerikanischer F-16V-Jets – die Art von schwerem Waffensystem, die Taiwan laut ODC *nicht* erwerben sollte – verkündete Präsidentin Tsai Ing-wen im November 2021: »Diese amerikanisch-taiwanische Zusammenarbeit im Bereich der Landesverteidigung bedeutet nicht nur eine Vertiefung der beiderseitigen Freundschaft, sondern mehr noch eine feste Verpflichtung zur amerikanisch-taiwanischen Partnerschaft.«[22] Das klang, als würde die Präsidentin einen Zustand beschreiben, in Wahrheit äußerte sie eher einen Wunsch, um nicht zu sagen eine verzweifelte Hoffnung.

Bei Taiwans Rüstungskäufen geht es also um viel mehr als militärische Hardware: Washingtons Bereitschaft, die Insel mit neuen und prestigeträchtigen Waffensystemen auszustatten, wird dort als Gradmesser für die amerikanische Unterstützung verstanden. Gemäß dieser Logik – die zwar nicht zwingend, aber real wirksam ist, und die in Washington nicht jeder versteht – würde es eine Herabstufung der bilateralen Beziehungen bedeuten, sollte Taiwan nur noch »kleine Dinge in großer Zahl« kaufen: Waffen, in denen sich nicht das militärische Prestige der Supermacht USA spiegelt, das sich folglich weder auf Taiwans Streitkräfte übertragen noch auf dem Spiel stehen würde, wenn China angreift. Es wäre, so die Befürchtung, ein Grund weniger, die Kavallerie zu schicken.[23]

Halten wir noch einmal Taiwans verteidigungspolitische Zwickmühle fest: Unter Xi Jinping wächst sowohl der Druck durch chinesische Grauzonen-Aktivitäten als auch die Gefahr einer Invasion. Um Ersterem standzuhalten, braucht die Insel andere Waffen als für die Abwehr von Letzterer, und um sich für beide Szenarien zu rüsten, fehlen die Ressourcen. Das Argument, dass in einer solchen Situation die existenzgefährdende Bedrohung (die Invasion) Priorität genießen muss, ergibt zwar Sinn, aber soll Taiwans Regierung die damit verbundenen Nachteile in Kauf nehmen, wenn im Gegenzug nur die *Hoffnung* auf amerikanische Hilfe winkt?[24] Wie wir gesehen haben, ist die Achse Washington–Taipei in der Vergangenheit schon mehrfach zusammengebrochen, und auch gegenwärtig ist sie keineswegs so spannungsfrei, wie beide Seiten behaupten. Das ist für Taiwan eine ernste Gefahr, für China eine große Chance und für die USA ein kaum lösbares Problem.

Hat Amerikas strategische Ambiguität ausgedient?

»China bedeutet heute eine Herausforderung, wie sie sich den USA nie zuvor gestellt hat«, so Rush Doshi, bis 2024 in Joe Bidens Nationalem Sicherheitsrat zuständig für die Chinapolitik. Seine Einschätzung begründet er damit, dass kein Opponent, mit dem es die USA im 20. Jahrhundert zu tun hatten, über eine Wirtschaftsleistung von mehr als sechzig Prozent der amerikanischen verfügte; weder das Wilhelminische Deutschland noch Nazideutschland und Japan zusammen noch die Sowjetunion.[25] Die Volksrepublik hingegen hat diese Marke bereits 2014 überschritten und könnte künftig eine *größere* Wirtschaftsleistung aufweisen als die USA; kaufkraftbereinigt verfügt das Land jetzt schon über das weltweit höchste Bruttoinlandsprodukt.[26] Zwar sind die amerikanischen Verteidigungsausgaben weiterhin deutlich höher als die chinesischen und zweifellos besitzen die USA das erfahrenere und insgesamt schlagkräftigere Militär, doch erstens holt China auch hier auf, und zweitens ist ein Kampf um Taiwan für das US-Militär eine von vielen Eventualitäten, für die Volksbefreiungsarmee hingegen *das* Szenario, das ihre Planungen primär bestimmt. Seit 2021 bezeichnet das Pentagon die Volksrepublik als »pacing challenge«.[27] Das Rennen läuft, soll das heißen, und die USA fragen sich bange, wie lange sie ihre Führung noch behaupten können, nachdem sie den Start derart verschlafen haben.

Manche Stimmen warnen bereits, dass ein Krieg mit der Volksrepublik unter allen Umständen vermieden werden müsse, weil er – 10 000 Kilometer entfernt von der Heimat und direkt vor der Küste des Feindes – für die USA nicht zu gewinnen wäre.[28] Andere sind vorsichtiger und sagen, dass der Ausgang eines Krieges nicht seriös vorherzusagen ist, was freilich bedeutet, eine Niederlage als Möglichkeit mit einzukalkulieren.[29] Seit die Pandemie Chinas wirtschaftliche Dynamik gebremst hat und einige strukturelle Probleme stärker hervorgetreten sind, beginnt sich das Bild zu differenzieren: Vielen Fachleuten bereitet nicht die mittel- und langfristige Entwicklung die größte Sorge, sondern die Möglichkeit einer Eskalation in naher Zukunft.[30] Dazu in den beiden Schlusskapiteln mehr.

Hat angesichts all dessen die Politik der strategischen Ambiguität ausgedient und wird es Zeit, sie durch feste Sicherheitsgarantien für Taiwan bzw. durch klare Ansagen an die Adresse Pekings zu ersetzen? Sollen die USA sagen: Wer Taiwan angreift, legt sich mit uns an? In jüngster Zeit hat Präsident Biden mehrfach genau das suggeriert, woraufhin das Weiße Haus jedoch jedes Mal betont hat, an der amerikanischen Politik habe sich nichts geändert. Nicht nur Peking, auch viele US-Verbündete wussten anschließend nicht, ob sie von einem Versprecher des Präsidenten, einer bewussten Täuschung oder einer Uneindeutigkeit zweiter Stufe ausgehen sollten – darüber nämlich, ob die bisher praktizierte Ambiguität noch gilt.

Ein explizit formulierter Strategiewechsel allerdings zeichnet sich aus gutem Grund nicht ab: Eindeutige Sicherheitsgarantien für Taiwan würde Peking als Aufkündigung der drei gemeinsamen Kommuniqués verstehen, es gäbe dann endgültig keinen Boden mehr, auf dem sich die beiden Rivalen in der Taiwanfrage begegnen könnten. Außerdem geht eine mögliche Kriegsbeteiligung der USA bereits jetzt in die chinesischen Planungen ein, weshalb ein Strategiewechsel Peking keine Umorientierung abverlangen und Washington keinen Zeitgewinn bescheren würde. Dessen ungeachtet hat sich die amerikanische Position aber bereits verschoben, und das ist Peking nicht entgangen. Ohne beiden Seiten eine bestimmte Lösung ihres Konflikts vorzuschreiben, haben die USA seit den 1970er Jahren darauf bestanden, dass die Taiwanfrage friedlich gelöst werden müsse und nicht über die Köpfe der taiwanischen Bevölkerung hinweg. Offiziell vertritt Washington diese Haltung immer noch, aber wie glaubwürdig ist das angesichts der immer schärfer werdenden Rivalität mit der Volksrepublik?

»Taiwan sitzt an einem wichtigen Knotenpunkt (*critical node*) innerhalb der ersten Inselkette im Indopazifik, und seine Sicherheit ist entscheidend für die Sicherheit der Region und für die Weltwirtschaft«, erklärte jüngst ein hoher Vertreter der Biden-Regierung.[31] Damit legte er nahe, dass Taiwan so zentral für Amerikas sicherheitspolitische und ökonomische Interessen ist, dass eine Kontrolle der Insel durch die Volksrepublik China unbedingt vermieden werden muss. Genau das hatte zuvor die nachrichtendienstliche Abteilung der US-Marine offen ausgesprochen. »Würde China die Kontrolle über Taiwan erlangen«, hieß es in einem internen Bericht, »wäre das für die USA auch dann desaströs, sollte China dazu keine militärische Gewalt einsetzen.«[32] Aus diplomatischer Sicht mögen solche Äußerungen ungeschickt sein, sie treffen aber zu. Die Rivalität im westlichen Pazifik macht es den USA zunehmend schwer, so zu tun, als würden sie jede Lösung des chinesisch-taiwanischen Konflikts mittragen, die beide Seiten einvernehmlich beschließen (was derzeit ohnehin unwahrscheinlich ist). Auch eine »friedliche Wiedervereinigung« hätte für Washington nämlich höchst bedrohliche Auswirkungen auf den chinesisch-amerikanischen Konflikt.

Den Wechsel zu »strategischer Klarheit« vollziehen die USA trotzdem nicht. Erstens fürchten sie eine Eskalation mit Peking, zweitens eine Verzögerung der ohnehin schleppenden Reformen des taiwanischen Militärs. Wie wir gesehen haben, lässt sich das Argument bezüglich der zweiten Sorge allerdings auch umkehren: Solange sich Taipei der amerikanischen Unterstützung nicht sicher ist, wird es seine Militärreform möglicherweise nie konsequent in die Richtung vorantreiben, die Washington gerne hätte. Strategische Ambiguität mag einstweilen die beste Option sein, aber in China verliert sie zusehends an Glaubwürdigkeit, und in Taiwan vermag sie es nicht, dringend benötigtes Vertrauen zu stiften. Ohne offizielle diplomatische Beziehungen bleiben zwischen Washington und Taipei ohnehin viele

Gesprächskanäle verschlossen, auf präsidialer Ebene fehlen sie ganz. Dieser begrenzte Austausch steht in krassem Missverhältnis sowohl zu Taiwans strategischer Bedeutung als auch zur Abhängigkeit der Insel von amerikanischem Schutz. Dass beide Seiten gebetsmühlenartig die enge Zusammenarbeit loben, ändert wenig am unterschwelligen Misstrauen, das eine an Enttäuschungen reiche Geschichte hinterlassen hat. Sollen wir das Leben amerikanischer Soldatinnen und Soldaten opfern, fragen sich manche in Washington, nur weil Taiwan nicht genug für die eigene Sicherheit tut?[33] Würde es unsere Sicherheit erhöhen, überlegt man auf der Insel, wenn wir von den USA abrücken und auf China zugehen?[34] Eine Seite befürchtet, die andere verlasse sich zu sehr auf Amerikas Hilfe, die andere hat Angst, im Ernstfall alleine dazustehen. Peking weiß das alles und erhöht durch seine Grauzonen-Aktivitäten den Druck.

In dieser Situation müssen die USA sowohl kurzfristig effektive Maßnahmen zum Schutz Taiwans ergreifen als auch langfristig stabile Bündnisse in der Region bilden, um Chinas Aktionsradius zu beschneiden. Die Anwesenheit von derzeit rund 200 militärischen »Beratern« auf der Insel zeugt von ersterem Bemühen, die sogenannte Quad-Kooperation mit Indien, Australien und Japan ist ein Beispiel für letzteres.[35] In jüngster Zeit kamen außerdem Berichte über ein neuartiges Drohnen-Programm namens »Hellscape« auf, dessen Ziel offenbar darin besteht, die Taiwanstraße für chinesische Angreifer unpassierbar zu machen.[36] Nur schwer einschätzen lässt sich allerdings, wie solche Maßnahmen die strategischen Überlegungen von Xi Jinping und der chinesischen Führung beeinflussen.

Solange Chinas Staatschef selbstbewusst ist und die Zeit auf seiner Seite glaubt, muss er keine Invasion anordnen, sondern kann darauf vertrauen, dass die Bedingungen für eine »Wiedervereinigung« immer besser werden. Allerdings müssen Washington und Taipei versuchen, ihm diese Zuversicht zu nehmen, sonst wird er eines Tages *zu* selbstbewusst und gibt den Marschbefehl doch, weil er sich des Erfolgs sicher ist. Wo die Grenze verläuft zwischen »selbstbewusst genug, um gelassen abzuwarten«, und »zu selbstbewusst, um noch länger zu zögern«, weiß niemand. Und als wäre das noch nicht kompliziert genug, droht auch aus der anderen Richtung Gefahr: Sind die USA und Taiwan in ihrem Bemühen allzu erfolgreich, könnte Xi Jinping *zu ungeduldig* oder *zu ängstlich* werden und glauben, dass er die letzte Gelegenheit zur Lösung der Taiwanfrage ergreifen muss, ehe es zu spät ist.

Zur eben diagnostizierten verteidigungspolitischen Zwickmühle, in der Taiwan steckt, gesellt sich also ein grundsätzliches Sicherheitsdilemma: Jedes Bemühen, die Sicherheit der Insel zu erhöhen, könnte das gegenteilige Ergebnis zeitigen, weil und wenn Peking befürchten muss, seine Erfolgschancen durch Abwarten zu verschlechtern. Aus diesem Dilemma gibt es vorerst keinen Ausweg. Es zeigt, wie fragil die Konstellation der Kräfte in der Taiwanstraße ist und wie schmal der Grat, auf dem alle drei Akteure wandeln. In den beiden Schlusskapiteln wird zu fragen sein, was das für die amerikanische und taiwanische Strategie der Abschreckung bedeutet.

Machen wir hier zunächst wieder einen Schnitt. Die beiden letzten Kapitel konnten zwar hoffentlich die gefährliche Strömung in der Taiwanstraße aufzeigen, aber die Wurzel des chinesisch-taiwanischen Konflikts haben wir damit noch nicht erfasst. Dass die Volksrepublik vehement einen Souveränitätsanspruch erhebt, dem sich Taiwan ebenso vehement verweigert, mag man für nicht weiter erklärungsbedürftig halten; das eine Land ist eben eine machthungrige Diktatur, die ihre strategisch wichtige Peripherie kontrollieren will, das andere eine liberale Demokratie, die ihre Freiheit behalten möchte. Das scheint mir eine zutreffende Erklärung von begrenzter Reichweite zu sein. Keineswegs unbedacht hatte ich in der Einleitung von »nationalen Pathologien« gesprochen, die über politische Gründe und historische Wurzeln hinaus den Konflikt erst wirklich begreiflich machen. Konkret gilt es zu verstehen, weshalb für die Volksrepublik ihre gesamte staatliche Legitimität und Souveränität auf dem Spiel steht, wenn es um Taiwan geht. Sobald man den Blick auf jene Aspekte der Geschichte richtet, die die Kommunistische Partei heute konsequent verdreht und verleugnet, zeigt sich, wie sehr das augenscheinlich so selbstbewusste Regime unter Xi Jinping immer noch von alten Ängsten getrieben wird. Die nationalistische Gier, die es an den Tag legt, hat die Angst vor dem Verlust der Macht und dem Zerfall des Landes nicht abgelöst, sondern wird weiter von ihr befeuert. Ich glaube sogar, dass die Maßlosigkeit der Gier der verlässlichste Indikator für die Größe der verdrängten Angst ist: Es braucht immer mehr, um sie zu besänftigen.

NATIONALISMUS: ZWEI SICH AUSSCHLIESSENDE NARRATIVE

Das Narrativ des großchinesischen Nationalismus

> Während der gesamten Dauer der 5000-jährigen Geschichte Chinas waren nationale Einheit und die Gegnerschaft zur Teilung das gemeinsame Ideal und die einende Tradition der gesamten Nation.
>
> White Paper der chinesischen Regierung zu Taiwan (2022)

Frühjahr 2014: Elf Tage lang bereist Chinas Staatschef Xi Jinping verschiedene europäische Hauptstädte. Die russische Annexion der Krim liegt erst wenige Wochen zurück und droht die Gespräche zu überschatten, die Xi vor allem zum Ausbau von Wirtschafts- und Handelsbeziehungen nutzen will. In einer Rede am Brüsseler Collège d'Europe belehrt er seine Zuhörerschaft darüber, dass China die älteste Zivilisation der Erde mit einer 5000-jährigen Geschichte sei – eine eher willkürliche Standardformel, vor nicht allzu langer Zeit waren es auch in offiziellen Stellungnahmen noch 3000 Jahre. In Berlin macht Xi ebenfalls Station, doch gab es bereits im Vorfeld einen kleinen Missklang: Die chinesische Seite hätte gern eine Delegation zum Mahnmal für die ermordeten Juden Europas und zur Neuen Wache geschickt, was Kanzlerin Merkel aber untersagt. Sie fürchtet, eine solche Visite könnte in chinesischen Medien dazu missbraucht werden, um Stimmung gegen den Erzfeind Japan zu machen, indem man Parallelen zu dessen Vorgehen im Krieg von 1937 bis 1945 zieht, insbesondere zum Massaker von Nanjing. Das wird auf Chinesisch als *datusha* bezeichnet, mit demselben Wort wie für den Holocaust an den europäischen Juden.

Im Kanzleramt empfängt Merkel ihren Gast mit einem Geschenk: dem 1750 in Deutschland angefertigten Nachdruck einer Chinakarte, die der französische Jesuit Jean-Baptiste Bourguignon d'Anville 1735 in Paris publiziert hatte. Französische Jesuiten waren damals die gefragtesten Kartographen der Welt, sogar der chinesische Kaiser Kangxi beschäftigte einige von ihnen an seinem Hof, damit sie einen Atlas mit Karten seines Reichs anfertigten, von dessen Ausdehnung und geographischer Beschaffenheit er kaum einen Begriff besaß. In drei Ausgaben wurde von 1717 bis 1721 der berühmte »Atlas zur Gesamtansicht des kaiserlichen Gebiets« veröffentlicht, die sinologische Forschung spricht heute meist vom Kangxi-Atlas, an dessen Erstellung Monsieur Bourguignon d'Anville allerdings nicht beteiligt war. Er fertigte seine Karte in Paris auf der Grundlage von Skizzen und Vorarbeiten aus Fernost an – sicherlich ohne zu ahnen, dass sie knapp 300 Jahre später diplomatische Irritationen zwischen Peking und Berlin auslösen sollte.[1]

Ein vom Kanzleramt veröffentlichtes Foto zeigt Angela Merkel, die sich interessiert über die gerahmte Karte beugt, als suchte sie darauf einen Ort, den sie identifizieren kann. Staatschef Xi Jinping steht etwas abseits, hat das Geschenk ebenfalls im Auge, verrät aber keine Neigung, sich näher damit zu befassen. Ihm ist natürlich sofort aufgefallen, dass die Karte ein deutlich kleineres China zeigt als das, welches er regiert. Es fehlen vor allem jene Gebiete im Westen, die erst im Verlauf des 18. Jahrhunderts – der Blütezeit der Qing-Dynastie – nach und nach dem Reichsgebiet einverleibt wurden: Tibet, Xinjiang und Teile der Mongolei. Genauer gesagt fehlen sie nicht, sondern sind farblich vom eigentlich chinesischen Herrschaftsgebiet abgesetzt. Dasselbe gilt für die Insel Taiwan, die zwar schon 1683 von Kangxis Truppen erobert worden war, aber lange Zeit als marginal und unwichtig betrachtet wurde. Wir erinnern uns: Der Kaiser selbst hatte sie einst als »Klumpen Dreck« bezeichnet und erwogen, sie nach der Rückführung aller Einwanderer vom Festland sich selbst zu überlassen.

China ohne Tibet, Xinjiang und Taiwan? Was möchte mir die Kanzlerin damit sagen, mag sich der Besucher aus Peking gefragt haben. Im chinesischen Internet brachen erregte Debatten los, die den Zensoren viel Arbeit machten und den deutschen Regierungssprecher wenige Tage später zur Klarstellung zwangen: Die Karte sei ein Geschenk der Freundschaft gewesen und von beiden Seiten auch so verstanden worden.[2] Ersteres dürfte stimmen, bei Letzterem habe ich meine Zweifel. Wir werden darauf zurückkommen.

Der traditionelle Ausdruck für das von Merkels Gastgeschenk gezeigte chinesische Kernland (ohne die späteren Eroberungen) lautet *nei di*: »die inneren Gebiete«. Größtenteils existierten sie innerhalb natürlicher Grenzen wie dem Ozean, dem Himalaya und den Wüsten Taklamakan und Gobi. Von der Küste abgesehen handelte es sich freilich um eher vage Grenzverläufe. Wo genau beginnt der Himalaya? Wo die Wüste Gobi? Im nordöstlichen Grenzland zur Mandschurei, wo natürliche Marker ganz fehlten, wurde unter der Ming-Dynastie (1368-1644) die berühmte Große Mauer gebaut.

Die inneren Gebiete umfassten ein Territorium, das von verschiedenen Völkern mit jeweils eigener Sprache bewohnt wurde, deren Essgewohnheiten, Glaubensvorstellungen und Sitten teils erhebliche Unterschiede aufwiesen. Die Menschen waren keine Bürgerinnen und Bürger einer geeinten Nation, denn es gab noch keine chinesische Nation, sondern Untertanen der gerade herrschenden Dynastie. Als der portugiesische Glücksritter Galeote Pereira Mitte des 16. Jahrhunderts in einem Gefängnis in der Küstenstadt Fuzhou landete, überraschte er seine Mitgefangenen mit der Mitteilung, sie seien »Chinesen«. Von dieser Bezeichnung hatten sie nie gehört. Sie selbst bezeichneten sich als *da ming ren*: Untertanen der großen Ming.[3]

Dass die inneren Gebiete erhebliche linguistische und kulturelle Unterschiede aufwiesen, bedeutet indes nicht, dass es kein Gefühl von Zusammengehörigkeit und historischer Kontinuität gegeben hätte. Unter der schriftkundigen Elite gab es das durchaus, basierend auf der Überlieferung kanonischer Texte, die wiederum die Grundlage für traditionsstiftende Institutionen wie die Beamtenprüfungen bildeten. Weil innerer Zusammenhalt die Abgrenzung nach außen braucht, korrespondierten den inneren Gebieten Ausdrücke wie *guanwai* (jenseits des Passes / der Grenze) oder *haiwai* (hinter dem Meer), mit denen sich Vorstellungen von Fremdheit, Wildheit und kultureller Minderwertigkeit verbanden.[4] Dort lebten die »Barbaren«; ein mehrdeutiger Terminus, dem im Chinesischen verschiedene Ausdrücke entsprechen oder vielmehr nicht entsprechen, denn je nach

Territorium wurden die Grenzvölker anders bezeichnet. Für sie alle galt aber, dass sie an den Segnungen der konfuzianischen Kultur nicht teilhatten und damit auf einer niedrigeren zivilisatorischen Stufe standen als die Bewohner der inneren Gebiete.

In diese über Jahrhunderte bewahrte Vorstellungswelt kam Bewegung, als das Jägervolk der Mandschus die Große Mauer überwand, die Hauptstadt Peking eroberte und die Ming-Dynastie stürzte. Im Park nördlich der Verbotenen Stadt kann man noch heute die Stelle besichtigen, wo sich 1644 der letzte Ming-Kaiser erhängte. Fortan und bis ins frühe 20. Jahrhundert hinein regierte in Peking die mandschurische Qing-Dynastie, die ganz andere Vorstellungen davon hegte, wie sich innen und außen, Zivilisation und Barbarentum zueinander verhielten. Kein Wunder, nach traditioneller Vorstellung waren die Mandschus schließlich selbst Barbaren. Jahrzehntelang wurden sie deshalb von Ming-Loyalisten wie Koxinga (dem angeblichen »Befreier« Taiwans) erbittert bekämpft. Vergeblich.

Sobald sie die inneren Gebiete befriedet hatten, begannen die Qing-Herrscher gewaltige Eroberungsfeldzüge, die ihr Herrschaftsgebiet nach Westen ausdehnten und es schließlich mehr als verdoppeln sollten.[5] Damit gehörten Xinjiang, Tibet und die Mongolei ebenfalls zum Kaiserreich, als einziges »hinter dem Meer« im Osten gelegenes Territorium kam die Insel Taiwan hinzu. Diese Eroberungen verliehen nicht nur der Fremdherrschaft der Mandschus neue Legitimität – wer so agierte, besaß offenbar das »Mandat des Himmels« (*tian ming*) –, sie vergrößerten auch noch einmal die kulturelle Vielfalt des Reiches und verlangten eine konzeptionelle Neufassung des gesamten Imperiums.

Kangxis Nach-Nachfolger Qianlong (reg. 1735-1796) inszenierte sich als Herrscher über eine große Einheit von fünf Völkern mit ihren jeweiligen Sprachen bzw. Schriften: Mandschus / Mandschurisch, Han / Chinesisch, Mongolen / Mongolisch, Tibeter / Tibetisch sowie die Uigurisch sprechenden Muslime Xinjiangs. Sie alle sollten nicht etwa im *melting pot* der chinesischen Nation miteinander verschmelzen (diese Vorstellung kam später auf), sondern ihre jeweiligen Eigenheiten bewahren und so zur besonderen Komposition des Reiches beitragen. In dessen Zentrum standen das mandschurische Kaiserhaus bzw. die Person des Kaisers, der als Stifter der großen Einheit galt, ein Herrscher mit universaler kultureller Kompetenz.

Angesichts solcher Entwicklungen ist nicht ohne weiteres klar, inwiefern man die Qing als *chinesische* Herrscher-Dynastie bezeichnen soll. Der Historiker James Millward stellt fest, dass weder Han-Chinesen als Gruppe noch die chinesische Kultur innerhalb dieser Vision eine privilegierte Stellung innegehabt hätten, Mandschus und Mongolen waren den Han sogar eindeutig übergeordnet. Millwards Fachkollegin Pamela Kyle Crossley ergänzt, »China« (*zhongguo*) sei von den Qing-Herrschern als eine von mehreren Provinzen innerhalb ihres Imperiums konzipiert worden.[6] Die lange Zeit geltende These von der »Sinisierung« der Fremdherrscher, welche von der Strahlkraft der chinesischen Zivilisation erleuchtet und gleichsam zu Chinesen bekehrt worden seien, hat die einschlägige Forschung längst als zu simpel entlarvt, auch wenn sie in der Volksrepublik bis heute fortlebt. Wie sehr die Mandschus auf die Wahrung ihrer distinkten Identität bedacht waren, zeigt etwa die Tatsache, dass das Verbot von Ehen mit Han-Chinesinnen oder -Chinesen erst 1902 aufgehoben wurde, als die Dynastie in den letzten Zügen lag und sich die Mandschus den rassistischen Beschimpfungen chinesischer Nationalisten ausgesetzt sahen.[7]

Richtig ist indessen, dass die herrschende Ideologie der Qing auf einer jahrtausendealten konfuzianischen Grundlage ruhte. Dieser entsprechend besaß das Imperium nicht nur deshalb keine festen Grenzen, weil Gebirge und Wüsten Gebilde ohne scharfe Ränder sind; vielmehr war es nach traditioneller Vorstellung kein Land unter anderen, sondern *tian xia*, »alles unter dem Himmel«. In der sinozentrischen Welt der Vormoderne gab es weder eine zweite ebenbürtige Zivilisation noch einen anderen, dem Himmelssohn gleichgestellten Herrscher. Die Grenzen des Qing-Reichs sollte man sich daher eher als Übergangszonen denn als fest gezogene Linien denken: Zugehörigkeiten und Herrschaftsansprüche mussten immer wieder neu verhandelt bzw. gewaltsam festgelegt werden. Landkarten aus der Kaiserzeit markierten das Reich deshalb nicht mittels einfacher durchgezogener

Linien, sondern sie »kartographierten ein uneindeutiges und undefiniertes Gebiet mit leeren oder sich überlappenden Grenzregionen (*frontiers*)«.[8]

Das russische Zarenreich war der erste Nachbar, mit dem die Qing 1689 einen Vertrag schlossen, um die gemeinsame Grenze einigermaßen klar zu fixieren, vor allem anhand von Flussverläufen. Keineswegs zufällig erfolgte diese Abgrenzung zu einem Kulturkreis, in dem sich im Gefolge des Westfälischen Friedens von 1648 ein ganz anderes Verständnis von Staatlichkeit und staatlicher Macht herauszubilden begann: Die Idee souveräner, innerhalb fester Grenzen existierender Nationen nämlich, deren Souveränität darin lag, dass sie über ein Machtmonopol im Inneren verfügten und ihre Außenbeziehungen auf der Anerkennung durch andere, ebenfalls souveräne und also gleichberechtigte Nationalstaaten beruhten. Die Geschichte von Chinas Modernisierung besteht zu großen Teilen aus dem zunächst ungewollten, vom Westen erzwungenen Eintritt ins Westfälische System, der eine gänzlich neue Antwort auf die Frage verlangte, was »China« eigentlich war, wo es begann und wo es endete.

Anders gesagt: Um seinen Platz zu finden in der *inter-nationalen* Ordnung der Moderne, in die sich das Land geworfen sah, musste es sich neu erfinden als etwas, das es im Verlauf seiner langen Geschichte nie gewesen war: als chinesische Nation.[9] Gelingen konnte das nur unter Rückgriff auf die typisch moderne, hochgefährliche und bis heute auf der ganzen Welt unvermindert wirkmächtige Ideologie des Nationalismus. Von dieser hat sich China, wie wir sehen werden, dazu verführen lassen, seine historisch späte Nation-*Werdung* zu verleugnen und das Bestehen einer chinesischen Nation in die ferne Vergangenheit und gleichsam an den Anfang der Geschichte zurückzuprojizieren. Die vagen, undefinierten Randregionen, in denen die Macht wechselnder Dynastien allmählich nachließ, wurden umgedeutet in eindeutige, von jeher feststehende Grenzen eines souveränen Nationalstaats namens China. So konnten die riesigen, von den mandschurischen Herrschern eroberten Territorien zu urchinesischem Staatsgebiet erklärt werden, und daraus folgt heute: Was davon im 19. und 20. Jahrhundert verloren gegangen ist, wurde China gestohlen und muss zurückgewonnen werden! Wenn Staatschef Xi Jinping den Chinesischen Traum propagiert und ihn als »große Wiederauferstehung der chinesischen Nation« beschreibt, dann meint er eine Rückkehr zu jener Größe, die das Reich zuletzt unter Kaiser Qianlong besaß. Dass diese keinen ursprünglichen, sondern einen gewaltsam herbeigeführten Zustand darstellte, verschweigt er lieber.

Die Karten werden neu gemischt

Es ist ein fragwürdiges und in vielerlei Hinsicht unhaltbares Narrativ, das sich die Kommunistische Partei Chinas zu eigen gemacht hat. Sobald das jedoch ans Licht zu kommen droht, reagiert sie ausgesprochen nervös. Was Xi Jinping im Frühjahr 2014 gedacht hat, als er Angela Merkels problematisches Geschenk erhielt, wissen wir nicht, aber die Reaktion der chinesischen Staatsmedien kam prompt und muss einer entsprechenden Direktive der Partei gefolgt sein. Ausführlich berichteten sie über Xis Berlinbesuch und erwähnten dabei auch das Geschenk, präsentierten allerdings eine *andere* Karte, die der Staatschef *angeblich* von der Kanzlerin erhalten hatte! Sie stammte aus der Hand des britischen Kartographen John N. Dower, der sie 1844 angefertigt hatte. Damit war sie rund hundert Jahre jünger als die von Bourguignon d'Anville. Entsprechend zeigte sie ein chinesisches Territorium, das nicht nur deutlich größer war als auf der Karte, die Xi Jinping tatsächlich erhalten hatte, sondern auch größer als die Volksrepublik von heute. Es schloss die gesamte Mongolei ebenso ein wie ein Gebiet von ca. 1,5 Million Quadratkilometern in der Mandschurei, das das Qing-Reich um die Mitte des 19. Jahrhunderts an Russland verloren hat. Nur zur Zeit der Mongolenherrschaft unter Dschingis Khan war das Territorium, das wir heute China nennen, noch größer als auf der Karte, die chinesische Staatsmedien ihrem Publikum als Geschenk der Kanzlerin präsentierten.

Was um alles in der Welt sollte dieser Tausch? Bill Hayton, aus dessen Buch *The Invention of China* ich bereits mehrfach zitiert habe, stellt folgende Vermutung an: »Das Selbstbild der Volksrepublik […]

ist viel zu zerbrechlich, um zuzugeben, dass der Zuschnitt des Landes vor 300 Jahren anders gewesen sein mag.«[10] Da dürfte etwas dran sein. Territorialfragen gehören zu den sensibelsten Punkten nicht nur in Chinas außenpolitischen Beziehungen, sondern auch im inneren Diskurs beziehungsweise im Fehlen eines echten Diskurses, der durch festgestanzte Formulierungen ersetzt wird, denen zufolge China seit jeher in den heutigen Grenzen existiert. Es darf keine Diskussion darüber geben, wann welche Gebiete hinzugekommen sind, denn das würde auf das schwierige Terrain historischer Kontingenzen führen und die Unbedingtheit der territorialen Ansprüche relativieren, die Peking heute erhebt. In der Logik des Nationalstaats ist territoriale Integrität von politischer Souveränität nicht zu trennen, und hier sind keine Abstriche möglich.

Grenzen müssen also unveränderlich sein … oder jedenfalls fast. Denn offenbar – diesen Punkt übersieht Hayton – darf eine Veränderung sehr wohl bemerkt werden, wenn sie *zuungunsten* Chinas erfolgt ist und das Land als Opfer imperialistischer Aggression zeigt. Die Empörung, die Merkels Geschenk in Teilen des chinesischen Internets auslöste, richtete sich denn auch nicht gegen die deutsche Kanzlerin, sondern gegen Russland. Einige Blogger mutmaßten, mit ihrer Karte habe Merkel an den russischen Raub im 19. Jahrhundert erinnern wollen, um China davon abzuhalten, sich in der Krimfrage an die Seite Putins zu stellen. Manche verstiegen sich gar zu der Vermutung, die Kanzlerin habe China ermutigen wollen, die geraubten Gebiete zurückzufordern. Kein Wunder, dass die chinesischen Zensoren umgehend tätig wurden. Wenn der Partei die antirussische Empörung aber ungelegen kam, wieso provozierte sie sie dann durch die Präsentation einer falschen Karte?

Es scheint, als habe die Kommunistische Partei ein tief gespaltenes Verhältnis zur eigenen Geschichte, insbesondere zur Qing-Dynastie. Markierte das Jahr 1735, als Monsieur Bourguignon d'Anville seine Karte publizierte und Kaiser Qianlong den Thron bestieg, nicht den Beginn der großen Eroberungen, die dem Reich zu neuer Blüte verhalfen? In den 1840er Jahren hingegen, als John Dower seine Karte anfertigte, begann die sogenannte »hundertjährige nationale Demütigung« (*bai nian guochi*), in der ein schwaches China zum Spielball imperialistischer Mächte verkam. Heute möchte das Land zwar die Schmach von damals hinter sich lassen und wieder an die Größe anschließen, zu der es sich nach 1735 aufschwang, aber wie das Spiel mit den vertauschten Karten zeigt, bleibt die Volksrepublik auf merkwürdige Weise gefangen in der Geschichte früherer Demütigungen und Niederlagen.

Dahinter steht eine für die Kommunistische Partei höchst unbequeme Wahrheit: Bei der territorialen Ausdehnung des Qing-Reichs im 17. und 18. Jahrhundert handelt es sich um einen Fall von imperialistischer Expansion und Kolonisierung. Zwar wollte auch die einschlägige Forschung bei uns solche Begriffe lange Zeit nicht anwenden, wo die Schuldigen nicht aus dem Westen kamen, inzwischen hat sich jedoch die Meinung durchgesetzt, dass sie angebracht sind.[11] »Während des 18. und 19. Jahrhunderts bediente sich China in seinem innerasiatischen Herrschaftsgebiet einer breiten Palette von Techniken der Unterdrückung, Überwachung und Manipulation, wie sie im allgemeinen nur im Zusammenhang mit der kolonialen Expansion der europäischen Staaten ins Bewußtsein rücken«, schrieb Jürgen Osterhammel schon 1989.[12] Die Qing haben riesige Territorien erobert und besetzt, sie haben andere Völker unterworfen und im Fall der Dsungaren sogar ausgerottet, um ihr Land mit Bewohnern der inneren Gebieten zu besiedeln.[13] Was sollte das sein, wenn nicht imperialistische Expansion, gefolgt von einem Siedlungskolonialismus ähnlich dem, den europäische Mächte überall auf der Welt betrieben?

Für Peking unbequem und sogar gefährlich ist diese Sichtweise, weil sie die Volksrepublik als Erbin eines Kolonialreichs enthüllt, das nie dekolonisiert wurde. In der Logik des Nationalstaats sind Leute, die sich für die Unabhängigkeit Taiwans oder die Abspaltung Tibets und Xinjiangs einsetzen, Separatisten, die Chinas territoriale Integrität verletzen. In einer anderen, nennen wir sie postkolonialen Logik, könnte man ebenso gut von einem historisch späten Kampf für die Freiheit unterdrückter Völker sprechen. Das aber steht nicht nur dem Selbstbild der Volksrepublik entgegen, die schließlich aus dem Kampf *gegen* das imperialistische Japan hervorgegangen ist und sich danach der Befreiung anderer Länder vom Joch des westlichen Imperialismus verschrieben hat.[14] Es verletzt vor allem das nationale Interesse an der Kontrolle wirtschaftlich und strategisch wichtiger Territorien. In der heute in China allein gültigen Lesart ging es den Qing-Herrschern daher keineswegs um imperialistische Expansion, sondern um die Herstellung nationaler Einheit. Dass es sich bei den unterworfenen Völkern *eigentlich* um Chinesen handelte, wird als selbstverständlich vorausgesetzt. Wie wir gleich sehen werden, entstammt diese Sicht nicht der kommunistischen Ideologie, sondern dem Fundus des großchinesischen Nationalismus, wie ihn vor 1949 bereits die Republik China vertreten hat, die heute auf Taiwan existiert.

Der Ursprung des Großchina-Denkens

Machen wir an dieser Stelle einen Sprung von der Blüte der Qing-Zeit im 18. zu ihrem Ende im frühen 20. Jahrhundert. Wenngleich die Kommunistische Partei das Konzept der Nation heute umstandslos zurückprojiziert auf die vergangenen 5000 Jahre, war den Revolutionären, die die Kaiserdynastie stürzen wollten, schmerzlich bewusst, dass es eine chinesische Nation noch gar nicht gab. Ihr zur Entstehung zu verhelfen betrachteten sie folglich als ihre dringlichste Aufgabe. »Chinesen haben nur Familien und Clans, kein Nationalgefühl«, schrieb Sun Yat-sen in seinem Hauptwerk *Sanmin Zhuyi* (*Die Drei Volksprinzipien*). »Daher gibt es zwar 400 Millionen Menschen, die ein China bilden, aber in Wahrheit handelt es sich um einen Haufen losen Sandes (*yi pan san sha*). Als ärmstes und schwächstes Land der Welt stehen wir in internationalen Angelegenheiten heute auf der niedrigsten Stufe [...]. Wenn wir nicht ernsthaft unseren Nationalismus fördern und aus vierhundert Millionen ein einiges Volk schmieden, drohen uns der Verlust unseres Landes und die Zerstörung unserer Rasse.«[15]

Eine Nation werden oder untergehen. An solch angstbesetzten Alternativen zeigt sich, dass der seinerzeit global grassierende Sozialdarwinismus als eine Art geistiger Geburtshelfer der chinesischen

Nation fungierte. Im Zeitalter des Imperialismus bestand die Welt aus vielen schwachen und wenigen starken Staaten, deren Stärke sich zwar in Kanonenbooten äußerte, aber – so sahen es die chinesischen Revolutionäre – sie gründete im Bewusstsein aller Mitglieder, eine Gemeinschaft und also eine Einheit zu bilden: *ein* Volk innerhalb fester, unverrückbarer Grenzen. Um in dieser Welt zu überleben, musste China den westlichen Nationen zunächst einmal nacheifern. Bloß wie? Zur Erbmasse der Qing-Dynastie gehörte schließlich eine Vielzahl von Völkern, die ein noch immer nur zu Teilen fixiertes Riesenreich bewohnten. Für die sich daraus ergebende Herkulesaufgabe hat der Politikwissenschaftler Benedict Anderson in seinem Klassiker *Imagined Communities* die anschaulichste Formulierung gefunden: »die kurze, straffe Haut des Nationalstaats über den gewaltigen Körper des Imperiums ziehen«.[16]

Um zu verstehen, was das heißt, lohnt sich folgendes Gedankenexperiment: Wie hätte sich die Nationenbildung auf dem Gebiet der Habsburgermonarchie vollzogen, wäre das Reich 1918 nicht in mehrere Teilstaaten zerfallen, sondern *ein* Land geblieben? Im ersten Moment ist man versucht zu sagen, dass das niemals hätte funktionieren können. Wie sollten Österreicher, Ungarn, Serben, Kroaten, Tschechen, Slowenen usw. eine Nation bilden? Welche denn? In China allerdings geschah nach der Revolution von 1911 etwas Vergleichbares, denn außer der Mongolei, die mit sowjetischer Unterstützung unabhängig wurde, ging das gesamte Territorium des Kaiserreichs im neuen Staat auf. Zwar gab es für kurze Zeit die Überlegung, zu den Grenzen der Ming-Dynastie zurückzukehren und einen Nationalstaat zu bilden, der nur die historisch überwiegend von Han-Chinesen bewohnten inneren Gebiete umfasste, aber dem stand eine ungleich mächtigere Strömung entgegen, die auf Chinesisch *da Zhongguo zhuyi* (wörtlich »Groß-China-ismus«) heißt, da sie das Qing-Territorium ohne Abstriche übernehmen wollte. Weniger zu fordern hätte die Legitimität des neuen Staates untergraben.

Mit dieser republikanischen Reklamation des gesamten Reichsgebiets begann zugleich die implizite Umdeutung von dessen undefinierten Randzonen in eindeutige, feste nationalstaatliche Grenzen.

Tatsächlich war die Republik China aber nie in der Lage, ihr riesiges Territorium zu kontrollieren, geschweige denn effektiv zu verwalten. »Imperial overstretch« hatte einer der Gründe für den Niedergang der Qing gelautet, an dem kurz nach ihrer Gründung auch die junge Republik zerbrach. Das setzte sie außerstande, die andere Herkulesaufgabe zu bewältigen, die ihr als Erbin des Kaiserreichs zufiel: Aus dem Vielvölkerreich der Qing – das keineswegs nur aus den fünf offiziell anerkannten Teilvölkern, sondern aus einer Unzahl kleinerer und kleinster Gemeinschaften bestanden hatte[17] – *ein* Staatsvolk zu formen.

Immerhin, für kurze Zeit schienen die Anführer der Republik gewillt, der Realität ins Auge zu sehen und ihren Staat wie die Qing als große Einheit *mehrerer* Völker zu verstehen. Entsprechend hatte die erste Landesflagge fünf Farben, die Kaiser Qianlongs »fünf Völker unter einem Himmel« repräsentierten: Mandschus, Han-Chinesen, Tibeter, Mongolen und Uiguren. So viel Kontinuität zur verhassten Mandschu-Dynastie musste jedoch bald der typisch nationalistischen Einsicht weichen, dass wahre Stärke nicht aus der Einheit von Unterschiedlichem entsteht, sondern aus Homogenität. In derselben Schrift, in der er das Fehlen eines chinesischen Nationalgefühls bedauerte, ging Landesvater Sun Yat-sen dazu über, die Existenz einer einigen chinesischen Nation kurzerhand zu postulieren. »Was das chinesische Volk angeht«, schrieb er in bemerkenswerter Verkennung der Tatsachen, »besteht es aus vierhundert Millionen Menschen, von denen man sagen kann, dass sie allesamt Han-Chinesen (*han ren*) sind. Mit *einer* Blutsverwandtschaft, *einer* Sprache und Schrift, *einer* Religion und *einer* Art von Sitten und Gebräuchen handelt es sich ganz und gar um *ein* Volk.«[18]

Basta! Mit einem kräftigen Pinselstrich trat die Ideologie der homogenen Volksmasse an die Stelle der multiethnischen, vielsprachigen Wirklichkeit Chinas. Drei Jahre nach Sun Yat-sens Tod wurde die fünffarbige Flagge der Republik ersetzt durch eine, die die Unteilbarkeit des chinesischen Volkes demonstrierte. In seinem Buch *Zhongguo zhi mingyun* (*Chinas Schicksal*) ging Suns Ziehsohn Chiang Kai-shek sogar so weit, in der Anerkennung von fünf Teilvölkern den Keim des Untergangs der Qing-Dynastie zu sehen. »Hätten die Mandschu-Kaiser nicht versucht, Unterschiede zwischen Han-Chinesen, Mandschus, Mongolen, Muslimen und Tibetern zu machen, und stattdessen [...] anerkannt, dass die fünf ethnischen Gruppen (*zongzu*) integrale Teile einer Nation sind, [...] hätte China sicherlich mit den Nationen Europas und Amerikas mitgehalten und wäre zu Stärke und Wohlstand gekommen.«[19]

Sozialdarwinistischer Nationalismus in Reinform! Die Existenz mehrerer Völker auf chinesischem Territorium anzuerkennen wäre für Chiang Kai-shek dem Eingeständnis gleichgekommen, dass es gar kein chinesisches Volk gab und also keine Nation geben konnte. Die Alternative lautete, ethnische Homogenität oder Untergang! Um Erstere trotz der augenscheinlichen Diversität der Volksgruppen zu behaupten, vollzog Chiang Kai-shek den gleitenden Übergang von der historischen Reflexion zur politischen Mythologie. Alle in China lebenden Volksgruppen, behauptete er, gingen auf einen gemeinsamen Urahn zurück, nämlich den Gelben Kaiser, der angeblich in der Mitte des dritten vorchristlichen Jahrtausends regiert hatte.[20] Indem er Mandschus, Mongolen, Tibeter und Muslime (Uiguren) zu sprichwörtlichen »Söhnen des Gelben Kaisers« machte – was die Han-Chinesen seit je waren –, konnte Chiang sie zu verschiedenen Verwandtschaftszweigen der *einen chinesischen* Landesfamilie erklären. Das wiederum ließ sein totalitäres Assimilierungsprojekt aussehen wie eine Form von *Wieder*vereinigung, gar von Heilung: Was unter der Qing-Herrschaft auseinandergerissen worden war, fand endlich wieder zusammen und bahnte den Weg zur großen nationalen Erneuerung. Xi Jinpings Chinesischen Traum hatte ganz ähnlich bereits Chiang Kai-shek geträumt.

Kein Wunder, dass die damaligen Denkfiguren heute machtvoll wiederkehren. Beschwörung von Einheit im Dienste der nationalen Wiedergeburt ist geradezu ein Leitmotiv der kommunistischen Propaganda, in der auch der Gelbe Kaiser seinen Platz hat.[21] Zwar existieren in der Volksrepublik 55 offiziell anerkannte ethnische Minderheiten, aber erstens ist diese Zahl nicht frei von Willkür, und zweitens zeigen die Beispiele Tibet und Xinjiang, dass die Kommunistische Partei kulturelle Andersheit sehr wohl als Bedrohung empfindet und sie mit allen Mitteln bekämpft. Die Skrupellosigkeit, die sie dabei an den Tag legt, entspringt ihren eigenen totalitären Instinkten, aber ideologisch steht sie in der Tradition des chinesischen Ethnonationalismus, wie er sich Ende des 19. Jahrhunderts herausgebildet und nach 1912 politisch organisiert hat. Aus ihm sind sowohl die KMT als auch die Kommunistische Partei Chinas hervorgegangen, und dass beide später einen erbitterten Bürgerkrieg gegeneinander geführt haben, ändert an ihrer inneren Verwandtschaft nichts. Bezüglich der Idealisierung der Einheit, die vom zentralistischen Parteienstaat verkörpert wird, führt eine direkte Linie von Sun Yat-sen und Chiang Kai-shek über Mao Zedong zu Xi Jinping.[22] Letzterer verkündete in einer Rede über »Die Entwicklung des kulturellen Erbes« im Juni 2023: »Einheitlichkeit ist ein hervorstechendes Merkmal der chinesischen Zivilisation […]. Die Einheitlichkeit der chinesischen Zivilisation bestimmt, dass alle Ethnien innerhalb des chinesischen Volkes zu einer Einheit verschmelzen […] und dass die Einheit der Nation auf ewig der Kern der chinesischen Kerninteressen ist.«[23] Die Redundanz der Diktion verrät das totalitäre Anliegen. Dies war keine Reflexion, sondern ein Dekret mit drohendem Unterton: Wehe denen, die nicht verschmelzen wollen!

Das chinesische Narrativ: Geschichte im Dienste der Partei

Bevor wir zur Taiwanfrage im engeren Sinne zurückkehren, gilt es Folgendes festzuhalten: Im offiziellen chinesischen Narrativ – zuletzt formuliert in der »Resolution des Zentralkomitees der KP Chinas über die großen Erfolge und historischen Erfahrungen des hundertjährigen Kampfes der Partei«[24] von 2021 – erscheint der von den Qing durchgesetzte Zuschnitt des Reiches / Staates nicht als Resultat militärischer Eroberungen, sondern als historisch unveränderliches Faktum. Dieses stellt einen Maßstab zur Beurteilung der Geschichte bereit: Den guten Zeiten, in denen China seine von jeher bestehenden Grenzen gewahrt, beschützt und notfalls *wieder*hergestellt hat, stehen die schlechten gegenüber, in denen das Land zu schwach war, um sich gegen äußere Feinde oder separatistische Kräfte im Inneren zu wehren.

Im Sinne dieses Narrativs war das 18. Jahrhundert eindeutig eine gute Zeit, in der ein zeitenthobenes Kollektivsubjekt namens »China« – das es innerhalb eines wirklich marxistischen Geschichtsbildes gar nicht geben könnte – auf dem Höhepunkt seiner Macht stand. Die Parteigeschichte macht deshalb keinen Unterschied zwischen dem »Qing-Reich« und »China«, beide Ausdrücke beziehen sich auf dasselbe Subjekt. Geht es um das 19. Jahrhundert, ändert sich das jedoch: »Nach dem Opiumkrieg 1840«, fährt die Geschichtsresolution fort, »verkam China aufgrund der Invasion westlicher Kräfte und der korrupten Feudalherrschaft mehr und mehr zu einer halbkolonialen und halbfeudalen Gesellschaft. [...] Um die Nation vor dem Untergang zu retten, erhob sich das chinesische Volk damals zum Widerstand.« Nun scheint es plötzlich, als sei die chinesische Nation von einer *fremden* Macht, nämlich den Qing, gekapert worden, von der sie sich befreien musste, um zu überleben.

Damit lässt sich das gespaltene Verhältnis der Volksrepublik zur Qing-Zeit genauer beschreiben: Die Qing waren chinesisch in ihren Erfolgen (territoriale Expansion) und fremd in ihren Misserfolgen (mangelnde Modernisierung, erfolgloser Widerstand gegen den westlichen Imperialismus, territoriale Verluste).[25] Betrachtet man die Vergangenheit nicht durch die nationalistische Brille, müsste man eher sagen, die Qing seien in ihren Erfolgen *imperialistisch* gewesen, ehe sie stärkeren imperialistischen Kräften zum Opfer fielen. Chinesisch waren sie zumindest ihrem Selbstverständnis nach nie.

Zum Verlust der Insel Taiwan an den japanischen Imperialismus – nach dem Krieg von 1894/95 – vermerkt das eingangs zitierte White Paper der chinesischen Regierung: »Die Taiwanfrage entstand als Folge von Schwäche und Chaos in unserer Nation.«[26] Das Gegenteil ist richtig: Der chinesisch-taiwanische Konflikt wurzelt in einer Zeit, in der China stark genug war, sein Territorium durch militärische Eroberungen mehr als zu verdoppeln, und der irreführende Sprachgebrauch von der *Wieder*vereinigung soll den gewaltsam hergestellten Zustand (die Einheit) als historisch ursprünglich ausgeben. Der Qing-Kolonialismus, der die heutigen Territorialansprüche fragwürdig erscheinen lässt, wird dabei negiert bzw. als logische Unmöglichkeit ausgeschlossen. Wenn Taiwan schon immer zu China gehört hat, wie das White Paper behauptet, ergibt es keinen Sinn zu sagen, die Insel sei im 17. Jahrhundert vom Qing-Reich kolonisiert worden. Sein ureigenes Territorium *kann* ein Staat nicht kolonisieren, das ist keine Frage des historischen Geschehens, sondern der Definition.

Ähnlich funktioniert im chinesischen Diskurs der Ausdruck »Imperialismus« (*diguo zhuyi*). Er bleibt an Lenins Definition gebunden, der zufolge sich das Phänomen auf entwickelte kapitalistische Staaten beschränkte, die ihre Gewinne nur noch durch die Ausbeutung von Kolonien in Übersee steigern konnten. China im 18. Jahrhundert war kein entwickelter kapitalistischer Staat, also können die Qing keine Imperialisten gewesen sein. Ihre Expansion wird daher nicht von Imperialismus- oder Kolonialismusstudien erforscht, welche sich ausschließlich westlichen Eroberungen und Verbrechen widmen, sondern gehört ins Fach »Grenzlandstudien« (*bianjiangxue*), das den Prozessen »nationaler Einigung«, mit denen wir es angeblich zu tun haben, affirmativ gegenübersteht. In den Worten der Sinologin Emma Jinhua Teng fungieren solche akademischen Diskurse nicht zuletzt »als präventive Verteidigung gegen inneren wie äußeren Druck zur Dekolonisierung früherer Grenzgebiete der Qing.«[27] Durch staatlich geförderte Forschungsprojekte wird die Geschichte der Dynastie so umgeschrieben, dass die Qing »als kultureller und wirtschaftlicher Gigant [erscheinen], der die Bevölkerungen der Mongolei, Tibets, Zentralasiens und Taiwans derart beeindruckte und bezauberte, dass sie sich ihm freudig unterwarfen«.[28]

Das offizielle Narrativ der Kommunistischen Partei muss die historische Wahrheit nicht leugnen, da diese von vornherein als sinnlos, d. h. in sich widersprüchlich erscheint. Das ideologisch konstruierte Kollektivsubjekt namens »China« war niemals Täter! Wenn es sich – wie die Qing im schlechten 19. Jahrhundert – doch eines Verbrechens schuldig gemacht hat, wird es abgespalten und zur fremden Macht erklärt. Deren Opfer waren natürlich »die Chinesen«.

Im 21. Jahrhundert arbeitet die Volksrepublik mit Hochdruck daran, dieses Narrativ global durchzusetzen. Was ihm zuwiderläuft, wird innerhalb des Landes als »historischer Nihilismus« verboten und international als Revanchismus verteufelt. Wie das berüchtigte Parteidokument Nr. 9 festhält, besteht historischer Nihilismus in der Zurückweisung der offiziellen Geschichtsschreibung mit dem Ziel, die Legitimität der kommunistischen Herrschaft zu untergraben.[29] Hinter dem totalitären Anspruch, dass nicht einmal die Vergangenheit anders gewesen sein darf als die Partei befiehlt, steht jedoch die nackte Angst: Käme die Wahrheit ans Licht, wäre die Herrschaft der Partei womöglich in Gefahr.

Amnesie und Opportunismus: KP, KMT und ihr Anspruch auf Taiwan

Alles bisher Gesagte gilt in besonderer Weise bezüglich jenes Territoriums, das heute im Fokus des großchinesischen Einheitsdenkens steht: Taiwan. Den Verlust der Insel beschreibt das White Paper als Folge des Jahrhunderts der nationalen Demütigung, welches damit immer noch seiner endgültigen Überwindung harrt. »Die Tatsache, dass China auch im 21. Jahrhundert noch nicht vereint ist, stellt eine Narbe dar, die die Geschichte der chinesischen Nation hinterlassen hat. Wir Chinesen beiderseits der Taiwanstraße sollten zusammenarbeiten, um die Vereinigung zu erreichen und diese Wunde zu heilen.« Da Narben per definitionem *verheilte* Wunden sind, gehen die Bilder hier durcheinander, aber Ideologen ziehen wuchtige Metaphern oft den stimmigen vor. In Wirklichkeit ist es, wie wir gesehen haben, die Kommunistische Partei selbst, die ein Verheilen der Wunden nicht zulässt, weil sie die Erinnerung an frühere Demütigungen als nationalistische Triebkraft braucht.

Das ist nicht der einzige Haken am offiziellen Narrativ. Als sich der chinesische Nationalismus von einer revolutionären zur staatstragenden Ideologie entwickelte, war Taiwan eine Kolonie des japanischen Kaiserreichs und wurde – einen anderen Schluss lassen die Quellen nicht zu – weder von der Kommunistischen Partei noch von der KMT als chinesisches Territorium betrachtet. Zwar war die Abtretung der Insel an Japan 1895 von vielen Zeitgenossen betrauert und mit der

Amputation eines Körperteils verglichen worden, aber bereits wenig später setzte eine deutliche Distanzierung ein. »Wie es scheint, wurde Taiwan nicht einfach an Japan verloren, sondern von der geistigen Landkarte der regierenden Elite gelöscht«, schreibt Alan Wachman über das Desinteresse des Qing-Hofs am Widerstand, den die Menschen auf der Insel gegen die neuen Herrscher leisteten. Für die chinesischen Eliten auf dem Festland war es beinahe, als habe das Territorium nie zu China gehört. »[S]eine Identität als Teil Chinas scheint aus ihrem Bewusstsein verschwunden zu sein.«[30]

Diese Amnesie sollte das Kaiserreich überdauern. Die provisorische Verfassung von 1912 hielt fest, dass die Republik China das gesamte Territorium der Qing zum Zeitpunkt der Revolution verwaltete. Darin ausdrücklich inbegriffen waren solche Gebiete, über die die Regierung de facto keine Kontrolle besaß, etwa die äußere Mongolei, Xinjiang und Tibet. Dass Taiwan in der Aufzählung fehlte, mag uns heute erstaunen, aber da die Insel zum Zeitpunkt der Revolution nicht mehr zum Qing-Reich gehört hatte, war es lediglich folgerichtig.

Als Chiang Kai-shek 1927 begann, das Land durch eine Reihe von Feldzügen neu zusammenzuführen, gab es für zehn Jahre eine halbwegs funktionierende Zentralregierung. Die Außengrenzen der Republik allerdings blieben unklar, also versuchte die Regierung, mithilfe von historischen Textbüchern, Karten und Atlanten ein neues nationales Bewusstsein zu erzeugen. In Büchern wie dem populären Atlas *Benguo Dili* (*Geographie unseres Landes*) von 1928 und vielen ähnlichen Publikationen wurden Tibet, Xinjiang und die längst unabhängige Mongolei regelmäßig als chinesisch reklamiert, Taiwan ebenso regelmäßig nicht.[31] Auf der geistigen Landkarte der republikanischen Elite blieb die Insel ein weißer Fleck.

Nicht einmal der glühende Patriot und Nationalist Chiang Kai-shek bildet eine Ausnahme. Vor dem Kriegsausbruch 1937 scheint er an Taiwan überhaupt kein Interesse gehabt zu haben, und wenn er danach die japanische Aggression gegenüber China geißelte, blieb oft ausgerechnet jene Insel unerwähnt, die sich der Feind zuerst einverleibt hatte. Erst um 1938 herum und zunächst nur privat begann der Generalissimus, die Integration Taiwans in den Herrschaftsbereich der Republik zu befürworten, wohl vor allem aus strategischem Kalkül. Angesichts der japanischen Bedrohung ging dem großen Feldherrn auf, was Admiral Shi Lang schon im 17. Jahrhundert verstanden hatte: dass eine Insel unmittelbar vor der eigenen Küste nicht von einer feindlichen Macht kontrolliert werden darf.[32]

Der eigentliche, nun auch öffentlich kommunizierte Umschwung erfolgte erst 1942. Nach dem japanischen Angriff auf Pearl Harbor und dem Kriegseintritt der USA begannen chinesische Nationalisten, an eine Niederlage des Erzfeinds und die Zerschlagung seines Kolonialreichs zu glauben. *Jetzt* entdeckten Chiang Kai-shek und seine Getreuen, dass zwischen der Insel Taiwan und dem Mutterland *schon immer* feste Bande bestanden hatten und dass sich die Bewohner, die man bis vor kurzem entweder übergangen oder distanzierend als »Taiwaner« (*taiwan ren*) bezeichnet hatte, in Wahrheit chinesische Landsleute waren, die sich nach der Rückkehr zum Mutterland sehnten.

An der emotionalen Aufrichtigkeit solcher Bekundungen mag man zweifeln, aber wie die erste historische Skizze gezeigt hat, war zumindest der Zeitpunkt für die Kehrtwende günstig gewählt. Nach Pearl Harbor besaßen die USA ein überragendes Interesse daran, dass China seinen Teil zum Kampf gegen Japan beitrug und auf keinen Fall kapitulierte. So kam es 1943 zur Erklärung von Kairo, in der Präsident Roosevelt voller Überzeugung und Premier Churchill widerstrebend verfügten, dass Taiwan nach der japanischen Kapitulation an die Republik China gehen sollte. Obwohl die Insel nur bis 1895 zu einem Kaiserreich gehört hatte, das in den 1940er Jahren längst nicht mehr existierte, sollte sie nach der japanischen Kapitulation an die Republik China, zu der sie überhaupt nie gehört hatte, *zurück*gegeben werden (*restored to*).

Den Umstand, dass die Kairoer Erklärung seinerzeit so nachlässig aufgesetzt wurde, macht sich die Volksrepublik heute zunutze. Das White Paper von 2022 zählt sie zu den autoritativen »internationalen Rechtsdokumenten« und behauptet sogar, in ihr sei das Ein-China-Prinzip niedergelegt, auch wenn diese Formulierung damals noch nicht gebräuchlich war und im Text der Erklärung nicht auftaucht.

Es handelt sich um eine durchsichtige Strategie: Im Vertrauen darauf, dass niemand nachschaut, zitiert man alle möglichen Dokumente herbei, um den Eindruck einer erdrückenden Beweislage zu erzeugen, die China recht gibt und die Gegenpositionen widerlegt. Was das White Paper indessen lieber verschweigt: Nicht nur die Nationalisten unter Chiang Kai-shek gelangten reichlich spät zu der »Einsicht«, dass Taiwan chinesisches Territorium sei. Für die Kommunisten unter Mao Zedong gilt genau dasselbe.

Solange sie keine Macht besaßen, vertraten Chinas Kommunisten in der Frage der Selbstbestimmung der verschiedenen Volksgruppen eine überraschend liberale Haltung. In den frühen 1930er Jahren erließ die Partei im ländlichen Jiangxi eine Verfassung, die für die Volksgruppen das Prinzip der »nationalen Selbstbestimmung« (*minzu zijue*) festschrieb. Tibetern, Uiguren, Mongolen und anderen wurde ausdrücklich das Recht in Aussicht gestellt, nach einer kommunistischen Machtübernahme selbst zu entscheiden, ob sie Teil des neuen Staates sein oder lieber unabhängig werden wollten.[33] Wer so etwas heute einfordert, macht sich des Separatismus schuldig und muss mit gravierenden Konsequenzen rechnen.

Seinerzeit ging es um eine eher theoretische Erwägung. Praktische Bedeutung gewann sie erst auf dem Langen Marsch, als die Kommunisten in Kontakt kamen mit Chinas vielen ethnischen Minderheiten und ihrer wirtschaftlich oft verzweifelten Lage. Dass die KMT diesen Völkern die Anerkennung verweigerte, so analysierten kommunistische Strategen, bot Japan die Möglichkeit, Zwietracht zwischen den Volksgruppen zu säen und China zu spalten. Um sich die Unterstützung der Minderheiten zu sichern, nahm die KP daher die genaue Gegenposition zu der ihres Rivalen ein: Der chinesische Staat bestand nicht aus einer Volksgruppe, sondern aus verschiedenen. Aus der Anerkennung dieser Verschiedenheit bezog er sowohl seine Legitimation als auch die Kraft, um sich der japanischen Aggression zu widersetzen.[34]

Das Selbstbild der Kommunistischen Partei als antiimperialistische Widerstandsbewegung bestimmte auch ihre Haltung in der

Taiwanfrage, die freilich kaum je explizit gestellt wurde. Anders als ihr jüngstes White Paper es darstellt, hatte sich die Partei in den ersten beiden Jahrzehnten ihres Bestehens nicht für Taiwan interessiert.[35] Ein Manifest, das auf dem zweiten Parteikongress 1922 verabschiedet wurde, rief zwar zum Kampf gegen die imperialistischen Unterdrücker aus Japan auf, erwähnte die Kolonisierung Taiwans aber mit keinem Wort. Die »Resolution zur Frage der Nationalitäten« von 1928 zählte Taiwaner, die auf dem chinesischen Festland lebten, als eine von vielen Minderheitengruppen auf, neben Tibetern, Mongolen, der koreanischen Minderheit und so weiter.[36] Hätte die Partei bereits damals alle Taiwaner als Chinesen betrachtet, ergäbe diese Zuordnung keinen Sinn. Tatsächlich wurden Taiwaner in keinem Dokument jener Zeit mit dem Ausdruck *tongbao* (Landsleute) oder als *dixiong* (Brüder) bezeichnet. Nachdem Japan begonnen hatte, die Mandschurei zu besetzen, veröffentlichte die KP 1935 eine kämpferische Botschaft an die Chinesen aller Volksgruppen und rief sie dazu auf, sich den japanischen Eroberern entgegenzustellen und die besetzten Territorien zurückzuerobern. Auffällig ist wiederum, dass die Insel Taiwan unerwähnt blieb. Der einzige Verweis auf ihre Bewohner erfolgte in einem Atemzug mit jenen Völkern außerhalb Chinas, »die sich dem japanischen Imperialismus entgegenstellen (die arbeitenden Massen in Japan, die Koreaner, die Taiwaner usw.)«.[37]

Von der Forderung, Taiwan mit dem Festland zu vereinen, findet sich in den historischen Quellen aus den 1920er und 1930er Jahren also keine Spur. Im Gegenteil. In einem Interview im Jahr 1936 wurde Mao Zedong vom amerikanischen Journalisten Edward Snow gefragt, ob es die Aufgabe des chinesischen Volkes sei, sämtliche an den japanischen Imperialismus verlorenen Gebiete zurückzuerobern, oder ob man lediglich die Besatzer aus der Mandschurei vertreiben wolle. Die Antwort ist äußerst aufschlussreich. Alle Gebiete, erklärt Mao kategorisch, um dann doch zu differenzieren: »Das heißt, daß die Mandschurei zurückerobert werden muß. Wir schließen aber nicht Korea, eine frühere chinesische Kolonie, mit ein; wenn wir jedoch die Unabhängigkeit der verlorenen chinesischen Gebiete wiederhergestellt haben und die Koreaner aus den Ketten des japanischen Imperialismus ausbrechen wollen, werden wir sie in ihrem Kampf um Unabhängigkeit enthusiastisch unterstützen.« Und er fügt unmissverständlich hinzu: »Dasselbe gilt für Taiwan (Formosa).«[38]

Auch wenn man eine einzelne Äußerung nicht überbewerten soll, bleibt mindestens festzustellen, dass es 1936 für Mao kein Kriegsziel im Kampf gegen Japan war, die chinesische Souveränität über Taiwan zurückzuerlangen.[39] Das White Paper erzählt wie gewöhnlich eine abweichende Version. »Bald nach ihrer Gründung 1921 setzte sich die Kommunistische Partei Chinas das Ziel, Taiwan von kolonialer Herrschaft zu befreien, die Insel wieder mit dem Rest des Landes zu vereinen und die gesamte Nation zu befreien.« So hätte es aus heutiger Sicht gewesen sein sollen, aber so war es nicht.

Öffentlich wahrnehmbar erfolgte der Umschwung der Kommunisten erst 1942. Der Zeitpunkt ist derselbe wie bei der KMT, aber außer dem Kriegsgeschehen im Pazifik dürfte es weitere Gründe gegeben haben. Zum einen der nachlassende Einfluss der Komintern im Zuge von Maos Säuberung der Partei, in der sich die chinesischen Kommunisten im selben Maß von Moskau emanzipierten, wie sie sich ideologisch auf ihren allmächtigen Vorsitzenden ausrichteten. Nationalistische Positionen triumphierten über einen doktrinären Internationalismus, der – so sah man es jetzt – eher den Interessen der Sowjetunion gedient hatte.

Hinzu kam das Wirken von Taiwanern, die sich der japanischen Kolonialherrschaft durch Übersiedelung auf das Festland entzogen hatten und für eine Rückkehr der Insel zum Mutterland warben. Man mag das als Ironie der Geschichte betrachten: Während die Kommunisten für die Zeit nach dem Sieg über Japan die taiwanische Unabhängigkeit anvisierten, warben Exil-Taiwaner für die Rückverwandlung ihrer Heimat in eine chinesische Provinz. Zersplittert in Dutzende Vereinigungen hatten sie zunächst weder in der KP noch in der KMT nennenswerten Einfluss, aber das änderte sich, als sich 1941 mehrere Gruppen zu Taiwans Revolutionärer Allianz zusammenschlossen, deren Hauptaufgabe in Propaganda bestand: Sowohl in China als auch im Ausland sollten die Menschen davon überzeugt werden, dass die Insel Taiwan zu China gehört. Wie der Historiker Xiaoyan Liu darlegt, änderte sich in der Folge der Sprachgebrauch der Kommunisten, die nicht mehr von taiwanischer Unabhängigkeit sprachen, sondern von *guangfu*: der »glorreichen Rückkehr« der Insel zum Mutterland. 1942 wurde die entsprechende Forderung zur offiziellen Politik der Kommunistischen Partei Chinas.[40] Daran sollte sich nach dem Sieg im Bürgerkrieg und der Gründung der Volksrepublik nichts mehr ändern.

Das schwierige Streben nach Größe und Homogenität

Ging es um Taiwan, agierten also sowohl die Kommunistische Partei als auch die KMT vor allem opportunistisch. Ihren Anspruch auf die Insel erhoben beide erst in dem Moment, da dessen Einlösung plötzlich realistisch erschien. Zudem lagen sie in einem intensiven Wettstreit miteinander und wollten sich in ihren Positionen zwar voneinander absetzen, ohne jedoch in puncto patriotischem Eifer ins Hintertreffen zu geraten. So schlug die jahrzehntelange Indifferenz gegenüber der Insel um in ein Konkurrieren darüber, wer sie entschiedener als chinesisches Territorium reklamierte. Wenngleich eine kleine taiwanische Gruppe auf dem Festland dasselbe forderte, scheinen sich weder die Kommunistische Partei noch die KMT sonderlich dafür interessiert zu haben, was die Menschen auf der Insel wollten. Aus dem strategischen Kalkül beider Parteien ergab sich mit hinreichender Klarheit, was Taiwanerinnen und Taiwaner zu sein und was sie zu wollen hatten.

Den großchinesischen Nationalismus der KMT hat sich die Kommunistische Partei allerdings nur allmählich zu eigen gemacht, lange Zeit blieben Internationalismus und Klassendenken zentrale Bestandteile ihrer politischen Ideologie. Der Topos von der »hundertjährigen nationalen Demütigung«, den die KMT ab 1927 als offiziellen Feiertag – den »Tag der nationalen Schande« (*guochi ri*) – institutionalisiert hatte, fand erst nach 1989 Eingang ins kommunistische Vokabular, nämlich durch Deng Xiaopings patriotische Erziehungskampagne nach den Protesten auf dem Tian'anmen-Platz. Seitdem jedoch ist der

Topos allgegenwärtig und spielt eine wichtige Rolle beim Schüren antiwestlicher und antijapanischer Ressentiments. Sogenannte »Karten der nationalen Schande« aus den 1920er und 1930er Jahren, auf denen immer größere Gebiete als »verloren« (also künftig zurückzugewinnen) deklariert wurden, werden wieder aufgelegt, um Chinas oft ziemlich willkürliche Gebietsansprüche im Südchinesischen Meer und anderswo als historisch gerechtfertigt darzustellen.[41]

Im Kern zeichnet sich der großchinesische Nationalismus durch zwei Eigenschaften aus, die auf seinen historischen Entstehungskontext zurückgehen und ihn bis heute prägen, zwischen denen aber eine erhebliche Spannung besteht. Obwohl er sich zunächst an der Präsenz ausländischer Kolonialmächte entzündete, war er lange Zeit vor allem ein Antimandschuismus, der die Fremdherrschaft durch die »östlichen Barbaren« abschütteln und die Han-Chinesen wieder zu Herren im eigenen Land machen wollte.[42] Auch nachdem er sich in der Republikzeit zum konsequenten Antiimperialismus gewandelt hatte, behielt er eine innere Tendenz zum Ethnonationalismus bei, die unter Mao in den Hintergrund geriet und nun unter Xi Jinping aufs Neue mächtig hervortritt. Seine Politik zeichnet sich aus durch den festen Willen, »ein einheitliches Volk zu formen, und das verlangt die totale Unterordnung der Identität von Minderheiten, die sich auf ihre jeweilige Kultur, Religion oder Sprache gründen, unter eine chinesische Identität, die fundamental bestimmt wird durch das Erbe der Han[-Chinesen], die chinesische Sprache und die politischen Grundsätze von Xi Jinping«.[43] Allen Lippenbekenntnissen zu ethnischer Vielfalt zum Trotz liegt die erste charakteristische Eigenschaft des großchinesischen Nationalismus also auch heute im Streben nach innerer Homogenität.

Mit dem gleichzeitigen Streben nach territorialer Größe ist das jedoch nicht leicht zu vereinbaren. Das von den Qing geschaffene Riesenreich, das heute Volksrepublik China heißt, lässt sich nur mit massiver Indoktrinierung und – zumal an der Peripherie – exzessiver Gewaltausübung homogenisieren. Xinjiang und Tibet sind die abschreckendsten Beispiele. Dennoch betont Peking stets die Entschlossenheit, keinen Handbreit chinesischen Bodens aufzugeben, im Südchinesischen Meer beansprucht das Land gar Territorien, die Tausende Kilometer von seiner Küste entfernt sind und auf die es nach dem bereits erwähnten Urteil eines internationalen Schlichtungsverfahrens von 2016 keinen legitimen Anspruch besitzt. Wie das Regime solche Entscheidungen ignoriert und durch sein aggressives Vorgehen die pazifischen Nachbarn gegen sich aufbringt, offenbart eine angstbesetzte Obsession mit dem Zusammenhang von territorialer Integrität, politischer Legitimität und staatlicher Souveränität. Es ist, als fürchtete die Kommunistische Partei den sofortigen Zusammenbruch ihrer Herrschaft, sollte sie auch nur eine Untiefe aufgeben, die auf republikzeitlichen Seekarten fälschlich als (chinesisches) »Territorium« verzeichnet ist. Ein gutes Beispiel ist das 22 Meter *unter* dem Meeresspiegel liegende James Shoal, das in alten Karten als »Sandbank« (*tan*) übersetzt und damit zu einem über Wasser liegenden Gebilde erklärt wurde. Obwohl es nur 83 Kilometer vor der Küste von Borneo liegt, aber 1800 Kilometer vom chinesischen Festland entfernt ist, wird es von der Volksrepublik heute als südlichster Punkt ihres Territoriums reklamiert![44]

Seit 2017 gibt es ein Gesetz, das genau festlegt, wie chinesische Landkarten auszusehen haben und welche Parteiorgane ihren Druck genehmigen müssen. Keine Bürgerin und kein Bürger der Volksrepublik darf ein Abbild des Landes zu sehen bekommen, das nicht den Vorgaben der Partei entspricht. Bill Hayton hat recht, wenn er das erstaunliche Ausmaß bemerkt, »in dem die Angst um die [eigenen] Grenzen zur nationalen Neurose geworden ist«.[45]

Das hat gewiss mit der massiven Verletzung von Chinas Souveränität durch die westlichen Kolonialmächte und Japan im 19. und 20. Jahrhundert zu tun; die damals begangenen Verbrechen wirken im kollektiven Bewusstsein nach. Ebenso wirkmächtig dürfte aber die 1989 von Deng Xiaoping begonnene patriotische Erziehungskampagne sein, die die damaligen Ereignisse gezielt instrumentalisiert und sich dabei der sozialdarwinistischen Einsicht in den Ursprung wahrer Stärke bedient. Gebraucht wird *eine* Nation, die aus *einem* Volk besteht, das innerhalb fester, geradezu heiliger Grenzen existiert (und von *einer* Partei geführt wird). Um das widersprüchliche Streben nach

Größe *und* Homogenität in Einklang miteinander zu bringen, müssen beide naturalisiert und in die Vergangenheit zurückprojiziert werden; so kommt es zur geschichtsklitternden Umdeutung imperialer Eroberungen in Prozesse nationaler Einigung und schließlich zum Mythos von der 5000-jährigen Geschichte, deren Essenz der Wille zur Einheit ist – siehe das Motto über diesem Kapitel. »Damit wird Chinas Geschichte essentialisiert und ihrer vielen Vergangenheiten und Traditionen beraubt«, resümiert die Politikwissenschaftlerin Maria Adele Carrai, »womit China am Ende auch seine politischen Wahlmöglichkeiten für die Zukunft verliert.«[46] Genau darin liegt freilich der Sinn des Ganzen.

Nach der Rückkehr von Hongkong 1997 und Macau 1999 in den Schoß des Mutterlandes richtet sich der Wille zur Einheit heute vor allem auf Taiwan. In einer explosiven Mischung aus Pathologie und Kalkül behauptet die Kommunistische Partei, dass China die Insel zurückgewinnen muss, um seine historischen Traumata zu überwinden und wieder ganz und gar es selbst zu werden. Andernfalls bleiben die große Wiederauferstehung der Nation und der Chinesische Traum unvollendet bzw. unerfüllt. Kurz gesagt: Ohne Taiwan kann China nicht wirklich China sein – vor allem kann die Kommunistische Partei nicht behaupten, sie habe das Land zurückgeführt zu seiner alten, am Qing-Reich gemessenen Größe.

Wie viel Willkür da im Spiel ist, zeigt sich nicht zuletzt daran, dass China zwar lautstark eine Insel von der Größe Baden-Württembergs zurückfordert, nicht aber jene im 19. Jahrhundert an Russland verlorenen Gebiete, die viermal so groß sind wie die gesamte Bundesrepublik! Pekings Bündnis mit Moskau dürfte hier ebenso eine Rolle spielen wie Taiwans strategische Lage und außerdem die peinigende Tatsache, dass die Insel einst vom Erzfeind Japan regiert wurde und heute von Chinas größtem Rivalen beschützt wird. Trotzdem bleibt das Missverhältnis bemerkenswert: Ohne das vergleichsweise kleine Taiwan kann China nicht es selbst sein, ohne die riesige Russische Mandschurei, wie man sie heute nennt, scheint das hingegen sehr wohl zu gehen.

Was Karten zeigen (dürfen) und was nicht

Diese Feststellung bringt uns abschließend noch einmal zurück zu jener bizarren Episode mit der vertauschten Landkarte. Wie so viele seiner Landsleute fragte sich im Frühjahr 2014 auch Professor Wang Yiwei, ein Spezialist für internationale Beziehungen an der Volksuniversität Peking, welche Botschaft wohl in Angela Merkels besonderem Geschenk gelegen haben mochte. Dass er dabei von der falschen Karte, nämlich der von 1844 ausging, war ihm offenbar nicht bewusst, als er einleitend feststellte, die Kanzlerin »habe komplizierte Informationen übermittelt, indem sie eine alte Karte überreichte, die China mit all seinen seit dem Altertum untrennbaren Landesteilen darstellt«.[47] Bis in die Wortwahl hinein folgt Wang Yiwei dem offiziellen Narrativ der Partei. Sein Hauptanliegen ist es allerdings, der westlichen Sorge entgegenzutreten, China könne eines Tages mit Taiwan ebenso verfahren wie Russland mit der Krim. Schwierig, schließlich droht Peking genau damit ziemlich offen, also zieht Wang die Debatte ins Grundsätzliche: Wie die russische Annexion von großen Teilen *chinesischen* Territoriums im 19. Jahrhundert zeige, folge das Land einer Logik der räumlichen Expansion, während China mit seiner 5000-jährigen Geschichte – hier würdigt der Autor kurz Xi Jinpings Brüsseler Rede – einer Logik der *zeitlichen* Ausdehnung verpflichtet sei. China erobert nicht, soll das wohl heißen, aber diese Behauptung ist falsch, wie ein kurzer Blick auf die Karte beweist, die Angela Merkel ihrem Gast zwar nicht geschenkt hat, an die Wang dank der unsichtbaren Hand der chinesischen Zensur aber gedacht haben muss. »Xinjiang« bedeutet wörtlich »*Neue* Territorien«, geht es noch deutlicher?[48] Statt daraus den einzig möglichen Schluss zu ziehen, dass China unter der Qing-Herrschaft gewachsen sein muss, philosophiert der Autor lieber über die Logik der zeitlichen Expansion, was auch immer das sein soll (außer einem Kategorienfehler).[49]

Wenn es hier so etwas wie zeitliche Expansion gibt, folgt sie einer totalitären Herrschaftslogik und besteht darin, dass sich das Narrativ der Kommunistischen Partei inzwischen auf geradezu bizarre Weise immer tiefer in die Vergangenheit ausdehnt. In Xi Jinpings oben zitierter Rede über »Die Entwicklung des kulturellen Erbes« heißt es: »Die chinesische Nation verfügt über eine menschliche Geschichte von einer Million Jahre, eine Kulturgeschichte von 10 000 Jahren und eine Zivilisationsgeschichte von 5000 Jahren.«[50] Wohlgemerkt, die chinesische *Nation*! Solche Äußerungen zeigen, dass das offizielle Geschichtsbild der Kommunistischen Partei in fast keiner Beziehung mehr zu dem steht, was in der Vergangenheit wirklich passiert ist. Es handelt sich um ein nationalistisches Gedröhne mit runden Zahlen, die sich am Ende zu der Einsicht summieren, dass die Partei recht hat. Andere Lehren aus der Geschichte sind weder erwünscht noch erlaubt.

P.S.: Als Kaiser Kangxi den Atlas entgegennahm, den französische Jesuiten in seinem Auftrag angefertigt hatten, reagierte er ähnlich verschnupft wie 300 Jahre später der rote Kaiser Xi Jinping in Berlin. Die Kartographen hatten sich nämlich eines damals noch neuen Rasters bedient, um den gesamten Globus räumlich zu vermessen: der Einteilung in universale Längen- und Breitengrade. Das erlaubte zwar eine zuvor nicht gekannte kartographische Exaktheit, stieß sich aber an der traditionellen Vorstellung von China als Mitte der Welt bzw. »Alles unter dem Himmel«. Stattdessen wurde das Reich zu einer Portion des neutralen globalen Raums. Einer Portion von vielen unter dem Himmel.

Bu xing, scheint sich Kangxi gedacht zu haben: Das geht nicht.

Dass sich die Kartographen um Entgegenkommen bemühten, indem sie der Hauptstadt Peking den Längengrad null zuordneten und ihr damit eine zentrale Stellung in der Welt zusprachen, entschärfte das Problem nur unzureichend. Dank seiner Exaktheit war der Atlas zwar für militärische Zwecke hilfreich, und das wusste Kangxi zu schätzen, aber das profane Bild des Reichs, das er zeigte, wollte der Kaiser nicht öffentlich verbreitet sehen. Die Lösung lag auf der Hand: Umgehend wurde eine zweite Version des Atlas *ohne* Längen- und Breitengrade erstellt, mit der sich die Gelehrten des Reichs beschäftigen durften. Die andere blieb am Hof unter Verschluss.[51]

Problem gelöst? Nicht ganz. Wenn Wissen einmal in der Welt ist, lässt es sich nur schwer wieder einfangen. Jean-Baptiste Bourguignon d'Anville jedenfalls nutzte die Vorarbeiten seiner Kollegen in Fernost und bediente sich ebenfalls des heute selbstverständlichen Rasters, welches das Reich der Mitte zum Teil einer Welt machte, deren Oberfläche keine Mitte aufweist. Einen Nachdruck dieser Karte erhielt der chinesische Staatschef im Kanzleramt zum Geschenk. Vielleicht war Xi Jinping nicht deshalb verstimmt, weil man ihm in Berlin ein zu kleines China präsentierte, sondern, weil das Präsent eine Lektion öffentlich zur Schau stellte, die er von seinen imperialen Vorläufern gelernt und beherzigt hatte: Um sein Herrschaftswissen zu wahren, darf man sich niemals in die Karten schauen lassen.

Das Narrativ des neuen taiwanischen Nationalismus

Inzwischen sind Taiwaner in etwa so chinesisch
wie Amerikaner und Australier britisch sind.
Peng Ming-min, *A Taste of Freedom*

Im Herbst 2022 hatte ich in Taipei ein Aha-Erlebnis. Per Email kontaktierte mich ein Taiwaner, um mich zu einem deutschsprachigen Diskussionskreis einzuladen, den ein Schweizer Diplomat in seiner Wohnung veranstalten wollte. Zur Vorbereitung schlug er ein Treffen in einem Café meiner Wahl vor. Als wir wenige Tage später dort zusammenkamen, saß ich einem höflichen, kultivierten Herrn gegenüber, der etwas älter war als ich und in den 1980er Jahren in Berlin Kunstgeschichte studiert hatte. Deutsch sprach er nahezu perfekt. Wenige Minuten vergingen, bis ich bemerkte, dass der Mann außerdem ein sprudelnder Quell von paranoiden Verschwörungstheorien war. In seinem Kopf gingen sämtliche Übel der Welt auf zwei politische Kräfte zurück: Innerhalb Taiwans auf die Demokratische Fortschrittspartei DPP von Präsidentin Tsai Ing-wen, außerhalb der Insel auf die USA, oder in seinem Sprachgebrauch »die Amis«.

Es wurde ein anstrengendes, ärgerliches, aber auch augenöffnendes Gespräch. Seinen Familienhintergrund nannte der Mann »tiefblau«, was im Farbenspiel der taiwanischen Politik bedeutet, dass seine Vorfahren vom Festland stammten und der KMT nahestanden. Grün ist die Farbe der DPP, und seine Verachtung für diese Partei übertrug mein Gesprächspartner sogleich auf die deutschen Grünen, insbesondere auf die Bundesaußenministerin Annalena Baerbock, weil sie den allein von »den Amis« verursachten Ukrainekrieg dem völlig unschuldigen Wladimir Putin ankreidete. Über den verlor der Mann kein schlechtes Wort, über Xi Jinping erst recht nicht.

Besonders auffällig fand ich, dass mein Gesprächspartner bis in die Wortwahl hinein so klang wie die Staatsmedien der Volksrepublik bzw. wie die nationalistischen Trolle im chinesischen Internet. Nancy Pelosi war »die alte Hexe«. Über das Thema Zensur in China behauptete er nichts zu wissen, aber dass alle Spannungen in der Taiwanstraße von der DPP und ihren amerikanischen Strippenziehern angezettelt wurden, verstand sich für ihn von selbst.

Da ich einige andere Teilnehmer kannte, nahm ich an dem Diskussionskreis trotzdem teil, wenn auch mit gemischten Gefühlen. Der Mann erschien dort in Begleitung einer Frau im selben Alter, die ebenfalls perfekt Deutsch sprach und deren Ansichten eher noch bizarrer waren als die ihres Bekannten, teilweise schlicht irre. Chiang Ching-kuo, der Sohn und Nachfolger Chiang Kai-sheks, der in der grausamsten Phase der KMT-Diktatur den Sicherheitsapparat geleitet und Tausende Existenzen zerstört hatte, war ihr großer Held. Der Mann habe für Taiwan so viel Gutes geleistet, schwärmte sie, nur am Ende seines Lebens habe er leider einen schlimmen Fehler begangen, indem er Lee Teng-hui zu seinem Nachfolger bestimmte. Wie in der dritten Skizze gesehen, war das der Mann, der in den 1990er Jahren mit der Demokratisierung der Insel Ernst gemacht und dafür gesorgt hatte, dass die alte festländische Elite – aus der die Frau offenbar stammte – ihr Machtmonopol verlor.

An dieser Stelle konnte ich mich nicht mehr beherrschen. Was denn schlimmer gewesen sei, wollte ich wissen, Tausende Unschuldige in Todeszellen gebracht oder Lee Teng-hui zum Vizepräsidenten gemacht zu haben? Die Frau zögerte keine Sekunde: Letzteres natürlich. Es drängte sie nicht einmal zu bezweifeln, dass Chiang Chingkuos Opfer unschuldig gewesen waren. Tausende vernichtete Existenzen empfand sie offenbar als akzeptablen Preis für die Wahrung der Privilegien von ihr und ihresgleichen. Lee Teng-hui hingegen war ein Verräter und »ein Schwein«. Hinter der kultivierten Fassade brodelte blanker Hass. Mitglieder der aktuellen DPP-Regierung nannte sie ausnahmslos »Vollidioten«.

Am liebsten hätte ich die beiden gefragt, warum sie nicht einfach nach China zogen. Der Mann betonte immer wieder, dass es für die Volksrepublik ein Leichtes wäre, dem wirtschaftlich abhängigen Taiwan den Garaus zu machen. Er untermalte das durch eine drehende Bewegung der Hand, so als zerquetschte er mit dem Daumen eine Ameise. Außer ein paar vom Leben frustrierten Taxifahrern hat mir in China noch nie jemand mit solcher Lust bedeutet, welches Schicksal er der »abtrünnigen Provinz« Taiwan wünscht. Bloß, dass wir uns an jenem Abend genau dort befanden.

Die Geisteshaltung und die ihr zugrunde liegenden Traumata zu erkunden, die einen Teil der vom Festland stammenden Familien in Taiwan bis heute prägt, würde eine eigene Untersuchung erfordern.[1] Nach dem Verlust der chinesischen Heimat scheinen manche nun die Vertreibung aus dem taiwanischen Exil zu befürchten, das sie seit der Demokratisierung nicht mehr kontrollieren und wo sie nur eine Minderheit der Bevölkerung stellen. Einerseits halten sie sich weiterhin für die Elite, andererseits fühlen sie sich von der Mehrheitsgesellschaft abgelehnt und geradezu verfolgt. Kurz nach dem 20. Parteikongress in Peking im Oktober 2022, auf dem sich Xi Jinping eine dritte Amtszeit als Staatspräsident sicherte und seinen Vorgänger Hu Jintao vor laufenden Kameras aus dem Saal führen ließ, verkündete ein Politikprofessor von der National Chengchi University in Taipei, Chinas KP sei zwar eine diktatorische Partei, aber immer noch demokratischer als die DPP. Das ist gewiss eine radikale Minderheitenposition, ebenso wie alles, was ich in jenem Diskussionskreis zu hören bekam. Wie Meinungsumfragen belegen, verstehen sich sehr viele Abkömmlinge von Festländer-Familien inzwischen als Taiwanerinnen und Taiwaner und wählen zwar vielleicht weiter die KMT, sind aber heilfroh, nicht unter kommunistischer Herrschaft zu leben. Trotzdem ist an dieser Stelle ein Disclaimer angebracht: Was ich im Folgenden als taiwanisches Narrativ und Traum von der Selbstbestimmung skizzieren werde, gilt nicht für die ganze taiwanische Gesellschaft. Ein kleiner Teil hält das zuvor geschilderte großchinesische Narrativ für deutlich überzeugender.

Die Gegenüberstellung von chinesischem und taiwanischem Narrativ fällt daher weder mit der Opposition zweier politischer Gebilde namens Volksrepublik China und Republik China (Taiwan) zusammen, noch beschränkt sich die Zahl der Narrative auf zwei. Um der komplizierten Gemengelage gerechter zu werden, müsste man zwischen dem chinesisch-volksrepublikanischen, dem chinesisch-republikanischen und dem taiwanischen Narrativ unterscheiden; das erste (rote) wird von der Kommunistischen Partei vertreten, das zweite (blaue) von der KMT, das dritte (grüne) von der DPP. Das blaue hat dabei den schwersten Stand und wird auch von mir in diesem Abschnitt etwas stiefmütterlich behandelt. Zwar stammt es vom chinesischen Festland, besitzt dort aber schon seit siebzig Jahren keine Heimat mehr, in Taiwan wird es zunehmend randständig und geht – wie ich im Diskussionskreis lernte – stellenweise nahtlos ins rote Narrativ über. Es hat aber auch seriöse Anhänger mit einem klaren Blick auf die früheren Verbrechen der KMT und die heutigen der Kommunistischen Partei.[2]

Der Sicht von Taiwans indigener Bevölkerung trägt keines der Narrative angemessen Rechnung. In der Regel wird diese entweder vereinnahmt oder ignoriert.[3]

Vor der Kolonialzeit: Hoklo, Hakka und Ureinwohner

Um das taiwanische Narrativ zu rekonstruieren, hilft ein Blick in die Zeit, als es noch nicht existierte. Die chinesischstämmigen Einwanderer des 17. und 18. Jahrhunderts wären nicht auf die Idee gekommen, sich »Taiwaner« zu nennen, jedenfalls gibt es für diese Selbstbezeichnung keinen Beleg. Wie das vorangegangene Kapitel vermuten lässt, hätten sie sich ebenso wenig als »Chinesen« bezeichnet, denn eine nationale Identität kam erst am Ende der Qing-Zeit allmählich auf. Die meisten Einwanderer vom Festland entstammten dem südlichen Teil der Küstenprovinz Fujian und waren Hoklo (*minnan-ren*, Menschen von südlich des Min-Flusses), eine Untergruppe im riesigen Pool von Han-Chinesen, deren Sprache man Hokkien oder *minnan-hua* nennt; aus ihr ist der Dialekt hervorgegangen, der in Taiwan heute als »Taiwanisch« bezeichnet wird. Der kleinere Teil derer, die die Überfahrt nach Taiwan wagten, waren aus der Provinz Guangdong stammende Hakka, eine ursprünglich in Nordchina lebende Volksgruppe, die in mehreren Wellen in den Süden umgesiedelt ist, teilweise schon vor 2000 Jahren. Im chinesischen Ausdruck *kejia* (Gastvolk) klingt trotzdem noch an, dass man sie als Neuankömmlinge und Fremde betrachtete.[4] Mehrmals im Lauf der Geschichte waren sie Opfer schwerer Pogrome, was ihre zahlreiche Migration nach Taiwan sowie in den südostasiatischen Raum erklärt. Ihre Sprache heißt ebenfalls Hakka. Nebenbei: Wer heute in Taipei U-Bahn fährt, hört alle Ansagen viersprachig, nämlich auf Chinesisch, Taiwanisch, Hakka und Englisch. Als Service für Touristen kommen an manchen Haltestellen Japanisch und Koreanisch hinzu.

Ethnologische Studien zeigen, dass die chinesischstämmigen Siedler in Taiwan vor dem späten 19. Jahrhundert keine gemeinsame Identität ausgebildet hatten, d. h. kein Zusammengehörigkeitsgefühl als halbwegs homogene Gruppe.[5] Sie lebten in Gemeinschaften, für deren Selbstbild die Herkunft von einem bestimmten Ort auf dem Festland konstitutiv blieb, nicht die »chinesische« Abstammung als solche. Darauf deuten z. B. die ältesten taiwanischen Tempel hin, die größtenteils Zweigstellen von Tempeln auf dem Festland sind; die frühesten Einwanderer bauten also in der Fremde ein Stück Heimat nach und behielten dabei die ursprünglichen Namen bei. So wurde der Drachenbergtempel in Taipei im Jahr 1738 von Siedlern aus Quanzhou in Fujian errichtet, nach dem Vorbild des gleichnamigen Tempels, der dort seit dem siebten Jahrhundert existierte. Hätte man sich vor zweihundert Jahren umgehört und die Tempelbesucher gefragt, wer sie sind, hätten sie sich wohl als Hoklo aus Quanzhou bezeichnet, deren Familien es nach Taiwan verschlagen hatte.

Vor der chinesischen Besiedelung war Taiwan nur von Ureinwohnern[6] bewohnt gewesen. Unterteilt in verschiedene Völker mit unterschiedlichen, teils miteinander verwandten Sprachen, gehören sie zur Familie der austronesischen Völker, zu der weltweit etwa 400 Millionen Menschen zählen und deren Verbreitungsgebiet den gesamten indopazifischen Raum umfasst, von Madagaskar bis nach Neuseeland. Lange Zeit glaubte die ethnologische Forschung, dass alle diese Völker und ihre Sprachen auf eine vor über 5000 Jahren in Taiwan gesprochene Ursprache (Protoaustronesisch) zurückgehen, und für dieses sogenannte »Out of Taiwan«-Theorem gibt es auch archäologische Belege, aber unumstritten ist es nicht.[7]

Nach der Eingliederung der Insel ins Qing-Reich im späten 17. Jahrhundert teilte man die Ureinwohner in zwei Gruppen ein: Die »rohen«

(*sheng*) und die »gekochten« (*shou*), eine aus konfuzianischer Sicht vorgenommene Unterscheidung, die auf den vermeintlichen Grad der Zivilisiertheit jener Völker abhob. Erstere galten als ganz und gar unzivilisierte »Wilde«, die im unzugänglichen Hochgebirge des Zentralmassivs lebten und deren Kontakt mit chinesischen Siedlern sich auf gelegentliche gewaltsame Zusammenstöße beschränkte. Gefürchtet als Kopfjäger und Menschenfresser, verkörperten sie das schlechthin Andere, von dem man sich tunlichst fernhielt. Anders die »gekochten« Indigenen, die in den Ebenen entlang der Westküste lebten, wo sich auch Hoklo und Hakka niederließen, weshalb die Kontakte mit ihnen weiter reichten und regen Handel einschlossen. Diese aus Sicht der Obrigkeit halbzivilisierten »Wilden« zahlten sogar Steuern. Mit einem höflicheren Ausdruck nennt man sie heute »die Stämme der Ebene« (*pingpu zu*).[8]

Die Einwanderung aus China nahm rasch zu, bestand allerdings bis ins frühe 18. Jahrhundert nur aus Männern. Um die Bevölkerungsentwicklung besser zu kontrollieren, erlaubte die Qing-Regierung vor 1732 keinen Zuzug von Frauen und Familien. In Ermangelung von Hoklo- und Hakka-Partnerinnen heirateten die Einwanderer daher Frauen aus den Stämmen der Ebene, wodurch diese zu großen Teilen – da es sich um eine patrilineare Gesellschaft handelte – assimiliert wurden. Wenn man von Taiwans heutigen Ureinwohnern spricht, meint man daher meistens die Nachfahren der ursprünglich im Hochland angesiedelten Völker, die faktisch nie der Qing-Herrschaft unterstanden. Die früher weit verbreitete These, ursprünglich hätten *alle* Ureinwohner in der Ebene gelebt und seien von den Neuankömmlingen in die Berge vertrieben worden, gilt inzwischen als widerlegt.[9] Allerdings gab es bis in die Kolonialzeit hinein Dörfer, die als Ureinwohner der Ebene klassifiziert waren, obwohl sie ihre früheren Sprachen längst verloren hatten und sich nur noch in einem Punkt von der Mehrheitsgesellschaft unterschieden: Die Frauen banden ihre Füße nicht. Als die Japaner diese chinesische Sitte 1915 verboten, erfolgte die letzte Assimilierungswelle der Ureinwohner der Ebene.

Halten wir vorläufig fest: Obwohl in Gestalt der »rohen« Ureinwohner eine Verkörperung des Anderen existierte, bildete sich auf der

Insel lange Zeit keine Gemeinschaft von »uns Chinesen / Taiwanern«, denn diese gehörten zu untereinander zerstrittenen Gruppen von Hoklo und Hakka und kämpften mehr miteinander als mit den indigenen Völkern.[10] Erst als die Insel im Gefolge des Krieges zwischen China und Japan zur japanischen Kolonie wurde, zeigten sich unter den chinesischstämmigen Siedlern zaghafte Ansätze von Gemeinsamkeit. Aus Protest gegen den Vertrag von Shimonoseki gründeten sie im Mai 1895 die kurzlebige Republik Taiwan, die bereits im Oktober desselben Jahres unterging, als japanische Truppen die Hauptstadt Tainan einnahmen. Zu beachten ist, dass sich die Republik zwar für unabhängig erklärte, aber eigentlich die weitere Zugehörigkeit der Insel zum Qing-Reich forderte, weshalb sich Taiwans spätere Unabhängigkeitsbewegung nicht auf sie berief. Von der Regierung in Peking erfuhr sie schon damals keine Unterstützung, sogar ihre eigenen Vertreter ließen sie im Stich. Der Präsident, ein aus Guangdong stammender Beamter, setzte sich nur zehn Tage nach Ausrufung der Republik nach China ab. Hilferufe an die Adresse westlicher Nationen verhallten ungehört.[11] Für die nächsten fünfzig Jahre gehörte die Insel als Kolonie zum japanischen Kaiserreich.

Japanische Kolonialherrschaft: Von der Apartheid zur Assimilierung

Was damals niemand ahnen konnte: Mit der Kolonialzeit begann zugleich die Entstehungsphase eines eigenständigen taiwanischen Selbstbilds. Zwar übernahmen die neuen Herren der Insel zunächst die von den Qing eingeführte Einteilung in verschiedene Volksgruppen, und sie unterwarfen in blutigen Feldzügen auch erstmals die im Hochland lebenden Ureinwohner, aber für die Mehrheit der Bevölkerung bestand die zentrale Unterscheidung fortan zwischen Japanern und Nicht-Japanern; ob es sich bei Letzteren um Hoklo, Hakka oder die assimilierten Stämme der Ebene handelte, spielte eine untergeordnete Rolle. Ich werde in den folgenden Absätzen alle drei Gruppen als »Einheimische« bezeichnen.

Die fünfzigjährige japanische Kolonialherrschaft über Taiwan lässt sich in zwei annähernd gleiche Hälften teilen, mit dem Wendepunkt 1919/20. In der ersten Hälfte herrschte auf der Insel eine Art Apartheid *avant la lettre*. Japaner und Einheimische lebten getrennt voneinander und auf ihre gewohnte Weise. Nur eine winzige Minderheit der Einheimischen lernte Japanisch, ihre Kinder besuchten – wenn überhaupt – andere Schulen als die japanischen, Eheschließungen zwischen beiden Gruppen waren verboten. Nicht einmal den Nationalsport Baseball, den die Kolonialherren mit auf die Insel gebracht hatten, durften die Einheimischen ausüben. Für die gleiche Arbeit bekamen sie geringeren Lohn, blieben von jeglicher politischer Partizipation ausgeschlossen und wurden in offiziellen Dokumenten *dō jin* (Eingeborene) genannt; ein abwertender Begriff, der auf das weitgehende Fehlen von Zivilisiertheit und Kultur verweist.[12] Dass das Kolonialregime gleichzeitig Harmonie und die japanisch-taiwanische Einheit propagierte, änderte nichts daran, dass der Alltag der Einheimischen vor allem von Diskriminierung geprägt war.

Eine solche Erfahrung stiftet zwar Gemeinsamkeit, schweißt aber nicht unbedingt zusammen. So wie in anderen kolonialen Settings auch wurden die Kolonialherren einerseits für ihre Arroganz und Grausamkeit gehasst und gleichzeitig für ihre modernen Errungenschaften bewundert. Sie bauten Eisenbahnlinien und Straßen, Krankenhäuser und Fabriken und machten die Menschen in Taiwan mit vielen Erzeugnissen der westlichen Kultur bekannt, die sie sich im Zuge der eigenen Modernisierung – der sogenannten Meiji-Restauration ab 1868 – angeeignet hatten. Mit anderen Worten, sie verkörperten eine globale fortschrittliche Moderne, damit aber auch einen Maßstab, der die Einheimischen als rückständig auswies, was zu Minderwertigkeitsgefühlen führte und eher den Wunsch nach Anerkennung durch die Kolonialherren als die Solidarität untereinander stärkte. Der Held von Wu Zhuolius Roman *Das Waisenkind Asiens*, den ich in der ersten historischen Skizze erwähnt habe, verkörpert dieses gequälte Bewusstsein auf geradezu idealtypische Weise.

1919 trat der erste zivile Generalgouverneur Taiwans, Den Kenjirō, sein Amt an. Inzwischen hatte die Modernisierung der Insel für einen

Bedarf an qualifizierten Arbeitskräften gesorgt, den die koloniale Elite alleine nicht decken konnte. Gleichzeitig fürchtete sie einheimische Konkurrenz auf dem Arbeitsmarkt. Die allmählich entstehende taiwanische Mittelschicht schickte ihre Söhne – nur in Ausnahmefällen eine Tochter – lieber nach Japan, wo es deutlich leichter war, eine weiterführende Schule zu besuchen. Gouverneur Den Kenjirō gelangte zu der Überzeugung, dass unter diesen Umständen die Verbindung zwischen Kolonie und Mutterland lose bleiben und die Wahrscheinlichkeit von Widerstand gegen die Kolonialherrschaft wachsen würde. Unter dem Stichwort »Assimilierung« (*dōka*) leitete er eine Reihe von Reformen mit dem Ziel ein, die Menschen in Taiwan »dazu zu erziehen, reine Japaner zu sein«.[13] Ihm schwebte ein groß angelegtes Zivilisierungsprojekt vor, das die Einheimischen auf die Höhe der überlegenen japanischen Kultur bringen sollte.

Im Mittelpunkt der Reformen standen vor allem das Schulsystem und die Vermittlung der japanischen Sprache. Zwar klaffte wegen des Widerstands der kolonialen Elite eine Lücke zwischen Anspruch und Wirklichkeit, trotzdem stieg die Zahl der einheimischen Kinder in japanischen Schulen deutlich an. Gemischte Ehen wurden gestattet, und endlich durften auch junge Taiwaner Baseball spielen. Führungspositionen und politische Mitbestimmung blieben ihnen jedoch verwehrt, zwei der wenigen Studienzweige, die Einheimischen den sozialen Aufstieg ermöglichten, waren Agrarwissenschaft und Medizin.[14] Bis heute ist der Arztberuf in Taiwan mit hohem Prestige verbunden, insbesondere für Absolventen der National Taiwan University, die 1928 als Kaiserliche Hochschule Taihoku gegründet wurde.

Wenn die Historikerin Chen Cui-lian die 1920er Jahre das »Zeitalter der taiwanischen Aufklärung« nennt,[15] denkt sie allerdings nicht in erster Linie an die Maßnahmen der kolonialen Verwaltung, sondern an die Pioniertätigkeit der allmählich selbstbewusster werdenden einheimischen Mittelschicht. In ihr waren auffallend viele Ärzte vertreten, aber auch Unternehmer und andere Berufsgruppen. Aus diesem Milieu gingen 1920 die Gesellschaft für taiwanische Kultur und die Zeitschrift *Taiwans Jugend* hervor, deren Vertreter es als Herabwürdigung empfanden, von den Japanern als »Eingeborene«

abqualifiziert zu werden. Ihre Proteste veranlassten die Kolonialverwaltung dazu, stattdessen die Bezeichnung »Bewohner dieser Insel« (*hontō jin*) einzuführen, was zwar besser klang, worin aber eine bloß geographisch begründete Zugehörigkeit und letztlich eine doppelte Negation lag: Demnach waren die Einheimischen weder richtige Japaner noch echte Chinesen; für Ersteres fehlte es ihnen an kulturellem Niveau, Letzteres durften sie als japanische Staatsbürger (wenn auch zweiter Klasse) gar nicht sein. Je angespannter im Vorfeld der japanischen Besetzung der Mandschurei 1931 das Verhältnis zwischen China und Japan wurde, desto mehr fürchteten die Kolonialherren, dass sich die taiwanische Bevölkerung mit China identifizierte. Auch das stand hinter dem Ausbau der japanischen Schulerziehung und der späteren Verbannung von klassischem Chinesisch aus dem Lehrplan.

Ein bemerkenswertes Dokument jener Zeit entstammt der Feder des Arztes und Aktivisten Chiang Wei-shui, einem der Hauptinitiatoren der Gesellschaft für taiwanische Kultur. Anfang der 1920er Jahre verfasste er die satirische Diagnose eines Patienten namens »Taiwan«, dessen Alter er mit »27 Jahre seit dem Umzug zur gegenwärtigen Adresse« angab (gemeint war der Beginn der Kolonialzeit) und dessen Beruf er »Wächter des ersten Tors zum Weltfrieden« nannte.[16] Dank seiner Herkunft – hier folgte ein Verweis auf chinesische Kulturheroen wie Konfuzius und Menzius – sei der Patient von grundsätzlich guter geistiger Disposition. »Während der Qing-Dynastie wurden Körper und Bewusstsein jedoch wegen der Vergiftung durch die Politik zunehmend schwächer. Dementsprechend wurde sein Charakter niederträchtig und verschlechterte sich moralisch. Seit dem Umzug ins japanische Kaiserreich verbesserte sich sein gesundheitlicher Zustand, doch wegen unzureichender Behandlung und vor allem wegen der über zweihundert Jahre andauernden chronischen Vergiftung ist eine vollständige Genesung nur bedingt zu erwarten.«

Es folgte eine lange Liste von Symptomen: Der Patient zeige vulgäre Sitten, sei zutiefst abergläubisch und eigensinnig, reich an materieller Begierde, aber arm an geistigem Leben, außerdem faul, korrupt und ohne Scham, kurz: »ein schwachsinniges Kind der Weltkultur«. Aufgrund der guten Erbanlagen bestünden bei angemessener Behandlung aber trotzdem noch Heilungschancen. Dr. Chiang verordnete: »Offizielle Schulbildung: Maximaldosierung; ergänzende Bildung: Maximaldosierung; Kindergarten: Maximaldosierung; Bibliotheken: Maximaldosierung; Zeitungslesezirkel: Maximaldosierung«. Halte sich der Patient für zwanzig Jahre an diese Kur, werde er vollständig genesen.

Wie wir sehen, ist Chiang Wei-shui einerseits ein Kritiker der japanischen Kolonialherrschaft und gleichzeitig ein Kind des »wissenschaftlichen Kolonialismus«, den die Japaner in Taiwan einführen wollten.[17] Seine Beschreibung der taiwanischen Gebrechen wie auch die Rezeptur bezeugen den Glauben an die heilende Wirkung von Bildung und moderner Wissenschaft; genau damit wollten die Japaner das in ihren Augen rückständige chinesische Denken in Taiwan ersetzen. Chiangs Urteil über die Qing-Zeit fällt daher noch vernichtender aus als das über die koloniale Gesellschaft, gleichzeitig hält er an der Wertschätzung des konfuzianischen Erbes fest, ohne deshalb zum chinesischen Nationalisten zu werden. Will man das Wort überhaupt auf ihn anwenden, ist er der »Nationalist« einer noch nicht existierenden taiwanischen Nation, deren Entstehung die anvisierte Kur des Patienten vorantreiben soll. Das gesunde Taiwan, das Dr. Chiang vorschwebt, hätte mit japanischer Hilfe seine guten chinesischen Erbanlagen entfaltet, aber einen japanischen Vormund würde es nicht mehr brauchen.[18]

Chiang Wei-shui und seine Mitstreiter waren die erste Generation, die die Selbstbezeichnung »Taiwaner« bewusst benutzte. »Bewohner dieser Insel« hingegen durchschauten sie als bloß formales Label, das ihnen genau das absprach, was sie im Lauf der 1920er energisch für sich reklamierten: eine eigene Identität, die weder chinesisch noch japanisch war, sich aber aus beiden Kulturen speiste. Als Taiwaner besaßen sie eine verbindende kollektive Erfahrung – vor allem die der alltäglichen Diskriminierung –, ein geteiltes Schicksal und eine gemeinsame besondere Geschichte. Die Insel Taiwan war mehr als ein bloßer Wohnort, nämlich ihre *Heimat*. Bereits im Gründungsjahr der Zeitschrift *Taiwans Jugend* hatte der Aktivist Tsai Pei-huo in einem Artikel programmatisch verkündet: »Taiwan ist das Taiwan des

Kaiserreichs [Japan], vor allem aber ist es das Taiwan von uns Taiwanern!«[19]

Ironischerweise begannen die Einheimischen also genau in dem historischen Moment, da die Kolonialherren sie zu Japanern erziehen wollten – damit sie nicht auf die Idee kamen, sich für Chinesen zu halten –, sich als etwas Drittes zu begreifen. Zugleich entstand ein Narrativ, das kein Unterkapitel der chinesischen Nationalgeschichte sein wollte und erst recht kein Prolog in der Biographie eines vollends japanisierten Taiwan, sondern gewissermaßen ein eigenes Buch. Eine taiwanische Nation gab es Anfang des 20. Jahrhunderts zwar noch nicht, wohl aber reklamierte eine kleine Elite der Inselbewohner die Autorschaft über die eigene Geschichte.

Soll man so weit gehen zu behaupten, die Taiwaner hätten sich in den 1920er Jahren allmählich als Volk konstituiert? Wie der Sinologe Thomas Fröhlich zeigt, mangelt es in den Debatten, die in den letzten dreißig Jahren in Taiwan darüber geführt wurden, nicht an Versuchen, gegenwärtige Verhältnisse in die Vergangenheit zurückzuprojizieren und die damaligen Akteure für aktuelle (identitäts-)politische Zwecke zu vereinnahmen.[20] Wer dem entgehen will, muss zunächst einmal feststellen, dass die meisten Inselbewohner – und erst recht die Bewohnerinnen! – von den hier geschilderten Debatten ausgeschlossen blieben. Unter den Mitgliedern der einheimischen Elite herrschte jedoch ein gewisser Konsens darüber, dass sie ihrer Stimme *als Taiwaner* Gehör verschaffen wollten und mehr Mitspracherecht forderten; gewaltfrei, mit ausschließlich politischen, publizistischen und juristischen Mitteln.

Gewaltsame Assimilierung: Lügen in Zeiten des Krieges

Beispielhaft für dieses Bemühen – und sein Scheitern – steht Lin Hsien-tang, ein weiterer Mitbegründer der Gesellschaft für taiwanische Kultur und Vorsitzender der Taiwanischen Allianz für Selbstverwaltung. Ab 1921 sandte er jedes Jahr eine Petition an das Kaiserliche Parlament in Tokio und forderte die Einrichtung eines regionalen Parlaments in seiner Heimat, was Jahr für Jahr mit dem Argument abgelehnt wurde, die Taiwaner seien noch nicht reif für mehr Autonomie. In den 1930er Jahren wurde das Kolonialregime im selben Maße repressiver, wie sich Japan insgesamt militarisierte und auf den Kriegsausbruch erst in China (1937), dann im Pazifik (1941) zusteuerte. Aus der Assimilierungspolitik wurde die *Kōminka*-Bewegung, umschreibend zu übersetzen als Versuch, aus den Einheimischen »wahre Untertanen des japanischen Kaisers zu machen«. Nachdem man den Taiwanern jahrelang verwehrt hatte, wie gleichberechtigte Japaner zu leben, verlangte man nun von ihnen die Bereitschaft, für Japan zu sterben.[21] Offiziell erfolgte die massenhafte Einberufung junger Taiwaner – insbesondere Angehöriger der indigenen Völker – zwar freiwillig, in Wahrheit stand dahinter aber ein erheblicher Druck durch Behörden, Schulen und andere koloniale Einrichtungen. Die Armee mischte sich zunehmend in die Schulbildung ein, womit die geistige Mobilisierung bereits bei den Jüngsten begann. Tempel, die eine wichtige soziale Funktion erfüllten und unter besonderer Beobachtung der Sicherheitskräfte standen, weil dort auch politische Versammlungen stattfanden, wurden geschlossen oder zu Shintō-Schreinen umgebaut. Aus dem traditionellen Geisterfest in der Hafenstadt Keelung wurde eine Gedenkfeier zur Ehrung der japanischen Kriegstoten.[22]

Es war eine gewaltsame Form von Assimilierung, die den Menschen jede Illusion raubte, sie würden den Kolonialherren in naher Zukunft gleichgestellt werden. Als der Krieg in China ausbrach, wurde Lin Hsien-tangs Allianz für Selbstverwaltung aufgelöst. Wie im vorigen Kapitel dargelegt, flüchteten viele Taiwaner auf das chinesische Festland und warben dort für den Zusammenschluss ihrer Heimat mit der Republik China. Nachdem Japan ihre Hoffnungen enttäuscht hatte, setzten sie nun darauf, dass sie unter chinesischer Herrschaft mehr Autonomie erhalten würden.

Zunächst jedoch wurde Taiwan vollends zum Rädchen in der japanischen Kriegsmaschinerie. Als Ende 1941 mit dem Überfall auf Pearl Harbor, die Philippinen, Hongkong und Singapur der Pazifikkrieg begann, flogen japanische Kampfflugzeuge von taiwanischen Flugfeldern aus in Richtung der Philippinen, in der südlichen Hafenstadt

Kaohsiung stachen Schiffe der kaiserlichen Marine in See. Wenig später wurden mehrere tausend vor allem britische Kriegsgefangene nach Taiwan gebracht, um dort unter furchtbaren Bedingungen als Arbeitssklaven zu schuften, beispielsweise in der Gewinnung von kriegswichtigem Kupfer.[23]

Bekanntlich wendete sich das Blatt im Pazifik rasch gegen Japan. Wie im Mutterland begann auch die Bevölkerung Taiwans unter mangelnder Versorgung mit Lebensmitteln und der Mobilisierung für den totalen Krieg zu leiden. Mehr als 200 000 junge Männer mussten schließlich als japanische Soldaten auf den Kriegsschauplätzen des Pazifiks kämpfen, etwa 30 000 kehrten nicht zurück. 1000 bis 2000 Frauen wurden als Sexsklavinnen zur Arbeit in japanischen Militärbordellen gezwungen. Ab dem Herbst 1943 flogen die Amerikaner vereinzelte Luftangriffe auf Taiwan, die zunächst nur militärischen und industriellen Einrichtungen galten, aber nach der Rückeroberung der Philippinen wurden die Attacken intensiver und schlossen auch zivile Ziele ein.

All diese Entwicklungen sorgten dafür, dass man in Taiwan die japanische Kapitulation und das Ende der Kolonialherrschaft mit Erleichterung begrüßte. Wie schnell diese umschlug in das Gefühl, nicht befreit, sondern rekolonisiert worden zu sein, habe ich in der ersten historischen Skizze bereits geschildert. Die dort erwähnte sechsköpfige Delegation, die Chiang Kai-shek einlud, an der Unterzeichnung der japanischen Kapitulationsurkunde in Nanjing teilzunehmen (was aus unklaren Gründen dann doch nicht geschah), wurde angeführt von Lin Hsien-tang, dem langjährigen Kämpfer für die Einrichtung eines taiwanischen Parlaments. Zwar hatte er kein offizielles politisches Amt inne – kein Taiwaner hatte das –, stand bei seinen Landsleuten aber in hohem Ansehen. Noch wichtiger dürfte für Chiang Kai-shek die Tatsache gewesen sein, dass Lin kurz vor Kriegsende nach Shanghai gereist war, um Kontakt zu dort lebenden Taiwanern sowie Beamten der KMT aufzunehmen. Er schien dem neuen Regime gegenüber also loyal zu sein.

Nach seiner Rückkehr aus China begann Lin im Herbst 1945 damit, Chinesisch zu lernen, was ihm mit über sechzig Jahren kaum leichtgefallen sein dürfte. Am 24. Oktober fuhr er zum Flughafen, um den von Chiang Kai-shek bestimmten Gouverneur der Insel, Chen Yi, zu begrüßen. Einen Monat später trat er der KMT bei und wurde 1946 einer von 18 taiwanischen Vertretern in der neu geschaffenen Konsultativkonferenz der Provinz Taiwan (*taiwan sheng ziyihui*), einem zwar vergleichsweise repräsentativen, aber weitgehend machtlosen Gremium. Sein Vorschlag, Taiwan mehr Selbstbestimmung zu gewähren, stieß bei der KMT auf taube Ohren. Ihre Herrschaft war zentralistisch und eher noch autoritärer als die der Japaner. Wie wir gesehen haben, schlug sie im Frühjahr 1947 um in nackten Terror.

Auch für Lin Hsien-tang lag darin eine bittere Lektion. Ein enger Weggefährte von ihm wurde im März 1947 verhaftet und nie wieder gesehen. Mehrfach versuchte Lin, von seinem Amt in der Konsultativkonferenz zurückzutreten, aber das Gesuch wurde jedes Mal abgelehnt. Das Regime brauchte ihn als Feigenblatt, um den Anschein einer Einbeziehung der Taiwaner aufrechtzuerhalten, die in ihrer Heimat einmal mehr Bürger zweiter Klasse waren. Selbst der öffentliche Gebrauch ihrer Muttersprache Hokkien (Taiwanisch) wurde ihnen verboten. 1949 reiste Lin nach Japan, um sich medizinisch behandeln zu lassen, jedenfalls gab er dies in seinem Antrag auf Beurlaubung als Grund an. Tatsächlich hatte er nicht vor, nach Taiwan zurückzukehren, und widersetzte sich jahrelang allen Versuchen des Regimes, ihn zur Rückkehr zu überreden.[24] 1956 starb er in jenem Land, gegen dessen hochmütige Behandlung seiner Heimat er sein ganzes Leben protestiert hatte. Offenbar fühlte er sich in Japan immer noch wohler und sicherer als unter der Herrschaft der KMT.

Das vierzigjährige Moratorium: Lügen in Zeiten des Kriegsrechts

Innerhalb der modernen taiwanischen Geschichte markiert das Jahr 1947 einen bedeutsamen Einschnitt. Danach konnte das in der Kolonialzeit in ersten Ansätzen formulierte Narrativ, in dem »Wir Taiwaner« sowohl die Autoren als auch die Hauptfiguren waren, vierzig Jahre lang nur im Verborgenen oder im Exil fortgeschrieben werden. Im taiwanischen Alltag hingegen hatten bis zur Aufhebung des Kriegsrechts alle die ihnen zugedachte Rolle als chinesische Patrioten zu spielen. Die KMT begann eine groß angelegte Umerziehung, in der das öffentliche Erscheinungsbild der Städte – in Form von Straßennamen, Statuen und Gedenkstätten usw. – ebenso generalüberholt wurde wie die Schulbildung. Aus dem Stadtplan von Taipei wurde eine Landkarte von China en miniature, die nicht nur die Geographie des Landes widerspiegelte, sondern auch seine kulturelle und politische Essenz – so wie sie die KMT mit ihrem staatstragend autoritären Konfuzianismus verstanden wissen wollte.[25]

Die großen Boulevards von Taipei bekamen Namen, die entweder auf den konfuzianischen Wertekanon verwiesen oder auf die offizielle KMT-Ideologie, etwa die *Drei Volksprinzipien* von Sun Yat-sen. Nichts mehr sollte an die Zeit eines nichtchinesischen Taiwan erinnern – ein ziemlich hoffnungsloses Ansinnen, wenn man bedenkt, dass der Präsident der Republik den Amtssitz übernahm, den die Japaner als Gouverneurspalast errichtet hatten. Die besten Schulen, das größte Krankenhaus, die wichtigste Universität, es waren allesamt japanische Gründungen, die nun chinesische Namen und einen entsprechenden Anstrich erhielten. Ein pfiffiger Beamter kam darauf, den beiden renommiertesten Jungengymnasien aus japanischer Zeit die Namen *jianguo* (Aufbau des Landes) und *chenggong* (Erfolg) zu geben, so dass sie zusammen den Slogan »Erfolgreicher Aufbau des Landes« bildeten. Auch in Taiwan wurde der großchinesische Nationalismus damit zur Staatsdoktrin.

In den Lehrplänen der Schule spielte die Insel fortan keine Rolle mehr. Meine 1975 geborene Frau lernte im Geographieunterricht noch, wie man mit dem Zug von Shenyang im äußersten Nordosten Chinas nach Shanghai fuhr – wohlgemerkt gemäß den Fahrplänen der 1930er Jahre, denn die aktuellen kannte keiner, sie waren von den »kommunistischen Banditen« aufgestellt worden und genauso illegitim wie deren Herrschaft über das Festland. Bis heute erinnert sich meine Frau an ihr Erstaunen, als sie eines Tages das Foto einer chinesischen Landschaft sah, auf dem die Sonne schien. Was sie aus der Schule über das Leben im finsteren Reich des Kommunismus wusste, hatte in ihrem kindlichen Kopf die Vorstellung ewiger Nacht erzeugt. Ihr 1935 geborener Vater indessen schaute zu Hause die Nachrichten der in Tokio ansässigen öffentlich-rechtlichen Rundfunkgesellschaft NHK und sprach mit seinen Geschwistern Japanisch. In seiner Heimatstadt Keelung hatte er 1947 selbst gesehen, wie Menschen am Flussufer aufgereiht und erschossen wurden, und anders als viele andere Taiwaner seiner Generation erzählte er auch davon. So wuchs meine Frau mit zwei ganz unterschiedlichen Erzählungen über ihre Heimat auf; der offiziellen, die sie in der Schule lernte, und der privaten, die von all dem handelte, wovon in der Öffentlichkeit nicht gesprochen werden durfte.

Veranschaulichen will ich mit diesem Beispiel aus meinem familiären Umfeld, dass die Rede von den zwei Narrativen nicht metaphorisch gemeint ist. Die offizielle Version der Geschichte schloss nahtlos an die Erzählung des großchinesischen Nationalismus an, die andere Version wurde allenfalls im privaten Kreis weitergegeben bzw. in verbotenen Publikationen und Flugblättern, deren Verfasser damit ihr Leben riskierten. Die den Streitkräften unterstellte Geheimpolizei verfolgte alle Aktivitäten, die angeblich den Sturz der Staatsgewalt zum Ziel hatten, und zählte darunter auch das Eintreten für die taiwanische Unabhängigkeit. Darunter wiederum fiel jede Betonung der besonderen Geschichte Taiwans, die geeignet war, Zweifel an der Zugehörigkeit der Insel zu China zu wecken – so wie es noch heute in der Volksrepublik gilt. Für das KMT-Regime war es wichtiger, dass meine Frau wusste, wie sie in den 1930er Jahren von Shenyang nach Shanghai gekommen wäre, als die aktuelle Bahnverbindung zwischen Taipei und Kaohsiung zu kennen. Angeblich lag ihre wahre Heimat jenseits der Taiwanstraße. China war das Land, dem ihre patriotischen Gefühle gelten sollten.

Diese massive Indoktrinierung der Bevölkerung hatte allerdings einen Nebeneffekt ähnlich jenem, den wir eben für die Kolonialzeit bemerkt haben: So wie sich die Inselbewohner angesichts des Versuchs, sie zu Japanern umzuerziehen, in neuem und emphatischem Sinn als Taiwaner zu verstehen begannen, gilt auch für die Nachkriegszeit die Beobachtung von Alan Wachman: »Indem sie die Taiwaner als

Gruppe betrachtete, die der erzwungenen Assimilierung bedurfte, nährte die KMT ungewollt den taiwanischen Sinn für Besonderheit (*distinctiveness*), der das Samenkorn für die taiwanische Unabhängigkeitsbewegung war.«[26]

Im Volksmund wurden Taiwans Einheimische nach 1945 zu *benshengren*, »Bewohnern dieser Provinz«, denn offiziell galt Taiwan als eine von 35 Provinzen der Republik China – auch wenn es de facto die einzige war, die das Regime kontrollierte. Diese Bezeichnung entsprach in gewisser Weise dem japanischen Terminus *hontōjin* (Bewohner dieser Insel) und schloss alle Nachfahren früherer Einwanderer ein, egal ob es sich um Hoklo oder Hakka handelte. Für die indigenen Völker kursierten andere, meist abschätzige Bezeichnungen.

Der Gegenbegriff zu den Bewohnern dieser Provinz lautete *waishengren*, »Menschen aus äußeren Provinzen«: die etwa anderthalb Millionen Festländer, die fortan sämtliche Schnittstellen in Verwaltung, Industrie und Militär besetzten und die neue Elite bildeten, von der die einheimische Mehrheit ausgeschlossen blieb. Weil im Personalausweis unter »Herkunft« nicht der Geburtsort der Inhaberin oder des Inhabers, sondern die Geburtsprovinz des Vaters vermerkt war, konnte man noch in der nächsten, bereits in Taiwan geborenen Generation klar zwischen Festländern und Einheimischen unterscheiden – paradoxerweise musste das Regime aber versuchen, genau diese Zweiteilung zu verdecken, gehörten seiner Doktrin zufolge doch beide Seiten zum *einen* chinesischen Volk. »Herkunftsprovinz« (*shengji*) war daher die einzig erlaubte Kategorie, um kulturelle oder ethnische Unterschiede in der Bevölkerung zu thematisieren; bei offiziell 35 Provinzen bestand keine Gefahr, zur Gegenüberstellung jener beiden Gruppen zu gelangen, deren Antagonismus die Gesellschaft wirklich durchzog.

In welchem Ausmaß Festländer und Einheimische jahrzehntelang in verschiedenen Kreisen verkehrten, zeigt eine Episode, die die Anthropologin Melissa Brown in ihrem Buch *Is Taiwan Chinese?* erwähnt.[27] An der Tür eines Cafés nahe der National Taiwan University hing in den 1970er Jahren ein Schild mit der Aufschrift: »Japanische Touristen willkommen.« Merkwürdig, schließlich gab es in Taiwan seinerzeit so gut wie keine Touristen aus Japan, höchstens ein paar Geschäftsleute. Von einem amerikanischen Besucher nach dem Sinn des Schilds gefragt, bekannte der Cafébesitzer, es solle nicht Japaner anlocken, sondern Festländer fernhalten. Ein expliziter Schriftzug »Festländer nicht willkommen« hätte ihm Ärger eingebracht, aber da Festländer keine Japaner mochten, erfüllte sein Hinweis denselben Zweck. Einheimische hingegen frequentierten das Café nach wie vor – entweder hatten sie nichts gegen japanische Gesellschaft, oder sie verstanden ohnehin, wie das Schild gemeint war.

Die Entstehung eines neuen taiwanischen Nationalismus

Man muss sich diesen Hintergrund vor Augen halten, um die aufgeheizten Debatten über taiwanische Identität zu verstehen, die nach Aufhebung des Kriegsrechts 1987 ausbrachen. Was ist Taiwan, und wer sind die Taiwaner? Was heißt »taiwanische Kultur«? Wo liegen die Unterschiede zu China, und was folgt aus ihnen?[28] 1991 beendete Präsident Lee Teng-hui die »Periode der Nationalen Mobilisierung zur Niederschlagung der kommunistischen Rebellion« und nahm damit den Souveränitätsanspruch seines Landes über das chinesische Festland zurück. Geographisch verschmolz die Republik China mit dem Territorium von Taiwan, Penghu, Kinmen und Matsu, was die Frage nach der *politischen* Identität der Insel(n) aber noch nicht beantwortete.

In gewisser Weise steht eine definitive Antwort bis heute aus. Immerhin jedoch bildete sich in den folgenden Jahren ein breiter gesellschaftlicher Konsens, wonach die Demokratie besser ist als eine Diktatur und niemand in Taiwan von der Kommunistischen Partei regiert werden will. Darüber hinaus waren die identitätspolitischen Debatten von zwei gegenläufigen Tendenzen geprägt: Einerseits wurden im Zusammenprall zweier Narrative, die sich seit hundert Jahren aus unterschiedlichen kollektiven Erfahrungen speisten, Wunden sichtbar, die fünfzig Jahre lang nicht hatten benannt werden dürfen – das verstärkte den Eindruck eines tiefen Risses in der Gesellschaft.

Andererseits ging die Geschichte weiter, und obwohl beide Lager sie zunächst als Fortsetzung *ihres* Narrativs erzählten, waren die Berührungspunkte unübersehbar. Festländer *und* Einheimische wählten ihre politische Vertretung in freien demokratischen Wahlen, Festländer *und* Einheimische sahen sich von einer mächtiger werdenden Volksrepublik China bedroht, Festländer *und* Einheimische lebten in einem politisch isolierten Land, das fast keinen Zugang zu internationalen Organisationen und Foren besaß. Mit anderen Worten, die Leute stritten zwar mit Verve über den richtigen Kurs, aber sie saßen im selben Boot. *Ihrem* Boot.

Hinzu kam, dass der Antagonismus beider Bevölkerungsgruppen in den nachgeborenen Generationen an Schärfe verlor. Niemand fühlt sich seiner Klassenkameradin fremd, nur weil deren Urgroßvater aus Hunan stammt. Im Vergleich zur Erfahrung, jeden Tag gemeinsam im Unterricht zu sitzen, fällt das kaum ins Gewicht. Auch wenn es den Beteiligten selbst manchmal zu entgehen schien, setzte sich in den teils hochemotionalen Debatten über taiwanische Identität zumindest ansatzweise ein neues Verständnis von »Identität« durch: Weg von Blutsbanden und Abstammung, hin zu kollektiver Erfahrung und sozialer Praxis als den wichtigsten Koordinaten, die ein »Wir« begründen.

Greifbar wird diese Tendenz im Ausdruck »Neue Taiwaner« (*xin taiwanren*), der unter den Präsidenten Lee Teng-hui und Chen Shui-bian (2000-2008) aufkam und jene meinte, »die bereit sind, für den Wohlstand und das Überleben ihres Landes zu kämpfen, egal wann sie oder ihre Vorfahren in Taiwan angekommen sind und unabhängig davon, aus welcher [chinesischen] Provinz sie stammen und welche Muttersprache sie sprechen«.[29] Möglich wurde ein solches Verständnis, weil es im Zuge der gesellschaftlichen Öffnung zu einer Bewegung gekommen war, die man *bentuhua* nennt, wörtlich »Vereinheimischung«, also die schrittweise Rücknahme der forcierten Sinisierung durch die KMT. Der Ausdruck »Bewohner dieser Provinz« verschwand aus dem Sprachgebrauch und wurde durch die Selbstbezeichnung »Taiwaner« ersetzt. Dass der Gegenbegriff »Menschen aus äußeren Provinzen« bestehen blieb, zeigt an, dass die Definitionshoheit von der alten festländischen Elite auf die taiwanische Bevölkerungsmehrheit übergegangen war; die sprach nun sinngemäß von *uns* Taiwanern und *euch* Zugezogenen, was der alten Spaltung gleichsam ein anderes Vorzeichen gab. Demgegenüber sollte das Konzept »Neue Taiwaner« integrierend und versöhnend wirken, insofern darin alle in Taiwan lebenden Menschen inbegriffen waren, unabhängig von ihrer Herkunft und ethnischen Zugehörigkeit, auch die Ureinwohner. Den Gegenpol zu den »alten« Taiwanern hatten die Festländer gebildet, den neuen stand nun keine Gruppe innerhalb des Landes mehr gegenüber, sondern der Nachbar auf der anderen Seite der Taiwanstraße. Anders gesagt, der Ausdruck »Neue Taiwaner« wirkte intern inklusiv, verlangte aber die Identifikation mit Taiwan als eigenständiger Nation und damit die Abgrenzung nach außen: zu China. Viele Festländer, die auf ihren chinesischen Wurzeln bestanden, hielten das für einen Affront.

In diesem Sinne entstand am Ende des 20. Jahrhunderts ein neuer taiwanischer, explizit nichtchinesischer Nationalismus.[30] Viele in Deutschland, zumal im linksliberalen Lager, verbinden mit dem Wort »Nationalismus« eine auftrumpfende Tonart und die Überzeugung, besser zu sein als andere Nationen. Das ist hier nicht gemeint. Dem taiwanischen Nationalismus geht es darum, den Status als eigenständige Nation, der dem Land oft abgesprochen wird, überhaupt erst für sich zu reklamieren – trotz fehlender Anerkennung durch andere Staaten und ohne formale Unabhängigkeitserklärung, die mit ziemlicher Sicherheit einen chinesischen Militärschlag zur Folge hätte.

Gebildet wird die taiwanische Nation aus vier ethnischen Hauptgruppen, nämlich Hoklo, Hakka, Festländern und Ureinwohnern. Im ersten Moment klingt das ganz nach der »Republik der fünf Völker«, die die Gründerväter der Republik China proklamiert hatten, ehe sich die Ansicht durchsetzte, dass ein überlebensfähiger Nationalstaat nur aus *einem* Volk bestehen kann, in diesem Fall dem der Han-Chinesen. Allerdings liegt ein wichtiger Unterschied darin, dass die Neuschöpfung »ethnische Gruppe« (*zuqun*) die rassischen Konnotationen verloren hat, die im älteren Wort *minzu* stets mitschwangen. Die Grenzziehung zwischen den Gruppen verliert damit an Bedeutung, sie werden offen für Übergänge und Mischungen, wie sie in der Realität ständig vorkommen. Identität ist schließlich keine feste Eigenschaft, die ein Individuum oder ein Kollektiv tatsächlich besitzt, sondern ein soziales Konstrukt, hervorgegangen aus einem komplexen Prozess der Selbstinterpretation, in den Wünsche, Präferenzen und Entscheidungen eingehen. Anders formuliert: Identität beantwortet nicht die Frage, wer jemand *ist*, sondern, wie jemand sich selbst sieht und von anderen gesehen werden will. So fühlt sich eine große Mehrheit der Menschen in Taiwan heute nicht mehr zu China gehörig und zieht es vor, in einem von der Volksrepublik unabhängigen Staat zu leben. Dass außer den Ureinwohnern alle irgendwann vom Festland eingewandert sind, ändert daran nichts.

Im großchinesischen Narrativ jedoch, wie es die Kommunistische Partei und Teile der KMT vertreten, sind Wahlmöglichkeiten nicht vorgesehen. Bei einer Veranstaltung für amerikanische Familien mit chinesischen Adoptivkindern sagte Pekings Generalkonsul in San Francisco 2015 zu Letzteren: »Ihr wachst auf mit der englischen Sprache, ihr lebt in amerikanischen Familien und habt liebevolle amerikanische Eltern. Eure schwarzen Augen jedoch, euer schwarzes Haar und die dunkle Haut sagen euch, *dass ihr Chinesen seid.*«[31] Dementsprechend gilt auch für Taiwan: Einmal chinesisch, immer chinesisch. Die angeblich unveränderliche chinesische Essenz Taiwans erscheint diesem Denken nicht als Resultat, sondern als das Substrat von Geschichte: Es ist die dogmatische Voraussetzung, die am Ende als Konklusion ausgegeben wird. Aus dem eigentlichen Akteur der Story, dem taiwanischen Volk, macht dieses völlig ahistorische Narrativ eine widerrechtliche Anmaßung und eine Propagandalüge des Feindes. Mit derselben Logik könnte man bestreiten, dass sich in Amerika und Australien im Lauf der Zeit ein eigenes Selbstbild entwickelt hat, das zwar noch ein britisches Erbe enthält, aber nicht länger darauf reduzierbar ist.

Fairerweise muss ich hinzufügen, dass auch der taiwanische Nationalismus bisweilen dazu neigt, ein Wesen der taiwanischen Nation oder eine Essenz der taiwanischen Kultur zu hypostasieren, die schon immer darauf gewartet hat, sich frei zu entfalten. Statt lediglich die forcierte Sinisierung der KMT-Diktatur zu korrigieren, werden alle kulturellen Einflüsse aus China, denen Taiwan im Lauf der Geschichte ausgesetzt war, geleugnet oder relativiert. Das ist nicht nur historisch unangemessen, sondern geradezu bizarr, denn damit ahmt der taiwanische Nationalismus den großchinesischen nach, dem zufolge es gar keine taiwanische Nation geben kann. Dieser Weg führt also in eine Sackgasse. Für zukunftsweisend hingegen halte ich ein Narrativ, das genuin historisch argumentiert und von der Entstehung eines taiwanischen Volkes handelt, das die Einflüsse verschiedener politisch-kultureller Regime nicht abgewehrt, sondern in sich aufgenommen hat. Diese Form der Anverwandlung ist geradezu sein Entwicklungsprinzip. Fremde Einflüsse bedeuten keine Verfälschung eines zeitlosen taiwanischen Wesens, sondern sind konstituierende Momente der hybriden taiwanischen Identität. Und natürlich geht die Ethnogenese weiter. Das taiwanische Volk ist ein *work in progress*, kein seit 5000 oder 10 000 Jahren mit sich selbst identisches Subjekt, als das die kommunistische Propaganda das chinesische Volk ausgibt.

Verschiebungen im taiwanischen Selbstbild

Die bisherigen Ausführungen sollten zeigen, wie sehr sich die gesellschaftlichen Gewichte in Taiwan in den letzten drei Jahrzehnten verschoben haben. Ein großer Teil der Bevölkerung nimmt für sich eine ausschließlich taiwanische, nichtchinesische Identität in Anspruch, und nur noch eine kleine Minderheit mag sich eine Vereinigung mit der Volksrepublik China vorstellen. In der medialen Berichterstattung zum chinesisch-taiwanischen Konflikt werden diese Verschiebungen oft herausgestrichen, nach meiner Beobachtung meist unter Verweis auf die Langzeituntersuchungen des Election Study Center (ESC) der National Chengchi Universität in Taipei. Werfen wir also einen kurzen Blick darauf.

Seit 1992 befragt das ESC einen repräsentativen Ausschnitt der taiwanischen Bevölkerung, um zwei Dinge herauszufinden: Welche Identität nehmen die Menschen für sich in Anspruch und wie denken sie über die Frage der Unabhängigkeit von bzw. Vereinigung mit China? Hinsichtlich der ersten Frage stehen drei Möglichkeiten zur Auswahl: Die Befragten können sich entweder als Chinesen oder als Taiwaner oder als beides bezeichnen. In der zweiten Frage gibt es insgesamt sechs Abstufungen zwischen den beiden Polen »Unabhängigkeit so schnell wie möglich« und »Vereinigung so schnell wie möglich«.[32]

Beginnen wir mit der Identitätsfrage: Interessanterweise gab schon 1992 nur ein Viertel der Menschen (25,5 Prozent) die gemäß der KMT-Ideologie »richtige« Antwort: Ich bin Chinesin bzw. Chinese. Nach mehreren Jahrzehnten politischer Indoktrinierung ein bemerkenswertes Ergebnis. Als ausschließlich taiwanisch bezeichneten sich noch weniger, nämlich 17,6 Prozent der Befragten, während die gemischte Identität mit 46,4 Prozent den höchsten Zuspruch erhielt. Rund zehn Prozent der Befragten gaben keine Antwort; gut möglich, dass ihnen nur fünf Jahre nach Aufhebung des Kriegsrechts eine Umfrage, in der sie politisch Farbe bekennen sollten, ein wenig unheimlich erschien.

Seitdem sind die Verhältnisse gründlich in Bewegung geraten. Bei der jüngsten Befragung im Dezember 2023 bezeichnete sich nur noch eine winzige Minderheit von 2,4 Prozent ausschließlich als Chinesin oder Chinese, während die exklusiv taiwanische Identität mit 61,7 Prozent den mit Abstand höchsten Wert erzielte. Ein knappes Drittel der Bevölkerung (32 Prozent) fühlte sich sowohl chinesisch als auch taiwanisch, keine Antwort gaben 3,9 Prozent. Die Wachablösung im Sinne eines höheren Werts für die exklusiv taiwanische Identität gegenüber der gemischten lässt sich auf die Zeit 2007/08 fixieren, gegen Ende der Amtszeit von Chen Shui-bian. Davor hatten beide Kurven eine Zeit lang mit knapp 45 Prozent ungefähr gleichauf gelegen, dann bewegten sie sich genau spiegelbildlich: Die exklusiv taiwanische Identität ging deutlich nach oben, die gemischte ebenso deutlich nach unten. Das bedeutet, dass sich im Schatten der stabilen KMT-Mehrheiten, mit denen Ma Ying-jeou zwischen 2008 und 2016 die Annäherung an China betrieb, der Trend zur »Taiwanisierung« der Insel nicht nur fortgesetzt, sondern sogar verstärkt hat. Während die Regierung auf das andere Ufer der Taiwanstraße zuging, hat sich die Bevölkerung innerlich weiter von ihm entfernt.

Kritiker wie Richard Bush sehen die Aussagekraft der Umfrage allerdings zu Recht beeinträchtigt dadurch, dass die Befragten selbst entscheiden können, wie sie die Ausdrücke »Chinese« und »Taiwaner« verstehen wollen.[33] Insbesondere das chinesische Wort *Zhongguo ren* ist nämlich mehrdeutiger als die deutsche Übersetzung Chinesin / Chinese, da es in Taiwan heute anders gebraucht wird als noch vor dreißig Jahren. Damals verstanden viele Menschen – unabhängig von ihrer politischen Überzeugung – *Zhongguo* (China) als geographisches Gebilde, das sowohl das chinesische Festland als auch die Insel Taiwan einschloss. In jüngster Zeit ist *Zhongguo* hingegen zum geographisch-politischen Gegenbegriff zu »Taiwan« geworden, d. h., das Wort wird weitgehend synonym mit »Volksrepublik China« gebraucht, der sich auf der Insel so gut wie niemand zugehörig fühlt. Mit anderen Worten, die auf den ersten Blick eindeutige und in den Medien viel zitierte Verschiebung, welche die ESC-Erhebung festhält, hat sich nicht nur im taiwanischen Selbstbild ereignet, sondern auch in der Semantik der Alltagssprache. Welche der beiden Verschiebungen die Umfrageergebnisse besser erklärt, lässt sich aus den ESC-Daten nicht ersehen.

Betrachten wir daher vergleichend eine zweite Umfrage, die von einer »tiefgrünen« Organisation namens World United Formosans for Independence (WUFI) in Auftrag gegeben wurde und die die Identitätsfrage anders stellt.[34] Hier konnten die Befragten entscheiden, ob sie sich nur als Taiwaner oder nur als Bürger der Republik China (*Zhonghua minguo ren*) oder als beides betrachten; sich »vorwiegend oder ausschließlich als Chinese (*Zhongguo ren*)« zu verstehen kam als vierte Alternative hinzu, fand aber lediglich eine Zustimmung von sechs Prozent. Den höchsten Wert in dieser Umfrage erzielte die gemischte Identität aus Taiwan und Republik China (36,7 Prozent), gefolgt von der rein taiwanischen (30,7 Prozent) und der ausschließlich republikchinesischen (24,6 Prozent).

Das bedeutet, die Zustimmung für die exklusiv taiwanische Identität sinkt von über sechzig Prozent (ESC) auf knapp die Hälfte (WUFI), wenn die Alternative nicht mit der Volksrepublik, sondern mit der Republik China assoziiert ist.[35] Bezüglich der rein taiwanischen Identität verzeichnet die WUFI-Umfrage sogar einen Rückgang von 40,5 Prozent im Jahr 2021 zu den 30,7 Prozent im November 2023. Da die Umfrage Menschen ab 16 Jahren berücksichtigt, mag das ein Hinweis darauf sein, dass die jüngere Generation in ihrer gefestigten taiwanischen Identität kein Bedürfnis mehr verspürt, sich von der Republik China zu emanzipieren, wie es »grün« gesinnte Generationen zuvor sehr wohl noch wollten. Auch hat sich Präsidentin Tsai in ihrer achtjährigen Regierungszeit sehr darum bemüht, »Taiwan« und »Republik China« semantisch zu vereinen und die Symbole der Republik, etwa Flagge und Hymne, für das demokratische Taiwan zu reklamieren. Ob ihr im Januar 2024 gewählter Nachfolger es ähnlich halten wird (ich vermute ja) und ob sich entlang dieser Linien ein neuer gesellschaftlicher Konsens und eine Synthese von grünem und blauem Narrativ herausbilden wird (da bin ich skeptisch), bleibt abzuwarten. Peking jedenfalls wird es mit allen Mitteln zu verhindern suchen.

Und damit zum zweiten Aspekt der ESC-Umfrage, der ein leichter zu lesendes Meinungsbild ergibt. Wie oben gesagt, sind hier sechs Antworten vorgegeben. An den extremen Enden stehen mit »Vereinigung so schnell wie möglich« (1,2 Prozent) und »Unabhängigkeit so schnell wie möglich« (3,8 Prozent) zwei Optionen, die nur von winzigen Minderheiten der Bevölkerung bevorzugt werden, und zwar über den gesamten dreißigjährigen Zeitraum der Befragung.[36] Ebenfalls im einstelligen Bereich liegt mit 6,2 Prozent die etwas moderatere Position pro Einheit mit China, nämlich »den Status quo bewahren und sich auf die Vereinigung zubewegen«. Auffällig ist, dass diese Option Mitte der 1990er Jahre noch knapp zwanzig Prozent der Befragten verlockend erschien, seitdem aber deutlich an Attraktivität verloren hat. Das dürfte daran liegen, dass der Glaube an eine schrittweise Liberalisierung der Volksrepublik – und also an die Möglichkeit eines vereinten *demokratischen* Chinas – damals von einem gewissen Optimismus zeugte, während er heute realitätsblind wirkt.

Am anderen Ende der Skala stehen drei Optionen, die jeweils große Teile der Bevölkerung auf sich vereinen. 21,5 Prozent erreicht die moderate Position pro Unabhängigkeit, nämlich »den Status quo bewahren und sich auf die Unabhängigkeit zubewegen«. Höher (27,9 Prozent) ist der Wert für »den Status quo bewahren und über Unabhängigkeit oder Einheit später entscheiden«, noch einmal darüber liegt mit 33,2 Prozent der Anteil derer, die »den Status quo für immer beibehalten« möchten.[37] Zusammen ergibt das ein überaus klares Votum: Über achtzig Prozent der Befragten befürworten mindestens für die absehbare Zukunft eine zwar nicht formal erklärte, wohl aber faktisch bestehende Unabhängigkeit, in der Taiwan nicht der Souveränität Pekings untersteht. Man könnte es den realistisch-pragmatischen Konsens der Gesellschaft nennen: Keine radikalen Experimente, sondern Freiheit und Autonomie erhalten, ohne die Volksrepublik zu einem Krieg zu provozieren. Seit Taiwan eine Demokratie ist, sind alle Regierungen dieser Vorgabe gefolgt, weshalb die Chancen für ein Zusammenwachsen der gespaltenen Gesellschaft eigentlich gut stünden – gäbe es nicht das fortwirkende Erbe der Diktatur und die gezielten Versuche Pekings, die innertaiwanischen Gräben noch zu vertiefen.

Im langen Schatten Chinas: Taiwans politische Landschaft heute

Angesichts der eben skizzierten Entwicklungen überrascht es nicht, dass die DPP zuletzt drei Präsidentschaftswahlen in Folge gewinnen konnte. Mit dem Grundsatz »Wir müssen uns nicht für unabhängig erklären, da wir es bereits sind« hat sie eine Formel gefunden, die sowohl dem in der Bevölkerung tief verwurzelten Wunsch nach Eigenständigkeit als auch der Angst vor einer mutwillig herbeigeführten Eskalation Rechnung trägt.[38] Das ist zwar nicht der einzige Grund für die Wahlerfolge, aber ein wichtiger. Die taiwanische Parteienlandschaft lässt sich generell nicht nach einem Rechts-links-Schema ordnen, wie wir es gewohnt sind, vielmehr besteht das alles überragende Unterscheidungskriterium in der Haltung zur Volksrepublik China bzw. zur Frage der nationalen Identität. Am tiefgrünen Rand stehen Parteien wie die New Power Party oder die Taiwan Solidarity Union, die am Ziel einer erklärten staatlichen Unabhängigkeit festhalten und jede Zugehörigkeit zu China abstreiten. Den tiefblauen Rand bildet die New Party mit ihrem Ziel einer »Wiedervereinigung« der großchinesischen Republik China, und mit der Labor Party gibt es sogar einen roten Rand, der Taiwans Beitritt zur Volksrepublik fordert. Allerdings stellt keine dieser Splitterparteien gegenwärtig Abgeordnete im taiwanischen Parlament, nicht einmal in einem Stadtparlament sind sie vertreten.

Dass die KMT zuletzt drei Präsidentschaftswahlen in Folge verloren hat, hat ebenfalls mit ihrer Haltung zur Volksrepublik zu tun. Die ist derzeit nämlich unklar. Zwar fordert die Partei die Anerkennung des in der dritten historischen Skizze erklärten Konsens von 92, aber die Formel »Ein Land, zwei Systeme« lehnt sie ab. Da die Führung in Peking jedoch längst deutlich gemacht hat, dass für sie *beides* nur Durchgangsstationen auf dem Weg zur vollen staatlichen Einheit sind, kann die KMT nicht erklären, wie sie den zweiten Schritt vermeiden will, wenn sie zum ersten bereit ist. Wie lange würde Xi Jinping einen solchen Halt auf halber Strecke tolerieren? Statt diese Frage zu beantworten, sehnt sich die KMT zurück in die vermeintlich gute alte Zeit der Präsidentschaft von Ma Ying-jeou, als der wirtschaftliche Austausch florierte und die Kriegsgefahr gering schien. Indem sie regelmäßig prominent besetzte Delegationen nach China schickt, will die Partei zeigen, dass sie für Frieden in der Taiwanstraße sorgen könnte, würde man sie bloß zurück an die Macht lassen.[39] Bisher ist das nicht geschehen, aber immerhin hat es bei den Wahlen im Januar 2024 für die Mehrheit im Parlament gereicht.

Dort stellt die KMT jetzt 54 Abgeordnete, die DPP 51. Acht Sitze konnte die relativ neue Taiwan People's Party (TPP) von Taipeis Ex-Bürgermeister Ko Wen-je erlangen, die sich als dritte Kraft zu etablieren versucht, welche die identitätspolitischen Grabenkämpfe der beiden großen Lager durch pragmatische Sachpolitik ersetzen will. Bisher ist das allerdings nur ein Versprechen und die TPP eine Ein-Mann-Partei ohne klares Profil, die gleichwohl sehr viel Unterstützung von jungen Wählerinnen und Wählern erhält. Zu beachten ist dabei, dass auch die Vordenker der Kommunistischen Partei Chinas die taiwanische Jugend als zentralen Faktor im Bemühen um nationale Einheit ausgemacht haben. So attestiert Zheng Yongnian, ein in Hongkong lehrender Experte für internationale Angelegenheiten, Taiwans Generation Z, sie sei »politisch leidenschaftslos« und habe zwar kein ausgeprägtes chinesisches Bewusstsein, strebe aber auch keine taiwanische Unabhängigkeit an. Da sie intensiv soziale Medien wie TikTok nutze, gebe es zudem Möglichkeiten, durch gezielte Einflussnahme ihre Identität zu verändern. Entsprechend betrachtet Zheng die Generation Z als »Schlüsselkraft« (*guanjian liliang*) bei der Lösung der Taiwanfrage.[40]

Ob dieses Kalkül aufgehen wird, darf man bezweifeln, aber es bereitet der Regierungspartei DPP durchaus Sorgen. Nach acht Jahren an der Macht repräsentiert sie in den Augen der Jugend das Establishment und ist verantwortlich für Probleme wie niedrige Löhne und hohe Mieten, für die eine klare Haltung zu China keine Abhilfe verspricht. Trotzdem ist die Partei in der wichtigsten politischen Frage gut aufgestellt. Spätestens seit der Niederschlagung der Hongkonger Demokratiebewegung glaubt auf der Insel niemand mehr, dass Taiwans demokratischer *way of life* eine Vereinigung mit der Volksrepublik überleben würde. So real die Gefahr ist, dass die Insel zu einer zweiten Ukraine wird, würde Peking sie zweifellos lieber in ein zweites Hongkong verwandeln. Es wäre die Wiederholung der bittersten Erfahrung der modernen Geschichte Taiwans, nämlich die Unterwerfung durch das nächste Regime, das der Bevölkerung eine Identität aufzwingen würde, die nicht ihrem Selbstbild entspricht. »Nach der Wiedervereinigung werden wir die Umerziehung beginnen«, hat schon vor zwei Jahren Pekings damaliger Botschafter in Paris offen angekündigt.[41] Auch der Jugend, die Taiwans Diktatur nur aus Geschichtsbüchern kennt, sollte das zu denken geben.

Souverän fremde Einflüsse aufzunehmen, um daraus etwas Eigenes zu machen, ist etwas völlig anderes, als sich von einer fremden Macht vorschreiben zu lassen, wer man zu sein hat. Zu Ersterem sagt die Insel mehrheitlich ja, zu Letzterem laut, vernehmlich und beinahe unisono nein! Wie wir im nächsten Kapitel sehen werden, unternimmt Peking aber große Anstrengungen, um genau das zu ändern.

WO BEREITS GEKÄMPFT WIRD: DREI AKTUELLE BEISPIELE

Die höchste Form der Kriegskunst besteht darin,
den Feind zu unterwerfen, ohne mit Waffen zu kämpfen.
Sunzi, ca. 544-496 v. Chr.

Öffentlichkeit: Taiwans Kampf gegen Desinformationen und Fake News

Die Ausführungen des letzten Abschnitts dürften gezeigt haben, dass die in der Volksrepublik China und in Taiwan derzeit vorherrschenden nationalen Narrative nicht kompatibel sind. Der Traum vom geeinten Großchina und der Traum vom unabhängigen Taiwan können nur auf Kosten des jeweils anderen realisiert werden. Aus Pekings Sicht wäre der Vollzug der Einheit das endgültige Schließen einer seit 130 Jahren blutenden Wunde; für das taiwanische Volk würde er die Wiederholung eines historischen Traumas bedeuten. Sagt der großchinesische Nationalismus, dass China Taiwan zurückgewinnen muss, um endlich wieder es selbst zu sein, antwortet der taiwanische, dass Taiwan nur es selbst sein kann, solange es sich Chinas Zugriff entzieht.

Diese Konstellation lässt zwei Möglichkeiten: Entweder setzt sich eine Seite auf Kosten der anderen durch, oder der prekäre, umstrittene Status quo bleibt bis auf weiteres bestehen. Dafür müsste Peking den Vollzug der Einheit für unbestimmte Zeit aufschieben und Taipei dasselbe mit einer Unabhängigkeitserklärung tun. Da Taiwans DPP-Regierung schon seit Jahren keine formale Unabhängigkeit mehr anstrebt und andere potenzielle Regierungsparteien das erst recht nicht vorhaben, kann man letztere Bedingung als erfüllt betrachten.[1] Westlich der Taiwanstraße hingegen ist das Hadern mit dem aktuellen Stand der Dinge wesentlich größer.

Dafür gibt es gute Gründe. Die seit über siebzig Jahren bestehende Konstellation sieht zwar nach einem Kompromiss aus, aber in Wahrheit handelt es sich um ein Patt. Dieses gilt nicht, weil beide Seiten es so gewollt hätten, sondern, weil bisher keine stark genug war, es eigenmächtig aufzulösen. Daran haben die USA als dritte Konfliktpartei großen Anteil, und das macht die Sache heute zusätzlich kompliziert. Nicht nur kommt der Status quo dem taiwanischen Traum näher als dem chinesischen, auch hinsichtlich der Rivalität mit Washington sieht sich Peking im Nachteil: Die USA behalten ihre Vormachtstellung im pazifischen Raum, während China eingeschlossen bleibt in die erste Inselkette. In dieser Situation fährt die Volksrepublik eine zweigleisige Strategie. Einerseits will sie militärisch stark genug werden, um notfalls eine gewaltsame Lösung erzwingen zu können, andererseits versucht sie, den Status quo schrittweise auszuhöhlen, auf dass er eines Tages auch ohne Militärschlag in sich zusammenfällt. Diesem Ziel dient das in jüngster Zeit immer massivere Bemühen, das chinesische Narrativ international durchzusetzen, d. h. eine Wahrnehmung des Konflikts in anderen Staaten herbeizuführen, die Chinas territoriale Ansprüche für legitim hält, die amerikanische bzw. taiwanische Position hingegen für ungerechtfertigt und willkürlich.

So gesehen missversteht man den Konflikt in der Taiwanstraße, wenn man ihn allein als Krieg betrachtet, der irgendwann in der Zukunft ausbrechen könnte. Zwar besteht diese Gefahr, und sie wächst sogar, aber der Konflikt selbst schwelt bereits heute, und davon hängt für den Rest der Welt auch dann viel ab, wenn er nicht militärisch eskalieren sollte. Das zu beachten ist ebenso wichtig wie die Kenntnis der historischen und kulturellen Wurzeln, aus denen die Konfrontation erwachsen ist.

Im Folgenden möchte ich den zweiten Aspekt von Chinas zweigleisiger Strategie untersuchen, indem ich drei aktuelle, vielfach miteinander verbundene Konfliktfelder betrachte: öffentliche Meinung, internationale Diplomatie und die globalen Liefer- bzw. Wertschöpfungsketten der Halbleiterindustrie. Dabei sollte deutlich werden, wie naiv es gerade für uns Europäer wäre, den Konflikt um Taiwan zeitlich allein in der Zukunft und geographisch in einem beruhigend abstrakten »Anderswo« zu verorten.

Ein Taifun in Japan, ein Tsunami im Internet

Am 4. September 2018 wurde die japanische Küstenregion Kansai von einem Taifun namens Jebi heimgesucht. Mit Windgeschwindigkeiten von über 170 Kilometern pro Stunde fegte er über die Metropolen Osaka, Kyoto und Kobe hinweg, entwurzelte Bäume, riss Dächer ab und sorgte für gewaltige Überschwemmungen. Videoaufnahmen des

Tages zeigen Autos und sogar Lastwagen, die wie Spielzeug von der Straße geweht werden. Zehn Menschen verloren ihr Leben, Medien sprachen vom stärksten Taifun in Japan seit 25 Jahren.[2]

Erhebliche Schäden entstanden auch am Kansai International Airport, dem drittgrößten Flughafen des Landes. Gebaut auf einer künstlichen Insel im Meer, war er Wind und Wellen direkt ausgesetzt. Schon bei früheren Stürmen hatte wegen überschwemmter Start- und Landebahnen der Flugverkehr eingestellt werden müssen, aber Jebi sollte sich als schlimmer erweisen. In der aufgepeitschten See riss sich ein vor der Küste ankernder Öltanker los, trieb auf den Wellen und krachte in die einzige Brücke, die Flughafen und Festland miteinander verbindet. Plötzlich waren die Passagiere im Terminal nicht nur von der Möglichkeit zur Weiterreise abgeschnitten, sondern auch vom Rückweg in ihre Unterkünfte. In den Hallen fiel der Strom und damit die Klimaanlage aus, das Wasser wurde knapp. Ausgestreckt auf Sitzen und Gepäckstücken verbrachten 3000 Menschen eine ungemütliche Nacht. Unter ihnen befanden sich zahlreiche Touristen aus China und aus Taiwan.

Am nächsten Morgen jedoch kam Hoffnung auf. Zwar blieb der Flugverkehr unterbrochen, aber von einer Fahrspur der beschädigten Brücke hieß es, sie sei noch intakt und könne für die Evakuierung des Airports genutzt werden. Besonders groß war die Erleichterung unter den Reisenden aus der Volksrepublik. Das Internetportal *Guancha* meldete, das chinesische Konsulat habe Busse organisiert, um seine Staatsbürger aus ihrer misslichen Lage zu befreien. Der Ton der Meldungen war pathetisch und zeugte von patriotischem Stolz. Ein Journalist berichtete, er habe im Konsulat angerufen, aber nur die *Verwandte* eines Mitarbeiters erreicht; die half kurzfristig aus, weil alle festangestellten Kräfte beim Flughafen waren. In einem anderen Post hieß es, einer der unermüdlichen Helfer habe weinend »China, ich liebe dich!« gerufen, als er die endlosen Schlangen vor den Bushaltestellen sah, derweil etwa 750 Chinesinnen und Chinesen die über Nacht bereitgestellten Fahrzeuge bestiegen.[3]

Die Botschaft war klar: Um Landsleuten zu helfen, die im Ausland in Not geraten sind, tut die Volksrepublik alles. Parteiorganisationen wie die Kommunistische Jugendliga verbreiteten die Berichte eifrig weiter, waren es doch Paradebeispiele für jene »positive Energie«, die Parteichef Xi Jinping von Chinas Medien erwartet.[4] Wie die Überschrift des eben zitierten *Guancha*-Posts andeutet, galt die Botschaft neben dem heimischen Publikum aber auch noch einer weiteren Zielgruppe: »So eine Überschwemmung, und das chinesische Konsulat hilft sofort! Taiwanische Landsleute hingegen fragen sich …«

Wofür die drei Punkte standen, war ebenfalls unmissverständlich: *Und wir?*

Diese Frage wurde ab dem 6. September in Taiwans sozialen Medien hundertfach gestellt. Auf PTT, einem digitalen Bulletin-Board aus der Frühzeit des Internets, das auf der Insel weiterhin viel genutzt wird, erschienen reihenweise Klagen. Mangels offizieller diplomatischer Beziehungen zu Japan unterhält Taiwan zwar kein Konsulat in Osaka, wohl aber ein Wirtschafts- und Kulturbüro, das konsularische Dienste wahrnimmt. Wieso hatte dessen Personal keine Fahrzeuge organisiert? Als Gerüchte aufkamen, auch taiwanische Fluggäste seien in die Busse des chinesischen Konsulats gelassen worden, wenn sie sich zuvor ausdrücklich als Chinesen identifiziert hätten, wurde der Ton der Klagen schrill. Die abendlichen Fernsehtalkshows am 6. September kannten kein anderes Thema, und wenngleich viele Beteiligte über die Perfidie der chinesischen Diplomaten schimpften, die aus der Notlage taiwanischer Touristen propagandistischen Profit geschlagen hatten, galt die größte Wut dem Versagen der eigenen diplomatischen Vertretung. Was ist das für ein Land, das seine Bürgerinnen und Bürger derart im Stich lässt?

Am 14. September, als alle gestrandeten Fluggäste längst wieder zu Hause waren, hatte die Episode ein tragisches Nachspiel: Verzweifelt über die Ereignisse und ausgezehrt von den heftigen Beschimpfungen aus der Heimat nahm sich der 61-jährige Direktor des taiwanischen Wirtschafts- und Kulturbüros in Osaka das Leben.

Diese Geschichte vom September 2018 handelt von einer Naturkatastrophe mit heftigen politischen Nachwirkungen. Angesichts des Konflikts in der Taiwanstraße mögen Letztere unvermeidlich erscheinen, aber das waren sie mitnichten. Inzwischen wissen wir nämlich, dass sich das Ganze nur teilweise so zugetragen hat, wie hier von mir wiedergegeben. Es gab den Taifun und die dramatischen Szenen am Flughafen, es gab den propagandistischen Triumph chinesischer Medien ebenso wie die Beschämung und die Wut in Taiwan. Leider gab es auch den Suizid eines taiwanischen Diplomaten. Chinas Vertretung in Osaka allerdings hatte keinen einzigen Bus zum Flughafen geschickt. Kein Mitarbeiter des Konsulats war vor Ort mit der Evakuierung von Passagieren beschäftigt, und erst recht musste sich keine taiwanische Staatsbürgerin als Chinesin bezeichnen, um einen Bus zu besteigen. Unabhängig von ihrer Nationalität wurden alle Betroffenen von den *japanischen* Behörden in Sicherheit gebracht, teils mit Bussen und teils mit Booten. Da es auf der Brücke tatsächlich nur eine benutzbare Fahrspur gab, konnte das Unternehmen nur gelingen, wenn es zentral koordiniert wurde.[5]

Damit erscheint die Geschichte plötzlich in ganz anderem Licht. Sie ist ein in vielerlei Hinsicht typisches Beispiel dafür, wie China die taiwanische Gesellschaft mit gezielten Desinformationen zu verunsichern und zu spalten versucht – oft erfolgreich. Ein genaueres Verständnis dessen, wie die Volksrepublik das macht, welche Akteure beteiligt sind und wie sie zusammenwirken, ist nicht nur mit Blick auf Taiwan von Belang. Da das chinesische Regime die Insel vor seiner Küste als Experimentierfeld betrachtet, wo es Mittel und Maßnahmen testet, die später global eingesetzt werden, sollten auch wir in Europa uns dafür interessieren. Eine Lektion der Geschichte liegt schließlich auf der Hand: Sie hätte niemals ihr tragisches Ende gefunden, wäre den Diskutierenden auf PTT und in den taiwanischen Talkshows bewusst gewesen, dass sie in Wahrheit über »Wind aus einer leeren Höhle« (*kongxue laifeng*) stritten – eine bloße Propagandalüge. Ohne die unwissentliche Kollaboration der Opfer wäre das Kalkül der Täter nicht aufgegangen.

Wer aber sind die Täter?

Laut einem Bericht des schwedischen Forschungsinstituts V-Dem (Varieties of Democracy) ist kein Land der Welt so vielen ausländischen Desinformationskampagnen ausgesetzt wie Taiwan.[6] Es dürfte kaum überraschend sein, dass die meisten davon aus China stammen. Einige kommen aber auch aus Ländern mit großer chinesischstämmiger Bevölkerung, etwa Malaysia. Da die Landessprache in China und Taiwan dieselbe ist und viele Medien – zumal im Internet – ein Publikum beiderseits der Taiwanstraße besitzen, existiert ein riesiges Einfallstor für Falschinformationen; da in China vereinfachte Kurzzeichen und in Taiwan die traditionellen Langzeichen verwendet werden und es große Unterschiede im Alltagsvokabular gibt, ist die Herkunft einer Wortmeldung allerdings oft auf einen Blick zu erkennen. Während Nancy Pelosis umstrittenem Taiwanbesuch 2022 gelang es chinesischen Hackern, auf den Bildschirmen taiwanischer 7-Eleven-Geschäfte persönliche Schmähungen der Politikerin zu platzieren. In Kurzzeichen! Auf der Insel löste das eher Belustigung als Besorgnis aus. Vor Hackern, die bei Angriffen ihren Absender hinterlegen, muss man sich nicht fürchten, oder?

Keine Frage, einige chinesische Desinformationskampagnen sind das Werk nationalistisch angehauchter Dilettanten. Sie als ungefährlich abzutun wäre trotzdem ein Fehler. Stattdessen ist zu fragen, wer die Urheber der Kampagnen sind und ob sie auf eigene Faust oder in koordinierter, »von oben« gesteuerter Weise handeln.

In westlichen Medienberichten ist oft von Chinas »Fünfzig-Cent-Partei« oder »Fünf-Groschen-Armee« die Rede; Bezeichnungen, die auf den Ausdruck *wu mao dang* zurückgehen und die Vorstellung eines Heeres bezahlter Propagandisten evozieren, die im Auftrag der Regierung operieren. Angeblich bekommen sie pro Beitrag einen halben Renminbi, etwa fünf Eurocents, um in diversen Onlineforen für die Kommunistische Partei zu werben und kritische Stellungnahmen zu widerlegen, oft mit falschen Behauptungen. Ein Team um den Harvard-Soziologen Gary King hat dieses Bild allerdings durch die Analyse geleakter Daten überprüft und differenziert. Auf eine finanzielle Entlohnung der chinesischen Cyberarmee gibt es demnach keine Hinweise, und die Truppen selbst bestehen größtenteils aus Regierungsbeamten, die sich in den sozialen Medien als Propagandisten betätigen. Im Gegenzug erhalten sie positive Bewertungen durch ihre Vorgesetzten.[7] Insofern liegt zwar kein direkter Regierungsauftrag vor, wohl aber liefern staatliche Institutionen einen Anreiz.

Die Hauptaufgabe der Cybersöldner bezeichnet King als »cheerleading«, also positive Stimmungsmache. Statt kritische Äußerungen durch Gegenargumente zu widerlegen, versuchen sie vom Thema kritischer Diskussionen abzulenken, sobald diese in kollektives Handeln überzugehen drohen, etwa öffentliche Proteste. Mit anderen Worten, sie schalten sich in die Debatten ein und sagen irgendetwas Positives – so wie ein Vater den Streit seiner Kinder schlichtet, indem er fragt: Wollt ihr ein Eis? Dahinter steht die Einsicht, dass sich eine missliebige Diskussion durch Ablenkung leichter beenden lässt als durch Argumente, die den Fokus auf das kontroverse Thema schließlich beibehalten. 80 Prozent der untersuchten Posts ordnen King und seine Co-Autorinnen der Kategorie positive Stimmungsmache zu. Den Gesamtumfang der auf diesem Weg fabrizierten Posts veranschlagen sie mit 448 Millionen pro Jahr.[8] Bei insgesamt rund 80 Milliarden Einträgen in Chinas sozialen Medien entspricht das einer Ratio von 1 zu 178: Ein zwar nicht riesiger, aber auch nicht unerheblicher Anteil der öffentlichen Debattenbeiträge in China stammt also von Regierungsbeamten mit einer vom Regime vorgegebenen Agenda: »Lenkung der öffentlichen Meinung« (*yulun yindao*) durch aktive Zerstreuung – wohlgemerkt vorwiegend innerhalb der Volksrepublik.

Wenn die Befunde von King & Co. zutreffen, lässt sich das Treiben der vermeintlichen Fünf-Groschen-Armee kaum als Desinformation beschreiben. »Wollt ihr ein Eis?« ist keine Falschmeldung; die sachwidrige Behauptung, das chinesische Konsulat in Osaka habe Busse zum Flughafen geschickt, ist aber sehr wohl eine, weshalb das Bild in Bezug auf Taiwan noch einmal differenziert und ergänzt werden muss. Nach der Rekonstruktion taiwanischer Aktivistinnen erschien die entsprechende Meldung am 5. September 2018 zuerst auf dem

Weibo-Account einer Nutzerin namens »hongshui mengshou baby«, das ist die Kombination einer stehenden Wendung – »schlimme Gefahren« (wörtlich »Sturmfluten und wilde Tiere«) – mit dem etwas weniger bedrohlichen Zusatz Baby. Dieser Post war bereits mit einem unscharfen Foto versehen, das angeblich die Situation am Kansai Airport zeigte.[9] Er wurde vielfach geteilt und verbreitet, wie erwähnt vor allem von Mitgliedern der Kommunistischen Jugendliga. So geriet die Falschinformation schnell auf das Internetportal *Guancha*, das zur Gattung der sogenannten *content farms* oder *content mills* gehört: kommerzielle Nachrichtenportale, die ihre Meldungen mit minimalem Aufwand produzieren und weder auf inhaltliche Wahrheit noch auf sonstige journalistische Standards Wert legen. Es geht allein um hohe Clickzahlen und die Weiterverbreitung auf Seiten wie Facebook oder YouTube, womit Werbegelder generiert werden – das ist das Geschäftsmodell.[10] In der *Guancha*-Meldung war ein vermeintlicher Konsulatsmitarbeiter zu sehen, der sich im Bus an die Fahrgäste wendet.

Meines Wissens nicht bekannt ist, wer sich hinter dem Pseudonym »hongshui mengshou baby« verbirgt. Dem Account-Foto nach eine junge Frau, die zur Gruppe der sogenannten »kleinen Pinken« (*xiao fenhong*) gehören dürfte; ein Name, der viel süßer klingt als das Phänomen, das er bezeichnet: ein Heer ultranationalistischer, meist junger und angeblich – deshalb die chinesische Bezeichnung – mehrheitlich weiblicher Social-Media-Nutzerinnen, die sich zu Wort melden, sobald sie irgendwo die Ehre ihres Landes verletzt sehen. Als 2018 der Textilhersteller Gap ein T-Shirt herausbrachte, auf dem eine chinesische Landkarte ohne Taiwan abgebildet war, sorgte eine populäre Bloggerin namens »7sevennana« für einen Aufschrei im Internet. Statt wie sonst in tiefausgeschnittenen Tops über Videospiele zu sprechen, verkündete sie: »Wer in China Geld verdienen will, sollte vorsichtig sein, wenn es um Chinas territoriale Fragen geht.« In Windeseile verbreiteten sich auf dem Mikroblogging-Dienst Weibo Boykottaufrufe, die Gap China noch am selben Tag zu einer Entschuldigung für den bedauerlichen »Fehler« zwangen. Das verletzende T-Shirt wurde umgehend vom Markt genommen.[11]

Im Rückblick lässt sich nicht mehr feststellen, ob sich »hongshui mengshou baby« die Story mit den Bussen ausgedacht hat oder ob ihr ein entsprechendes Gerücht zu Ohren gekommen war. Der weitere Gang der Ereignisse allerdings zeigt ein bestimmtes Muster: Das Zusammenspiel von privaten Akteuren, deren Antrieb ihre patriotische Gesinnung sein dürfte, mit staatlichen bzw. Parteiorganen (Kommunistische Jugendliga), die eine politische Agenda verfolgen, und rein kommerziellen Unternehmen wie *Guancha*, die lediglich auf Profit aus sind. Geeint werden alle drei von ihrem Desinteresse an der Wahrheit. Das Zusammenspiel ist oft eher ad hoc und opportunistisch als geplant und strategisch, aber darum nicht weniger effektiv. Wenn die Analyse der taiwanischen NGO Doublethink Lab von einem »verstreuten und inkohärenten Angriffsmuster« spricht, das chinesische Desinformationskampagnen etwa von russischen unterscheide, will sie vor allem darauf hinaus, dass sich die Attacken schlecht rekonstruieren lassen und man nur selten jemanden für sie verantwortlich machen kann.[12] Für das chinesische Regime ein großes Plus: So kann es sich von den Kampagnen lossagen und die entsprechenden Vorwürfe als antichinesische Propaganda abtun.

Mit der Identifikation dreier Akteure, die hier zum Schaden Taiwans zusammenwirken, ist die Dynamik des Ganzen allerdings noch nicht hinreichend erfasst. Wie oben angedeutet, bedarf es zusätzlich der aus Unwissenheit geborenen – manchmal auch der kalkulierten – Kollaboration derer, denen Chinas Angriffe gelten. Ich sage es ungern, aber Taiwans Anfälligkeit für chinesische Fake News ist zu großen Teilen hausgemacht. Das hat mit der inneren Zerrissenheit der Gesellschaft ebenso zu tun wie mit der unübersichtlichen Medienlandschaft, mit dem Opportunismus einzelner Unternehmen wie mit dem Versäumnis wechselnder Regierungen, gesetzgeberisch einen wirksamen Schutz aufzubauen. Eine Studie der RAND Corporation konstatiert treffend, für ihre Zwecke finde die Volksrepublik in Taiwan »das bestmögliche Umfeld vor: eine von privaten Akteuren dominierte Medienlandschaft, wo der Staat nur ungern interveniert, um sich nicht dem Vorwurf des politischen Übergriffs auszusetzen, und eine Gesellschaft, die einen erheblichen Teil ihrer Informationen aus dem Internet bezieht«.[13]

Faktenchecker David vs. Fake News Goliath

Im »World Press Freedom Index« von 2023, der die Pressefreiheit in insgesamt 180 Ländern bewertet, rangiert Taiwan auf Platz 35 (Deutschland 21, Volksrepublik China 179, immerhin vor Nordkorea).[14] Die Insel, heißt es in der Bewertung, »respektiert grundsätzlich die Pressefreiheit, aber Journalisten leiden unter einem extrem polarisierten medialen Umfeld, das dominiert wird von Sensationalismus und Profitstreben«. Tatsächlich lassen sich fast alle taiwanischen Printmedien und Fernsehsender einem bestimmten politischen Lager zuordnen, was die Berichterstattung mindestens tendenziös macht. Kein Wunder, dass Taiwan trotz grundsätzlich freier Medien zu den Ländern mit dem geringsten Vertrauen in deren Arbeit gehört.[15] Daraus könnte man folgern, dass die Menschen im Umgang mit Nachrichten ein hohes Maß an Wachsamkeit mitbringen, aber das gilt nur bedingt. Immer mehr wenden sich von den Mainstream-Medien ab, um stattdessen die durch Algorithmen generierten Newsfeeds von Facebook, Line und Co. zu konsumieren, die zur Verfestigung bestehender Meinungen beitragen. Genau wie bei uns führt das zu einer sehr kritischen Haltung gegenüber allem, was *die* sagen. Passt eine Nachricht hingegen ins vorgefasste Meinungsbild, wird noch der größte Unsinn für bare Münze genommen. Durch Forschungen ist zudem belegt, dass die subjektive Glaubwürdigkeit einer Nachricht in sozialen Medien weniger daran hängt, von wem sie verfasst wurde, und mehr daran, wer sie *geteilt* und mir zugänglich gemacht hat.[16] Auch das kann zur digitalen Stammesbildung beitragen, die die gesellschaftliche Spaltung weiter verstärkt.

In Taiwan kommt erschwerend hinzu, dass eine Reihe mächtiger Medienunternehmen offen prochinesische Propaganda betreiben. Ein notorisches Beispiel ist Want Want, eigentlich ein Lebensmittelkonzern, der fast ausschließlich in der Volksrepublik produziert und dort neunzig Prozent seines Umsatzes macht. 2008 expandierte er durch den Kauf der China Times Group zu einem wichtigen Medienanbieter, was sich in der taiwanischen Tageszeitung *China Times* inhaltlich bald niederschlug. Binnen fünf Jahren ging die Berichterstattung über chinesische Menschenrechtsverletzungen um zwei Drittel zurück.[17] Konzernchef Tsai Eng-meng macht aus seiner Nähe zur Kommunistischen Partei keinen Hehl und koordiniert die Konzernpolitik mit dem Taiwan Affairs Office der chinesischen Regierung. 2019 kam heraus, dass Want Want zwischen 2007 und 2018 nicht weniger als 500 Millionen Dollar an Zuschüssen vom Festland erhalten hatte, um in Taiwan prochinesische Propaganda zu betreiben.[18] Kollaboration lohnt sich!

Dass Medien wie die von Want Want die Volksrepublik in ein rosiges Licht rücken, sollte indes nicht dazu verleiten, sie einfach der positiven Stimmungsmache der Fünfzig-Cents-Cheerleader zuzuschlagen. Keineswegs beschränken sich die Beeinflussungsversuche auf Ablenkung und Zerstreuung. Die bereits zitierte Analyse von Doublethink Lab beobachtet vielmehr aggressive Versuche, Taiwans öffentlichen Diskurs in eine bestimmte Richtung zu lenken und das Vertrauen der Bevölkerung in die demokratischen Institutionen auszuhöhlen.[19] Während der Coronapandemie, die Taiwan bekanntlich viel besser bewältigt hat als die Volksrepublik, wurden die Desinformationskampagnen so massiv, dass Digitalministerin Audrey Tang von einer »Twindemic« sprach, mit der »Infodemie« als Zwilling zur eigentlichen Bedrohung durch Covid-19.[20] Suggeriert wurde dabei stets, die Regierung verschleiere das wahre Infektionsgeschehen und belüge die Bevölkerung, statt sie zu schützen. Von der KMT-nahen Presse wurden viele solcher Meldungen aufgegriffen, unter anderem auch die, wonach das Coronavirus ursprünglich aus einem Labor des US-Militärs stamme.

Überhaupt ist ein Großteil der Propaganda gegen Amerika gerichtet und verfolgt das Ziel, das Vertrauen der Bevölkerung in den wichtigsten Verbündeten zu untergraben. Washington benutzt euch, lautet die Botschaft, wird euch aber im Stich lassen, sollte es zum Krieg mit China kommen. Der chaotische Rückzug der USA aus Afghanistan hat diesen »Zweifel-an-Amerika-Diskurs« (*yimei lun*), der inzwischen zum festen Bestandteil der politischen Rhetorik in Taiwan geworden ist, nachdrücklich befeuert. Ihm zufolge werden die zunehmenden Spannungen in der Region nicht von Peking angeheizt, sondern von Washington und Taipei.[21] Das wiederum passt sich ein in das breitere Narrativ, wonach die taiwanische Demokratie nicht funktioniert, weil sie von der DPP korrumpiert und von Washington unterwandert wird, und durch das viel effizientere chinesische System ersetzt werden muss.[22]

Gegen solche Angriffe auf Taiwans freiheitliche Grundordnung regt sich seit einigen Jahren der Widerstand der Zivilgesellschaft. NGOs wie Taiwan FaktCheck Center, Fakenews Cleaner, MyGoPen und andere versuchen, dem beständigen Strom von Desinformationen etwas entgegenzusetzen, vorzugsweise überprüfbare Fakten. Neben der Entlarvung einzelner Fake News verschreiben sich die Faktenchecker der Aufklärung durch Workshops und Schulungen, um gerade Schulkinder und Senioren vor den Folgen unkritischen Medienkonsums zu warnen.[23] Weil es leichter ist und vor allem viel schneller geht, eine Falschnachricht in die Welt zu setzen, als sie zu widerlegen, ist der Kampf dagegen allerdings nie wirklich zu gewinnen. Experten schätzen, dass Taiwan jeden Tag von etwa 2400 gezielten Falschmeldungen aus China getroffen wird.[24]

Wenn auf der Insel gewählt wird, steigert sich der Strom der Desinformationen regelmäßig zur Sturmflut.[25] Indem sie die während des Wahlkampfs sowieso aufgeheizte Stimmung zusätzlich anfachen, haben die Urheber ein wichtiges Ziel bereits erreicht: Sie wollen die Menschen in Taiwan schließlich nicht bloß von einzelnen Fake News überzeugen, sondern bestehende Risse in der Gesellschaft weiten und die unterschiedlichen Lager gegeneinander aufhetzen; je weniger innere Einigkeit ein Land aufweist, desto wehrloser steht es äußeren Feinden gegenüber. Damit droht die Propaganda vom taiwanischen Demokratieversagen zur sich selbst erfüllenden Prophezeiung zu werden: Infiltration von außen erhöht die politische Spaltung im Inneren, die es wiederum erschwert, auf legislativem Weg Schutzmechanismen zu errichten.[26] Schritt für Schritt wird das Vertrauen der Bevölkerung in die eigene Wehrhaftigkeit untergraben und die Bereitschaft einzelner Personen verringert, sich dafür zu engagieren. Am Ende steht eine reale Schwächung von Taiwans Verteidigungsfähigkeit, die eine militärische Aggression Chinas wahrscheinlicher macht.

Renzhi zhan: *Kriegsführung mit fließenden Grenzen*

In den Kapiteln eins und zwei hatte ich gezeigt, dass die Volksrepublik China seit Jahren durch militärische Aufrüstung einen Krieg um Taiwan vorbereitet. In jüngster Zeit steigert Peking außerdem seine Grauzonen-Aktivitäten – etwa das Eindringen von Kampfjets in die taiwanische ADIZ –, um das gegnerische Militär zu zermürben, Chinas Überlegenheit zu demonstrieren und den Status quo in der Taiwanstraße schrittweise auszuhöhlen. Die Grauzone habe ich als Schauplatz eines Nervenkriegs beschrieben, der unterhalb der Schwelle militärischer Gewalt bleibt und die Kampfkraft und den Kampfeswillen des Gegners so sehr schwächen soll, dass sich ein Waffengang bestenfalls erübrigt. In genau diese Grauzone gehören auch Desinformationskampagnen.

Im Vokabular chinesischer Strategen geht es um *renzhi zhan*, was man den gängigen englischen Begriffen entsprechend mit »kognitiver Kriegsführung« (*cognitive warfare*) oder »Informationskrieg« (*information warfare*) übersetzen kann – all das beginnt keineswegs erst, wenn geschossen wird. Als eines der »drei Übergewichte« (*san quan*) wird die Informationshoheit vielmehr angestrebt, um den Konflikt bereits vorab in ein bestimmtes Licht zu rücken, so wie es 2003 die USA taten, als sie ihren ohne UN-Mandat geführten Feldzug gegen den Irak als »gerechten Krieg« propagierten, gerechtfertigt u. a. durch Saddam Husseins angeblichen Besitz von Massenvernichtungswaffen. Chinesische Beobachter waren außerdem beeindruckt von der Zusammenarbeit zwischen amerikanischer Militärführung und CNN im Golfkrieg 1991. »Mit der vereinten Hilfe der Reporter«, heißt es in einer einflussreichen Analyse, »gelang es den amerikanischen Befehlshabern, die Augen der ganzen Welt zu manipulieren und sie alles sehen zu lassen, was sie dem Willen des Militärs nach sehen sollten, aber nichts von dem, was sie nicht sehen sollten.«[27] Es war eine Lektion, die die USA aus dem Debakel von Vietnam gelernt hatten und die man in China zu beherzigen beschloss: Kriege werden auch in den Köpfen derer entschieden, die ihnen aus Tausenden Kilometern Entfernung zusehen.

Seit etwa zehn Jahren verwenden chinesische Strategen Begriffe wie »Wissenshoheit« (*zhizhi quan*) und »Hoheit über die Gehirne« (*zhinao quan*), womit sie das Bestreben verbinden, hinsichtlich der umfassenden Erlangung und selektiven Verbreitung von Informationen global im Vorteil zu sein.[28] Dafür stehen heute deutlich vielfältigere Mittel zur Verfügung als noch 1991. »Hoheit über die Gehirne ist die nächste Phase in der Evolution des traditionellen Konzepts der Volksbefreiungsarmee von den drei Übergewichten«, schreibt der Sicherheitsexperte Nathan Beauchamp-Mustafaga. »Was als Konzept für Kriegszeiten begann, mit dem man die militärischen Entscheidungsprozesse des Gegners beeinflussen wollte, beinhaltet nun auch Operationen in Friedenszeiten gegen ganze Gesellschaften – ermöglicht durch die Reichweite moderner Kommunikationstechnologie und insbesondere sozialer Medien.«[29]

Zeng Huafeng, innerhalb der Volksbefreiungsarmee einer der Vordenker des Konzepts, spricht vom »kognitiven Raum« (*renzhi kongjian*) als dem Bereich menschlicher Empfindungen, Gedanken, Willensbildungs- und Entscheidungsprozesse, über die es die Hoheit zu gewinnen gilt. Der kognitive Raum der Nation setzt sich zusammen aus den verschiedenen kognitiven Räumen unzähliger individueller Akteure, und er unterliegt *als ganzer* dem »nationalen Interesse«.[30] Mit anderen Worten, wir haben es überhaupt nicht mit einem Raum zu tun – denn Räume haben Grenzen –, sondern mit dem totalitären Anspruch, schlechthin *alles* zu kontrollieren. Ausdrücklich bezieht Zeng dieses Bemühen auf die 2500 Jahre alte Maxime von Sunzi, wonach die höchste Form der Kriegskunst darin besteht, den Feind ohne Kampf zu unterwerfen. Als Teil der psychologischen Kriegsführung will der Informationskrieg beeinflussen, was der Gegner weiß bzw. zu wissen glaubt, um so darauf einzuwirken, was er denkt, womit schließlich steuerbar wird, was er tut – zum Beispiel kapitulieren, bevor der erste Schuss fällt. Als die Volksbefreiungsarmee im April 2024 eine neue »Information Support Force« ins Leben rief, stellte ein Kommentar auf der Seite des Verteidigungsministeriums fest: »In der modernen Kriegsführung ist der Sieg abhängig von der [Kontrolle der] Information. Moderne Konflikte sind Wettbewerbe zwischen Systemen, und wer den Informationsfluss beherrscht, hat die Initiative über das Kriegsgeschehen.«[31]

Solche Aussagen sollten uns davor bewahren, in Chinas zweigleisige Taiwanstrategie den Gegensatz von kriegerischen versus friedlichen Mitteln hineinzulesen. Vielmehr ist es gerade die Grenze zwischen Krieg und Frieden, die hier an Bedeutung verliert, insofern Ersterer beginnt, während Letzterer scheinbar noch herrscht. Ebenfalls verwischt wird der Unterschied zwischen Soldaten und Zivilbevölkerung, denn im modernen Informationskrieg müssen beide davon abgehalten werden, Widerstand zu leisten, und sei es nur in Gedanken. Damit kommt es schließlich auch zur Entgrenzung des Kriegsschauplatzes, da der Konflikt global ausgetragen bzw. ins Internet oder in einzelne Köpfe überführt wird. Wenn China bezüglich Taiwans vom Ziel der »friedlichen Wiedervereinigung« (*heping tongyi*) spricht, handelt es sich daher um einen taktischen Schachzug innerhalb eines Feldes, das von Peking grundsätzlich und in toto als Kriegsschauplatz konzipiert wird.

»Angesichts der Kriegsführung auf einem grenzenlosen Schlachtfeld«, folgerte schon die eben zitierte Analyse zum Irak-Krieg von 1991, »ist es nicht länger möglich, nationale Sicherheit und diverse nationale Interessen nur mit Armeen und Waffen zu verteidigen. Offensichtlich ist der Krieg dabei, den Bereich von Soldaten, Truppen und militärischen Angelegenheiten zu übersteigen und mehr und mehr zum Geschäft von Politikern, Wissenschaftlern und sogar Bankern zu werden.«[32] Inzwischen wurde die Reihe erweitert um »Wolfskrieger«-Diplomaten, Hacker, Blogger, Fünf-Groschen-Söldner, »kleine Pinke« und alle anderen, die Peking in den Kampf schickt, um den Chinesischen Traum zu realisieren.

Der Informationskrieg des 21. Jahrhunderts ist sowohl raum- als auch zeitübergreifend und insofern total: Er hat begonnen, ohne erklärt worden zu sein, wird geführt mit einem Kontinuum der Mittel, das Lügen und Satelliten umfasst, gilt ganzen Gesellschaften statt nur feindlichen Armeen und betrifft auch diejenigen, die von ihm nichts wissen – die sogar ganz besonders. Jeder und jede kann jederzeit und überall ins Fadenkreuz geraten. Also auch wir im scheinbar fernen Europa.

Diplomatie: Chinas Kampf gegen Taiwans internationale Sichtbarkeit

Es kommt selten vor, dass in der Vollversammlung der Vereinten Nationen gejubelt, gejohlt und sogar getanzt wird. Normalerweise herrschen im großen Auditorium in New York aufmerksame Stille und die Umgangsformen des diplomatischen Verkehrs, aber am 25. Oktober 1971 war das anders. Eine Mischung aus Triumphgefühl und Schadenfreude lag in der Luft, als das Abstimmungsergebnis über die von Albanien eingebrachte UN-Resolution 2758 verkündet wurde: Mit 76 Ja-Stimmen bei 35 Gegenstimmen und 17 Enthaltungen wurde sie angenommen. Zeitungen sollten am nächsten Tag von der größten Niederlage der USA in der Geschichte der Vereinten Nationen schreiben, was die ausgelassene Stimmung in New York teilweise erklärt. Vor allem die Vertreter einiger jüngst unabhängig gewordener afrikanischer Staaten bejubelten das Ergebnis lautstark, denn sie wussten: Ohne ihre Unterstützung hätte die Resolution keine Chance gehabt.

Des einen Triumph ist des anderen Schmach. Äußerlich gefasst, aber innerlich aufgebracht und tief verletzt erhob sich der UN-Botschafter der Republik China und führte seine Delegation aus dem Saal. Wie ich bereits in der zweiten historischen Skizze geschildert habe, wurde an jenem Montag im Oktober 1971 Taiwans Sitz bei den Vereinten Nationen der Volksrepublik China zugesprochen. Pekings Verbündete hatten genau das schon mehrere Male versucht, waren jedoch stets am von den USA organisierten Widerstand gescheitert. Erst die Dekolonisierung weiter Teile Afrikas, die der Völkervertretung neue Mitglieder bescherte und die Kräfteverhältnisse in der Vollversammlung veränderte, schuf schließlich die Voraussetzung für den Erfolg. Hinzu kam das doppelte Spiel der Regierung in Washington: Während UN-Botschafter George H. W. Bush bis zum Schluss versuchte, eine Koalition gegen die Resolution 2758 zu schmieden, reiste Nixons Sicherheitsberater Henry Kissinger nach Peking und signalisierte damit der Welt, dass die USA ihre Beziehungen zu China unbedingt normalisieren wollten, egal was das für Taiwan bedeutete.

So gesehen war der Ausgang der Abstimmung nicht überraschend. Warum aber bemüht sich die Volksrepublik seit einiger Zeit so massiv darum, den Sinn der Resolution umzudeuten und etwas in sie hineinzulesen, was seinerzeit auch nach Ansicht der Pekinger Regierung nicht darin enthalten war? Wie sich gleich zeigen wird, haben wir zwar ein neues Kapitel begonnen, sind inhaltlich aber immer noch bei Chinas globalem Informationskrieg, der sich um Taiwan dreht und in dem das Regime alle ins Visier nimmt, die sich seiner Lesart bestimmter Ereignisse nicht beugen. Wo immer sich Dissens zeigt, wird er bekämpft.

Resolute Unwahrheiten

Was steht in der UN-Resolution 2758? Im Grunde nur dies: Die Vertreter der Pekinger Regierung werden zu den einzig legitimen Repräsentanten Chinas bei den Vereinten Nationen erklärt, sie erhalten sowohl den chinesischen Sitz in der Vollversammlung als auch den ständigen Sitz im Weltsicherheitsrat. Die »Repräsentanten Chiang Kai-sheks« hingegen, wie der Resolutionstext sie nennt, werden aus den Vereinten Nationen und ihren Unterorganisationen verbannt, und das, obwohl ein Land laut UN-Charta nur ausgeschlossen werden kann, wenn es gegen deren Artikel verstoßen hat. Statt einen Verstoß zu benennen, behauptet das Dokument, besagte Repräsentanten hätten ihren Sitz bei den UN »unrechtmäßig« (*unlawfully*) eingenommen, was noch merkwürdiger klingt, war die Republik China 1945 doch sogar ein Gründungsmitglied der Völkervertretung und hatte deren Charta als erstes Land von allen unterzeichnet.[1] Für das KMT-Regime bedeutete der zweifelhaft begründete Ausschluss eine schwere Demütigung, bezeichnenderweise war aber auch Peking mit dem Wortlaut der Resolution alles andere als zufrieden.[2]

»Unsere Befürchtung ist«, erklärte Außenminister Zhou Enlai kurz vor der entscheidenden Abstimmung, »dass unsere legitimen Rechte bei den Vereinten Nationen zwar wiederhergestellt werden, der Status von Taiwan aber ungeklärt bleibt.«[3] In der Tat. Dem erfahrenen

Diplomaten war nicht entgangen, dass in der Resolution weder das Wort »Taiwan« noch der Ausdruck »Republik China« benutzt wurde. Ebenso wenig wurde der Versuch unternommen, den völkerrechtlichen Status der Insel zu definieren. Stattdessen war das Dokument einzig und allein mit der Frage der künftigen institutionellen Repräsentanz Chinas befasst, und die wurde unmissverständlich geklärt. Zu Pekings Souveränitätsanspruch über Taiwan hingegen sagte die Resolution nichts, legte also auch nicht fest, dass die Bewohnerinnen und Bewohner der Insel ebenfalls von den Vertretern der Pekinger Regierung repräsentiert wurden – nur dann hätte man von einer Übereinstimmung mit dem für die Kommunistische Partei sakrosankten Ein-China-Prinzip sprechen können.

Taipeis schwere Niederlage war für Peking also nur ein Teilerfolg. Zhou Enlai wusste, dass sich die Vertretungsfrage und die Souveränitätsfrage schlecht in einer Resolution verhandeln ließen und dass es für eine Lösung im Sinne Pekings keine Mehrheit gegeben hätte. Soweit es die Vereinten Nationen betraf – deren Vollversammlung ohnehin keine internationale legislative Gewalt besitzt –, blieb der legale Status Taiwans daher notwendig ungeklärt.[4]

Im Prinzip hat sich daran bis heute nichts geändert. In der Realität allerdings verfügt China inzwischen über ungleich größeren internationalen Einfluss als damals und macht davon gerade bei den Vereinten Nationen intensiv Gebrauch.[5] Weit oben auf der Agenda steht das Ziel, die internationale Gemeinschaft auf Pekings Verständnis von UN-Resolution 2758 zu verpflichten, das heute ganz anders aussieht als vor fünfzig Jahren. Von Zhou Enlais Einsicht, dass der Text den Status Taiwans ungeklärt lässt, will das Regime nämlich nichts mehr wissen. Im jüngsten White Paper zu Taiwan heißt es vielmehr kategorisch: »Resolution 2758 ist ein das Ein-China-Prinzip enthaltendes politisches Dokument, dessen juristische Autorität keinen Raum für Zweifel lässt und das weltweit anerkannt ist.«[6] Hat jemand was von Unklarheit gesagt?

Einer von Zhous Nachfolgern, Außenminister Wang Yi, verstieg sich im Februar 2022 gar zu der Behauptung, die UN-Resolution 2758 habe das Ein-China-Prinzip seinerzeit »aufgestellt« (*established*).[7] Dabei stützt er sich auf nichts weiter als den Willen seiner Regierung, die Dinge so zu sehen und dafür zu sorgen, dass alle anderen das auch tun. Dass das Ein-China-Prinzip im fraglichen Dokument überhaupt nicht vorkommt, spielt offenbar keine Rolle.

Man sollte sich hüten, das zu belächeln. Wenn es um Taiwan geht, lügt Peking zwar nicht sehr subtil, aber dafür effizient und mit präzisem politischem Kalkül. Hören wir die Schlussfolgerungen, die Außenminister Wang aus seiner eigenen Fiktion zieht: Weil der 1979 verabschiedete Taiwan Relations Act – wohlgemerkt ein vom amerikanischen Kongress verabschiedetes *nationales* Gesetz – dem Ein-China-Prinzip widerspricht, das (angeblich) von den Vereinten Nationen aufgestellt wurde, ist das Gesetz »illegal und war von Anfang an null und nichtig«![8] Damit stellt dasselbe Regime, das sich jede Einmischung in seine internen Angelegenheiten aufs Schärfste verbittet, in aller Gelassenheit fest: Wenn irgendwo auf der Welt ein nationales Parlament etwas beschließt, das dem Ein-China-Prinzip widerspricht, so wie wir es verstanden wissen möchten, hat der Beschluss keine Gültigkeit. Geht's noch, möchte man fragen.

Worauf die Antwort freilich lautet: Da geht noch einiges. »Xi [Jinping] verfolgt eine umfassende Strategie, um die Vereinten Nationen in ein chinesisches Machtinstrument zu verwandeln«, stellen Steve Tsang und Olivia Cheung von der London School of Oriental and African Studies fest.[9] Innerhalb der verschiedenen UN-Organisationen führt Peking einen systematischen Kampf gegen jedes Dokument, jeden Schriftverkehr und jedes Reglement, das Taiwans internationale Sichtbarkeit nicht mit der gewünschten Radikalität beschneidet. Kein Detail ist zu klein oder zu unwichtig. So bekam das Regis Jesuit Gymnasium in Aurora im US-Bundesstaat Colorado im Jahr 2021 Post von den Vereinten Nationen. Die katholische Privatschule hatte sich um die Teilnahme an einem Programm der UN-Frauenrechtskommission beworben, aber chinesischen Delegierten, die offenbar alle Bewerber genauestens prüften, war etwas aufgefallen: In einer 44 Wörter umfassenden Pressemitteilung hatte die Schule bekannt gegeben, dass eine ihrer Schülerinnen in den Beirat einer UN-Initiative namens Girl Up berufen worden war, die sich für Gleichberechtigung einsetzt. Laut der Mitteilung umfasste das Gremium Mitglieder aus acht Ländern, darunter eines namens »Taiwan«. Das durfte nicht sein! Mit Blick auf die laufende Bewerbung verlangten die Vereinten Nationen von Regis Jesuit, das böse Wort auf der Website umgehend zu ergänzen um den Zusatz »Province of China«. Die Schule strich daraufhin alle acht Ländernamen aus dem Text und sprach stattdessen von »students around the globe«.[10] Der nächste Brief aus New York gratulierte der Schule zu ihrer erfolgreichen Bewerbung.

Haben chinesische UN-Delegierte nichts Dringenderes zu tun, als den politisch korrekten Sprachgebrauch an einer kleinen Privatschule irgendwo in Colorado zu überwachen? Gute Frage. Für uns ist es allerdings wichtiger zu verstehen, *wie* die Volksrepublik den Vereinten Nationen ihren Willen aufzwingt. Eine zentrale Rolle dabei spielen sogenannte Memoranda of Understanding (MoU): schriftliche Vereinbarungen zwischen Regierungsstellen und der Völkervertretung, die deren Statuten zufolge eigentlich öffentlich sein sollten, es im Falle Chinas aber nur sind, wenn sie geleakt werden. Ein solches MoU aus dem Jahr 2005 legt zum Beispiel fest, welches Procedere die Weltgesundheitsorganisation (WHO) zu befolgen hat, wenn sie auf die zweifelhafte Idee kommt, taiwanische Expertinnen oder Experten zu einer Konferenz einzuladen.[11]

Zunächst bestimmt die chinesische Seite Kontaktpersonen im UN-Hauptquartier, über die alle entsprechenden Einladungen zu laufen haben. Spätestens fünf Wochen vorher muss eine genaue Begründung vorliegen, warum die Person aus Taiwan eingeladen werden soll, worin ihre Expertise besteht, wie ihre Kontaktdaten lauten und welcher Art die Veranstaltung ist. Daraufhin erfolgt eine Prüfung ausdrücklich auch unter politischen Gesichtspunkten (*from a policy point of view*) – sollte eine Expertin zwar viel über Pandemiebekämpfung wissen, aber auf Facebook schon einmal die DPP gelobt haben, wird die Veranstaltung wohl ohne sie stattfinden müssen. Falls sie in ihrer Organisation den Rang einer Generaldirektorin innehat, gilt das Gleiche, nur die Ränge darunter sind in Ordnung. Offenbar sollen Situationen vermieden werden, in denen eine taiwanische Person so etwas wie Autorität ausstrahlt. Nur wenn die Einladung aus fachlichen wie politischen Gründen »gerechtfertigt« erscheint, darf die entsprechende UN-Einheit die Einladung auf eigens angefertigten Formblättern an die chinesische UN-Vertretung in Genf schicken, welche sie an das chinesische Gesundheitsministerium in Peking weiterleitet. *Dort* fällt dann die Entscheidung darüber, ob eine UN-Organisation eine Veranstaltung so durchführen darf, wie sie es für richtig hält.

Gibt das Gesundheitsministerium sein Okay, was nicht oft vorkommt, darf die Person aus Taiwan eingeladen werden, aber die chinesische UN-Vertretung verlangt Kopien des gesamten Schriftverkehrs. Auf keinen Fall dürfen darin die Wörter »Taiwan« oder »Republik China« vorkommen. Da die Ortsbezeichnung »Taiwan, China« bei den Adressaten Unbehagen hervorrufen könnte, ist die Länderbezeichnung ganz wegzulassen und nur die Stadt zu nennen, wo die betreffende Person arbeitet. Da das für Schwierigkeiten bei der Postzustellung sorgen könnte, ist das Telefax (!) zu bevorzugen. Während der Veranstaltung müssen Namensschilder allerdings doch die Länderbezeichnung »Taiwan, China« tragen, egal wie sich die Person dabei fühlt. Außerdem sind die Veranstalter dazu angehalten, bei jeder Einladung von taiwanischen Expertinnen und Experten auch Personen aus China einzuladen. Eine Begründung dafür wird nicht gegeben, und die fachliche Eignung spielt in diesem Fall offenbar auch keine Rolle, es geht lediglich darum, den schlechten Einfluss aus Taiwan zu neutralisieren. In seltsam klinischer Diktion fasst der letzte Eintrag des Dokuments dessen Zweck noch einmal zusammen: »Teilnehmerlisten sollten vorab vom relevanten Direktor geprüft werden, um die unbeabsichtigte Aufnahme taiwanischer Individuen zu vermeiden.« Als drohte andernfalls eine Art von Kontamination.

Inzwischen gehen die Besessenheit Pekings und die Willfährigkeit der UN so weit, dass taiwanischen Staatsbürgern der Zugang zu UN-Gebäuden auch dann verwehrt wird, wenn sie diese nur als Gäste oder touristische Besucherinnen betreten wollen. Immer häufiger findet sich die Bezeichnung »Taiwan, Province of China« im offiziellen Schriftverkehr der UN, oft unter explizitem Verweis auf die Resolution 2758 und das – in der Lesart Pekings und nur in dieser – darin aufgestellte Ein-China-Prinzip.[12]

Ein letztes Beispiel: 2020 wollte die Wikimedia Foundation – Eigentümerin des bekannten Internetportals Wikipedia – den Beobachterstatus in der World Intellectual Property Organization (WIPO) beantragen; für eine Onlineenzyklopädie ein keineswegs abwegiges Ansinnen, das von der chinesischen Delegation allerdings blockiert wurde. Da es auf Wikipedia auch chinakritische Einträge gibt, sei es für die Wikimedia Foundation »nicht angemessen« (*not fitting*), der WIPO als Beobachter beizutreten[13] – befand die Regierung eines Landes, dessen systematische, massenhafte Verstöße gegen geistige Eigentumsrechte ein wesentlicher Motor seines wirtschaftlichen Aufschwungs waren und sind.[14] Im selben Jahr 2020 gelang es den USA in letzter Minute, den chinesischen Kandidaten zu verhindern, den die Volksrepublik als Direktor für die WIPO vorgeschlagen hatte.

Richtigstellung der Namen, Einfrieren der Beziehungen

Bei allen hier vorgestellten Maßnahmen und Regularien handelt es sich zweifellos um Schikane. So kleinlich und sogar lächerlich das wirken mag, dient es dennoch einem großen Ziel, nämlich Taiwan international unsichtbar zu machen und das taiwanische Narrativ zu delegitimieren. Die Vereinten Nationen sind dabei nur ein besonders wichtiger Schauplatz von vielen, auch in China operierende Fluggesellschaften, Hotelketten und Modelabels müssen Pekings Sprachgebrauch folgen, wollen sie Sanktionen vermeiden. Wer »Taiwan« sagt, muss auch »chinesische Provinz« sagen. Wer von der Resolution 2758 spricht, muss sie als Feststellung des Ein-China-Prinzips bezeichnen, und wenn es um die DPP geht, hat das Wort »Separatisten« zu fallen. Dahinter steht ein klares Wissen darum, dass Herrschaftssicherung angewiesen ist auf die Kontrolle der Sprache und des historischen Narrativs. Eine wichtige, aber nicht ganz neue Einsicht.

Als Konfuzius von seinem Schüler Zi Lu gefragt wurde, worauf es bei der Regierung eines Gemeinwesens am meisten ankomme, gab er eine überraschende Antwort: »Auf die Richtigstellung der Namen.« Irritiert fragte der Schüler, ob diese Antwort nicht allzu banal und wohlfeil sei. Das wiederum irritierte den Meister, und nachdem er Zi Lu den Kopf gewaschen hatte, klärte er ihn auf:

> Sind die Namen nicht richtiggestellt, ist die Sprache konfus. Ist die Sprache konfus, geraten die Dinge in Unordnung. Geraten die Dinge in Unordnung, verfallen Anstand und gute Sitten. Verfallen Anstand und gute Sitten, gibt es keine gerechten Strafen mehr. Ohne gerechte Strafen weiß das Volk nicht, was es tun und was es lassen soll. Deshalb achtet der Weise stets genau auf seine Worte und handelt entsprechend. Das ist das Wichtigste überhaupt.[15]

Ich weiß: Unter Chinaexpertinnen und -experten ist es inzwischen ein beliebtes Spiel, aktuelle Phänomene und Praktiken unter Rückgriff auf antike Vorläufer zu erklären. Das ist manchmal mehr und oft eher weniger erhellend. Keineswegs soll hier behauptet werden, die chinesische Führung sei dank Konfuzius zu der Einsicht gelangt, dass der Verfall von Herrschaft damit beginnt, dass unbefugte Leute »falsch« über die Dinge reden. Wie der letzte Satz des Zitats zeigt, ging es Konfuzius auch gar nicht vorrangig um die richtige Rede, sondern um das richtige Handeln: eines, das im Einklang steht mit dem im Namen liegenden moralischen Anspruch. Wer sich »König« nennt, muss zuerst bestimmte charakterliche Qualitäten beweisen.

Dessen ungeachtet scheint mir die Herrschaft der Kommunistischen Partei, die unter Xi Jinping immer totalitärer wird, von einem bisweilen paranoiden Bewusstsein für den Zusammenhang von kleiner Ursache und großer Wirkung zu zeugen. Mit anderen Worten, es ist die Kettenreaktion in Konfuzius' Argument, die sich die Partei zu Herzen genommen hat: Da der Keim des Untergangs äußerst unscheinbar sein könnte, ist *keine* Abweichung vom offiziellen Sprachgebrauch gestattet, auch nicht in Aurora, Colorado. Wer politisch überleben will, muss *allen* Anfängen wehren. Einmal mehr bestätigt sich, wie sehr das chinesische Regime noch immer von Angst getrieben wird, und dass die stetige Perfektionierung seiner Machtmittel dazu dient, diese Angst zu besänftigen. Nur *totale* Kontrolle ist effektive Kontrolle. Damit niemand etwas Falsches sagt, muss man dafür sorgen, dass niemand etwas Falsches denkt – und zwar im Sinne des entgrenzten Informationskriegs nicht nur in China, sondern überall auf der Welt. Zum Beispiel in Litauen.

Im August 2021 wurde bekannt, dass Taiwan und Litauen eine diplomatische Vertretung in der Hauptstadt des jeweils anderen Landes eröffnen wollten. Angesichts von 112 Auslandsvertretungen, die der Inselstaat bereits unterhielt, war das für Peking eine zwar ärgerliche Nachricht, aber weder neu noch bedrohlich. Der Sprengstoff lag im Namen, den das Büro in Vilnius tragen sollte: Taiwanese Representative Office. Um nicht den korrekten Eindruck zu erwecken, ein Staat zu sein, muss die Insel ihre Quasibotschaften normalerweise nämlich als hauptstädtische Vertretungen deklarieren – außer in den zwölf Staaten, zu denen derzeit noch offizielle diplomatische Beziehungen bestehen. In Berlin etwa befindet sich die Taipeh Vertretung in der Bundesrepublik Deutschland. In der litauischen Hauptstadt allerdings scheint man Konfuzius gelesen und beschlossen zu haben, den Namen richtigzustellen.

Vorangegangen waren dem Schritt andauernde Spannungen zwischen Vilnius und Peking. Wer einmal unfreiwillig eine Sowjetrepublik gewesen ist, besitzt ein waches Gespür für das herrisch anmaßende Verhalten großer Staaten. Chinas Auftreten im Rahmen des sogenannten 17+1-Formats, mit dem die Volksrepublik 17 mittel- und osteuropäische Nationen stärker an sich zu binden und so einen Keil zwischen westliche und östliche EU-Staaten zu treiben versucht, muss Litauens Vertretern auf ungute Weise bekannt vorgekommen sein. Die chinesische Botschaft in Vilnius tat das Ihre, um den Eindruck zu verstärken. Als im August 2019 eine Gedenkveranstaltung an den deutsch-sowjetischen Nichtangriffspakt erinnerte, der 1939 den Weg zur Annexion Litauens geebnet hatte, nutzte eine kleine Gruppe von Demonstrierenden die Gelegenheit, um auf das Schicksal Hongkongs hinzuweisen, dessen Zivilgesellschaft gerade von der Volksrepublik demontiert wurde. Das ging der chinesischen Botschaft zu weit, also ging sie ihrerseits ein gutes Stück über diplomatische Gepflogenheiten hinaus. Nicht nur organisierte sie Gegenproteste, die bald zu körperlichen Angriffen auf die Demonstrierenden führten, sie transportierte die Banner dazu in botschaftseigenen Wagen mit offiziellem diplomatischen Kennzeichen. Den Attacken auf die Gedenkveranstaltung sah der Botschafter aus wenigen Metern und mit offensichtlichem Wohlwollen zu.[16]

Es blieb nicht der einzige Zwischenfall, aber wir können es dabei belassen. Als sich Litauen aus den 17+1-Gesprächen zurückzog, reagierte Peking zunächst mit einer Mischung aus Einschüchterungsversuchen und Missachtung.[17] Dann kam die Nachricht über die Eröffnung eines Taiwanese Representative Office in Vilnius, und die chinesische Reaktion wurde maßlos.

Zuerst berief die Volksrepublik ihren Botschafter aus Vilnius ab und verlangte von der litauischen Regierung, mit ihrer Botschafterin in Peking dasselbe zu tun. Die dortige Vertretung wurde heruntergestuft zum Büro des Geschäftsträgers (Office of the Chargé d'Affaires), allen Mitarbeiterinnen wurden ihre Diplomatenausweise entzogen, und wer China deshalb binnen kürzester Zeit verlassen musste, fand nur mit Mühe ein Umzugsunternehmen, das bereit war, Möbel nach Litauen zu transportieren.[18] Die Staatspresse ätzte gegen das winzige Land, in dem weniger Menschen leben als in einem einzigen Bezirk einer chinesischen Metropole. Als das Taiwanese Representative Office trotzdem eröffnet wurde, zog Peking die Daumenschrauben bis zum Anschlag an: Statt einen Einfuhrstopp für bestimmte Güter zu verkünden, strich man den Namen Litauen gleich ganz aus Chinas System der Zollanmeldung, das war schnell und effektiv. »Es ist, als würden wir eine Fliege zerquetschen«, stellte die *Global Times* mit ausgesuchter Herablassung fest.[19] Wohlgemerkt wurden diese Maßnahmen nicht offiziell verkündet, sondern einfach implementiert. Soweit es den chinesischen Zoll betraf, existierte ein Land namens Litauen nicht mehr, folglich konnten von dort gar keine Waren eingeführt werden – nur für kleine Mengen Kupfer blieb ein Hintertürchen offen, denn das Metall braucht China.[20]

Damit hatte in Vilnius niemand gerechnet. Trotzdem erhöhten die Maßnahmen und die sie begleitenden Beleidigungen nicht die Bereitschaft, nach Pekings Pfeife zu tanzen. Bereits zuvor hatte Litauen entschieden, sein 5G-Netzwerk ohne den chinesischen Anbieter Huawei aufzubauen, nun kam eine Warnung des Verteidigungsministeriums vor der Benutzung chinesischer Smartphones hinzu: Sie könnten Spionagesoftware enthalten und sollten dringend entsorgt werden.

Von Nachgeben also keine Spur. Da ohnehin weniger als ein Prozent aller litauischen Exporte nach China ging, konnten die chinesischen Strafmaßnahmen noch so überzogen ausfallen, sie schmerzten das baltische Land nur begrenzt. Mit dem Vorschlaghammer nach einer Fliege zu schlagen, erwies sich als schwieriges Unterfangen.

Was tun, fragte sich Peking und fand eine Antwort, die endgültig alle Vorbilder für die ökonomische Bestrafung unbotmäßiger Staaten hinter sich ließ. Da Litauen allein schwer zu treffen war, erinnerte man sich der engen Verzahnung globaler Lieferketten und griff zum Mittel der Sippenhaftung. Nicht nur in Litauen gefertigte Güter wurden von der Einfuhr nach China ausgeschlossen, sondern sämtliche Produkte, die ein in Litauen hergestelltes Bauteil enthielten! Die Botschaft richtete sich an alle Länder der Welt, insbesondere EU-Staaten: Entweder schließt ihr Litauen aus euren Lieferketten aus oder wir tun dasselbe mit euch! Prompt stieg der Druck auf Vilnius, nicht zuletzt aus Deutschland. Continental ist nur einer von vielen deutschen Autozulieferern mit Produktionsstätten in Litauen, zu den Kunden gehören BMW und Volkswagen, die ihrerseits in China produzieren. Die deutsch-baltische Handelskammer forderte die litauische Regierung auf, eine »konstruktive Lösung« im Streit mit China zu finden.[21] Im Wirtschaftsministerium in Berlin fand ein Krisentreffen statt, derweil das chinesische Außenministerium kaltblütig bestritt, Druck auf internationale Konzerne auszuüben.[22] Frei nach dem Motto: Das kleine Land erleidet die Folgen seines eigenen Tuns, wir lassen es lediglich geschehen.

Gut möglich, dass Litauen diesem Druck nicht lange hätte standhalten können. Zwar kam aus Brüssel öffentliche Unterstützung, aber hinter vorgehaltener Hand klangen die Äußerungen ganz anders.[23] Musste das sein? Wenig später allerdings überfiel Chinas wichtigster Verbündeter die Ukraine, und in vielen EU-Hauptstädten setzte ein Umdenken ein, das auch Litauen galt. Was eben noch nach der unnötigen Provokation eines wichtigen Handelspartners ausgesehen hatte, wandelte sich zur Prinzipientreue, die nur ein Land beweisen kann, das sich nicht in die Abhängigkeit von autokratisch regierten Wirtschaftsriesen begeben hat. Vielleicht nicht innerhalb des Kanzleramts, aber sehr wohl außerhalb davon war es auf einmal, als habe Litauen etwas richtig gemacht.

Prinzipientreue und Kalkül: Tausche Exporte gegen Chips!

Trotz dieser Wendung hat Litauen für seinen Kurs einen Preis bezahlt. Zwar fiel der Gesamtschaden dank des minimalen Exports nach China gering aus, aber für einzelne Industriezweige, etwa den wichtigen Lasersektor, waren die Einbußen nicht unbedeutend. Gleichzeitig hat das Land gezeigt, dass es wirtschaftlichem wie politischem Druck widerstehen und an seiner wertebasierten Außenpolitik festhalten kann. Sein internationales Renommee dürfte dadurch gestiegen sein, und wenngleich viele EU-Partner nicht begeistert waren, hat die Europäische Kommission in den folgenden Monaten Vorschläge ausgearbeitet, wie die Resilienz von Mitgliedsstaaten gegen ökonomische Zwangsmaßen zu erhöhen sei.

China hingegen hat zumindest auf den ersten Blick sein Ziel verfehlt: Weder hat Vilnius nachgegeben, noch ließen sich internationale Konzerne für lange Zeit in Sippenhaftung nehmen. Für litauische Produkte bleibt der Zugang zum chinesischen Markt zwar verschlossen, aber für Bestandteile aus Litauen in den Erzeugnissen anderer Länder gilt das nicht, und Waren aus China finden weiterhin ihren Weg ins Baltikum. Da die Sanktionen nie offiziell verhängt worden waren, ließen sie sich unauffällig wieder kassieren, als die EU darauf drang.[24] Ohne wirtschaftliche Abhängigkeit erwiesen sich die chinesischen Druckmittel als begrenzt wirksam. Die diplomatische Eskalation hat Peking auf die Spitze getrieben, aber mit ziemlicher Sicherheit nie erwogen, die Beziehungen zu Litauen ganz abzubrechen. Es wäre ein gefährlicher Präzedenzfall, der zum Beispiel die Tschechische Republik dazu bewegen könnte, etwas Ähnliches ins Auge zu fassen.[25]

Trotzdem: Peking hat ein Exempel statuiert, und Länder mit einem größeren bilateralen Handelsvolumen als Litauen – also die allermeisten EU-Mitglieder – dürften kaum Lust bekommen haben, dieselbe Erfahrung zu machen. Aus der zwischenzeitlich von Sanktionen bedrohten Wirtschaft kam ohnehin kein kritisches Wort an Chinas Adresse, sondern allenfalls an die litauische. Unter solchen Umständen lässt sich die oft beschworene europäische Solidarität schwer üben, obwohl der Fall vor allem eines gezeigt haben sollte: Wenn sich die EU geschlossen wehrt, kann sie dem chinesischen Druck sehr wohl standhalten.

Im Übrigen wird mit einem gewissen zeitlichen Abstand klar, dass Litauen zwar von der Heftigkeit der chinesischen Reaktion überrascht wurde, dass die Annäherung an Taiwan aber nicht allein von hehren Werten geleitet gewesen war. Im Vergleich zu China und den USA wird die Insel im Pazifik zwar zu Recht regelmäßig als »klein« bezeichnet, aber hinsichtlich ihrer Wirtschaftsleistung ist sie kein Leichtgewicht, und in einem der gegenwärtig wichtigsten Märkte darf man sie ohne Übertreibung einen Giganten nennen: Mehr als die Hälfte aller weltweit produzierten Halbleiterchips kommt aus Taiwan, bei den neuesten und leistungsfähigsten Logikchips sind es gar über neunzig Prozent. Dass sämtliche OPEC-Staaten zusammen vierzig Prozent des global gehandelten Öls fördern, nimmt sich im Vergleich bescheiden aus.[26]

Über all das ist man sich in Vilnius im Klaren. Ebenso wie seine baltischen Nachbarn will sich auch Litauen ein Image als innovationsfreudiger Standort für die Technologien von morgen zulegen – eher »smart« als »small«, den skandinavischen Ländern ist das bekanntlich gelungen. In dem Zusammenhang setzt Vilnius darauf, dass die politische Annäherung an Taiwan zu einer engeren Kooperation mit der dortigen Halbleiterindustrie führen wird. Eine kürzlich erschienene Analyse stellt gar fest: »Die litauische Regierung [...] glaubt, dass die Verluste durch das chinesische Embargo vernachlässigenswert sind im Vergleich zu den Aussichten einer Partnerschaft mit Taiwan.«[27] So optimistisch sind nicht alle; insgesamt ist es noch zu früh, um das genaue Ausmaß der litauischen Ambitionen abzuschätzen und zu sagen, wie realistisch sie sind. Erste Kooperationsverträge zwischen der litauischen Laserindustrie und dem taiwanischen Industrial Technology Research Institute gibt es aber bereits, ebenso einen von der taiwanischen Regierung aufgelegten Kredit- und Investitionsfonds. Dessen Volumen nimmt sich mit 200 Millionen Dollar zwar bescheiden aus – seine zwei neuen Produktionsstätten in Arizona lässt sich der taiwanische Chiphersteller TSMC vierzig Milliarden Dollar kosten –, aber es soll ja nur ein Anfang sein. Fest steht jedenfalls, dass die EU händeringend nach Wegen sucht, um ihre weit hinterherhinkende Halbleiterindustrie zu fördern, weshalb sie taiwanische Firmen intensiv umwirbt. Im Falle des Standorts Dresden jüngst sogar mit Erfolg.

Für die von China bedrängte Insel liegt darin mehr als eine nur wirtschaftliche Chance. »Taiwan spielt seine ökonomischen Karten geschickt aus«, stellt Mathieu Duchâtel vom Pariser Think-Tank Institut Montaigne fest. »Offensichtlich hat Taiwan etwas Konkretes anzubieten, um das europäische Halbleiterökosystem zu stärken, und die Botschaft lautet, dass sich das mit dem Bemühen verbindet, Taiwans internationalen Spielraum zu vergrößern.«[28] Für die Volksrepublik hingegen zeichnet sich tendenziell ein ähnliches Problem ab wie das, dem sie sich im Südchinesischen Meer gegenübersieht: Treibt sie dortige Anrainerstaaten durch ihr rüdes Auftreten in die Arme des amerikanischen Rivalen, könnte sie europäische Nationen auf dieselbe Weise dazu motivieren, Taiwan genau den internationalen Raum zu eröffnen, den Peking der Insel verschließen will. In der geschilderten Deutlichkeit hat das bisher zwar nur Litauen getan, aber wenn Peking sein Verhalten nicht ändert, könnten andere folgen.

Zeigt das Beispiel Vereinte Nationen also, dass China inzwischen über erhebliche Mittel verfügt, um Taiwan international zu marginalisieren, deutet das Beispiel Litauen an, dass diese Mittel dennoch begrenzt sind. Am Ende ist es eine Frage des politischen Willens, des Mutes und der ökonomischen Entscheidungsfreiheit, die sich ein Land entweder erhalten oder die es durch Abhängigkeit vom chinesischen Markt verspielen kann.

Zusammengenommen zeigen beide Beispiele, dass der chinesisch-taiwanische Konflikt in wachsendem Maß auch uns betrifft. »Weit weg« ist im 21. Jahrhundert kein Argument mehr. Im Übrigen gibt es in der Politik keinen natürlichen Lauf der Dinge, sondern nur die Konsequenzen von Entscheidungen, die menschliche Akteure getroffen haben – wie auch von solchen, denen sie lieber ausgewichen sind. »Deshalb achtet der Weise stets genau auf seine Worte und handelt entsprechend. Das ist das Wichtigste überhaupt.«

Halbleiter: Der Kampf um die Zukunft

Im Jahr 1976 traf die Geschäftsführung des US-amerikanischen Elektronikkonzerns Texas Instruments (TI) eine folgenreiche Entscheidung. Der Direktor der Halbleiterabteilung, ein eingebürgerter Amerikaner chinesischer Abstammung namens Morris Chang, wollte eine neue Fabrik mit einem Geschäftsmodell aufbauen, das bisher nirgendwo auf der Welt praktiziert wurde: Eine Produktionsstätte, die nichts weiter tun sollte, als die von ihren Kunden entworfenen Halbleiterchips herzustellen – eine reine Manufaktur. Die Kunden würden sich um das Design der Chips kümmern, und die neue Fabrik würde sie den Vorgaben gemäß produzieren. Es war in etwa so, als hätte ein Ingenieur bei BMW angeregt, eine neue Fabrik solle nach den Plänen von Mercedes und Audi *deren* Motoren bauen. Die Antwort seiner Bosse kann man sich ausmalen: Mercedes und Audi sind unsere Konkurrenten, keine Kunden! Die entwickeln ihre Autos, wir unsere, kapiert?

Die Hauptkonkurrenten von Texas Instruments hießen seinerzeit Intel und Motorola. Genau wie TI auch designten sie ihre Chips und produzierten sie selbst, weshalb das Modell der reinen Manufaktur nach einer revolutionären Idee mit einem kleinen Haken aussah: Es gab dafür keinen Markt. Dass der Urheber der Idee prophezeite, dieser werde bald entstehen, überzeugte die Geschäftsführung nicht. Zwar genoss Morris Chang im Konzern großen Respekt, weil er die Produktionsprozesse bei TI mit genialen Einfällen und harter Hand auf Effizienz getrimmt hatte, aber dass er die Zukunft voraussagen könne, nahmen seine Vorgesetzten nicht an. Im Übrigen stimmten die Bilanzen, für riskante Neuerungen bestand also keine Notwendigkeit. Der Vorschlag wurde abgelehnt. Für die Beteiligten dürfte es sich kaum nach einer historischen Weichenstellung angefühlt haben, eher nach business as usual; schlechte Einfälle sind schließlich Teil des Geschäfts.

Transistoren: Je kleiner, desto besser

Kurzer Sprung von der Vergangenheit in die Gegenwart und von Texas nach Arizona. Wer sich am 6. Dezember 2022 in einem improvisierten Veranstaltungszentrum nahe der Hauptstadt Phoenix einfand, konnte sehr wohl das Gefühl haben, einem historischen Ereignis beizuwohnen. Dafür sprach nicht zuletzt die Anwesenheit von US-Präsident Joe Biden. Mit »tool installation event« war das Ganze zwar denkbar spröde überschrieben, man konnte es aber auch als Beginn der nächsten Runde im amerikanisch-chinesischen Kampf um *die* Schlüsseltechnologie des 21. Jahrhunderts verstehen. Die »Installation der Maschinen« ist ein wichtiger Schritt beim Bau einer Fabrik für Halbleiterchips, und die in Arizona gehört dem derzeit mächtigsten Player in diesem hart umkämpften Feld: Taiwan Semiconductor Manufacturing Company, kurz TSMC. An jenem 6. Dezember gab der Konzern bekannt, dass er seine Investition in das neue Werk mehr als verdreifachen würde, von den ursprünglich geplanten zwölf auf rund 40 Milliarden US-Dollar. Damit einher ging das Versprechen, auf amerikanischem Boden höchst leistungsfähige Chips herzustellen, wie man sie bisher nur zu Hause in Taiwan produziert hatte. Für die USA waren das gute Nachrichten; die im Bereich Chipdesign führende Nation der Welt verfügt mit Intel nämlich nur über einen Hersteller von Rang, und auch den haben die Marktführer aus Ostasien vorläufig abgehängt. Bei den sogenannten Logikchips – Prozessoren, die man als »Gehirn« eines Endgeräts bezeichnen kann – kommen die Top-Produkte derzeit zu 8 Prozent aus Südkorea (Samsung) und zu 92 Prozent aus Taiwan (TSMC).[1]

Den Megakonzern aus dem taiwanischen Hsinchu nach Amerika zu locken war daher seit langem der gemeinsame Traum wechselnder Regierungen in Washington. Mit Geopolitik hatte das mindestens ebenso viel zu tun wie mit Technologie und Geld. Weil sie Tausende von Produktionsschritten impliziert und unterschiedlichste Komponenten vereint, ist die Herstellung von Halbleiterchips nicht nur technisch äußerst anspruchsvoll und entsprechend teuer, sie basiert auch auf weltumspannenden Lieferketten, die in Krisenzeiten Probleme machen können. Spätestens seit der Coronapandemie gehört *supply chain security* zu den Top-Prioritäten von Planern in Washington, Peking und anderswo. Indem sie möglichst viel Produktion ins eigene Land (zurück)holen, wollen sie der Gefahr vorbeugen, dass unverzichtbare Bestandteile plötzlich nicht mehr zu bekommen sind.

Über die schlichtweg nicht zu überschätzende Bedeutung von Halbleitern können längst auch die reden, die wie ich von der dahinterstehenden Technologie wenig Ahnung haben. Siliziumchips stecken heutzutage in fast allem, was nicht aus Holz oder Baumwolle ist, von Haushaltsgeräten und Autos über Smartphones und Laptops bis hin zu Satelliten und sich selbst steuernden Raketensystemen. Zwar sind nicht alle diese Produkte auf die allerneuesten Logikchips angewiesen – Autos etwa nur dann, wenn sie selbst fahren sollen –, aber in vielen Bereichen hängen Durchbrüche davon ab, dass auch die Leistung der Chips steigt. Nicht zuletzt gilt das für den Weg vom ersten iPhone zum neuesten Modell – kein Wunder und kein Zufall, dass Apple seit 2014 der wichtigste Kunde von TSMC ist.

Als Maßstab für die Leistungsfähigkeit von Halbleiterchips hat sich die Einheit Nanometer (nm) eingebürgert, auch wenn damit eine Vergleichbarkeit zwischen verschiedenen Arten von Chips suggeriert wird, die so nicht besteht.[2] Für die Zwecke dieses Kapitels reicht sie aber aus. Zu beachten ist, dass auch die hochkomplexen Anwendungen moderner Computertechnologie im Kern auf einem binären System von Einsen und Nullen beruhen: Entweder durch einen Transistor fließt Strom oder nicht. Die Leistung eines Chips erhöht sich mit der Anzahl der Transistoren, die auf seiner etwa daumennagelgroßen Fläche Platz finden, d. h. je kleiner die sogenannte »process node« ist. Ein Nanometer ist der einmillionste Teil eines Millimeters. Sprechen wir von einem 10-nm-Chip, heißt das also, dass darauf hunderttausend Transistoren nebeneinander nur einen Millimeter breit sind – damit wird ein Daumennagel zu einer Fläche, auf der mehrere hundert Millionen Transistoren Platz finden. Beim Prozessor im iPhone 14 Pro sind es sogar 16 Milliarden, 149-mal so viele, wie es im iPhone 4 waren.

In den vergangenen Jahrzehnten hat sich die Anzahl der Transistoren auf einem Chip stets innerhalb von ein bis zwei Jahren verdoppelt. Dieses sogenannte Moore'sche Gesetz gab gewissermaßen den Rhythmus vor im Wettrennen um die nächste Generation noch leistungsfähigerer Logikchips. Weil die beteiligten Firmen dafür gewaltige Investitionen in Forschung und Entwicklung tätigen mussten, wurde das Rennen zum Ausscheidungswettkampf: Im Bereich 28 bis 40 nm tummelten sich noch relativ viele Hersteller – die bis heute gutes Geld verdienen, weil es für ihre Produkte einen großen Markt gibt, den China zusehends dominiert –, aber bei 10 nm hatte sich das Feld auf drei Anbieter reduziert: Intel, Samsung und TSMC. Im Übergang zu 7-nm stolperte schließlich auch Intel, im Duell zwischen Samsung und TSMC hat seitdem der taiwanische Hersteller die Nase vorn. Sein 5-nm-Chip ermöglichte das iPhone 13, Anfang 2023 brachte TSMC als bisher einzige Manufaktur der Welt einen 3-nm-Chip heraus. Das ist seither »state of the art« bei den Logikchips, aber mitnichten war es die Ziellinie. Das Rennen geht weiter, auch wenn sich bereits abzeichnet, dass es bald nicht mehr dem gleichsam zweidimensionalen Fortschrittsbegriff des Moore'schen Gesetzes folgen wird, denn physische Dinge können nicht unbegrenzt immer kleiner werden. Experten erwarten künftige Durchbrüche eher in anderen Bereichen der Chipproduktion wie etwa Design und Packaging. Hart umkämpft dürfte der Wettstreit aber bleiben, auch bezüglich der geopolitischen Rivalität zwischen China und den USA.

Dem Mann, der im Dezember 2022 in Phoenix, Arizona, als Hauptredner auftrat, war all das sehr bewusst. Mit seinen 91 Jahren hatte der Gründer und langjährige Chef von TSMC einiges erlebt, und als Vater der taiwanischen Chipindustrie kannte er deren Bedeutung für die Sicherheitslage der Insel. Auch die aktuellen geopolitischen Spannungen verstand er dank seiner Lebensgeschichte besser als viele andere. Geboren in der chinesischen Küstenstadt Ningbo, hatte er seine Jugend damit verbracht, vor der vorrückenden japanischen Armee zu fliehen. Ausgebildet an den amerikanischen Top-Universitäten MIT und Stanford, war er in der US-Elektronikindustrie aufgestiegen, als diese noch in den Kinderschuhen steckte, aber erst in Taiwan erwarb er sich schließlich den Ruf eines visionären Unternehmers, der künftige Entwicklungen früh und präzise voraussah. Seine ehemaligen Vorgesetzten bei Texas Instruments konnten ein Lied davon singen.

Morris Chang durfte sich der Aufmerksamkeit seiner Zuhörerschaft also gewiss sein, als er in Phoenix verkündete, Globalisierung und freier Handel seien »so gut wie tot«.[3] Inmitten der feierlichen Stimmung der Veranstaltung muss man sich das als kalte Dusche vorstellen, vielleicht auch als Hinweis darauf, dass die Entscheidung von TSMC für eine Chipmanufaktur auf amerikanischem Boden unter geopolitischen Gesichtspunkten mehr Sinn ergab als unter rein unternehmerischen.[4] Zwar sitzen die wichtigsten Kunden des Konzerns in Kalifornien, aber um auf dem schnell wachsenden chinesischen Markt präsent zu sein, betreibt TSMC auch eine Fabrik in Nanjing. Mit 28 nm sind die dort hergestellten Chips vielleicht nicht *cutting-edge*, wohl aber ein profitables Produkt, auf das der Konzern nicht verzichten will. In letzter Zeit allerdings steigt in den USA die Angst, dass chinesische Ingenieure bei TSMC Zugriff auf sensible Informationen haben könnten. In gewisser Weise geht es dem Konzern wie den pazifischen Anrainerstaaten, die nicht zwischen den verfeindeten Supermächten wählen, sondern gute Wirtschaftsbeziehungen zu beiden pflegen wollen, das aber immer weniger können. Gerade wegen seiner Halbleiterindustrie hat Taiwan den schwierigen Spagat lange Zeit durchgehalten, oder wie die Nachrichtenagentur Reuters schrieb: »Platziert auf der Frontlinie im Kampf der Supermächte China und USA hat Taiwan eine verteidigungspolitische Meisterleistung vollbracht: Es ist für beide Seiten unverzichtbar geworden.«[5]

Gilt das aber so noch? Im Mai 2023 erwog ein amerikanischer Kongressabgeordneter die Möglichkeit, China zu signalisieren, dass die USA im Falle einer Invasion Taiwans die Produktionsanlagen von TSMC bombardieren würden. Trotz der mit Sicherheit katastrophalen Folgen nannte er das eine »interessante Idee«. In Taiwan sah man das verständlicherweise anders, und tatsächlich gibt es keinen Hinweis darauf, dass im Pentagon entsprechende Pläne existieren. Dennoch wies ein Kolumnist der *Washington Post* darauf hin, dass die USA Ausrüstung im Wert von sieben Milliarden Dollar in Afghanistan zurückgelassen hätten, die prompt den Taliban in die Hände gefallen sei. Angesichts der seinerzeit heftigen Kritik an der US-Regierung fand es der Autor »schwer vorstellbar«, dass das Weiße Haus bei einer drohenden Invasion Taiwans tatenlos zusehen würde, wie ungleich wertvollere Technologie dem größten geopolitischen Rivalen zufällt.[6]

Daraus folgt: Für zwei mächtige Rivalen gleichermaßen unverzichtbar zu sein erhöht die eigene Sicherheit nur dann, wenn es in deren Rivalität rote Linien gibt, die beide Seiten nicht überschreiten. Wie lange das im aktuellen Fall noch gilt, ist eine für Taiwan existenzielle, aber derzeit kaum zu beantwortende Frage. Versuchen wir also zunächst nachzuvollziehen, wie die Insel in diese höchst prekäre Lage geraten ist.

Die teuerste Fabrik in der Geschichte der Menschheit

Viele Menschen haben es vergessen oder nie gewusst, aber letztlich ist die gesamte globale Halbleiterindustrie ein Kind des Krieges; sowohl der vielen heißen als auch des einen kalten. Als Geburtshelfer fungierten amerikanische Rüstungskonzerne und das Pentagon, die gemeinsam daran arbeiteten, moderne Waffensysteme zuverlässiger, zielgenauer oder überhaupt erst möglich zu machen. Im Zweiten Weltkrieg waren nur zwanzig Prozent der amerikanischen Bomben näher als 300 Meter von ihrem Ziel niedergegangen. Bei Langstreckenraketen mit atomaren Sprengköpfen wollte man etwas sicherer sein, wohin sie flogen, und im Rennen um die erste Mondmission galt dasselbe. Es sollte ja nicht aus Versehen eine Marsmission werden. Noch im Vietnamkrieg lag die Trefferquote mancher Geschütze der US-Luftwaffe bei unter zehn Prozent. Ingenieure von Texas Instruments, dem damaligen Arbeitgeber von Morris Chang, behoben das Problem schließlich, indem sie Bomben mit einem Paar Flügel und einem simplen Laserleitsystem ausstatteten, das in sich einen Siliziumchip trug.[7]

Zivile Anwendungen für die neue Technologie ergaben sich erst nach und nach. Damit einher ging die Fertigung bestimmter Komponenten in wachsenden Stückzahlen, was wiederum dafür sorgte, dass Produktionsschritte ausgelagert wurden in Länder mit billigerer

Arbeitskraft als in den USA. So entstand eine Art weltumspannendes Fließband. Wie der Wirtschaftshistoriker Chris Miller beobachtet hat, folgte dessen Verlauf allerdings nicht allein ökonomischen Erwägungen. »Von Südkorea nach Taiwan und von Singapur zu den Philippinen sah eine Karte mit Fabriken, in denen Halbleiterprodukte zusammengesetzt wurden, ganz ähnlich aus wie eine Karte der amerikanischen Militärbasen in Asien.«[8] Offenbar ist die Sorge um sichere Lieferketten etwas älter, als manchmal angenommen wird.

Als Morris Chang 1968 zum ersten Mal Taiwan besuchte, waren auf der Insel noch amerikanische GIs stationiert. Wie wir gesehen haben, bestand seit 1955 zwischen beiden Ländern ein Abkommen mit festen Sicherheitsgarantien, aber Diktator Chiang Kai-shek vertraute den Zusagen aus Washington nicht und wollte auch die wirtschaftliche Kooperation vertiefen. Sein zuständiger Minister K. T. Lee, ein in Cambridge ausgebildeter Nuklearphysiker, erkannte das Wachstumspotenzial der Halbleiterindustrie und gewann Morris Chang für die Idee, Texas Instruments solle ein Werk auf der Insel eröffnen. Amerikanische Investitionen in die taiwanische Wirtschaft, so das Kalkül, würden die Insel in eine Lieferkette integrieren, die die USA unbedingt schützen mussten. Dass die Volksrepublik China 1964 ihre erste Atombombe getestet hatte, verlieh dem Ansinnen zusätzliche Dringlichkeit.

Das war in vielerlei Hinsicht der Anfang. 1969 nahm die Fabrik von Texas Instruments die Produktion auf, elf Jahre später verschiffte sie ihre einmilliardste in Taiwan produzierte Einheit. Inzwischen war Morris Chang mit seinem visionären Plan einer reinen Chipmanufaktur gescheitert, und als man ihn auch bei der Besetzung des Chefpostens von Texas Instruments überging, verließ er den Konzern. So saß er 1985 erneut im Büro von K. T. Lee und lauschte dessen ambitionierten Plänen für den Aufbau einer eigenen taiwanischen Halbleiterindustrie. Als einer der vier asiatischen Tiger hatte die Insel das Zeug – nämlich ein wirtschaftsfreundliches Klima, die notwendige Infrastruktur und qualifizierte Ingenieure –, um mehr zu sein als ein bloßer Zulieferer der amerikanischen Technologiefirmen. Für Taiwan ging die Zeit der Billigjobs sowieso zu Ende, auch deshalb, weil sie in

China unter Deng Xiaoping gerade begann. Außerdem unterhielten Washington und Taipei keine diplomatischen Beziehungen mehr, und es wurde für Taiwan überlebenswichtig, die Verbindungen in die USA zu diversifizieren. Wirtschaftsminister Lee schwebte für sein Land eine Rolle innerhalb der globalen Halbleiterindustrie vor, die sowohl kapital- als auch know-how-intensiver war als bisher, und in Morris Chang sah er den Mann, um das alles zu realisieren. Laut Chris Millers Wiedergabe lautete der entscheidende Satz des Gesprächs: »Sagen Sie mir, wie viel Geld Sie brauchen.«[9]

Morris Changs Antwort ist nicht überliefert, vermutlich enthielt sie neben einer sehr hohen Zahl auch die Idee einer reinen Manufaktur, die nach den Vorgaben ihrer Kunden deren Chips herstellt. Solange sie nur Chips und keine Endgeräte wie etwa Computer produzierte, würde sie kein Konkurrent ihrer Kunden sein, sondern deren Vertrauen genießen, weil sie erst erfolgreich sein konnte, wenn die Kunden es waren. Außerdem erkannte Chang, dass die Produktion von immer leistungsfähigeren Chips bald so teuer sein würde, dass es sich nur sehr wenige Elektronikkonzerne würden leisten können, neben ihren Endgeräten auch die Chips selbst herzustellen. In der Tat kann das heute nur noch Samsung. Morris Chang hatte es den TI-Bossen schon 1976 vorhergesagt: Der Markt für eine reine Manufaktur wird entstehen.

Wie eine Wette auf diese Prophezeiung entstand 1987 TSMC. 48 Prozent des Startkapitals stellte Taiwans Regierung, der niederländische Konzern Philips steuerte neben 58 Millionen Dollar wichtige Produktionstechnologie bei und erhielt dafür mehr als ein Viertel der Anteile am neuen Konzern. Das restliche Kapital kam von reichen taiwanischen Geschäftsleuten, die sich erheblichem Druck seitens der Regierung ausgesetzt sahen, wenn sie ihr Geld nicht freiwillig hergaben. Für den Erfolg des Unternehmens war diese robuste Unterstützung von oben ebenso wichtig wie die Verbindung in die USA. Als amerikanischer Staatsbürger lockte Morris Chang in großer Zahl frühere Kollegen über den Pazifik, und noch heute trägt TSMC zwar viele Züge eines taiwanischen Staatsunternehmens, aber drei Viertel seiner Anteile befinden sich in ausländischem Besitz, und die Hälfte der

Board-Mitglieder sind US-Bürger.[10] Ein Schelm, wer daraus schließt, der Konzern sei empfänglich für politischen Druck aus Washington.

Morris Chang hatte eine revolutionäre Idee, der taiwanische Staat konnte genug Geld und günstige Rahmenbedingungen bereitstellen, aus Taiwans Gesellschaft kam das Heer von Technikern und Ingenieuren, amerikanische Manager schließlich besaßen das notwendige unternehmerische Know-how. Fürs Erste reichte das, um TSMC auf die Erfolgsspur zu setzen. In den 1990er und 2000er Jahren wuchs das Unternehmen stetig und verzeichnete ordentliche Gewinne. Dann kamen zwei Dinge hinzu, die der Konzern aus eigener Kraft nicht herbeiführen konnte: der Beginn einer neuen Ära bei den Endgeräten und ein folgenreicher Fehler der Konkurrenz.

Als Apple 2007 das erste iPhone auf den Markt brachte, ging das Zeitalter von Desktop-Computer und Laptop schlagartig über in die Ära des Smartphones – damit explodierte der Bedarf an leistungsfähigen Logikchips. Intel allerdings, der dominierende Hersteller der zu Ende gehenden Ära, hatte die Zeichen der Zeit nicht erkannt und das Angebot von Apple abgelehnt, Chips für das iPhone zu produzieren. Die Begründung überzeugt im Rückblick niemanden mehr: Man glaube nicht, dass Apple das neue Produkt oft genug verkaufen werde, um die hohen Entwicklungskosten zu rechtfertigen.[11] Die Chips ließ Apple dann zunächst von Samsung fertigen, wovon der koreanische Konzern enorm profitierte, aber als das Galaxy Handy zum größten Konkurrenten des iPhones wurde, wollte Apple das Gehirn seines Produkts nicht länger dort herstellen lassen, wo man an dessen Funktionsweise womöglich ein allzu großes Eigeninteresse besaß.

Die einzige Alternative saß in Taiwan. Nur TSMC war in der Lage, den Ansprüchen von Apple an Qualität und Produktionsvolumen gerecht zu werden. Im Rekordtempo wurde für neun Milliarden Dollar eine neue Fabrik aus dem Boden gestampft, und sobald die 2014 den Betrieb aufnahm, schossen die Umsätze des Konzerns nach oben.[12] Durch die Zusammenarbeit mit Apple wurde TSMC endgültig (falls das Wort hier erlaubt ist, denn die Zukunft kommt ja noch) zum Weltmarktführer bei der Herstellung von Logikchips und zu einem der wichtigsten Player der globalen Halbleiterindustrie. Ein Riese auf der vergleichsweise kleinen Insel, dessen Investitionen im Jahr 2021 fast doppelt so hoch waren wie der taiwanische Verteidigungshaushalt.[13] Den Vergleich wähle ich nicht grundlos. Wie die bisherigen Ausführungen angedeutet haben, erhält der Konzern eine über den Technologiesektor weit hinausreichende Bedeutung dadurch, dass sich seine wichtigsten Produktionsstätten in einem *der* geopolitischen Brennpunkte des 21. Jahrhunderts befinden. Bloß, welche Bedeutung genau erhält TSMC dadurch?

Ein das Land beschützender heiliger Berg?

Bei meinem Besuch in Washington, D.C., im Mai 2023 wollte ich von allen Interviewpartnerinnen und -partnern eines wissen: Besitzt Taiwan ein *silicon shield*, also einen Schutzschild aus Silizium? Den Ausdruck hatte Präsidentin Tsai Ing-wen 2021 in einem Artikel in *Foreign Affairs* populär gemacht, als sie schrieb: »Unsere Halbleiterindustrie ist von besonderer Bedeutung: ein ›silicon shield‹, der es Taiwan erlaubt, sich und andere vor den aggressiven Versuchen autoritärer Regime zu schützen, globale Lieferketten zu unterbrechen.«[14] Sie dürfte vor allem an *ein* Regime gedacht haben. Der Gedanke, dass die taiwanische Halbleiterindustrie dem Schutz der Insel vor einer chinesischen Invasion dient, stand wie gesehen schon Pate bei ihrer Entstehung. Oben ist er uns in Form der Aussage begegnet, sich für China wie für die USA unverzichtbar gemacht zu haben sei eine verteidigungspolitische Meisterleistung gewesen – was gegenwärtig aber vielleicht nicht mehr zutrifft. Deshalb meine Frage an die Fachleute in Washington.

Innerhalb der taiwanischen Gesellschaft herrscht seit langer Zeit der Glaube, das Land besitze zwei sogenannte *huguo shenshan*, »das Land beschützende heilige Berge«. Als der eine gilt das Zentralmassiv, das in der Tat für jeden Angreifer ein formidables Hindernis darstellt, der andere soll TSMC sein. Dem liegt die Annahme zugrunde, dass der Konzern für die Weltwirtschaft – und also auch für zwei darin tief integrierte Staaten wie China und die USA – so essenziell ist, dass eine

Zerstörung der taiwanischen Produktionsstätten katastrophale Folgen hätte, die niemand wollen kann. Diese Annahme mag zutreffen, aber um zum Argument zu werden, muss sie noch weitergehen: Folglich wird niemand die Katastrophe herbeiführen oder auch nur ernsthaft riskieren. Ist das so? Ein Blick auf die Geschichte der atomaren Abschreckung lehrt jedenfalls, dass zwar kein staatlicher Akteur je einen Atomkrieg gewollt hat, aber zu Aktionen, durch die er wahrscheinlicher wurde, kam es immer wieder. Die Kubakrise ist nur das am besten bekannte Beispiel.

Weitgehend unstrittig ist, dass ein Krieg in Taiwan die Produktionsstätten von TSMC und anderen Halbleiterherstellern stark in Mitleidenschaft ziehen, sie eventuell sogar komplett zerstören würde. Nicht nur sind die Anlagen hochempfindlich, viele liegen außerdem in unmittelbarer Nähe von Stränden, wo im Ernstfall chinesische Bodentruppen landen könnten.[15] Allen Entscheidungsträgern sollte daher bewusst sein: Wer den Krieg beginnt, nimmt den Ausfall der weltweit wichtigsten Fabriken für Halbleiterchips billigend in Kauf.

Von diesem Bewusstsein eine mäßigende Wirkung zu erwarten ist keineswegs naiv. Allerdings gibt es in jeder Konfrontation zwischen Supermächten neben Szenarien, die beide Seiten zu vermeiden suchen, auch strategische Ziele, die sie unbedingt erreichen wollen. Wenn das nur möglich erscheint, indem man eine ungewollte Eskalation riskiert, ist kaum vorherzusagen, wie sich eine Regierung entscheiden wird. Zumindest dürfte sie sich einen Vorteil davon versprechen, so zu tun, als fürchte sie das Horrorszenario weniger als die Gegenseite – sobald die sich auf das Spiel einlässt, sind beide dem, was sie eigentlich gar nicht wollen, ein gutes Stück näher gekommen.

Also, gibt es den Siliziumschild nun oder nicht? Zu meiner Überraschung habe ich auf diese nur scheinbar einfache Frage jedes Mal dieselbe Antwort bekommen: Nein, es gibt ihn nicht. Zwar bezieht Taiwan aus seiner Halbleiterindustrie einen politischen Nutzen, insofern diese die internationale Aufmerksamkeit auf die bedrohte Lage der Insel richtet, für die sich andere Länder – zumal in Europa – sonst nicht interessieren würden. Dass sich Xi Jinping jedoch von einem Militärschlag gegen Taiwan abhalten lassen wird, nur weil dann

China wie dem Rest der Welt erhebliche Produktionsausfälle drohen, erschien allen meinen Gesprächspartnerinnen und -partnern abwegig. Das harte Vorgehen gegen die eigene Tech-Branche, zum Beispiel gegen den vorlauten Chef von Alibaba, Jack Ma, habe doch gezeigt, dass Xi seine politischen Ziele auch dann rigoros verfolgt, wenn es zu wirtschaftlichen Einbußen führt.[16]

Ich halte diese Einschätzung für zutreffend, würde sie aber gerne differenzieren: Wenn es hart auf hart kommt und Xi Jinping keine andere Möglichkeit sieht, Taiwan etwa von einer formalen Unabhängigkeitserklärung abzuhalten, wird er eine Invasion anordnen, ohne sich um das Schicksal der Chipindustrie zu kümmern. Diesseits eines solchen Extremfalls könnte die Angst vor den Folgen einer Eskalation aber durchaus abschreckend wirken, schließlich wäre eine weltweite ökonomische Katastrophe auch für Peking ein Problem. Trotz massiver Propaganda kämpft das Regime noch immer mit dem Imageschaden infolge der Coronapandemie; das war ein Unglücksfall, der dann durch das Missmanagement der Kommunistischen Partei verschlimmert wurde. Ein von China begonnener Krieg, der Hunderttausende Menschenleben kostet und die ganze Welt in eine tiefe Rezession stürzt, wäre ein anderer Fall. Putin hat vorgemacht, wie man sich ins Abseits manövrieren kann, und auch wenn ich es ungern hinschreibe, weil es furchtbar zynisch klingt: Für die Weltwirtschaft sind taiwanische Chips deutlich wichtiger als ukrainisches Getreide. Da dasselbe allerdings für den chinesischen Markt im Vergleich zum russischen gilt, könnte Peking darauf setzen, dass das westliche Sanktionspaket am Ende nur ein kleines Päckchen werden würde.

Auch in den USA gibt es vereinzelte Stimmen, die aus der Wichtigkeit der taiwanischen Chipindustrie ganz eigene Schlüsse ziehen. »Die USA sollten einen militärischen Konflikt um die Insel Taiwan um jeden Preis vermeiden«, schreibt der Tech-Experte Paul Triolo, »und weiterhin eine friedliche Vereinigung [zwischen der Insel und dem Festland] fördern, so wie in den maßgebenden Dokumenten, die die amerikanisch-chinesisch-taiwanischen Beziehungen leiten.«[17] Damit bezieht sich Triolo auf die drei Kommuniqués von 1972, 1979 und 1982 und schlägt vor, sie um ein viertes zu ergänzen, das sich ausdrücklich dem Ziel widmet, Taiwans Halbleiterindustrie als Dreh- und Angelpunkt globaler Lieferketten zu erhalten.

Im Moment sehe ich freilich keine Anzeichen für Amerikas Bereitschaft, sich auf Kosten Taiwans mit China zu einigen. Zu viele geopolitische Erwägungen sprechen dagegen, aber das muss nicht für alle Zeit so bleiben. Ein auf »Deals« fokussierter Präsident wie Donald Trump könnte durchaus versucht sein, grünes Licht zur »Wiedervereinigung« zu geben, wenn Washington dafür garantierten Zugang zu taiwanischen Halbleitern erhält – umso mehr, wenn sich das militärische Gleichgewicht in der Taiwanstraße bis dahin noch mehr zugunsten der Volksrepublik verschoben haben sollte.

So gesehen erscheint bereits die Eröffnung des TSMC-Werks in Arizona in einem für Taiwan problematischen Licht. Als so ziemlich alle amerikanischen Redner bei der Veranstaltung in Phoenix betonten, das neue Werk diene der Sicherung globaler Lieferketten, dürften sie vor allem *ihre* Lieferketten im Sinn gehabt haben, die vor den Folgen eines möglichen chinesischen Angriffs auf Taiwan geschützt werden müssen.[18] Entsprechend skeptisch wurde die Angelegenheit auf der Insel betrachtet. Medien äußerten die Befürchtung, künftig könnten viele einheimische Ingenieure in die USA abwandern, was durch die Schwächung des Technologiestandorts Taiwan auch dessen Sicherheit untergraben würde.[19] Für zwei mächtige Rivalen gleichermaßen unverzichtbar zu sein mag Taiwan in eine Position gebracht haben, die auf den ersten Blick sicherer aussieht als auf den zweiten – für die amerikanische Seite *verzichtbar* zu werden ist offensichtlich keine erstrebenswerte Alternative.

Vorläufig dürfte diese Gefahr allerdings nicht bestehen. TSMC selbst betont, die Firma werde ihre neuesten Produkte weiterhin zu Hause entwickeln und in den Ablegern in Übersee nur Chips fertigen, die zu dem Zeitpunkt bereits eine Generation oder zwei hinter der *cutting-edge* hinterherhinken. Firmen wie Apple, Nvidia und Qualcomm, die stets die leistungsfähigsten Produkte von TSMC brauchen, werden daher noch auf lange Sicht abhängig bleiben vom Standort Taiwan und dem nur dort existierenden Netzwerk von Zulieferern.[20]

Auch deshalb spricht wenig dafür, dass die USA in absehbarer Zeit ihre Unterstützung für die Insel zurückfahren werden, um sich China anzunähern. Vorläufig geschieht das Gegenteil. Bei meinem Washingtonbesuch im Mai 2023 konnte ich im Kongress einer öffentlichen Anhörung des »Sonderausschusses zum strategischen Wettbewerb zwischen den USA und der Kommunistischen Partei Chinas« beiwohnen, wo unter anderem der ehemalige Google-Chef Eric Schmidt und Robert Lighthizer aussagten, der unter Donald Trump den Handelskrieg gegen China orchestriert hatte.[21] Die Zeichen standen auf »decoupling«: der Entflechtung von Handelsbeziehungen mit dem Ziel, die eigene Abhängigkeit zu reduzieren und – wenn möglich – die Entwicklung der Gegenseite zu hemmen. Am dringendsten ist das für die USA im Hochtechnologiesektor und dessen zivilen wie militärischen Anwendungen, also auch bei den Halbleiterchips. Sie stehen im Zentrum der jüngsten Bemühungen, Chinas Aufstieg zu bremsen und möglichst viel Produktionskapazität in die USA zurückzuholen.

Ein wichtiges Werkzeug dabei ist der im August 2022 verabschiedete CHIPS and Science Act, mit dem 280 Milliarden Dollar bereitgestellt wurden, um die heimische Halbleiterindustrie zu fördern. Das dürfte ein starker Anreiz für TSMC gewesen sein, die ursprünglich geplante Investition in Arizona zu verdreifachen. Ergänzt wird das Zuckerbrot der Förderung durch eine handelspolitische Peitsche, nämlich die sogenannte »Entity List« des US Bureau of Industry and Security, die den Handel mit bestimmten Produkten bzw. den Produkten bestimmter Firmen genehmigungspflichtig macht. De facto bedeutet das oft genug ein Verbot. Das prominenteste Beispiel ist der chinesische Telekommunikationsriese Huawei, der seit 2019 auf der schwarzen Liste steht und seitdem gewaltige Schwierigkeiten hat, unter anderem beim geplanten Ausbau des 5G-Netzes in der EU – auch wenn sich Deutschland wie üblich schwer damit tut, chinesischen Unternehmen das Leben schwer zu machen.[22]

Im Oktober 2022 ging Washington allerdings noch einen großen

Schritt weiter. Statt einzelner chinesischer Firmen wurde durch umfassende Exportverbote das gesamte Halbleiterökosystem der Volksrepublik ins Visier genommen und Regeln unterworfen, die bisher nur für Huawei gegolten hatten. Damit sollte es China unmöglich gemacht werden, auf eigenem Boden jene *Cutting-edge*-Chips zu produzieren, die für eine ganze Reihe von Xi Jinpings Entwicklungszielen unerlässlich sind, nicht zuletzt für die »Informatisierung« (*xinxihua*) der Kriegsführung, die im Fokus der 2015/16 begonnenen Militärreformen steht.[23]

Keineswegs beschränken sich die Exportverbote auf den bilateralen Handel zwischen China und den USA; angesichts der globalen Lieferketten der Halbleitertechnologie wären sie dann ein zu stumpfes Instrument. Betrachten wir beispielsweise die niederländische Firma ASML, die Lithographie-Maschinen herstellt, mit denen Transistoren auf Siliziumchips »gedruckt« werden. Bei den neuesten Chips ist das, weil die Transistoren kleiner sind als eine menschliche Zelle, nur mit sogenannter EUV (Extreme Ultraviolet)-Strahlung möglich, sonst wäre die Wellenlänge des Lichts zu groß. Eine einzige Maschine zur EUV-Lithographie besteht aus mehreren hunderttausend Komponenten, die von über 5000 Zulieferern stammen, auch von deutschen Firmen wie Trumpf und Zeiss und natürlich auch aus den USA.[24] Die ASML-Tochter Cymer im kalifornischen San Diego etwa steuert Lichtquellen bei. Mit den Bestimmungen vom Oktober 2022 reklamierte Washington für sich das Recht zu entscheiden, welche Maschinen ASML nach China liefern darf und welche nicht – es steckt schließlich amerikanische Technik darin. Unter dem Druck dieses Beschlusses erließ die Regierung in Den Haag im Juni 2023 eigene Exportbestimmungen, die den Verkauf der fortschrittlichsten ASML-Maschinen nach China untersagten.[25] Nennen wir es einen Fall von erzwungenem vorauseilenden Gehorsam.

Wo der Hebel anzusetzen war, hatte sich Washington gut überlegt. Ohne EUV-Lithographie ist es nicht möglich, Chips im Bereich von 5 nm und darunter zu produzieren. Da ASML für diese Maschinen ein globales Monopol besitzt, könnten chinesische Hersteller derzeit auch dann keine *Cutting-edge*-Chips herstellen, wenn sie alle anderen

Bedingungen erfüllen würden (was Fachleuten zufolge nicht der Fall ist). Den Ambitionen des Pekinger Regimes, bald in *sämtlichen* Zukunftstechnologien eine führende Rolle zu spielen, legt das ein großes Hindernis in den Weg. Zwar ist die Volksrepublik für sechzig Prozent des globalen Bedarfs an Halbleiterchips verantwortlich, aber nur für 13 Prozent der Produktion. Das 2015 verkündete Ziel, binnen zehn Jahren eine Eigenbedarfsdeckung von siebzig Prozent zu erreichen, wurde längst aufgegeben. Derzeit sind es eher sieben Prozent.[26]

Im September 2023 kam jedoch die Meldung auf, Huawei habe ein neues Smartphone produziert, ausgestattet mit einem 7-nm-Chip made in China! Dafür hatte der Konzern andere ASML-Maschinen benutzt, die vom Lieferverbot nicht betroffen waren.[27] Dass Huaweis chinesische Zulieferer solche Chips tatsächlich in der benötigten Stückzahl *und* zu akzeptablen Kosten herstellen können, ist zwar unwahrscheinlich, trotzdem sahen die US-Maßnahmen für den Moment ziemlich wirkungslos aus, sehr zur Freude chinesischer Staatsmedien. Ein Leitartikel in der *Volkszeitung* frohlockte, mit der Errichtung eines »eisernen Vorhangs der Technologie« (*keji tiemu*) schadeten sich die USA bloß selbst.[28] Washington sah es anders und verabschiedete im Oktober 2023 ein nachgebessertes, noch strengeres Paket von Exportverboten. Dieses schließt nicht nur ASML-Maschinen ein, die den niederländischen Bestimmungen nach noch geliefert werden durften, es enthält auch die sogenannte Null-Prozent-*de-minimis*-Regel, der zufolge es egal ist, ob in einem Produkt amerikanische Komponenten stecken oder nicht – wenn die USA es für sicherheitspolitisch geboten halten, können sie den Export nach China verbieten.[29] Das ist weniger ein juristisches Instrument als ein politisches Signal an alle Firmen und Staaten, die es sich mit Washington nicht verscherzen wollen: Versucht gar nicht erst, neueste Halbleitertechnologie für den chinesischen Markt zu entwickeln, denn unsere Verbote werden folgen, und wir werden Mittel und Wege finden, sie auch durchzusetzen.

Um die Wirksamkeit dieser Maßnahmen abzuschätzen, ist es freilich noch zu früh. Kurzfristig dürfte China tatsächlich vor erhebliche Probleme gestellt werden, aber genau das, befürchten Kritiker, könnte sich mittel- und langfristig in einen Vorteil verwandeln. Die USA zwingen das Land geradezu, eigene Ressourcen und Möglichkeiten auszuschöpfen, um den mangelnden Zugang zu ausländischen Zulieferern zu kompensieren. Das mag schwierig und vor allem teuer sein, aber man sollte den chinesischen Willen nicht unterschätzen, es trotzdem zu schaffen. »In zehn Jahren«, prophezeit Jan-Peter Kleinhans, Leiter des Themenbereichs Technologie und Geopolitik der Stiftung Neue Verantwortung, »werden wir ein chinesisches Halbleiterökosystem sehen, das in vielen Bereichen deutlich besser aufgestellt und von westlicher Technologie unabhängiger ist als heute.«[30] Entsprechend sicherer wird dieses System vor amerikanischen Sanktionen sein.

Trotz solcher Bedenken eskaliert der Streit zwischen den Supermächten vorerst weiter. In Reaktion auf das erste Paket amerikanischer Exportverbote hat China im Juli 2023 Kontrollen für den Export der seltenen Metalle Gallium und Germanium erlassen. Beide sind wichtig für die Halbleiter- und Elektronikindustrie, und die Volksrepublik verfügt über 94 Prozent (Gallium) bzw. 83 Prozent (Germanium) der weltweiten Vorkommen.[31] Außerdem kontrolliert das Land achtzig bis neunzig Prozent des globalen Handels mit seltenen Erden – Mineralien mit besonderen Eigenschaften, die etwa für neueste Entwicklungen in der Waffentechnik gebraucht werden.[32] Nur einen Monat nach Verkündigung der nachgebesserten US-Exportverbote meldeten chinesische Medien im November 2023, das Handelsministerium habe die Ausfuhrbestimmungen für seltene Erden überarbeitet. Der Schritt solle sowohl die Wettbewerbsfähigkeit der chinesischen Industrie stärken als auch »ihre internationale Diskursmacht«.[33] Im ersten Moment mag das etwas nebulös klingen, die Botschaft war aber glasklar: Wer uns wehtut, muss sich auf Schmerzen einstellen.

So scheint es derzeit, als wollten sowohl China als auch die USA das eine fundamentale Faktum ihrer komplizierten Beziehung verleugnen: Sie sind – gerade bei der Halbleiterproduktion – *voneinander* abhängig. Mangels ökonomischer Verflechtung galt das für die USA und die Sowjetunion nie, weshalb der Vergleich des heutigen Konflikts zum Kalten Krieg problematisch ist und vor allem auf amerikanischer Seite den gefährlichen Irrglauben fördert, dass der Konflikt zu gewinnen sei.[34] China scheint das nämlich ebenfalls zu glauben, und je siegesgewisser beide Rivalen sind, desto größer wird die Versuchung, es einfach mal drauf ankommen zu lassen …

Mitten hinein in meine Arbeit am Abschnitt über Halbleiter platzte im Herbst 2023 die Meldung, dass TSMC auch eine Fabrik in Dresden bauen will. Dort sollen vor allem Chips für die europäische Automobilindustrie produziert werden, Bosch und Infineon sind als Juniorpartner dabei. Offenbar war durch die Lieferengpässe während der Pandemie der Handlungsdruck gestiegen, und mit Milliardenzuschüssen aus Berlin und dem European Chips Act – CHIPSs kleiner Bruder – konnte man TSMC günstige Bedingungen für den Bau einer Fertigungsanlage in Sachsen bieten.[35] Umgehend eröffnete der Freistaat ein Verbindungsbüro in Taipei, bereits ab 2024 sollen in Kooperation mit der Technischen Universität Dresden jährlich hundert Studierende in Taiwan die hohe Kunst der Chipproduktion erlernen.

Wirtschaftsminister Robert Habeck begrüßte die Entscheidung für den Standort Dresden und nannte es eine »wirtschaftssicherheitspolitische Idee«, ausländische Chipproduzenten in Deutschland anzusiedeln.[36] Medienberichte meldeten weniger verklausuliert, dass es darum gehe, etwaigen Produktionsausfällen durch einen Krieg in Taiwan vorzubeugen. Sie wiesen aber auch darauf hin, dass die EU bisher weniger als zehn Prozent ihres Chipbedarfs selbst deckt und mittels des TSMC-Werks in Dresden *darauf hinarbeiten will*, den Anteil auf ein Fünftel zu steigern. Eine echte Unabhängigkeit von Halbleitern, die heute zum überwiegenden Teil aus Taiwan kommen, wird also noch auf Jahrzehnte hinaus illusorisch bleiben.[37]

Damit das niemand vergisst, werden TSMC-Manager nicht müde zu betonen, dass der Kopf ihres Unternehmens in Taiwan sitzt und die Ableger in Übersee ohne diesen nicht funktionieren. Egal ob Arizona, Dresden oder das ebenfalls neu entstehende Werk im japanischen Kumamoto, für sie alle gilt: Das Know-how kommt aus Hsinchu, einer im Falle eines chinesischen Angriffs besonders exponierten Stadt. Sich darüber hinwegzutäuschen, wäre wirtschaftssicherheitspolitisch naiv. So zu tun, als könnten sich Deutschland und der Westen gegen die Folgen eines Krieges um Taiwan immunisieren, ist Augenwischerei. Ausgehend von dieser Einsicht soll in den beiden folgenden Kapiteln noch einmal genauer gefragt werden, wie groß die Kriegsgefahr aktuell ist, wie sehr und warum sie in absehbarer Zeit zunehmen könnte und welche Möglichkeiten es gibt, China von einem Angriff auf Taiwan abzuhalten. Die Rolle Deutschlands und der Europäischen Union in diesem Zusammenhang wird Gegenstand des abschließenden Fazits sein.

5
Abschreckung: Das komplizierte Zusammenspiel von Angst und Zeit

> Eine Regierung weiß nie genau, wie entschlossen sie zum Handeln ist; bis zu dem Moment, da ihre Entschlossenheit in Frage gestellt wird.
>
> Thomas Schelling, *Arms and Influence*

Wer in den vergangenen Jahren das Auftreten der Volksrepublik China auf der internationalen Bühne verfolgt hat, musste sich immer wieder verwundert die Augen reiben. Mancher Leserin und manchem Leser dürfte es bei der Lektüre der letzten drei Abschnitte ebenso ergangen sein. Wie kann man sich das ständige Schwanken zwischen machohafter Aggressivität und extremer Dünnhäutigkeit erklären, das die chinesische Führung an den Tag legt? Wie passen die lautstarken Drohungen, die sie regelmäßig ausstößt, zu den weinerlichen Klagen über verletzte chinesische Gefühle, die bei jeder Kritik aus dem Ausland beinahe reflexhaft angestimmt werden? Dass chinesische UN-Delegierte die Website einer kleinen katholischen Privatschule in Colorado scannen und Alarm schlagen, weil sie dort das Wort »Taiwan« entdecken, wirkt nachgerade bizarr. Sitzt in Peking ein selbstbewusstes Regime, das die große Wiederauferstehung der chinesischen Nation erwartet oder ein ängstliches, das überall Vorboten des drohenden Untergangs entdeckt? Sieht sich die politische Führung kurz vor dem Ziel oder kurz vor dem Abgrund?

Beides, lautet die Antwort, die zugleich erklärt, warum der Umgang mit der Volksrepublik China auf absehbare Zeit so kompliziert bleiben wird, wie er es gegenwärtig ist – nicht nur in der Taiwanstraße, aber dort ganz besonders. Auf den ersten Blick lässt sich im chinesischen Auftreten ein Übergang ausmachen von einer Haltung der Angst, die primär die taiwanische Unabhängigkeit zu verhindern suchte, hin zu einer, die getrieben von nationalistischer Gier die »Wiedervereinigung« der Insel mit dem Festland erzwingen will. Ersteres war ein Status-quo-Ziel, Letzteres ist offen revisionistisch. Der in der

Amtszeit von Hu Jintao vorbereitete Umschwung ist unter Xi Jinping offen zutage getreten.

Bei näherem Hinsehen jedoch sind auch hier die Gegensätze weniger klar, als es scheint. Die nationalistische Gier hat die Angst nicht etwa abgelöst, sondern ist deren jüngster, Chinas neuer Macht entsprechender Ausdruck. Unterdrückt und verdrängt, aber weiterhin wirksam, ist es die Angst vor dem Zerfall, welche die Gier befeuert, weshalb sich jene nur überwinden lässt, indem diese befriedigt wird: Allein die »Wiedervereinigung« kann dauerhaft Taiwans Unabhängigkeit und damit die Kettenreaktion des großen Niedergangs verhindern. Erst dann wird die Volksrepublik den Bürgerkrieg gegen Chiang Kai-sheks Truppen endgültig gewonnen und die Aufgabe gemeistert haben, an der die Republik gescheitert ist: das Riesenreich der Qing in einen geeinten, souveränen Nationalstaat zu überführen. Dann erst kann das Ein-China-Prinzip vom umstrittenen Dogma zur unbestreitbaren Realität werden, weil dann erst die Legitimität kommunistischer Herrschaft sicher sein wird vor der Infragestellung durch ein demokratisches System auf der anderen Seite der Taiwanstraße. Und schließlich: Erst wenn sie Taiwan effektiv kontrolliert, kann die Volksrepublik für sich den Status als Hegemon im Indopazifik reklamieren. Einstweilen jedoch bleibt die große Wiederauferstehung der chinesischen Nation ein Propagandaslogan, dessen verschwiegene Kehrseite die Angst ist, es könnte alles ganz anders kommen. Der Chinesische Traum könnte auch platzen.

In diesem Sinne kehren wir am Ende des Buches zurück zur Einsicht aus dem ersten Kapitel: Alles hängt an Taiwan. Nachdem wir gesehen haben, wie beharrlich Peking daran arbeitet, seinen Einfluss auf die Insel auszuweiten, bestätigt sich allerdings auch die Einsicht des zweiten Kapitels, nämlich: Direkte politische Kontrolle wird das Regime vermutlich nur durch eine Invasion erlangen können. Weder Flüge durch Taiwans ADIZ noch die Manipulation der öffentlichen Meinung, weder die Eroberung Kinmens noch eine Blockade der Hauptinsel, weder Sanktionen gegenüber Litauen noch die Umdeutung der UN-Resolution 2758 machen die Kommunistische Partei zur tatsächlichen Herrscherin über Taiwan. Mit Informationskriegen allein gewinnt man kein Territorium.

Dass das Regime bisher nur mit Mitteln diesseits einer Invasion versucht, seinen Machtanspruch durchzusetzen, hat ebenfalls mit Angst zu tun: Da an Taiwan alles hängt, kann an Taiwan auch alles scheitern. Schlimmstenfalls droht das Ende der kommunistischen Herrschaft über China, und wie im zweiten Kapitel gesehen, würde ein ins Stocken geratener oder allzu verlustreicher Feldzug mit ziemlicher Sicherheit bereits als Scheitern gelten. Was Russland in der Ukraine erlebt, darf sich in der Taiwanstraße nicht wiederholen. Daher wird Xi Jinping eine Invasion nur anordnen, wenn er sich entweder eines zügigen Erfolgs sicher ist oder keine andere Möglichkeit mehr sieht, Taiwan unter seine Kontrolle zu bringen. Mit anderen Worten: Entweder muss er sich so stark fühlen, dass nichts mehr gegen den Marschbefehl spricht, oder so verzweifelt, dass auch große Risiken akzeptabel erscheinen, weil die einzige Alternative lautet »jetzt oder nie«.

Beide Szenarien sind eng gebunden an das Verhalten des großen Rivalen. Das erste kann nur eintreten, wenn die USA Taiwan fallenlassen, denn sosehr sich die militärischen Kräfteverhältnisse in den letzten Jahren verschoben haben, von einem *sicheren* Sieg über die mächtige US-Armee wird Peking noch für lange Zeit nicht ausgehen können. Das zweite Szenario hingegen könnte eintreten, wenn Washington seine Unterstützung für Taiwan so weit ausbaut, dass Peking befürchten muss, die Chancen für eine erfolgreiche Invasion würden mit der Zeit immer kleiner statt größer. Da dies gegenwärtig das wahrscheinlichere Szenario ist, soll es auf den verbleibenden Seiten im Mittelpunkt stehen.

Abschreckung auf schmalem Grat

Konkret stellen sich zwei eng zusammenhängende Fragen: Erstens, droht Xi Jinping in absehbarer Zeit an den Punkt zu gelangen, an dem er nur noch eine militärische Lösung der Taiwanfrage für realistisch hält? Zweitens, was können die USA, Taiwan und der Rest der Welt tun, um ihn von diesem Punkt fernzuhalten? Damit wenden wir uns dem schwierigen Problem der Abschreckung zu, das im vorliegenden

Fall gerade dadurch verkompliziert wird, dass auf chinesischer Seite die Angst eine so zentrale Rolle spielt. Xi Jinping könnte sich zu einer Invasion Taiwans entschließen, wenn er zu große Angst bekommt, dass sich die Insel seinem Zugriff andernfalls für immer entzieht; abhalten lassen von einer Invasion wird er sich aber womöglich nur durch die Angst vor dem Scheitern. Theoretisch müssten Taiwan und die USA daher versuchen, ihm die erste Angst zu nehmen, während sie die zweite verstärken – da es aber mindestens teilweise dieselben Maßnahmen sind, die *beide* Ängste befeuern, etwa erhöhte Investitionen in Taiwans Verteidigungsfähigkeit, wird die Abschreckung zu einer Gratwanderung mit hoher Absturzgefahr.

Wenn sich ein Staat gegen einen äußeren Feind nur absichern kann, indem er etwas tut, das dieser Feind zum Anlass für militärische Angriffe nehmen könnte, spricht die Politikwissenschaft von einem Sicherheitsdilemma: Im Streben nach mehr Sicherheit erhöhe ich die mir drohende Gefahr. Indem Taiwan aufrüstet und die Kooperation mit den USA intensiviert, verstärkt es Pekings Angst vor dem Verlust der Insel und liefert ungewollt einen Anreiz zur Invasion, statt diese abzuschrecken. Durch den Verzicht auf Schutzmaßnahmen würde Taiwan aber Pekings Glaube an den schnellen Erfolg einer Invasion stützen und damit ebenfalls einen Anreiz liefern, sie zu beginnen.

Solange sich die Grundkonstellation nicht ändert, gibt es aus einem Sicherheitsdilemma keinen Ausweg. Die Kunst besteht darin, das eigene Verhalten so zu balancieren, dass die Eskalation möglichst lange ausbleibt. Der ehemalige taiwanische Generalstabschef Lee Hsimin nennt es eine Strategie des »Nicht heute«: Xi Jinping soll jeden Morgen aufwachen und sich sagen, dass der Tag für eine Invasion Taiwans noch nicht gekommen ist.[1] Das klingt einfach, verlangt aber nach einem sorgsamen Abwägen der eigenen Handlungen und der sie begleitenden Kommunikation, denn wirksame Abschreckung beruht auf dem diffizilen Zusammenspiel zweier Faktoren: Drohung und Zusicherung.

Anders als das englische Wort *deterrence* wird die deutsche Übersetzung »Abschreckung« semantisch dominiert vom Aspekt des Angstmachens: Schau, wie mächtig ich bin! Wehe, du kommst mir zu nahe! Noch einen Schritt, und ich schieße! Der US-amerikanische Ökonom und Spieltheoretiker Thomas Schelling hat allerdings schon in den 1960er Jahren festgestellt, dass es neben einer glaubhaften Drohung einer komplementären Zusicherung bedarf, damit Abschreckung funktioniert: »Zu sagen ›Noch einen Schritt, und ich schieße‹ ist nur dann eine abschreckende Drohung, wenn sie begleitet wird von der impliziten Zusicherung: ›Und wenn du keinen Schritt mehr machst, schieße ich nicht.‹«[2] Auch das mag zunächst banal klingen, wird aber wichtig, sobald es um komplexere Akte als einen Schritt und einen Schuss geht. Im Kern bedeutet Abschreckung, dem Gegner zwei Handlungsoptionen zu geben, und gleichzeitig eine davon so unattraktiv wie möglich zu machen – ein als Wahl getarnter Zwang. Da sich niemand gerne nackten Drohungen beugt, kann die Zusicherung helfen, die von der eigenen Partei präferierte Option auch für die andere attraktiv erscheinen zu lassen. In unserem Fall hieße das: Während die Drohung der Volksrepublik China signalisiert, dass sie Taiwan nicht angreifen *sollte*, weil die Konsequenzen zu gravierend wären, ergänzt die Zusicherung, dass sie es nicht tun *muss*, weil sie ihre Ziele auch anders erreichen kann, zumindest teilweise.

Um die richtige Mischung zwischen Drohung und Zusicherung zu finden, muss man allerdings nicht nur die Ziele des Gegners kennen, sondern auch wissen, welche womöglich unausgesprochenen Motive ihn antreiben. Hier kommt erneut der Gegensatz ins Spiel zwischen primär defensiven, ängstlichen und auf die Wahrung des Status quo bedachten Akteuren gegenüber solchen, die aggressiv, von Gier getrieben und revisionistisch sind.[3] Im ersteren Fall gilt es vor allem, die Ängste durch Zusicherungen zu beschwichtigen; mit Drohungen verstärkt man sie nur und riskiert eine panikartige Überreaktion. Im zweiten Fall hingegen sind Zusicherungen bestenfalls nutzlos, schlimmstenfalls können sie den Aggressor sogar in seinem Trachten bestärken, so wie es dem britischen Premier Chamberlain einst mit Hitler ergangen ist. Die Lehre aus »München 1938« lautet, dass man dem Expansionsdrang der Nazis mit robusten Drohungen hätte begegnen müssen.

Mit Blick auf die Volksrepublik China fragt sich allerdings, wie man einen potenziellen Aggressor abschreckt, dessen Gier von Angst befeuert wird und dessen Streben nach territorialer Expansion unauflöslich verwoben ist mit Fragen nationaler Identität und politischer Souveränität. Welche Gefahr ist größer: dass sich die Volksrepublik wegen mangelnder Zusicherung zu einem Militärschlag gegen Taiwan *gezwungen* sieht oder dass sie sich, weil es an glaubwürdigen Drohungen fehlt, dazu *ermutigt* fühlt? Offensichtlich gibt es auf diese Frage keine zuverlässige Antwort, weil wir nicht genau wissen, wie die chinesische Führung die gegenwärtige Situation und die in ihr liegende Dynamik einschätzt. Stattdessen werden wir zurückverwiesen auf die Überlegungen am Ende des vierten Kapitels: Glaubt Xi Jinping, dass die Zeit auf seiner Seite steht und die Aussichten auf eine erfolgreiche Invasion Taiwans in Zukunft besser werden bzw. dass die Notwendigkeit dazu sogar ganz entfallen könnte, weil die Insel vor Chinas Übermacht kapituliert? Oder sieht er ein sich verschlechterndes Umfeld und ein kleiner werdendes Zeitfenster, um die »Wiedervereinigung« zu erreichen? Ohne eine zumindest mutmaßende Beantwortung dieser Frage lässt sich die Kriegsgefahr in der Taiwanstraße schlicht nicht einschätzen.

Alte und neue Ängste und der Faktor Zeit

Bei oberflächlicher Betrachtung erweckt die chinesische Führung den Eindruck, dass ihr Selbstvertrauen ungebrochen ist. Sie hält die große Wiederauferstehung der chinesischen Nation für einen unaufhaltbaren Trend der Geschichte. In so gut wie keiner Rede des Staatschefs fehlt dieses Leitmotiv, auch die Verlangsamung des Wirtschaftswachstums infolge der Coronapandemie geht allenfalls als kurze Verzögerung in die optimistische Zukunftsprojektion ein: Der »unipolare Moment« mit Amerika als globalem Hegemon ist zu Ende, die lange Zeit einzige Supermacht wird von innerer Zerrissenheit geplagt und muss das Schwinden ihres internationalen Einflusses hinnehmen. Unaufhaltsam treibt die Achse Peking–Moskau die Entstehung einer multipolaren Weltordnung voran und weiß dabei weite Teile des globalen

Südens hinter sich. Dank ihrer Marktmacht und massiver Investitionen in Projekte wie die Neue Seidenstraße ist die Volksrepublik mehr und mehr in der Lage, das internationale Umfeld in ihrem Sinne zu formen.

An dieser Sichtweise ist gewiss vieles richtig. Bezüglich der Taiwanstraße ist das sogar eine gute Nachricht, denn solange die chinesische Führung ihr rhetorisch zur Schau gestelltes Selbstvertrauen wirklich besitzt, wird sie eine Eskalation nicht mutwillig herbeiführen. Wer sich auf dem Weg nach oben wähnt, will seinen Aufstieg nicht durch militärische Abenteuer gefährden. Wenn Chinas Macht tatsächlich wächst – insbesondere in Relation zum großen Rivalen –, wird sie sich morgen noch effektiver einsetzen lassen als heute.

Bei näherem Hinsehen zeigt sich allerdings, dass Peking die Lage in Wahrheit pessimistischer einschätzt. Eine Studie des Berliner Mercator Institute for China Studies (MERICS) trägt den Titel »Selbstbewusste Paranoia« und konstatiert eine Tendenz der chinesischen Führung, alle politischen Entscheidungen, egal welchen Politikfeldern sie gelten, primär unter dem Aspekt der Sicherheit zu treffen. Damit ist an erster Stelle Regimesicherheit gemeint, die Machterhaltung der Kommunistischen Partei, was auf ein akutes Gefühl der Bedrohung schließen lässt, das sich in der Außenpolitik deutlich zeigt.[4] Auffallend häufig spricht Xi Jinping in letzter Zeit von »Kampf« (*fendou*) und seltener als früher von den strategischen Chancen, die eine günstige Weltlage seinem Land bietet. Im März 2023 klagte er, westliche Staaten unter Führung der USA arbeiteten an einer »Eingrenzung, Umzingelung und Unterdrückung Chinas«, und er forderte, die Volksrepublik müsse »den Mut haben zu kämpfen, da [sie] sich tiefgreifenden Veränderungen im nationalen und internationalen Umfeld gegenübersieht«.[5]

Die bedrohlichste Entwicklung im Inneren ließ Xi dabei unerwähnt: Die Volksrepublik steuert auf eine schwere demographische Krise zu, die nicht mehr abzuwenden ist und die den vierzigjährigen Wirtschaftsboom zu einem jähen Ende bringen könnte. Zu dessen selten erwähnten Bedingungen gehört schließlich, dass 1990 in China auf jede Person von 65 Jahren und darüber nicht weniger als zehn

Personen im arbeitsfähigen Alter kamen – 2050 werden es noch zwei sein. Investitionen in eine staatliche Altersversorgung müssen drastisch ansteigen, von derzeit etwa zehn auf um die dreißig Prozent des Bruttosozialprodukts.[6] Weil die dringend erforderliche Umstellung auf ein von Konsum getriebenes Wachstum nicht zu bewerkstelligen ist, wenn Ehepaare erst ihre Eltern versorgen und dann fürs eigene Alter vorsorgen müssen, wurde die Ein-Kind-Politik 2016 beendet. Danach ist die Geburtenrate jedoch nicht gestiegen, sondern weiter dramatisch gefallen, von seinerzeit zwölf Geburten pro tausend Einwohner auf gerade einmal 6,39 im Jahr 2023![7] Die Auswirkungen dessen beschränken sich keineswegs auf die Wirtschaft. Da in der Vergangenheit mehr weibliche als männliche Föten abgetrieben wurden, herrscht ein starkes Ungleichgewicht der Geschlechter, das dreißig bis vierzig Millionen jungen Chinesen keine Chance lässt, je eine Lebenspartnerin zu finden und eine Familie zu gründen. »Kahle Äste« nennt sie der Volksmund: da, wo der Stammbaum der Familie verdorrt. Dass eine Vielzahl frustrierter junger Männer mit trostlosen Zukunftsaussichten die Gesellschaft friedlicher und sicherer machen könnte, ist kaum anzunehmen.[8]

Bezüglich des internationalen Umfelds fällt an Xi Jinpings obigem Zitat das ominöse Wort »Umzingelung« auf. Das ist eine Bedrohungslage, die notfalls auch sehr radikale Gegenmaßnahmen rechtfertigt. Die bereits mehrfach zitierte Geschichtsresolution der Kommunistischen Partei sprach schon im Herbst 2021 von Umzingelung und beschuldigte »äußere Kräfte« – also die USA und ihre Verbündeten –, Chinas sozialistisches System stürzen und die Wiederauferstehung der chinesischen Nation verhindern zu wollen. Wiederum lautete die Forderung, entschlossen zu kämpfen, denn: »Zugeständnisse führen nur zu weiterer Tyrannei und das Einlenken um der Sache Willen [sic] führt nur zu noch mehr Demütigung.«[9]

Das klingt beinahe, als sei das Jahrhundert der nationalen Demütigung noch immer nicht vorüber. Die Volksrepublik jedenfalls sieht sich weiterhin als Opfer von Verschwörungen ihrer inneren wie äußeren Feinde und setzt damit eine gefährliche Dynamik in Gang: »Das Paradox im Kern von Xi Jinpings Streben, alle Bedrohungen für die Herrschaft der Kommunistischen Partei auszuschalten«, schreibt eine Expertin für Pekings Sicherheitspolitik, »besteht darin, dass ein scheinbar defensives Ziel zu Hause – Regimesicherheit zu gewährleisten – immer entschiedenere Aktionen nach außen verlangt. Diese wiederum rufen Reaktionen anderer Länder hervor, die Pekings Ängste nur noch verstärken: Eine Eskalationsspirale ohne erkennbare Ausstiegsmöglichkeit.«[10]

Nicht nur Taiwan, auch Peking steckt demnach in einem – allerdings weitgehend selbstverschuldeten – Sicherheitsdilemma. Das entscheidende Stichwort lautet wiederum Angst.

Vor dem Zerfall eines Riesenreichs, das einst durch imperialistische Expansion geschaffen wurde und keineswegs so homogen ist, wie es das nationalistische Narrativ behauptet, fürchtet sich China schon lange. Dank ihrer von der Qing-Dynastie übernommenen Ausdehnung hat die Volksrepublik heute Landgrenzen mit 14 Nachbarstaaten, von denen nur drei als Verbündete oder Partner gelten, nämlich Pakistan, Russland und Nordkorea. Mit fast allen maritimen Nachbarn gibt es territoriale Dispute, die es den USA erleichtern, mit und zwischen diesen Ländern Bündnisse gegen die Volksrepublik zu schmieden. Zu den insgesamt zwanzig Staaten an Chinas Peripherie gehören 7 der 15 bevölkerungsreichsten der Erde, und die hauptsächlich aus US-Verbündeten bestehende erste Inselkette trennt das chinesische Festland vom Pazifik.[11] So gesehen fühlt sich China völlig zu Recht umzingelt. Steigende Wirtschaftsmacht hat das Land befähigt, sein Sicherheitsstreben auszuweiten, teilweise – wie im Südchinesischen Meer – weit über die eigenen Landesgrenzen hinaus, aber wie wir gesehen haben, ging dabei das Augenmaß verloren. Durch ein allzu aggressives Vorgehen wurde das günstige internationale Umfeld, das Chinas Aufstieg mit ermöglicht hatte, nachhaltig verändert. Im Streben nach mehr Sicherheit hat die Volksrepublik ihre Unsicherheit erhöht, was nun immer größere Investitionen in die eigene Sicherheit erzwingt.

Genau hier wirkt sich die demographische Entwicklung besonders nachteilig aus. 2022 ist Chinas Bevölkerung zum ersten Mal seit sechzig Jahren geschrumpft, ab 2040 wird sie jedes Jahr um vier Millionen Menschen abnehmen. Unter diesen Bedingungen stellt sich die Frage, wie lange die Volksrepublik vergangene Investitionen in ihre militärische Aufrüstung noch wird tragen können. Wissen muss man dazu, dass von allen Kosten, die z. B. ein modernes Kriegsschiff im Lauf der Zeit verursacht, nur etwa ein Drittel beim Bau anfällt; der Rest sind Betrieb, Wartung, Neuausstattung etc. Zudem steigen rüstungsbezogene Kosten schneller als die allgemeine Inflation, weshalb Experten vorrechnen, dass ein jährlich um zwei Prozent steigendes Marinebudget eine Flotten*reduktion* von 3,5 Prozent erzwingt.[12] So teuer sind moderne Waffensysteme auch nach ihrer Herstellung noch. Für die Volksrepublik heißt das, dass sie gegenwärtig zwar die größte Marine der Welt besitzt, dass dies aber ihre ökonomische Situation von vor fünf bis zehn Jahren widerspiegelt, die schon bald ganz anders aussehen könnte. Wer nämlich soll künftig für Wachstum sorgen?

»Kein Land ist je zu einer Supermacht geworden, dessen Bevölkerungsentwicklung ein Plateau erreicht hatte oder zurückzugehen begann«, erklärt die eben angeführte Studie des Baker Institutes; der Aufstieg zum Hegemon erfordert ein ökonomisches Fundament, dass eine rapide alternde und schrumpfende Gesellschaft nicht bereitstellen kann. Mit Blick auf die großen Ambitionen des Staatschefs lautet die Bilanz der Autoren daher: »Xi ist ein Mann, dem die Zeit davonläuft.«[13]

Die Liste der Probleme, vor denen China im 21. Jahrhundert steht, ist damit keineswegs erschöpft. Auch die Krise im Immobiliensektor und drohende Engpässe bei der Energieversorgung verlangen nach Aufmerksamkeit, aber wir können es hier dabei belassen. Zeigen sollte diese knappe Skizze nur, dass hinter Pekings auftrumpfender Rhetorik alte und neue Ängste lauern, die sich unter Xi Jinping vermischen mit einem über dreißig Jahre angewachsenen Selbstvertrauen, das bisweilen in Hybris umschlägt. Es ist ein explosiver Mix, der das eingangs beobachtete Schwanken zwischen Aggressivität und Dünnhäutigkeit erklären dürfte und der nun zusätzlich unter Druck gerät, nämlich buchstäblich unter Zeitdruck. Die fetten Jahre sind vorbei. Ökonomen halten es keineswegs mehr für sicher, dass China die USA als größte Volkswirtschaft der Erde ablösen wird. Schlimmstenfalls droht eine so magere Zukunft, dass Xi Jinping befürchten muss, der Chinesische

Traum könnte genau das bleiben – ein Traum, der einen kurzen historischen Moment lang wahr zu werden schien, ehe er sich in Luft auflöste. Wem Chinas Aufstieg seit je Unbehagen bereitet hat, der mag diese Aussicht begrüßen. Für Taiwan allerdings birgt sie eine große Gefahr. Im folgenden Kapitel wird zu fragen sein, wie akut diese ist.

6
Gibt es Hinweise auf Chinas kriegerische Absichten?

Alle Kriegsführung basiert auf der Kunst der Täuschung. Deshalb geben wir unsere Fähigkeiten als Unfähigkeit aus; wenn wir aktiv werden, lassen wir es für den Feind aussehen wie Tatenlosigkeit; sind wir ihm nah, muss er uns in der Ferne wähnen; wenn wir weit weg sind, muss der Feind glauben, wir seien ganz in der Nähe.

Sunzi, *Die Kunst des Krieges*

»Es waren der Aufstieg Athens und die Angst, die dieser in Sparta auslöste, was den Krieg unvermeidlich machte.« In diesem prägnanten Satz fasste der antike Geschichtsschreiber Thukydides einst die Hauptursachen des Peloponnesischen Krieges zusammen. Obwohl spätere Historiker seine Analyse als unterkomplex zurückgewiesen haben, gab sie im 20. Jahrhundert einen wichtigen Anstoß für die Entwicklung der sogenannten Power Transition Theory, die danach fragt, wie im Lauf der Geschichte eine Großmacht die andere abzulösen versucht und mit welchen Konsequenzen. Im Sinne dieser Theorie lässt sich der Ausbruch des Ersten Weltkriegs erklären als Folge des deutschen Bestrebens, den europäischen Hegemon Großbritannien zu beerben. 1941 führte Japans Versuch, die USA als pazifische Ordnungsmacht abzulösen, zum asiatischen Teil des Zweiten Weltkriegs. Es war wohl nur eine Frage der Zeit, bis ein nach Aufmerksamkeit heischender Autor den Satz des Thukydides auf das heutige Verhältnis von China und den USA anwenden würde.

Im Jahr 2017 publizierte der Politologe Graham Allison sein Buch *Destined for War. Can America and China Escape Thucydides's Trap?*. Die Falle des Thukydides besteht Allison zufolge darin, dass eine aufstrebende Macht eine etablierte Großmacht als regionalen oder globalen Hegemon zu verdrängen sucht und damit einen bewaffneten Konflikt provoziert. Der Aufsteiger will hoch, der Platzhirsch will nicht weichen – Kriegsgefahr! Das ist genauso verkürzt und deterministisch gedacht, wie es klingt, aber in den USA erscheinen derzeit reihenweise

Chinabücher mit vielversprechend reißerischen Titeln, die sich auch dann gut verkaufen, wenn ihr analytischer Gehalt vergleichsweise bescheiden bleibt. Allison hat sogar einen veritablen Bestseller gelandet. Meiner Ansicht nach völlig unverdient.

Machen Chinas Aufstieg und die Angst, die er in den USA auslöst, einen Krieg unvermeidlich? Nein, urteilt der Autor bereits im Vorwort seines Buches, und man wünscht sich, er hätte es dabei belassen. Stattdessen breitet er in der Folge all sein Halbwissen über China aus, das er entweder von Henry Kissinger oder dem früheren Staatschef Singapurs, Lee Kuan-Yew entliehen hat. Ausführlich huldigt er dem von der Sinologie längst entsorgten Klischee von der Strahlkraft der konfuzianischen Kultur, die es China über Jahrtausende hinweg erlaubt habe, seine Interessen gewaltlos durchzusetzen.[1] Allisons weichgespülte Version der chinesischen Geschichte ist buchstäblich zu schön, um wahr zu sein, aber in Peking hat man sie offenbar mit Vergnügen gelesen: Im März 2024 wurde der Autor mit einer Audienz bei Xi Jinping belohnt.[2]

Danger Zone: The Coming Conflict with China heißt ein weiteres Produkt aus dem Genre der amerikanischen Achtung-China!-Literatur, das in vielerlei Hinsicht die Gegenthese zur Falle des Thukydides vertritt. Was das Autorenduo Michael Beckley und Hal Brands zum Widerspruch motiviert hat, waren allerdings weniger Allisons sinologische Bildungslücken – die teilen sie voll und ganz – als die selbstverständlich vorausgesetzten Prämissen seiner Studie. In der Rivalität zwischen einer aufstrebenden Großmacht und einem etablierten Hegemon droht die Eskalation nicht, solange Erstere die Wachablösung für unausweichlich hält, sondern dann, wenn dieser Glaube aus welchen Gründen auch immer ins Wanken gerät. Das Deutsche Reich provozierte einen großen europäischen Krieg nicht, als es sich auf geradem Weg wähnte, Großbritannien zu überflügeln, sondern als die britisch-französische Entente die Angst weckte, man könne dieses Ziel verfehlen (und Russlands militärische Modernisierung zum Gefühl beitrug, umzingelt zu sein). Japans Angriff auf Pearl Harbor erfolgte nicht, weil die Planer in Tokio glaubten, sie würden die USA sowieso bald als pazifische Ordnungsmacht ablösen, sondern als Roosevelts Ölembargo sie den baldigen Kollaps fürchten ließ. »Einige der tödlichsten Kriege der Geschichte«, resümieren Beckley und Brands, »wurden von revisionistischen Mächten gestartet, deren Zukunft nicht länger so rosig aussah.«[3]

Ist *das* eine Diagnose, die sich prognostisch auf die Volksrepublik China anwenden lässt? Könnte sich das Land aufgrund der im vorigen Kapitel aufgelisteten Probleme bald derselben Alternative gegenübersehen, vor der 1914 Deutschland und 1941 Japan zu stehen glaubten: Jetzt oder nie? Wenn ja, wäre mit ziemlicher Sicherheit die Insel Taiwan der Ort, wo China versuchen würde, aus der US-geführten Umzingelung auszubrechen und seinen Aufstieg zu vollenden, bevor es zu spät ist. Allerdings lässt sich eine solche Prognose nicht allein aus objektiven Gegebenheiten ableiten, »schließlich werden Entscheidungen von Menschen getroffen, nicht von strukturellen Bedingungen«, so der US-amerikanische Politikwissenschaftler Steve Chan in seiner gründlichen Kritik an den Axiomen der Power Transition Theory.[4] Auch gelegentliche Äußerungen von Xi Jinping, wonach die »Wiedervereinigung« unausweichlich sei und man sie notfalls gewaltsam herbeiführen werde, verraten wenig über konkrete Vorhaben, denn seit der Gründung der Volksrepublik hat keiner ihrer Führer etwas anderes gesagt. Die Absichten des Pekinger Regimes zu entschlüsseln erfordert daher etwas größeren Aufwand: Wir müssen nach Anzeichen dafür schauen, dass Xi tatsächlich den Glauben verliert, dass die Zeit auf seiner Seite steht, weshalb er Partei, Armee und Bevölkerung auf die düsteren Konsequenzen einstimmt, die daraus folgen.

Xi Jinping und das »Extremfalldenken«

Ein Begriff, der westlichen »Pekingologen« in diesem Zusammenhang aufgefallen ist, lautet *jixian siwei*. Damit ist der Versuch gemeint, sein Denken durch die Antizipation möglicher Extremfälle zu schulen und einen intellektuellen Habitus auszubilden, der vor extremen Szenarien nicht zurückschreckt, sondern die darin verborgenen Chancen erkennt. Der Einfachheit halber spreche ich hier von »Extremfalldenken«. Wie jeder Ausdruck im Pekinger Parteisprech musste er, um prominent zu werden, von Xi Jinping an einer wichtigen Stelle gebraucht worden sein, was in einer Rede vor der Nationalen Sicherheitskommission im Mai 2023 geschah. Dort forderte Xi: »Wir müssen [...] an einem Denken in Worst-Case-Szenarien und am Extremfalldenken festhalten, um uns auf starke Winde und hohe Wellen und sogar auf die große Prüfung einer gefährlich aufgepeitschten See vorzubereiten.«[5] Wenn der Staatschef so etwas gesagt hat, machen sich die Parteipädagogen umgehend daran, dem Volk die Bedeutung seiner Worte zu explizieren.

Ein Interpret zieht den Vergleich zu bestimmten Extremsportarten, bei denen es um das Meistern scheinbar unüberwindbarer Herausforderungen und um das Verschieben der Grenzen des Machbaren bzw. Aushaltbaren geht. So etwas erfordert Selbstüberwindung und Training, und ähnlich ist es auch im Denken. Im relativ stabilen Umfeld der jüngeren Vergangenheit, behauptet der Autor, seien viele Parteikader ideologisch schwach geworden und hätten den Willen zum Kampf verloren, was sich unter härter gewordenen Bedingungen rächen könnte. »Ohne Extremfalldenken ist es schwer, die Initiative zu ergreifen, und man droht, strategisch in die Defensive zu geraten.«[6] Statt stets im Rahmen seiner Möglichkeiten zu bleiben, gelte es, diesen zu erweitern, indem man darüber hinausgeht – erst im Denken, dann im Tun. Extremfalldenken ist keine bloß theoretische Disziplin, sondern stellt eine notwendige Vorbereitung zum entsprechenden Handeln dar. Dass am Ende nicht nur Schweiß fließt, wenn Großmächte politisch-militärischen Extremsport treiben, versteht sich von selbst.

Zwei andere Autoren schlagen in dieselbe Kerbe, wenn sie Xis Bild aufgreifend feststellen: »Wir dürfen nicht nur auf die stürmische See des extremen Moments schauen, sondern müssen das sonnige Land dahinter erkennen, um aus der Gefahr eine Chance zu machen und durch einen großen qualitativen Sprung die große Wiederauferstehung der chinesischen Nation zu verwirklichen.«[7]

Deutlicher lässt sich, ohne das Wort »Taiwan« zu verwenden, kaum klar machen, an welchen Extremfall die Kommunistische Partei denkt. Die Taiwanstraße mag ein tückisches Gewässer sein, aber statt vor ihrer Überquerung zurückzuschrecken, sollen Chinesen die Insel selbst in den Blick nehmen, deren Inbesitznahme der große Sprung wäre, der aus einem umzingelten China die unumschränkte Nummer eins im pazifischen Raum machen würde. Nirgendwo sonst könnte das Land, wenn es sich denn dazu überwindet, durch einen einzigen Befreiungsschlag so viel gewinnen. Man muss nur ein kleines bisschen zwischen den Zeilen lesen, um die ungeduldige Frage zu vernehmen: Worauf warten wir noch?

Im Jahr 2049 will die Volksrepublik mit großem Pomp ihren hundertsten Geburtstag feiern; ein Datum, das Xi Jinping mehrfach als implizite Deadline für die Vollendung des Chinesischen Traums genannt hat. Dieser Geburtstag soll ein Triumph werden, was aber nur möglich ist, wenn China dann nicht wegen einer Invasion Taiwans am Pranger der Weltgemeinschaft steht und lediglich ein paar befreundete Diktatoren an den Feierlichkeiten teilnehmen. Nimmt man die Zeitspanne zwischen Tian'anmen 1989 und den Olympischen Spielen in Peking 2008 als Maßstab, scheint der Westen etwa zwanzig Jahre zu brauchen, um ein Blutbad zu vergessen. Demnach müsste die Lösung der Taiwanfrage rund zwanzig Jahre vor dem großen Jubiläum geschehen, auf dass sich die Gemüter in Washington, Berlin, Paris und anderswo beruhigt haben werden und kein Schatten auf die Feierlichkeiten fällt.[8]

Diese Kalkulation, die ein ehemaliger Kapitän zur See der US-Marine angestellt hat, ist gewiss spekulativ und stützt sich *nicht* auf bestimmte Äußerungen des chinesischen Staatschefs. Sie passt aber zum politischen Diskurs der Kommunistischen Partei, in dem Jubiläen eine eigentümlich wichtige Rolle spielen. Außerdem wird sie zusätzlich an Plausibilität gewinnen, wenn wir im nächsten Abschnitt zwei zeitliche Entwicklungslinien betrachten, die sich in naher Zukunft kreuzen werden. Während die Volksrepublik nämlich mittel- und langfristig die Fähigkeit verlieren könnte, Taiwan zu erobern und zum regionalen Hegemon aufzusteigen, fehlt es den USA *kurzfristig* an Mitteln, um das zu verhindern. Peking weiß aber, dass Washington das Problem erkannt hat. Auch wenn strukturelle Bedingungen keine Entscheidungen treffen, könnte das Regime daher versucht sein zu folgern, dass ein jetzt noch offenes Zeitfenster im Begriff steht, sich zu schließen. Das hieße, dass der objektiv beste Zeitpunkt für die militärische Lösung der Taiwanfrage unmittelbar bevorsteht.

Das »Jahrzehnt der Sorgen« und die Abschreckung als Zeitspiel

Wenn amerikanische Militärplaner nachts wach liegen und an China denken, geht ihnen der Ausdruck »decade of concern« durch den Kopf: die gerade angebrochene Dekade der Sorgen.[9] Allenthalben ist in Washington die Zerknirschung darüber zu spüren, dass die USA zwanzig Jahre lang Terroristen in afghanischen Höhlen gejagt haben, statt sich *der* geopolitischen Herausforderung des 21. Jahrhunderts zu stellen. Jetzt ist es, um eine paradoxe Formulierung zu gebrauchen, vorübergehend zu spät. Der Krieg gegen den Terror, der so lange die gesamte Ausrichtung des Militärs dominiert hat, verlangte andere Waffentypen, Strategien und Kompetenzen als die Konfrontation mit der Volksbefreiungsarmee, die sich im selben Zeitraum konsequent genau darauf vorbereitet hat. Nun braucht es vor allem eine schlagkräftige Marine mit gut gefülltem Raketenarsenal. Die entsprechende Umstellung ist zwar im Gange, aber es wird noch eine Weile dauern, bis sie Resultate zeitigt. Im besten Fall könnten die USA in den frühen 2030er Jahren einigermaßen gut aufgestellt sein, glauben Fachleute; aber nur, wenn sie jetzt *all in* gehen.[10]

»Meiner Einschätzung nach könnte Mitte bis Ende der 2020er Jahre die Zeitspanne sein, in der ein Scheitern der Abschreckung in der Region am wahrscheinlichsten ist«, erklärte ein amerikanischer Marinekommandeur 2021 in einer Senatsanhörung und begründete das unter anderem mit der bevorstehenden Ausmusterung veralteter Kreuzer, die zu einem signifikanten Rückgang verfügbarer Feuerkraft im westlichen Pazifik führen werde. Insbesondere bei ballistischen Raketen mittlerer Reichweite drohe eine deutliche Überlegenheit seitens der Volksbefreiungsarmee. Zu dieser Situation werde es kommen, bevor auf amerikanischer Seite die wichtigsten auf einen Konflikt mit China ausgerichteten Maßnahmen abgeschlossen seien, aber erst *nachdem* die Volksrepublik Zeit gehabt habe, eigene Schwachstellen auszugleichen, vor allem mangelnde Transportkapazitäten über das Wasser.[11]

Außerdem beobachtet der Marinekommandeur gezielte Anstrengungen des chinesischen Militärs, exakt auf das amerikanische Waffenarsenal zugeschnittene ballistische Raketen zu entwickeln – bis hin zu solchen, die womöglich spezifische Flugzeugtypen der US-Luftwaffe erkennen können –, was es den amerikanischen Streitkräften im Ernstfall sehr schwer machen werde, in den Konflikt einzugreifen. Alle Militärbasen im Pazifik, einschließlich Guam, lägen inzwischen innerhalb der Reichweite eines wachsenden Arsenals von immer treffsicherer werdenden chinesischen Raketen; ebenso die gesamte Philippinische See, die bisher als relativ sicheres Rückzugsgebiet für die US-Marine galt. Das »Kronjuwel« der chinesischen Rocket Force, die DF-26 (für *Dong Feng* oder »Ostwind«) sei ursprünglich als »carrier-killer« entwickelt worden, also als Bedrohung für amerikanische Flugzeugträger, aber inzwischen besitze China so viele davon und habe ihre Treffsicherheit so sehr erhöht, dass auch ein Einsatz gegen kleinere Schiffstypen wie Zerstörer denkbar sei. Man müsse daher von einem vielseitig verwendbaren »ship-killer« ausgehen.[12]

Wichtig ist das alles, weil es die Volksbefreiungsarmee in die Lage versetzen könnte, dem US-Militär den Zugang zum Kriegsgebiet vor Chinas Küste weitgehend zu verwehren. Zwar identifiziert der Kommandeur auch Bereiche amerikanischer Überlegenheit – Unterwasser-Kriegsführung, Erfahrung, Flexibilität der Befehlsstrukturen –, aber für die nahe Zukunft sieht er auf chinesischer Seite die Möglichkeit, Kapazitäten schneller zu erhöhen, als sich die USA darauf einstellen können. Das eröffnet der Volksrepublik die Chance, durch unerwartete Schritte die Initiative zu ergreifen und das Kriegsgeschehen zu diktieren. Dass ein wichtiges Moment des Extremfalldenkens darin besteht, besser vorbereitet zu sein als der Gegner, um nicht in die Defensive zu geraten, haben wir gerade gesehen.

Was folgt aus diesen Überlegungen für Taiwans Bemühen, eine chinesische Invasion abzuschrecken? Welche Erfolgschancen besitzt eine Strategie des »Nicht heute«, sollte China auf die Alternative »Jetzt oder nie« zusteuern und sich *jetzt* militärisch im Vorteil sehen? Bei unserem Interview in Taipei stimmte Ex-Generalstabschef Lee jenen US-Experten zu, die das Jahr 2027, wenn die Volksbefreiungsarmee ihren hundertsten Geburtstag feiern wird, als Beginn der für Taiwan gefährlichsten Zeit ansetzen.[13] Anders als viele Beobachter in den USA, die China allein von Gier und territorialem Expansionsdrang getrieben sehen, war er sich allerdings auch über Pekings verborgene Ängste im Klaren und betonte deshalb die Notwendigkeit, bei der Abschreckung nicht nur auf Drohungen zu setzen, sondern Zusicherungen zu machen. Sosehr es dem taiwanischen Streben nach Autonomie widerspreche, könne »Nicht heute« nur funktionieren, wenn Xi Jinping den Glauben an ein »Aber vielleicht morgen« nicht ganz und gar verliert. Leider, so der Ex-Generalstabschef, werde dieser Zusammenhang auch in Taiwan nur unzureichend verstanden.

»Wenn wir zum Beispiel sagen, dass wir nicht die Unabhängigkeit erklären, wenn China uns nicht angreift, dann ist das eine Art von Zusicherung«, führte er aus. »Wenn wir hingegen so wie die jetzige Regierung sagen, dass wir nicht die Unabhängigkeit erklären, weil Taiwan ja bereits unabhängig sei, ist das keine Zusicherung, sondern [aus chinesischer Sicht] eine Provokation.« Obwohl die überwältigende Mehrheit der Bevölkerung von einer Vereinigung mit China nichts wissen wolle, sollte Taiwan die entsprechende Tür also nicht zuschlagen, weil vielleicht nur die Möglichkeit einer nichtmilitärischen Lösung in der Zukunft Peking von einer Invasion heute abhalten könne. »Damit eröffnen wir den Führern der Kommunistischen Partei Chinas einen Raum, in dem sie verweilen können, ohne ihre Drohungen wahr zu machen«, so Lee. »Wir versuchen also, Zeit zu kaufen, und zwar in der Hoffnung, dass sich die innere Struktur Chinas irgendwann ändern wird. Sollte China eines Tages ein demokratisches Land werden, wäre die Kriegsgefahr geringer oder würde sogar ganz verschwinden.«

Bevor man diese Hoffnung als naiv abtut, weil wenig für einen baldigen demokratischen Wandel in China spricht, sollte man beachten, dass es vor allem um die kurzfristige Bedrohung im »Jahrzehnt der Sorgen« geht. Indem Taiwan versucht, durch Zusicherungen Zeit zu kaufen, reduziert es zugleich den Zeit*druck*, der die chinesische Mischung aus alten und neuen Ängsten zur Explosion bringen könnte. Ob die chinesische Führung den taiwanischen Beteuerungen allerdings Glauben schenkt und inwiefern Verlautbarungen aus Taipei – zumal wenn sie von einer DPP-Regierung kommen – Pekings Politik überhaupt noch beeinflussen können, steht auf einem anderen Blatt. Vincent Chao, der 2023 als erster Taiwaner seit zehn Jahren zur Münchener Sicherheitskonferenz eingeladen wurde, geht davon aus, dass es letztlich »keine Rolle spielt, was unsere Regierung sagt, was unser Volk glaubt. Die staatliche Einheit ist für sie [die chinesische Regierung] das einzig akzeptable Ergebnis.«[14]

Einen Ausweg aus dem Sicherheitsdilemma bieten demnach auch Zusicherungen nicht, weshalb Taiwan die gekaufte Zeit nutzen muss, um seine reale Verteidigungsfähigkeit zu erhöhen, auch wenn sich damit der Zeitdruck für Peking wieder erhöht. Abschreckung in der Taiwanstraße wird bis auf weiteres ein schwieriger Balanceakt bleiben.

Chinas Verwundbarkeit und der X-Faktor

Nicht nur Taiwan tut sich schwer mit der Frage, welche Rolle Zusicherungen in der eigenen Abschreckungsstrategie spielen sollen, für die USA gilt genau dasselbe. Solange zwischen Republikanern und Demokraten ein Wettstreit darüber läuft, wer China gegenüber härter auftritt, gerät jede Zusicherung in den Verdacht, eine Form des Einknickens zu sein. Stattdessen dreht sich die Debatte darum, womit genau man China drohen soll und welches Maß an Ambiguität oder Eindeutigkeit die Drohungen aufweisen müssen. Das führt zu einer bisweilen gefährlich eingeschränkten Suche nach militärischen Lösungen für einen komplexen politischen Konflikt. Gleichzeitig arbeitet die Regierung aber geschickt daran, diesen zu internationalisieren und Chinas Ambitionen mit breiten Bündnissen zu begegnen. Auch wenn die Volksrepublik kurzfristig in einer militärisch stärkeren Position zu sein scheint, weist sie bei der Versorgung mit Nahrungsmitteln, Energie und anderen Gütern große Abhängigkeiten auf, die sie verwundbar machen. Nicht nur bei den Halbleitern ist das Land weit von jenem Maß an Autarkie entfernt, das in der Initiative »Made in China 2025« als Ziel formuliert wurde.[15]

Im Übrigen haben jüngste Entwicklungen Zweifel geweckt, ob Chinas Militär tatsächlich schon so schlagkräftig ist, wie Peking es gerne hätte – gerade mit Blick auf den Einsatz in der Taiwanstraße. Die Volksbefreiungsarmee tut sich schwer damit, die richtigen Lehren aus den russischen Erfahrungen in der Ukraine zu ziehen. Eine könnte lauten, dass sogenannte Bataillon Tactical Units, relativ eigenständig operierende Einheiten von rund 800 Mann, die China nach russischem Vorbild eingerichtet hatte, damit sie bei einer Invasion als Speerspitze dienen, längst nicht so effektiv sind wie erwartet.[16] Als sehr effektiv *gegen* die russische Armee haben sich hingegen tragbare Stinger- und Javelin-Raketen erwiesen, die Taiwan infolge seiner (wenn auch halbherzigen) Umstellung auf asymmetrische Kriegsführung vermehrt einkauft. Hausgemachte Probleme kommen hinzu. Im Herbst 2023 wurde Chinas Militärführung durch das Verschwinden des Verteidigungsministers und mehrerer Generäle der Rocket Force erschüttert, die in einem Krieg um Taiwan besonders wichtig wäre. Wie üblich blieben die näheren Umstände unklar, die Regierung schwieg sich aus. Dass es um Korruption ging, ist mehr als wahrscheinlich, auch von Geheimnisverrat war die Rede, ganz sicher aber hatten alle abgesetzten Personen ihre Ämter Xi Jinpings persönlicher Fürsprache zu verdanken. Das kann das Vertrauen des Oberbefehlshabers in seine Streitkräfte nicht gestärkt haben.[17]

Der Staatschef hat allen Grund sich zu fragen, welche dunklen Geheimnisse die von ihm so entschieden gesäuberte Armee weiterhin birgt. Reicht ihre Kampffähigkeit aus, um ihr sein politisches und vielleicht sogar physisches Überleben anzuvertrauen? Sollte eine Invasion Taiwans scheitern, wäre, wie wir gesehen haben, alles in Gefahr. Nachdem Pekings aggressives Auftreten im Südchinesischen Meer es den USA bereits leichter gemacht hat, Anrainerstaaten in ihr Lager zu ziehen, könnte nun ausgerechnet die Volksbefreiungsarmee dabei helfen, Taiwan durch das Jahrzehnt der Sorgen zu bringen. Es wäre ein besonders schönes Beispiel für die Ironie der Geschichte.

Darauf verlassen sollte sich aber niemand, schließlich gibt es noch einen X-Faktor.

Aller Voraussicht nach wird Xi Jinping 2027, im Alter von dann 74 Jahren eine vierte Amtszeit als Staatspräsident bekommen. 15 Jahre lang wird er nahezu unumschränkt regiert haben, die meiste Zeit davon umgeben von Vertrauten, die sich zweimal überlegen, ob sie ihm etwas sagen, was er nicht hören will. Eine innere Stimme jedoch wird ihm zu verstehen geben, dass auch er sterblich ist und die Zeit jedenfalls in diesem Sinn gegen ihn arbeitet. Dann könnte am Ende alles auf ein paar sehr persönliche Fragen hinauslaufen: Wie stark dreht sich der Chinesische Traum, von dem der Mann so oft spricht, um ihn selbst? Wie sehr will er als größter Chinese seit Mao, oder sogar vor Mao, in die Geschichte seines Landes eingehen? Welches Risiko ist er bereit dafür einzugehen? Wie viele Menschenleben ist es ihm wert?

Gut möglich, dass Xi die Antworten darauf heute selbst noch nicht kennt. Schwer vorstellbar, sie könnten im Lauf der Zeit selbstloser oder humaner werden. Und selbst wenn eine Invasion ausbleiben sollte, müsste sich Taiwan immer noch der vielen konzertierten, an Intensität stetig zunehmenden Grauzonen-Aktivitäten erwehren, mit denen Peking der Insel seinen Willen aufzwingen will. George Marshalls Einsicht, dass man einen Krieg nur gewinnen kann, indem man ihn vermeidet, gilt zwar für den schlimmsten Fall der Invasion, nicht aber für den Informationskrieg – der hat nämlich längst begonnen.

Was wären die Warnsignale?

Wenn in der Taiwanstraße eine militärische Eskalation droht, ohne dass wir die Gefahr genau einschätzen können, stellt sich abschließend die Frage nach möglichen Warnsignalen – und seien es solche, die wir erst im allerletzten Moment bemerken würden. Medienberichte spekulieren gelegentlich über einen Überraschungsangriff à la Pearl Harbor, ohne jedoch zu bedenken, dass der so nicht möglich gewesen wäre, hätte es 1941 bereits Satelliten gegeben. Andererseits war der Weg von Japan nach Hawaii extrem weit, die Taiwanstraße überqueren moderne Kampfjets in etwa sieben Minuten. Da chinesische Piloten inzwischen routinemäßig die Mittellinie überfliegen, bliebe der taiwanischen Seite nur sehr wenig Zeit für die Entscheidung, ob es sich um eine Übung oder einen Angriff handelt. Freilich bestünde eine Invasion nicht aus einer singulären Attacke, sondern wäre die komplexeste Operation in der Geschichte der Volksbefreiungsarmee und bedürfte langwieriger Vorbereitung. Woher wüssten wir, dass eine solche im Gange ist?

Die Indizien wären nicht nur militärischer Art, sondern könnten sich auf einer breiten Palette von Politikfeldern zeigen. Ein wichtiges Bestreben Chinas wäre vermutlich, sich gegen Sanktionen westlicher Staaten abzusichern. Kapitalkontrollen, damit die Elite ihre Schäfchen nicht ins Trockene bringt, Liquidierung von Anlagen im Ausland, Einfrieren ausländischer Vermögen in China, Ausfuhrstopps für wichtige Mineralien und medizinische Güter, um den Eigenbedarf zu sichern – all das könnten, müssten aber nicht Anzeichen dafür sein, dass Peking etwas im Schilde führt.[18] Ähnlich verhält es sich mit propagandistischen Anstrengungen, um die Bevölkerung psychologisch auf einen Krieg mit vielen Opfern vorzubereiten. Wie wir gesehen haben, sind »Kampf« und »extreme Szenarien« bereits zu gängigen Vokabeln in der Kommunikation der Partei mit ihrem Volk geworden.

Ein klareres Indiz wäre die gesteigerte Produktion und Bereitstellung bestimmter Munitionsarten für Marine und Luftwaffe. Zwar würde die Führung solche Schritte nicht öffentlich verkünden, aber Satelliten im All und Spione am Boden dürften sie trotzdem bemerken, dem langjährigen CIA-Analysten John Culver zufolge sogar bis zu einem Jahr im Voraus.[19] Ähnliches gilt für Maßnahmen im Personalbereich, um die Demobilisierung von Soldaten zu verschieben, Ausgangs- und Urlaubssperren sowie Änderungen im regulären Trainingsbetrieb. Für eine Invasion Taiwans müssten Zehntausende Soldaten und Unmengen von Material an Stützpunkten entlang der Küste zusammengezogen werden, was nur unter Inanspruchnahme ziviler Infrastruktur ginge und also Auswirkungen auf Luft- und Schienenverkehr hätte. Um Verwundete zu versorgen, würde die Armee Feldlazarette einrichten und Blutkonserven bereitstellen, für den Transport der Truppen über die Taiwanstraße benötigte sie die Schiffe ziviler Unternehmen wie der Bohai Ferry Group, die ihre Fähren bereits seit Jahren so ausstattet, dass sie für militärische Zwecke nutzbar sind – Fahrpläne müssten dafür allerdings geändert werden, und auch das ließe sich nicht geheim halten.[20]

Die Liste möglicher Indizien, die der CIA-Analyst aufzählt, ist damit noch nicht erschöpft, aber ich belasse es hier bei seinem Resümee: »Jede Invasion Taiwans wird bereits Monate vor dem von Peking angeordneten Beginn der Feindseligkeiten kein Geheimnis mehr sein.« Diese Einschätzung ist jedoch nicht unwidersprochen geblieben. Die Autoren einer Wargame-Simulation einer renommierten US-Denkfabrik weisen darauf hin, dass einige der von Culver identifizierten Warnsignale keineswegs unmissverständlich wären und dass sich der Prozess ihrer Auswertung über längere Zeit hinziehen könnte. Sie gehen eher von zwei bis vier Wochen aus, in denen Taipei und Washington mit Sicherheit wüssten, was geschehen wird – aber vielleicht noch nicht, wie sie darauf reagieren sollen.[21]

Andere finden sogar das noch zu optimistisch. Der Kommandeur der US-Pazifikflotte hat bereits vor Szenarien gewarnt, in denen die Volksbefreiungsarmee groß angelegte Manöver in Taiwans Nähe beginnt, um daraus plötzlich einen Angriff zu machen. Die Fülle chinesischer Mikroaggressionen im Pazifik lasse es inzwischen kaum noch zu, aus Position und Bewegung der Schiffe verlässlich auf weitere Intentionen zu schließen.[22] Das dürfte Absicht sein. Das entsprechende Prinzip, das der Altmeister des strategischen Denkens in China schon vor 2500 Jahren formuliert hat, steht diesem Kapitel aus gutem Grund als Motto voran. Niemand soll wissen, ob und wann China aus der Grauzone ein Schlachtfeld machen will.

Fazit mit Blick nach vorn: Deutschland, die EU und das Ticken der Uhren

Es mag unbefriedigend erscheinen, dieses Buch auf einer Note weitgehender Ungewissheit zu beenden. Eigentlich ist das aber genau mein Punkt: Wir wissen nicht und können nicht wissen, was in den nächsten Jahren in der Taiwanstraße passieren wird. Umso dringlicher stellt sich die Frage, ob und wie Deutschland und die Europäische Union dazu beitragen können, den Frieden zu wahren bzw. – wenn wir an Chinas Grauzonen-Aktivitäten denken – ihn wiederherzustellen. Leider liegt bisher keine deutsche oder europäische Strategie für den Umgang mit dem Konflikt in der Taiwanstraße vor. Die 2020 vom Auswärtigen Amt verabschiedeten *Leitlinien zum Indo-Pazifik* schaffen es gar, auf 72 Seiten das Wort »Taiwan« nicht zu verwenden – selbst das mit »Frieden, Sicherheit und Stabilität stärken« überschriebene Kapitel verweist nur beiläufig auf »ungelöste Territorialfragen« und sorgt sich ansonsten mehr darum, dass der Islamische Staat in Südostasien keine Rückzugsgebiete erhalten darf.[1] Wenn aber schon die Problemdarstellung an der reflexhaften Rücksichtnahme auf Pekings Sensibilitäten scheitert, rücken Lösungsansätze in unerreichbare Ferne.

Die aktuelle Chinastrategie der Bundesregierung geht einen wichtigen Schritt weiter, indem sie feststellt: »Eine Veränderung des Status quo in der Straße von Taiwan darf nur friedlich und im gegenseitigen Einvernehmen erfolgen.« Und: »Im Rahmen der Ein-China-Politik der EU unterstützt Deutschland die sachbezogene Mitarbeit Taiwans in internationalen Organisationen. Wir setzen uns ferner gegenüber dem VN [Vereinte Nationen]-Generalsekretariat für die Einbeziehung der taiwanischen Zivilgesellschaft in die Aktivitäten der VN und ihrer Sonderorganisationen ein.«[2] Das ist eine zwar implizite, aber dennoch klare Zurückweisung von Pekings oben geschildertem Bemühen, Taiwan international zu isolieren und von den Foren der Vereinten Nationen auszuschließen.

Auch Pekings Standpunkt, dass der Konflikt um Taiwan eine rein innenchinesische Angelegenheit darstellt, in die sich kein anderes

Land einmischen darf, wird von der Bundesregierung zurückgewiesen: »Die Sicherheit in der Straße von Taiwan ist von zentraler Bedeutung für Frieden und Stabilität in der Region und weit darüber hinaus. [...] Eine militärische Eskalation würde auch deutsche und europäische Interessen berühren.«[3]

Soweit die hehren und richtigen Grundsätze. Zur Frage ihrer Umsetzung allerdings erfährt man an dieser Stelle nichts. Das dürfte dem Willen politischer Akteure geschuldet sein, sich einen möglichst großen Handlungsspielraum zu bewahren, um auf fluide Umstände flexibel reagieren zu können, es weckt aber auch den Verdacht, dass Strategiepapiere besonders viel von jener Geduld besitzen, die man Papier allgemein nachsagt. Nimmt man den Chinabesuch von Bundeskanzler Scholz im April 2024 zum Maßstab, ist jedenfalls weder eine europäische Ausrichtung der deutschen Chinapolitik zu erkennen noch die Bereitschaft, Peking mit kontroversen Standpunkten zu belästigen. Entsprechend verheerend fiel das Echo bei unseren wichtigsten Verbündeten aus.[4]

Für einen kohärenten europäischen Umgang mit dem Konflikt in der Taiwanstraße verheißt das nichts Gutes. Im Folgenden will ich versuchen, auf möglichst konzise – also sicherlich nicht hinreichend detaillierte – Weise zu skizzieren, in welche Richtung sich Deutschland und die EU bewegen sollten.

Wie die beiden vorangegangenen Kapitel gezeigt haben, steht die internationale Staatengemeinschaft in der Taiwanstraße vor dem diffizilen Problem der Abschreckung. Wahrscheinlich wird sich ein Krieg nur verhindern lassen, wenn die Volksrepublik China von einem Waffengang abgehalten, d.h. mittels glaubwürdiger Drohungen und Zusicherungen abgeschreckt werden kann.[5] Hierzu können Deutschland und die EU einen wichtigen Beitrag leisten, und zwar weniger auf militärischem als auf ökonomischem Gebiet. Die Bundesrepublik ist nicht nur die größte europäische Volkswirtschaft, sondern auch das Land mit den umfänglichsten Handelsbeziehungen nach China, das zudem über vielfältige bilaterale Gesprächsforen und -kanäle verfügt. Diese müssen genutzt werden, um erstens Chinas aggressive Grauzonen-Aktivitäten entschieden zu verurteilen, und um zweitens zu kommunizieren, dass eine Invasion Taiwans eine ungleich tiefere Zäsur bedeuten würde als Tian'anmen 1989. Eine Rückkehr zu business as usual könnte es danach nicht geben, solange die Kommunistische Partei an der Macht ist.

Zu Recht wird Deutschland oft dafür kritisiert, dass es sich, auf ähnliche Weise wie mit russischem Öl und Gas, in eine zu große Abhängigkeit vom chinesischen Markt begeben hat. Auf dieses Problem reagiert die Politik inzwischen, indem sie sich zum Ziel der »Risikominderung« (»De-Risking«) bekennt. Auch die Bundesregierung tut das in ihrer Chinastrategie. Dass deutsche Investitionen in der Volksrepublik 2023 ein neues Rekordhoch erreicht haben, lässt aber befürchten, dass hier ein bloßes Lippenbekenntnis vom realen »Weiter so« ablenken soll, und das wäre fatal.[6] Ohne ein Umdenken in der Chinapolitik wird kein konstruktiver Ansatz in Bezug auf die Taiwanstraße zu finden sein.

Ebenso problematisch wie die Abhängigkeit vom chinesischen Markt ist es freilich, wenn Teile des politischen Betriebs so tun, als seien Deutschland und Europa *einseitig* von China abhängig. Tatsächlich hat sich der wirtschaftliche Aufstieg der Volksrepublik vollzogen durch ihre Integration ins globale Handelssystem, die Peking erst in jüngster Zeit als Gefahr ausgemacht hat, eben weil dadurch auch China unter Druck gesetzt werden kann. Die vier wichtigsten Handelspartner heißen USA, Japan und Südkorea (zwei formelle US-Verbündete) und Taiwan. Nimmt man alle EU-Staaten zusammen, übersteigt Chinas Handelsvolumen mit ihnen sogar noch das mit Amerika. Zu glauben, dass es aufgrund der chinesischen Wirtschaftsmacht unmöglich sei, dem Land Zugeständnisse abzuringen, ist daher falsch. Gefragt sind lediglich die enge Abstimmung mit gleichgesinnten Nationen – in der Taiwanfrage gehört dazu beinahe der gesamte pazifische Raum – sowie die Bereitschaft, mit Peking kontrovers zu diskutieren und hart zu verhandeln. Dem Regime muss klargemacht werden, dass es vor folgender Alternative steht: Entweder kann China durch florierende Wirtschaftsbeziehungen mit den reichsten Staaten der Welt prosperieren oder sich Taiwan einverleiben, nicht beides.[7]

Neben dem Hauptziel, eine Invasion zu verhindern, sollte die Mischung aus Drohungen und Zusicherungen auch genutzt werden, um China zu einer Drosselung oder bestenfalls sogar Einstellung seiner Grauzonen-Aktivitäten gegenüber Taiwan zu bewegen. Ein erster Schritt wäre es, öffentlich jene Feststellung zu treffen, die sich zwar in einem internen Strategiepapier des Auswärtigen Amts findet, nicht aber in der Chinastrategie der Bundesregierung: »Chinas militärische Drohungen stehen nicht im Einklang mit dem Gewaltverbot der VN-Charta.«[8] Die Aussage mag insofern problematisch erscheinen, als besagtes Gewaltverbot für souveräne Staaten gilt, die Mitglied der Vereinten Nationen sind; als Staat erkennt Deutschland Taiwan aber nicht an, und UN-Mitglied ist die Insel ebenfalls nicht. Allerdings gibt es im Völkerrecht den Begriff »stabilisiertes De-facto-Regime«, das zwar nur mit begrenzter Völkerrechtssubjektivität ausgestattet ist, vom Gewaltverbot aber dennoch geschützt wird. »De facto-Regime dürfen weder militärisch attackiert, okkupiert noch annektiert werden«, halten die Wissenschaftlichen Dienste des Bundestags in einer Auskunft fest. »Damit einher geht das Recht der Staatengemeinschaft, Taiwan im Wege der kollektiven Selbstverteidigung beizustehen.«[9] Es besteht also kein Widerspruch zwischen der deutschen bzw. europäischen Ein-China-Politik und einem Standpunkt, den sich Berlin und Brüssel unbedingt zu eigen machen sollten: dass auch Taiwan durch das Gewaltverbot der UN-Charta geschützt wird.

Ausgehend von einer solch grundsätzlichen Positionierung schlage ich für den deutschen und europäischen Umgang mit dem Konflikt in der Taiwanstraße drei Maximen vor.

1.) *Das chinesische Narrativ entschieden zurückweisen.* Wie das entsprechende Kapitel gezeigt hat, gründet der chinesische Anspruch auf die Insel Taiwan in einer nationalistischen Ideologie, die historische Fakten konsequent verdreht und verleugnet. Peking begreift historische Narrative prinzipiell nicht als der Wahrheit verpflichtete Berichte über die Vergangenheit, sondern als Mittel im politischen Kampf. Nur wenn Deutschland und die EU ihre Chinakompetenz deutlich erhöhen, werden sie die chinesische Deutungshoheit über den Konflikt bestreiten und Pekings Geschichtsklitterung als solche entlarven und korrigieren können: Die Insel Taiwan gehört *nicht* seit Urzeiten zu

China. Sie untersteht heute *nicht* der Souveränität der Volksrepublik, und es gibt *kein* international anerkanntes Rechtsdokument (etwa die Kairoer Erklärung oder die UN-Resolution 2758), das die Zugehörigkeit Taiwans zur Volksrepublik im Sinne des von Peking vertretenen Ein-China-Prinzips feststellt.

Pekings Versuche, das eigene Narrativ global durchzusetzen, gehen einher mit dem Bemühen, andere Länder, internationale Organisationen, Konzerne und akademische Institutionen auf einen bestimmten Sprachgebrauch zu verpflichten. Auch hier ist Widerstand vonnöten. Wer Pekings Anspruch auf Taiwan nicht akzeptieren will, sollte niemals vom Ein-China-Prinzip, sondern immer von der Ein-China-*Politik* sprechen. Diese ist kein Dogma, sondern ein pragmatischer Kompromiss und ein flexibel handhabbares Instrument, um zur Volksrepublik China *und* zu Taiwan konstruktive Beziehungen zu pflegen. In Bezug auf Taiwans aktuelle Regierungspartei sollte man nicht von »Separatisten« und bezüglich der gesamten Insel nie von einer »abtrünnigen Provinz« sprechen. Dies ist offenbar keine Aufgabe nur für Politikerinnen und Politiker, sondern für uns alle, insbesondere die Medien.

2.) *Taiwan im Rahmen des Möglichen maximale Unterstützung zukommen lassen.* Welche Maßnahmen wann sinnvoll sind, hängt ab von sich ändernden Bedingungen und muss immer wieder neu ausgehandelt werden. Gleichwohl lässt sich der Rahmen des Möglichen skizzieren. So wäre es bis auf weiteres extrem gefährlich, wollten Deutschland und die EU Taiwan diplomatisch anerkennen. Ein solcher Schritt könnte den Konflikt eskalieren lassen und sollte deshalb nicht leichtfertig ins Spiel gebracht werden. Man erweist Taiwan damit keinen Dienst. Diesseits einer diplomatischen Anerkennung allerdings tut sich ein weites Feld von Möglichkeiten auf, den Kontakt mit der Insel zu vertiefen, ihre internationale Sichtbarkeit zu erhöhen und damit indirekt zu ihrer Sicherheit beizutragen. Durch Städtepartnerschaften etwa, die es bei uns nur sehr vereinzelt gibt – in der Tschechischen Republik besteht seit 2022 eine zwischen den Hauptstädten Prag und Taipei –, könnten in Deutschland viel mehr Menschen als bisher einen Begriff davon erhalten, was für ein Land Taiwan ist und wie die

Leute dort auf den Konflikt mit China schauen. Die Gründung einer »neuen deutsch-taiwanischen Dialogplattform für zivilgesellschaftlichen Austausch«, die das Auswärtige Amt Ende 2023 bekannt gegeben hat, ist ein Schritt in die richtige Richtung.[10]

Auf politischem Feld stellt sich die Aufgabe, die in der Chinastrategie der Bundesregierung zwar benannt, aber nicht programmatisch ausbuchstabiert wird: Wie hätte »die sachbezogene Teilnahme des demokratischen Taiwan in internationalen Organisationen« auszusehen? Nach den Erfahrungen der Coronapandemie sollte mindestens klar sein, dass die Insel den Beobachterstatus in der Weltgesundheitsversammlung, den sie 2016 auf Druck Chinas verloren hat, schnellstmöglich zurückerhalten muss. Meines Erachtens spricht auch nichts dagegen, sie als vollwertiges Mitglied in die WHO aufzunehmen, notfalls unter demselben Namen wie bei der längst bestehenden Mitgliedschaft in der Welthandelsorganisation: »Gesondertes Zollgebiet Taiwan, Penghu, Kinmen und Matsu (Chinesisch Taipeh)«. Ich persönlich fände »Taiwan« zwar griffiger, aber bleiben wir realistisch. Insgesamt sollten Deutschland und die EU darauf hinwirken, dass die Vereinten Nationen eine pragmatische Ein-China-Politik betreiben, statt sich wie bisher – ohne entsprechenden Beschluss der UN-Vollversammlung und also ohne Not – Pekings eigenmächtig aufgestelltem Ein-China-Prinzip zu unterwerfen.

Ob sich europäische Waffenlieferungen an Taiwan im Rahmen des Möglichen bewegen oder nicht, ist eine schwierige Frage. Sie zu tabuisieren besteht indes kein Grund. Wie oben erwähnt, verfügt die Insel bereits über französische La-Fayette-Fregatten und Mirage-Kampfflugzeuge. In den letzten Jahrzehnten waren europäische Staaten zwar sehr darauf bedacht, Peking nicht durch den Verkauf von Waffen an Taiwan zu verärgern, aber zur Deeskalation haben sie damit nicht beigetragen. Wenn im geleakten Strategieentwurf des Auswärtigen Amts steht, »[w]ir setzen uns für Deeskalation und ein stabiles Kräftegleichgewicht ein«, darf man fragen, wie Letzteres denn erreicht werden soll.[11] Indem China abrüstet? Im März 2024 hat der grüne Europaabgeordnete Reinhard Bütikofer vorsichtig die Möglichkeit eines europäischen Politikwechsels in der Frage von Waffenlieferungen angedeutet.[12] Wenn, dann sollte dieser meines Erachtens in enger Abstimmung mit den USA erfolgen und nachdem Taiwan seine eigene Verteidigungsstrategie weiter geklärt hat. Wie wir gesehen haben, wird gegenwärtig noch kontrovers darüber diskutiert, welche Waffen die Insel eigentlich braucht.

3.) *Taiwan nicht benutzen, um China zu provozieren.* Zugegeben, es ist derzeit unmöglich, sich in irgendeiner Form für die Insel einzusetzen, ohne dass China lautstark protestiert, und davon darf man sich nicht abschrecken lassen. Dennoch macht die Motivation des Engagements einen Unterschied. Wer nur protaiwanisch agiert, um eine antichinesische Agenda zu verfolgen, wird der Insel am Ende wenig helfen. Dort ist man zwar auf internationale Unterstützung angewiesen, aber nicht auf jede. Seit der Besuch von Nancy Pelosi 2022 einen regelrechten Taiwantourismus europäischer Delegationen ausgelöst hat, klagen taiwanische Offizielle vermehrt darüber, dass einige Visiten mehr Schaden als Nutzen erbringen.[13] Auf viele nämlich reagiert Peking mit Strafaktionen, von denen nicht die Taiwanreisenden betroffen sind, sondern ihr Reiseziel. Wer sich von seinem Besuch nur eine gute Presse zu Hause verspricht, möge also auf den Trip verzichten. Weniger Symbolik und Selbstinszenierung, mehr Substanz, sollte das Motto lauten.

Von welchen Maßnahmen Taiwan unterm Strich profitiert, ist freilich oft nur schwer abzuschätzen. Wie hilfreich etwa der Pelosi-Besuch war, darüber wurde auch auf der Insel heftig gestritten. Trotzdem tun europäische Staaten gut daran, sich vorab diskret bei der taiwanischen Seite zu erkundigen, welche Maßnahmen willkommen sind und welche nicht. China zu provozieren darf nicht das Ziel sein, sondern muss als Preis einkalkuliert und mit dem erhofften Nutzen *für Taiwan* verrechnet werden. Grundsätzlich reagiert Peking weniger scharf auf Taiwanreisen von VertreterInnen und Vertretern der Legislative als auf solche der Exekutive. Manche Initiativen sollten daher eher von Parlamenten als von Regierungen ausgehen. Pekings Haltung, wonach *jede* Unterstützung für Taiwan im Kern gegen China gerichtet ist, gilt es entschieden zurückzuweisen.

Dies sind zugegebenermaßen allgemein gehaltene Maximen, die

lediglich eine grobe Orientierungsfunktion ausüben. Für den Umgang mit dem Konflikt in der Taiwanstraße sollten Deutschland und die EU umgehend Richtlinien erarbeiten, die deutlich feiner kalibriert sind. Insbesondere gilt das für die Einschätzung des Eskalationspotenzials, das in bestimmten aktuellen Entwicklungen liegt. Eine Art Generallinie hatte ich im Schlusskapitel skizziert: Der Zeitpunkt der größten Gefahr wird gekommen sein, wenn im Kalkül der chinesischen Führung die eigene Stärke relativ zur amerikanischen abzunehmen beginnt, weil China in eine demographische Krise schlittert, während die strategische Umstellung der USA auf die Rivalität im Westpazifik mehr und mehr Früchte trägt. Gegenwärtig lässt sich dieser Moment für die Zeit ab 2027 antizipieren, also sehr bald! Für Zeitungsschlagzeilen, die von einer tickenden Uhr oder Zeitbombe handeln, mag das ausreichen. Wer zielgerichtet deeskalieren will, muss genauer hinschauen und feststellen, dass in der Taiwanstraße verschiedene Uhren ticken, die nicht alle dieselbe Zeit anzeigen.

Bereits erwähnt hatte ich die biologische Uhr von Xi Jinping. Welche Dringlichkeit die Lösung der Taiwanfrage für ihn in seiner vierten Amtszeit haben wird, die er 2028 antreten dürfte, lässt sich gegenwärtig kaum vorhersagen. Es könnte unter anderem von seinem Gesundheitszustand abhängen. Zu befürchten ist aber, dass hier ein den sonstigen Zeitdruck noch verstärkender Faktor vorliegt, zumal wenn man die unter Diktatoren nicht eben ungewöhnliche Tendenz unterstellt, für machbar zu halten, was sie selbst wünschen. Anders verhält es sich mit der Uhr der chinesischen Jahrestage und Jubiläen. Bisher galt 2049, wenn der hundertste Gründungstag der Volksrepublik ansteht, als Ziellinie für die Realisierung des Chinesischen Traums. Ohne das Kriterium explizit aufzustellen, hat Xi Jinping mehrfach suggeriert, dass die »Wiedervereinigung« mit Taiwan bis dahin vollzogen sein muss, andernfalls der Traum als unerfüllt zu betrachten wäre. Was ihn zu der kapriziös wirkenden Entscheidung bewogen hat, das Datum offiziell von 2049 auf 2050 zu verlegen, weiß ich nicht; es sieht nach einem Fetisch mit runden Zahlen aus.[14] In jedem Fall aber liegt der Zeitpunkt weit hinter dem von mir identifizierten Beginn der größten Gefahr. Es könnte sich daher um einen den Zeitdruck mildernden Faktor handeln.

Bisher noch nicht erwähnt habe ich eine andere Uhr, die gerade sehr laut in Washington tickt: Im November 2024 wird in den USA ein neuer Präsident gewählt, und nach dem gegenwärtigen Stand der Dinge könnte er Donald Trump heißen. Was das für den Konflikt in der Taiwanstraße bedeuten würde, steht in den Sternen, der Mann ist unberechenbar und hat in seiner ersten Amtszeit eine höchst widersprüchliche Chinapolitik betrieben. Im Gedächtnis geblieben ist zwar vor allem der von Joe Biden nahtlos fortgesetzte Handelskrieg, aber Trump selbst war trotz seiner antichinesischen Rhetorik sehr empfänglich für politische »Ratschläge«, die Xi Jinping ihm in regelmäßigen nächtlichen Telefonaten eingeflüstert hat.[15] Bezüglich Taiwans wurden unter Trump die bilateralen Kontakte intensiviert und entsprechende Beschränkungen für hochrangige Regierungsbeamte aufgehoben, aber nachdem der Präsident noch vor seinem Amtsantritt ein Glückwunschtelefonat der damaligen taiwanischen Präsidentin angenommen und damit Peking erbost hatte, fühlte er sich von Tsai Ing-wen hereingelegt (er selbst macht bekanntlich keine Fehler). Danach, resümiert ein Chronist, »changierte seine Haltung zu Taiwan zwischen Gleichgültigkeit und Verachtung, und dabei blieb es für den Rest seiner Amtszeit«.[16] In einer zweiten Trump-Administration würde es vermutlich viele Taiwanfreunde geben, aber der Präsident selbst würde nicht dazu zählen.

Auch aus diesem Grund halte ich es für möglich, dass Peking eine zweite Amtszeit von Donald Trump als vierjähriges Zeitfenster betrachtet, in dem man die Taiwanfrage einer Lösung zuführen will. Mindestens hofft Xi Jinping, dass die unter Joe Biden geschickt ausgebauten Allianzen im pazifischen Raum einem Stresstest unterzogen und teilweise wieder zerstört werden würden. Chinas strategische Position würde das enorm stärken, und für Europa wäre es beinahe unmöglich, die Entwicklung aufzuhalten – zumal man in der Ukraine ebenfalls vor neuen Herausforderungen stünde. Nicht auszuschließen ist allerdings auch, dass die USA unter Trump alle Waffenlieferungen an die Ukraine stoppen und nach Taiwan umleiten würden. Wir wissen es schlicht nicht. Die Ungewissheit könnte jedenfalls ab 2025 noch deutlich größer werden, als sie gegenwärtig ist.

Sollte das Weiße Haus in demokratischer Hand bleiben, dürfte sich die chinesisch-amerikanische Rivalität gemäß den jüngsten Entwicklungen fortsetzen: ein erbittert geführter Kampf um Zukunftstechnologien, gegenseitige Schuldzuweisungen, Demonstrationen militärischer Stärke und gelegentliche diplomatische Initiativen, um ein Überkochen der Rivalität zu verhindern. Aus alldem folgt, dass die Uhren in der Taiwanstraße zwar vorerst weiter ticken, aber was die Stunde geschlagen hat, wird erst am Wahltag (5. November 2024) oder noch einige Monate später klar werden, wenn die amerikanische Politik für die nächsten vier Jahre Konturen angenommen hat. Die Zeit bis dahin sollten Deutschland und die EU weder als Atempause begreifen noch mit ängstlichem Abwarten vergeuden, sondern sie nutzen, um einen europäischen Konsens bezüglich der eigenen Ziele zu formulieren. Das ist schwierig genug, aber auch dringend geboten. Auf Uneinigkeit lässt sich keine kohärente Strategie gründen.

Droht in der Taiwanstraße ein Krieg? Ja. Ist er noch abzuwenden? Ja, wenn sich möglichst viele dafür einsetzen. Das Bemühen sollte von der Einsicht geleitet sein, dass sich der Konflikt um Taiwan vorläufig nicht lösen, sondern nur managen und einhegen lässt. Die einzig echte Lösung wäre eine im Sinne Pekings, und die gilt es zu verhindern. Ihre einzig realistische Alternative besteht im Aufschub ad infinitum, d. h. in der Wahrung des Status quo oder – was noch besser wäre, aber nur schwer zu erreichen sein wird – in der schrittweisen Rückkehr zum Status quo ante, ohne die fortgesetzten Grauzonen-Aktivitäten, mit denen Peking den Ist-Zustand auszuhöhlen versucht. Etwas Besseres als diesen werden wir auf absehbare Zeit nicht bekommen. Umstritten, fragil und gefährdet, macht der Status quo zwar niemanden wunschlos glücklich, aber immerhin fordert er von allen Beteiligten nur Mäßigung, Fingerspitzengefühl und Geduld, keine Menschenleben.

Anmerkungen

1
Schmales Gewässer: Von der Geographie zur Strategie

1 Stephan Thome, »Was sie in Peking sagen, und was es bedeutet«, in: *Süddeutsche Zeitung* (13. August 2022), online verfügbar unter: {https://www.sueddeutsche.de/meinung/taiwan-taiwanstrasse-nancy-pelosi-xi-jinping-manoever-1.5638379?reduced=true}.

2 »The U. S. and China Must Manage ›Intense Competition‹, Top Biden Advisor Says«, CNBC (7. Oktober 2021), online verfügbar unter: {https://www.cnbc.com/2021/10/08/us-china-must-manage-intense-competition-top-biden-advisor-says.html}.

3 Pressekonferenz des chinesischen Außenministeriums vom 13. Juni 2022. Ein englisches Transkript ist online verfügbar unter: {https://www.fmprc.gov.cn/mfa_eng/xwfw_665399/s2510_665401/2511_665403/202206/t20220613_10702460.html}.

4 Vgl. Tonio Andrade, *How Taiwan Became Chinese: Dutch, Spanish, and Han Colonization in the Seventeenth Century*, 2008, Gutenberg-e-Ausgabe, Kap. 4, Absatz 3ff., online verfügbar unter: {http://www.gutenberg-e.org/andrade/andrade04.html}. Der später im Westen gebräuchliche Name Formosa geht auf portugiesische Seefahrer zurück. »Ilha Formosa« und »Isla Hermosa« bedeuten dasselbe: schöne Insel. Der japanische Shogun Toyotomi Hideyoshi plante bereits im späten 16. Jahrhundert, Taiwan seinem Reich einzuverleiben. Siehe ebd., Kap. 2, Absatz 27.

5 Ebd., Kap. 6, Fn 5. Am Ende der holländischen Ära waren es etwa 35 000, so John Robert Shepherd, *Statecraft and Political Economy on the Taiwan Frontier 1600-1800*, Stanford 1993, S. 86.

6 Siehe Emma Jinhua Teng, *Taiwan's Imagined Geography: Chinese Colonial Travel Writing and Pictures, 1683-1895*, Cambridge/MA 2004.

7 Andrade, *How Taiwan Became Chinese*, Kap. 6.

8 John Dotson, »The CCP Invokes Koxinga in Its United Front Propaganda For Taiwan«, in: *Global Taiwan Brief* (13. Juli 2022), online verfügbar unter: {https://globaltaiwan.org/2022/07/the-ccp-invokes-the-legacy-of-koxinga-in-its-united-front-propaganda-for-taiwan/}.

9 Auf Chinesisch bedeutet Peking (*Beijing*) »Nördliche Hauptstadt«, Nanjing heißt »Südliche Hauptstadt«. Für das Thema dieses Buches ist das insofern relevant, als man innerhalb Chinas politischer Geographie auch die Rivalität zwischen den Kommunisten und den Nationalisten (KMT)

im 20. Jahrhundert als Kampf eines nördlichen Regimes gegen ein südliches verstehen kann. Chiang Kai-shek verlegte 1927 den Regierungssitz erneut nach Nanjing und benannte Peking um in *Beiping* (Nördlicher Friede). Laut Verfassung der Republik China (Taiwan) ist Nanjing bis heute deren Hauptstadt! Die Kommunisten hingegen machten 1949 ganz selbstverständlich Peking zur Hauptstadt ihres neuen Staates.

10 Zitiert nach Teng, *Taiwan's Imagined Geography*, S. 34.

11 Siehe Wu Wennuan (吳溫暖), »Über den Wert der strategischen Richtlinien in Shi Langs ›Taiwan-Eingabe‹« (施琅《恭陈台湾弃留疏》的战略指导价值), in: *Journal of Xiamen University* 1 (2004), S. 79-84, online verfügbar unter: {https://core.ac.uk/download/pdf/41345219.pdf}.

12 Bernd Martin, »The Prussian Expedition to the Far East (1860-1862)«, in: *The Journal of the Siam Society* 78/1 (1990), online verfügbar unter: {https://thesiamsociety.org/wp-content/uploads/1990/03/JSS_078_1c_Bernd_PrussianExpeditionToFarEast1860.pdf}. Zum Hintergrund siehe Leonard H. D. Gordon, *Confrontation Over Taiwan: Nineteenth-Century China and the Powers*, Lanham 2007.

13 Genauer gesagt kamen die Fischer von den Ryūkyūs, einer Inselkette zwischen dem japanischen Kyūshū und Taiwan, die damals noch nicht offiziell zu Japan gehörte. Dass sich die Qing-Regierung 1874 in einem Abkommen bereiterklärte, Japan für den gewaltsamen Tod der Fischer zu entschädigen, bedeutete faktisch aber die Anerkennung der japanischen Oberhoheit über die Inseln, die Japan 1879 prompt annektierte. Siehe S.C.M. Paine, *The Sino-Japanese War of 1894-1895: Perceptions, Power, and Primacy*, Cambridge/MA 2009, S. 90. Spätestens damit war klar, dass das japanische Kaiserreich versuchen würde, auch das südlichste Glied der Inselkette, nämlich Taiwan, unter seine Kontrolle zu bringen. Dies geschah im Zuge des Chinesisch-Japanischen Kriegs von 1894/95.

14 Alan M. Wachman, *Why Taiwan? Geostrategic Rationales for China's Territorial Integrity*, Stanford 2007, S. 45. Ähnlich die Formulierung auf S. 37.

15 Andrew D. Taffer/David Wallsh, »China's Indo-Pacific Folly: Beijing's Belligerence Is Revitalizing U.S. Alliances«, in: *Foreign Affairs* (31. Januar 2023), online verfügbar unter: {https://www.foreignaffairs.com/asia/china-indo-pacific-folly}. Zum Hintergrund siehe Bill Hayton, *The South China Sea: The Struggle for Power in Asia*, New Haven/London 2015.

16 Siehe Tokuchi Hideshi, »Japan's New National Security Strategy and Contribution to a Networked Regional Security Architecture«, Center for Strategic and International Studies (23. Juni 2023), online verfügbar unter: {https://www.csis.org/analysis/japans-new-national-security-strategy-and-contribution-networked-regional-security}.

17 Die Abkürzung steht für »Terminal High-Altitude Area Defense«, die entsprechende Raketenabwehr soll Südkorea vor allem gegen Angriffe aus dem Norden schützen. Keineswegs grundlos ist man in Peking allerdings davon überzeugt, dass sich das System auch gegen China richtet. Siehe Jin Kai, »The Trouble with South Korea's THAAD Upgrade«, in: *The Diplomat* (28. Oktober 2022), online verfügbar unter: {https://thediplomat.com/2022/10/the-trouble-with-south-koreas-thaad-upgrade/}.

18 Siehe Brendan Rittenhouse Green/Caitlin Talmadge, »The Consequences of Conquest: Why Indo-Pacific Power Hinges on Taiwan«, in: *Foreign Affairs* (16. Juni 2022), online verfügbar unter: {https://www.foreignaffairs.com/articles/china/2022-06-16/consequences-conquest-taiwan-indo-pacific?check_logged_in=1}.

19 Wachman, *Why Taiwan?*, S. 138. Siehe auch Ian Easton, *The Chinese Invasion Threat: Taiwan's Defense and American Strategy in Asia*, Manchester 2017 (kindle-edition), pos. 486 ff.

20 Zu diesem Bild siehe Andrew Erickson/Joel Wuthnow, »Barriers, Springboards and Benchmarks: China Conceptualizes the Pacific ›Island Chains‹«, in: *The China Quarterly* 225 (2016), S. 1-22.

21 Toshi Yoshihara/James R. Holmes, *Red Star Over the Pacific: China's Rise and the Challenge to U.S. Maritime Strategy*, 2. Aufl., Annapolis 2018, S. 48-69.

22 Zu diesem auf Mao Zedong zurückgehenden Begriff und den verschiedenen strategischen Neuausrichtungen der Volksrepublik China siehe M. Taylor Fravel, *Active Defense: China's Military Strategy since 1949*, Princeton 2019.

2

Chinas militärische Optionen und ihre Probleme

1 Ian Easton, *The Chinese Invasion Threat: Taiwan's Defense and American Strategy in Asia*, Manchester 2017 (kindle-edition), pos. 882-926. Siehe auch Benjamin Jensen, »Not So Fast: Insights from a 1944 War Plan Help Explain Why Invading Taiwan Is a Costly Gamble«, in: *War on the Rocks* (8. September 2022), online verfügbar unter: {https://warontherocks.com/2022/09/not-so-fast-insights-from-a-1944-war-help-explain-why-invading-taiwan-is-a-costly-gamble/}.

2 Jensen nennt eine Ratio von vier zu eins, berechnet aber materielle Überlegenheit und Lufthoheit so ein, dass er auf ein faktisches Übergewicht der USA von zehn zu eins kommt. Siehe Jensen, »Not So Fast«, letzte Fußnote.

3 Easton, *The Chinese Invasion Threat*, (kindle-edition), pos. 926.

4 Odd Arne Westad, *Decisive Encounters: The Chinese Civil War, 1946-1950*, Stanford 2003, S. 299ff.

5 »Kinmen Demilitarization Urged«, in: *Taipei Times* (9. Februar 2023), online verfügbar unter: {https://www.taipeitimes.com/News/taiwan/archives/2023/02/09/2003794025}.

6 Ähnliches gilt für das Szenario, in dem China keine taiwanische Insel vor der eigenen Küste, sondern eine von Taiwan reklamierte Insel im Südchinesischen Meer besetzt, etwa Itu Aba (chin. Taiping). Auch dies wäre ein Akt, der Entschlossenheit signalisiert, ohne China seinem eigentlichen Ziel näher zu bringen; und auch hier würde China pazifische Anrainer wie Vietnam, die Philippinen und Malaysia nachhaltig verschrecken, mit unabsehbaren Folgen für die Region. Die Pratas-Inseln, gelegen etwa auf halbem Weg zwischen Hainan und Taipei und verteidigt von Taiwans 99. Marine Corps, wären allerdings auch dann ein strategisch wichtiges Territorium, wollte China keine Invasion starten, sondern »nur« seine Machtposition im Südchinesischen Meer stärken.

7 Bradley Martin/Kristen Gunness/Paul DeLuca/Melissa Shostak, »Implications of a Coercive Quarantine of Taiwan by the People's Republic of China«, RAND Corporation, 2022, online verfügbar unter: {https://www.rand.org/pubs/research_reports/RRA1279-1.html}.

8 Elbridge A. Colby, *The Strategy of Denial: American Defense in an Age of Great Power Conflict*, New Haven 2021, S. 130.

9 June Teufel Dreyer, »The Big Squeeze: Beijing's Anaconda Strategy to Force Taiwan to Surrender«, Foreign Policy Research Institute (13. August 2018), online verfügbar unter: {https://www.fpri.org/article/2018/08/the-big-squeeze-beijings-anaconda-strategy-to-force-taiwan-to-surrender/}. Ähnlich das Argument von Jude Blanchette/Bonnie Glaser, »Taiwan's Most Pressing Challenge Is Strangulation, Not Invasion«, in: *War on the Rocks* (9. November 2023), online verfügbar unter: {https://warontherocks.com/2023/11/taiwans-most-pressing-challenge-is-strangulation-not-invasion/}.

10 Phillip C. Saunders et al. (Hg.), *Chairman Xi Remakes the PLA: Assessing Chinese Military Reforms*, Washington, D.C., 2019. Siehe insbesondere die Einleitung und das Schlusswort von Saunders und Joel Wuthnow.

11 Easton, *The Chinese Invasion Threat*, (kindle-edition), pos. 486. Siehe auch Dennis J. Blanko, »The Chinese Military Speaks to Itself, Revealing Doubts«, in: *War on the Rocks* (18. Februar 2019), online verfügbar unter: {https://warontherocks.com/2019/02/the-chinese-military-speaks-to-itself-revealing-doubts/}.

12 Siehe Conor M. Kennedy, »Getting There: Chinese Military and Civilian

Sealift in a Cross-Strait Invasion«, in: Joel Wuthnow et al. (Hg.), *Crossing the Strait: China's Military Prepares for War with Taiwan*, Washington, D.C., 2022, S. 232-255; Lonnie D. Henley, »Civilian Shipping and Maritime Militia: The Logistics Backbone of a Taiwan Invasion«, in: *China Maritime Report No. 21*, China Maritime Studies Institute, Mai 2022.

13 Easton, *Chinese Invasion Threat*, (kindle-edition), pos. 1448.

14 Michael Casey, »Firepower Strike, Blockade, Landing: PLA Campaigns for a Cross-Strait Conflict«, in: Wuthnow et al. (Hg.), *Crossing the Strait*, S. 113-137, hier S. 117.

15 Jeffrey Engstrom, *Systems Confrontation and Systems Destruction Warfare: How the Chinese People's Liberation Army Seeks to Wage Modern Warfare*, RAND Corporation 2018.

16 Easton rekonstruiert Raketenbeschuss und Blockade von vornherein als eine Phase (*Chinese Invasion Threat*, pos. 1469 ff.), Casey hingegen als zwei aufeinanderfolgende Phasen (»Firepower, Blockade, Landing«). Da beide Autoren aber die Flexibilität des Angriffsplans betonen, dessen Stufen auf verschiedene Weise kombiniert werden können, erscheint mir der Unterschied nicht entscheidend.

17 Tao Wang, »China's Public Wants to Make a Living, Not War«, in: *Foreign Policy* (21. März 2024), online verfügbar unter: {https://foreignpolicy.com/2024/03/21/china-taiwan-public-opinion-war-economy-unification/}.

18 Hal Brands, »Getting Ready for a Long War with China: Dynamics of Protracted Conflict in the Western Pacific«, American Enterprise Institute, Juli 2022, online verfügbar unter: {https://www.aei.org/wp-content/uploads/2022/07/Getting-Ready-for-a-Long-War-with-China-Dynamics-of-Protracted-Conflict-in-the-Western-Pacific.pdf?x91208}.

19 Grant Newsham beginnt sein Buch *When China Attacks: A Warning to America*, Washington, D.C., 2023, mit einer sehr eindrücklichen – um nicht zu sagen reißerischen – Schilderung genau dieses Szenarios.

20 Easton, *Chinese Invasion Threat*, (kindle-edition), pos. 1752 ff.

21 Wendell Minnick, »Ghost Month Arrives!«, in: *China in Arms* (14. August 2023), online verfügbar unter: {https://chinainarms.substack.com/p/ghost-month-arrives?utm_source=substack&utm_medium=email}. So exzentrisch und enervierend die politischen Ansichten des Autors dieses Newsletters auch sind, auf seinen militärischen Sachverstand ist meistens Verlass.

22 Ian Eason et al., *Before Zero Day: Taiwans Evolving Defense Strategy and the Struggle for Peace*, Project 2049 Institute, Washington, D.C., September 2023, S. 70.

23 Easton, *Chinese Invasion Threat*, (kindle-edition), pos. 2475 ff.

24 Easton, *Chinese Invasion Threat*, (kindle-edition), pos. 2312.

25 Siehe David C. Gompert/Astrid Stuth Cevallos/Christina L. Garafola, *War with China: Thinking Trough the Unthinkable*, RAND Corporation, Santa Monica 2016, S. 48.

26 Um ein Fünftel der Weltbevölkerung zu ernähren, stehen China nur zehn Prozent des global verfügbaren Ackerlands zur Verfügung. Den Bedarf an landwirtschaftlichen Produkten kann das Land zu etwa zwei Dritteln selbst decken. Zongyuan Zoe Liu, »China Increasingly Relies on Imported Food. That's a Problem«, Council on Foreign Relations (25. Januar 2023), online verfügbar unter: {https://www.cfr.org/article/china-increasingly-relies-imported-food-thats-problem}.

27 Jude Blanchette/Gerard DiPippo, »›Reunification‹ with Taiwan through Force Would be a Pyrrhic Victory for China«, Center for International and Strategic Studies, November 2022, online verfügbar unter: {https://www.csis.org/analysis/reunification-taiwan-through-force-would-be-pyrrhic-victory-china}. Siehe auch Mark F. Cancian/Matthew Cancian/Eric Heginbotham, *The First Battle of the Next War: Wargaming a Chinese Invasion of Taiwan*, Center for International and Strategic Studies, Januar 2023, online verfügbar unter: {https://www.csis.org/analysis/first-battle-next-war-wargaming-chinese-invasion-taiwan}.

1945-1950
Vom Ende des Pazifikkriegs zum Beginn des Koreakriegs

1 Zitiert nach dem bei Wikipedia wiedergegebenen Volltext: {https://de.wikipedia.org/wiki/Gyokuon-hōsō}.

2 Wu Zhuoliu, *The Fig Tree: Memoirs of a Taiwanese Patriot*, übers. von D. Hunter, Bloomington 2002, S. 165ff.

3 Steven E. Phillips, *Between Assimilation and Independence: The Taiwanese Encounter Nationalist China, 1945-1950*, Stanford 2003, S. 17.

4 Hans Van De Ven, *China at War: Triumph and Tragedy in the Emergence of the New China, 1937-1952*, London 2017, S. 178.

5 Das intensive Ringen um Finanz- und Waffenhilfen schildert Alexander V. Pantsov, *Victorious in Defeat: The Life and Times of Chiang Kai-shek, China, 1887-1975*, New Haven/London 2023, S. 321-365. Siehe auch Rana Mitter, *Forgotten Ally: China's World War II, 1937-1945*, London 2014.

6 Xiaoyuan Liu, *A Partnership for Disorder: China, the United States and their Policies for the Postwar Disposition of the Japanese Empire, 1941-1945*, Cambridge 1996, S. 123. Richard Bush schreibt, »it appears that he

[Roosevelt] probably spent no more than a few hours over the course of a year, if that, on a decision that would dominate U. S.-PRC relations for the entire second half of the twentieth century«. *At Cross Purposes: U. S.-Taiwan Relations Since 1942*, New York 2004 (kindle-edition), pos. 872.

7 Liu, *A Partnership for Disorder*, S. 76.

8 Kerr, George, *Formosa Betrayed: The Definitive Account of Modern Taiwan's Founding Tragedy*, Manchester 2017 [1965], S. 16 f.

9 Alan D. Romberg, *Rein in at the Brink of the Precipice: American Policy Toward Taiwan and U. S.-PRC Relations*, Washington, D. C., 2003, S. 1f.

10 Zitiert nach George Kerr, *Formosa Betrayed*, S. 25.

11 Siehe Peter Zarrow, *After Empire: The Conceptual Transformation of the Chinese State, 1885-1924*, Stanford 2012, S. 160 ff. Sun Yat-sen gehörte zu denen, die mit offen rassistischer Verve gegen die Mandschus agitierten.

12 Der Schriftsteller Wu Zhuoliu notierte dazu: »Als sich die Nachricht verbreitete, ging eine Welle der Begeisterung durch die taiwanische Bevölkerung, denn die Lin [Lin Hsien-tang, der Anführer der Delegation] erwiesene Ehre war eine, die sie innerlich alle teilten.« *The Fig Tree*, S. 172. Aus unklaren Gründen kam die Delegation allerdings nicht rechtzeitig in Nanjing an, und die Zeremonie fand ohne taiwanische Repräsentanz statt.

13 Kerr, *Formosa Betrayed*, S. 75.

14 Tse-han Lai/Ramon Myers/Wei Wou, *A Tragic Beginning: The Taiwan Uprising of February 28, 1947*, Stanford 1991, S. 79. *Minnan* heißt wörtlich »südlich des Min-Flusses«; dieser fließt durch die Küstenprovinz Fujian, aus dessen südlichen Regionen die meisten der frühen Einwanderer nach Taiwan stammten.

15 Kerr, *Formosa Betrayed*, S. 55. Kerr kam mit derselben Maschine in Taiwan an wie Chen Yi und seine Entourage, darunter auch »the General's plump Japanese mistress«.

16 Ein späterer Dissident und noch späterer Präsidentschaftskandidat, dessen Vater in Kaohsiung dem Empfangskomitee vorstand.

17 Peng Ming-min, *A Taste of Freedom: Memoirs of a Formosan Independence Leader*, Upland 1994, S. 51.

18 Ebd. In Long Ying-tai (龍應台), *1949: Weiter Fluss, Weites Meer* (一九四九:大江大海), Taipei 2015, finden sich ein Bericht und Fotos von der Ankunft der Truppen in Keelung, S. 257 ff. Da die Perspektive hier eine dezidiert festländische ist, liegt der Tenor allerdings weniger auf dem Fehlverhalten der Soldaten als auf der Reihe von heftigen Schlachten, die die 70. Armee im Kampf gegen Japan auszufechten gehabt hatte.

19 Zeng Jianmin (曾健民), *1945: Taiwan bei Anbruch der Morgendämmerung* (1945: 破曉時刻的台灣), Taipei 2005, S. 207.

20 Peng, *A Taste of Freedom*, S. 54. Siehe auch Phillips, *Between Assimilation and Independence*, S. 66.

21 Chen Cui-lian (陳翠蓮), »Historische Abrechnung im Taiwan der Nachkriegszeit« (台灣戰後的歷史清算), in: *Historische Zeitschrift der Taiwan National University* (台大歷史學報) 58 (2016), S. 195-248.

22 Phillips, *Between Assimilation and Independence*, S. 67.

23 Kerr, *Formosa Betrayed*, S. 81.

24 Hans Van De Ven, *China at War*, S. 231.

25 Tsuyoshi Hasegawa zufolge zog Stalin den sowjetischen Kriegseintritt vor, um Trumans Kalkül zu vereiteln. *Racing the Enemy: Stalin, Truman and the Surrender of Japan*, Cambridge/MA 2005, S. 177.

26 Siehe Daniel Kurtz-Phelan, *The China Mission: George Marshall's Unfinished War, 1945-1947*, New York 2018.

27 Xiaoyuan Liu, *Frontier Passages: Ethnopolitics and the Rise of Chinese Communism, 1921-1945*, Stanford 2004, S. 53.

28 Die Zahlen nennt S.C.M. Paine, *The Wars for Asia*, New York 2012, S. 53.

29 Eine in vielerlei Hinsicht repräsentative Geschichte erzählt Chi Pangyuan, *The Great Flowing River: A Memoir of China, from Manchuria to Taiwan*, übers. von J. Balcom, New York 2018, S. 232. Sehr eindrucksvoll ist außerdem Helen Zia, *Last Boat out of Shanghai: The Epic Story of Those Who Fled Mao's Revolution*, New York 2019.

30 Über den Hergang der Ereignisse kursieren viele Falschinformationen. Ich halte mich an die Schilderung von George Kerr (der damals vor Ort war), die Rekonstruktion in Phillips, *Between Assimilation and Independence*, und den detaillierten taiwanischen Wikipedia-Eintrag unter: {https://zh.wikipedia.org/wiki/二二八事件}.

31 Phillips, *Between Assimilation and Independence*, S. 83.

32 So ebd., S. 98.

33 Dies ist ein indirektes Zitat aus dem berühmten Paper 68 (NSC 68) des Nationalen Sicherheitsrats der USA vom April 1950, online verfügbar unter: {https://info.publicintelligence.net/US-NSC-68.pdf}.

34 Insbesondere Außenminister Dean Acheson hoffte, dass Mao Zedong ähnlich wie Tito eine gewisse Unabhängigkeit von Moskau anstreben werde. David M. Finkelstein, *Washington's Taiwan Dilemma 1949-1950: Vom Abandonment to Salvation*, Annapolis 1993, S. 85-108. Dass die Hoffnung auf »Mao Ze-tito« in den 1960er Jahren wahr werden sollte, bedeutet freilich noch nicht, dass sie in den 1940er Jahren besonders realistisch war.

35 Für den Wortlaut des Telegramms siehe Phillips, *Between Assimilation and Independence*, S. 192, Fn. 54.

36 Ein Begriff aus der Zeit der nationalen Einigung Italiens: Die »terra irredenta« (das unbefreite, verlorene Land) waren die Gebiete Trentino und Tessin, die es noch in die junge italienische Nation zu integrieren galt. Heute versteht man unter Irredentismus das Bestreben, möglichst alle Vertreter einer Ethnie in einem Staat zusammenzuführen. Für Achesons Warnung vor einem »irredentist issue« um Taiwan siehe Phillips, *Between Assimilation and Independence*, S. 193f., Fn. 69.

37 Der Wortlaut von Trumans »Statement on Formosa« ist online verfügbar unter: {https://china.usc.edu/harry-s-truman-"statement-formosa"-january-5-1950}.

38 Van De Ven, *China at War*, S. 258.

39 Bruce Cumings, *The Korean War: A History*, New York 2010, S. 35.

40 Graham Hutchings, *China 1949: Year of Revolution*, London 2021, S. 120.

1972-1979
Vom Durchbruch in China zum Abbruch in Taiwan

1 Eintrag in den *Haldeman Diaries*, online verfügbar unter: {https://www.nixonlibrary.gov/sites/default/files/virtuallibrary/documents/haldeman-diaries/37-hrhd-audiocassette-ac36a-19720221-pa.pdf}.

2 Siehe z. B. Margaret MacMillan, *Nixon and Mao: The Week that Changed the World*, New York 2007.

3 Alexander V. Pantsov / Steven I. Levine, *Mao – Die Biographie*, übers. von M. Bischoff, Frankfurt / M. 2012, S. 529.

4 Nancy Bernkopf-Tucker, *Strait Talk: United States-Taiwan Relations and the Crisis with China*, Cambridge / MA 2011, S. 33.

5 Richard M. Nixon, »Asia After Viet Nam«, in: *Foreign Affairs* (Oktober 1967).

6 Chen Jian, *Mao's China and the Cold War*, Chapel Hill (kindle-edition 2010), pos. 5376. Auf dem Höhepunkt des chinesischen Engagements waren etwa 170 000 Soldaten aus der Volksrepublik in Vietnam aktiv (jedoch nie südlich von Hanoi), hauptsächlich Ingenieurseinheiten zum Schutz wichtiger Bahnlinien und Luftabwehrartillerie. Das Verhältnis beider Länder wurde allerdings bald zum Opfer der Spannungen zwischen Peking und Moskau, und 1969 zog China alle Soldaten ab.

7 Chen Jian, *Mao's China and the Cold War* (kindle-edition), pos. 1822. Ausführlich rekonstruiert der Autor die einzelnen Schritte, die das gegenseitige Misstrauen vertieft und schließlich zum Zerwürfnis geführt hatten. Mao stand seinerzeit wegen der Millionen Hungertoten des »Gro-

ßen Sprungs nach vorn« auch innerparteilich in der Kritik, was seine Bereitschaft erhöhte, den Konflikt mit Moskau eskalieren zu lassen. Der Abzug der sowjetischen Berater machte es zwar schwieriger, die Folgen des Großen Sprungs zu bewältigen, bot damit aber auch die Möglichkeit, diese Folgen Moskau anzulasten.

8 James Mann, *About Face: A History of America's Curious Relationship with China, from Nixon to Clinton*, New York 2000, S. 23. Dieser Darstellung zufolge hat Stoessel direkt mit Lei Yang gesprochen, aber das wird von Chen Jian korrigiert, siehe *Mao's China and the Cold War*, (kindle-edition), pos. 5488, Fn. 49. Dass in Warschau bereits in den 1950er Jahren Gespräche zwischen amerikanischen und chinesischen Diplomaten stattgefunden hatten, übergehe ich an dieser Stelle ebenso wie die zaghaften Kontakte zwischen dem amerikanischen und chinesischen Militärattaché der jeweiligen Botschaften in Paris. Für die berühmte Ping-Pong-Diplomatie (die Visite eines US-Tischtennisteams in China im April 1971), die das chinesische Volk psychologisch auf die Annäherung an Amerika vorbereitete, siehe ebenfalls die faszinierende Darstellung von Chen Jian, pos. 5652ff.

9 Mann, *About Face*, S. 27f.

10 Chen Jian, *Mao's China and the Cold War* (kindle-edition), pos. 5833.

11 Mann, *About Face*, S. 29.

12 Henry Kissinger, *White House Years*, New York 2011 [1979], S. 749. Zur Richtigstellung daran siehe Mann, *About Face*, S. 32ff., Bernkopf-Tucker, *Strait Talk*, S. 41, und die eingehende Diskussion in Alan D. Romberg, *Rein in at the Brink of the Precipice: American Policy Toward Taiwan and U.S.-PRC Relations*, Washington, D.C., 2003, S. 1-48, auf die ich mich im Folgenden vor allem stütze. Einer meiner Gesprächspartner in Washington im Juni 2023, der Kissinger aus vielen persönlichen Begegnungen kannte, nannte ihn – ohne es als Kompliment zu meinen – »the greatest fiction writer of all time«.

13 Die nach einem langen Rechtsstreit freigegebenen Protokolle finden sich auf der Seite des National Security Archive: William Burr (Hg.), »The Beijing-Washington Back-Channel and Henry Kissinger's Secret Trip to China« (27. Februar 2002): {https://nsarchive2.gwu.edu/NSAEBB/NSAEBB66/}. Einige brisante Stellen der Gespräche zwischen Richard Nixon und Zhou Enlai im Februar 1972 sind auf der NSA-Seite weiterhin geschwärzt, dann muss man sich an das Office of the Historian des amerikanischen Außenministeriums wenden (https://history.state.gov), insbesondere für das Dokument 199 mit den Gesprächen vom 24. Februar 1972, online verfügbar unter: {https://history.state.gov/historicaldocuments/frus1969-76v17/d199}.

14 Romberg, *Rein in at the Brink*, S. 26f. Siehe auch John W. Garver, *China's Quest: The History of the Foreign Relations of the People's Republic of China*, New York 2016, S. 299ff.

15 Ein Vergleich, den Zhou gleich zum Auftakt seines ersten Gesprächs mit Kissinger zog. William Burr (Hg.), »The Beijing-Washington Back-Channel and Henry Kissinger's Secret Trip to China«, Dok. 34, S. 10, The National Security Archive, online verfügbar unter: {https://nsarchive2.gwu.edu/NSAEBB/NSAEBB66/ch-34.pdf}.

16 Bernkopf-Tucker, *Strait Talk*, S. 44.

17 Tausend ist natürlich eine vollkommen willkürliche Zahl. Interessanterweise unterlief dem sonst so präzisen Zhou Enlai hier ein Fehler, denn gleich im nächsten Satz sagte er, »in der Mitte dieser Periode« sei Taiwan von Japan gestohlen worden. Damit kann er sich nur auf den Chinesisch-Japanischen Krieg von 1894/95 bezogen haben, aber wenn der die zeitliche Mitte von Taiwans Zugehörigkeit zu China markiert, kommt das mit den tausend Jahren nicht ganz hin. »Henry Kissinger's Secret Trip to China«, National Security Archive, Dok. 34, S. 10.

18 Siehe »Henry Kissinger's Secret Trip to China«, National Security Archive, Dok. 34, S. 11.

19 Wörtlich: »We will not stand in the way of basic evolution«, Dok. 34, S. 13. Zhou, ein Meister der Selbstbeherrschung, nennt die Aussicht auf normale Beziehungen zu den USA unter diesen Umständen »hoffnungsvoll«.

20 Bernkopf-Tucker, *Strait Talk*, S. 44.

21 Siehe Richard Bush, *At Cross Purposes: U.S.-Taiwan Relations Since 1942*, New York 2004, Kap. 4 (kindle-edition), pos. 1951-2824.

22 Mann, *About Face*, S. 38. Siehe auch Bernkopf-Tucker, *Strait Talk*, S. 46-52.

23 »Nixon's Trip to China«, Dok. 1, S. 2, online verfügbar unter: {https://nsarchive2.gwu.edu/NSAEBB/NSAEBB106/}.

24 »Nixon's Trip to China«, Dok. 1, S. 3.

25 »Nixon's Trip to China«, Dok. 1, S. 5.

26 »Nixon's Trip to China«, Dok. 1, S. 6.

27 »Record of Historic Richard Nixon-Zhou Enlai Talks in February 1972 Now Declassified«, Dok. 7, S. 9, online verfügbar unter: {https://nsarchive2.gwu.edu/nsa/publications/DOC_readers/kissinger/nixzhou/17-09.htm}.

28 »Record of the Historic Richard Nixon-Zhou Enlai Talks«, Dok. 4, S. 6f., online verfügbar unter: {ttps://nsarchive2.gwu.edu/nsa/publications/DOC_readers/kissinger/nixzhou/14-06.htm}.

29 Der englische Originaltext des Dokuments findet sich z.B. im Archiv des Wilson Center: {https://digitalarchive.wilsoncenter.org/document/joint-communique-between-united-states-and-china}.

30 Als Außenminister Rogers und sein Team vom geplanten Wortlaut des Kommuniqués erfuhren, waren sie außer sich vor Wut. In einer nächtlichen Marathonsitzung versuchte Kissinger daraufhin, das Wort »alle« aus dem Textentwurf zu streichen, aber damit biss er bei der chinesischen Seite auf Granit. Siehe MacMillan, *Nixon and Mao*, S. 308ff.

31 »Record of the Historic Richard Nixon-Zhou Enlai Talks«, Dok. 4, S. 10, online verfügbar unter: {https://nsarchive2.gwu.edu/nsa/publications/DOC_readers/kissinger/nixzhou/14-06.htm}.

32 Bernkopf-Tucker, *Strait Talk*, S. 60.

33 Shelley Rigger, *The Tiger Leading the Dragon: How Taiwan Propelled China's Economic Rise*, Lanham 2021, S. 9-27.

34 Peng Ming-min, *A Taste of Freedom: Memoirs of a Formosan Independence Leader*, Upland 1994, S. 259. Im Original steht jeweils »Formosa« bzw. »Formosans«.

35 Ebd., S. 121. Eine gewisse Naivität scheint auch im Spiel gewesen zu sein, das umfassende Spitzelsystem des Regimes hatten Peng und seine Mitstreiter jedenfalls gründlich unterschätzt.

36 Denselben Verdacht wie Zhou hegte auch das Regime in Taipei, aber es gibt keine Indizien für eine Mitwirkung amerikanischer Behörden bei Pengs Flucht. Nach seiner Verhaftung versuchte die US-Botschaft in Taipei, möglichst nicht mit dem Fall in Verbindung zu kommen. Sie attestierte Peng einen Messias-Komplex. Die Einladung, einen Beobachter zum Prozess zu schicken, schlug sie aus. Siehe Bush, *At Cross Purposes* (kindle-edition), pos. 1551ff.

37 Das versprach Kissinger Zhou am 10. Juli 1971, siehe Dok. 34, S. 13, online verfügbar unter: {https://nsarchive2.gwu.edu/NSAEBB/NSAEBB66/ch-35.pdf}. Nixons persönliche Bekräftigung der Zusage am 24. Februar 1972 ist im bereits zitierten Dokument 4, S. 13f. immer noch geschwärzt (aufgerufen am 7. Februar 2023), aber im Office of the Historian des State Department findet sich der Text online unter: {https://history.state.gov/historicaldocuments/frus1969-76v17/d199}. Kissingers kühle Doppelzüngigkeit ist besonders bemerkenswert, denn bei Pengs Verhaftung 1964 hatte er sich – als Harvard Professor ohne politisches Amt – noch bei der chinesischen Botschaft in Washington für ihn eingesetzt. 1972 spekulierte er gegenüber Zhou Enlai, der Aktivist habe wohl die Hilfe von »anti Chiang Kaishek left wing groups« in den USA genossen. Immer diese Linken aber auch!

38 Siehe Bernkopf-Tucker, *Strait Talk*, S. 87-115; Mann, *About Face*, S. 78-114; Romberg, *Rein in at the Brink*, S. 76-101. Für den chinesischen Kontext hilfreich ist die Biographie von Ezra Vogel, *Deng Xiaoping and the Transformation of China*, Cambridge/MA 2011, bes. S. 311-348.

39 Romberg, *Rein in at the Brink*, S. 87ff.

40 Garver, *China's Quest*, S. 385-402. Hintergrund des Beschlusses, dem kleineren Nachbarn eine Lehrstunde zu erteilen, waren erstens eine jahrhundertealte Rivalität, zweitens Hanois Nähe zu Moskau und drittens Vietnams Militärschlag gegen das mit Peking verbündete Regime von Pol Pot in Kambodscha. Zum bemerkenswerten Ausmaß der Unterstützung durch die USA, die sich Deng Xiaoping für seinem Feldzug sicherte, siehe Mann, *About Face,* S. 100ff.

41 Der Text findet sich u. a. hier: {https://china.usc.edu/joint-communiqué-united-states-america-and-peoples-republic-china-december-15-1978}.

42 Siehe Romberg, *Rein in at the Brink*, S. 99ff., und Bernkopf-Tucker, *Strait Talk*, S. 107. J. Stapleton Roy war in China aufgewachsen und sprach (angeblich) fließend Chinesisch, was den Vorgang noch unerklärlicher macht. Fest steht nur, dass dieser unerhörte Fehler Roys Karriere nicht geschadet hat, von 1991 bis 1995 diente er sogar als US-Botschafter in China.

43 Jay Taylor, *The Generalissimo's Son: Chiang Ching-kuo and the Revolutions in China and Taiwan*, Cambridge / MA 2000, S. 331-345.

44 Einige Mitglieder der Administration sahen darin eine bewusste Strategie: Im Wissen, dass der Kongress ohnehin auf einem starken Signal für die Unterstützung Taiwans bestehen würde, sei es für die Regierung besser gewesen, das Signal auch von der Legislative ausarbeiten zu lassen, ohne dass sie dafür Peking gegenüber die Verantwortung übernehmen musste. Bernkopf-Tucker, *Strait Talk*, S. 120. Die Autorin neigt eher zu der Annahme, dass die Carter-Regierung schlicht nicht davon ausging, dass Taiwan als politische Entität noch lange fortbestehen würde.

45 Lester L. Wolff, *The Legislative Intent of the Taiwan Relations Act: A Dilemma Wrapped in an Enigma*, Bloomington 2020 (kindle-edition), pos. 132.

46 Das gesamte Dokument ist hier einsehbar: {https://www.congress.gov/bill/96th-congress/house-bill/2479}.

47 Siehe die Rekonstruktion in Bush, *At Cross Purposes* (kindle-edition), pos. 1752ff., sowie Taylor, *The Generalissimo's Son*, S. 350ff.

48 Bemerkenswerterweise war dieselbe Forderung schon 1972 von Lei Chen, einem 1954 aus der KMT ausgeschlossenen und danach lange inhaftierten Politiker festländischer Abstammung erhoben worden. Interview mit Professor Hsueh Hua-yuan am 3. Juli 2023 in Taipei.

49 Vielen Dank an Professor Gunter Schubert für eine Klarstellung zur Chronologie! Siehe auch Shelley Rigger, »The Democratic Progressive Party in 2000: Obstacles and Opportunities«, in: *The China Quarterly* 168 (2001), S. 944-959.

50 Am schlimmsten war eine Bluttat, die sich während des Prozesses ereignete: Am 28. Februar 1980 – dem Jahrestag des Massakers von 1947 – drangen Unbekannte in das Haus des Angeklagten Lin Yi-hsiung ein und erstachen seine sechsjährigen Zwillingstöchter und seine Mutter. Eine dritte neunjährige Tochter trug schwere Verletzungen davon. Die Tat wurde nie aufgeklärt, aber da das Haus unter permanenter Beobachtung durch Sicherheitskräfte stand, liegt deren Beteiligung – mit einer kriminellen Gang als ausführendem Organ – nahe. Siehe Taylor, *The Generalissimo's Son*, S. 357f.

51 Siehe Mann, *About Face*, S. 96-114 für Carter und S. 134-154 für Reagan (dort auch mehr zu den Eseln).

1989-1996
Vom Schock zum Konsens zur Krise

1 Wang Huning (王沪宁) »Kulturelle Expansion und kulturelle Souveränität: Herausforderungen für den Souveränitätsbegriff« (文化扩张与文化主权：对主权观念的挑战), in: *Fudan Xuebao* (复旦学报) 3 (1994), S. 9-15. Eine englische Übersetzung von David Ownby findet sich auf dessen Website *Reading the China Dream*: {https://www.readingthechinadream.com/wang-huning-ldquocultural-expansion-and-cultural-sovereignty.html}.

2 James Mann, *About Face: A History of America's Curious Relationship with China, from Nixon to Clinton*, New York 2000, S. 127.

3 Den Wortlaut des Dokuments entnehme ich der Seite des American Institute in Taiwan: {https://www.ait.org.tw/u-s-prc-joint-communique-1982/}.

4 »In order to bring about, over a period of time, a final settlement of the question of United States arms sales to Taiwan, which is an issue rooted in history, the two Governments will make every effort to adopt measures and create conditions conducive to the thorough settlement of this issue.« Die Hervorhebung in der Übersetzung ist meine.

5 Reagans Memo findet sich auf derselben Website wie das dritte Kommuniqué: {https://www.ait.org.tw/u-s-prc-joint-communique-1982/}.

6 Mann, *About Face*, S. 127f.; Nancy Bernkopf-Tucker, *Strait Talk: United States-Taiwan Relations and the Crisis with China*, Cambridge/MA 2011, S. 152.

7 Mann, *About Face*, S. 139ff.

8 Ebd., S. 147.

9 Die Ansprache findet sich in *Selected Works of Deng Xiaoping*, Bd. III

(1982-1992), Peking 1994, S. 294-299. Aus ihr stammt das dem Kapitel vorangestellte Zitat.

10 Patrick Tyler, *A Great Wall: Six Presidents and China*, New York 1999, S. 364.

11 Das inzwischen freigegebene Protokoll der Unterredung findet sich auf der Seite ChinaFile, »U.S.-China Diplomacy After Tiananmen: Documents from the George H.W. Bush Presidential Library« (8. Juli 2019), online verfügbar unter: {https://www.documentcloud.org/documents/6184537-U-S-Government-Documents-Following-Tiananmen.js}, S. 19-32.

12 Alan D. Romberg, *Rein in at the Brink of the Precipice: American Policy Toward Taiwan and U.S.-PRC Relations*, Washington, D.C., 2003, S. 155.

13 Zum Folgenden siehe Mann, *About Face*, S. 254-273, und Tyler, *Great Wall*, S. 376-378.

14 Siehe Ezra Vogel, *Deng Xiaoping and the Transformation of China*, Cambridge/MA 2011, S. 664-690. Informativ ist auch Michael Sheridan, *The Gate to China – A New History of The People's Republic and Hongkong*, London 2021, S. 205-211.

15 Shelley Rigger, *The Tiger Leading the Dragon: How Taiwan Propelled China's Economic Rise*, Lanham 2021, S. 32.

16 Alexander V. Pantsov (gemeinsam mit Steven I. Levine), *Deng Xiaoping: A Revolutionary Life*, New York 2015, S. 392.

17 Rigger, *The Tiger Leading the Dragon*, S. 4. In der ersten Dekade des neuen Jahrtausends wuchs der Handel immer noch jährlich um 24 Prozent, das Investitionsvolumen um 19 Prozent, und das trotz des Einbruchs während der globalen Finanzkrise 2008/09. Ebd.

18 Sheridan, *The Gate to China*, S. 209.

19 »Lee Teng-hui says he never applied for membership in CCP«, in: *Taipei Times* (20. Juni 2013), online verfügbar unter: {https://www.taipeitimes.com/News/taiwan/archives/2013/06/20/2003565233}.

20 Zitiert nach Alan M. Wachman, *Why Taiwan? Geostrategic Rationales for China's Territorial Integrity*, Stanford 2007, S. 6.

21 Siehe Chen Yi-shen (陳儀深), »Schlüsseljahr 1991: Über die Geburt der ›Republik China auf Taiwan‹« (關鍵的1991:論‹中華民國在台灣›的誕生), in: Hsueh Hua-yuan (薛化元) (Hg.), *Die Entwicklung der Republik China auf Taiwan* (中華民國在台灣的發展), Taipei 2021, S. 273-290.

22 Rigger, *The Tiger Leading the Dragon*, S. 29-46.

23 Geführt wurden die Verhandlungen über Stellvertreter in eigens dafür gegründeten halboffiziellen Organisationen, nämlich auf taiwanischer Seite der Straits Exchange Foundation (SEF) und auf chinesischer der Association for Relations Across the Taiwan Strait (ARATS). Die offiziellen Behörden, denen die beiden Stiftungen zugeordnet waren, hießen

und heißen auf chinesischer Seite Taiwan Affairs Office (TAO), das dem Staatsrat untersteht, in Taiwan Mainland Affairs Council (MAC), dessen Vorsitzende Ministerrang besitzen. Für das Verhältnis von offiziellen Behörden und halb-offiziellen Stiftungen hat sich das Bild von Hand und Handschuh eingebürgert: Die Hände durften einander nicht berühren, aber beide Seiten wussten, dass Handschuhe kein Eigenleben führen.

24 Ich halte mich im Folgenden an die Darstellung in Su Chi, *Taiwan's Relations with Mainland China: A Tail Wagging two Dogs*, New York 2009 (kindle-edition). Der Verfasser diente 1999/2000 als Leiter des taiwanischen Mainland Affairs Council und gilt als Erfinder des Ausdrucks »Konsens von 92«. Dass ausgerechnet er später behauptete, er habe sich die Formulierung nur ausgedacht, um das festgefahrene Verhältnis beider Seiten zu verbessern, lässt es zweifelhaft erscheinen, ob je ein echter Konsens erzielt wurde. Siehe den Artikel in der *Taipei Times* vom 22. Februar 2006, »Su Chi Admits the ›1992 Consensus‹ Was Made Up«, online verfügbar unter: {https://www.taipeitimes.com/News/taiwan/archives/2006/02/22/2003294106}.

25 Su Chi, *Taiwan's Relations with Mainland China*, (kindle-edition) pos. 566.

26 Su Chi weist in seinem Buch darauf hin, dass »Konsens« (*gongshi*) seinerzeit im chinesischen Sprachraum ein neuer Ausdruck war. Eingeführt als Übersetzung des englischen *consensus* und zusammengesetzt aus den beiden Schriftzeichen für »gemeinsam, generell, geteilt« (*gong*) und »wissen« bzw. »Wissen« (*shi*), kam er in Taiwan in den 1980ern in Mode und verbreitete sich von dort nach China. »Als neuer Ausdruck«, schreibt der Autor, »genoss er den Vorteil der Uneindeutigkeit.« Su Chi, *Taiwan's Relations with Mainland China*, (kindle-edition) pos. 542.

27 Mann, *About Face*, S. 292-314.

28 Bernkopf-Tucker, *Strait Talk*, S. 206.

29 Mann, *About Face*, S. 310. Siehe auch Tyler, *A Great Wall*, S. 21ff.

30 Der Text der Rede ist online verfügbar: {https://china.usc.edu/pres-lee-teng-hui-cornell-university-commencement-address-june-9-1995}.

31 So Alan Romberg, damals Beamter im Außenministerium und ein entschiedener Gegner der Visumsvergabe an Lee Teng-hui. Siehe Romberg, *Rein in at the Brink*, S. 175.

32 Ein geheimer Gesprächskanal, von dem seinerzeit auch die USA nichts wussten, blieb allerdings offen. Im Haus des buddhistischen Gelehrten Nan Huai-chin in Hongkong trafen sich zwei persönliche Vertraute von Lee Teng-hui und Chinas Staatschef Jiang Zemin zum Austausch von Gedanken und – vermutlich – von vertraulichen Botschaften ihrer jeweiligen Präsidenten. Siehe Bernkopf-Tucker, *Strait Talk*, S. 222.

33 Der Brief wurde nie veröffentlicht, aber James Mann berichtet unter Berufung auf zwei damalige Regierungsbeamte, dass darin die stärkere Formulierung stand, die USA würden sich einer taiwanischen Unabhängigkeit »widersetzen« (*oppose*). Beim Staatsbesuch in China 1998 sagte Clinton nur, dass die US-Regierung Taiwans Unabhängigkeit »nicht unterstützt« (*does not support*). *About Face*, S. 330.

34 Bernkopf-Tucker, *Strait Talk*, S. 218ff. Tyler, *A Great Wall*, S. 34ff.

35 Bernkopf-Tucker, *Strait Talk*, S. 221.

36 Laut *New York Times* vom 30. Juni 1998 sagte Clinton: »Now, when the United States and China reached agreement that we would have a one-China policy, we also reached agreement that the reunification would occur by peaceful means. And we have encouraged the cross-strait dialogue to achieve that«, »Clinton in China; Questions for the President: Give and Take With China's Students«, in: *The New York Times* (30. Juni 1998) online verfügbar unter: {https://www.nytimes.com/1998/06/30/world/clinton-in-china-questions-for-the-president-give-and-take-with-china-s-students.html}.

37 Zitiert nach Su Chi, *Taiwan's Relations with Mailand China* (kindle-edition), pos. 1191ff. Vgl. auch Bernkopf-Tucker, *Strait Talk*, S. 239ff.

38 Für einen Überblick über die Reaktionen siehe Alan M. Wachman, *Why Taiwan? Geostrategic Rationales for China's Territorial Integrity*, Stanford 2007, S. 14.

39 Die Unterscheidung stammt von Richard C. Bush, *Difficult Choices: Taiwan's Quest for Security and the Good Life*, Washington, D.C., 2021, S. 165f.

3
Gefährliche Strömung: Chinas wachsende Konfliktbereitschaft

1 Zitiert nach Bethany Allen, *Beijing Rules: China's Quest for Global Influence*, London 2023, S. xxiii.

2 Auf Chinesisch: 冷静观察，站稳脚跟，沉着应付，韬光养晦，善于守拙，绝不当头。

3 Rush Doshi nennt es »a conscious strategy of non-assertiveness«. Siehe sein Buch *The Long Game: China's Grand Strategy to Displace American Order*, New York 2021, S. 59.

4 Zur Rolle Israels siehe Junhua Zhang, »China-Israel Relations at a Crossroads«, Geopolitical Intelligence Services (5. August 2021), online verfügbar unter: {https://www.gisreportsonline.com/r/israel-partnership-china/}.

5 Gestützt auf Doshi, *The Long Game*, S. 191-197. Auch bei der Unterscheidung von drei Phasen des chinesischen Aufstiegs folge ich Doshi, wähle aber andere Bezeichnungen.

6 Yoshihara / Holmes, *Red Star Over the Pacific: China's Rise and the Challenge to U.S. Maritime Strategy*, second edition, Annapolis 2018, S. 270ff.

7 Eine detaillierte Rekonstruktion und Analyse liefert wiederum Doshi, *The Long Game*, S. 159-182.

8 Wie Bonnie Glaser und Benjamin Dooley berichten, war die Änderung Gegenstand einer hitzigen Debatte, die Hu Jintao schließlich durch ein Machtwort entschied. »China's 11th Ambassadorial Conference Signals Continuity and Change in Foreign Policy«, The Jamestown Foundation (4. November 2009), online verfügbar unter: {https://jamestown.org/program/chinas-11th-ambassadorial-conference-signals-continuity-and-change-in-foreign-policy/}.

9 Susan L. Shirk, *Overreach: How China Derailed its Peaceful Rise*, New York 2023, S. 119-155.

10 Hal Brands / Michael Beckley, *Danger Zone: The Coming Conflict with China*, New York 2022 (kindle-edition), pos. 297.

11 Nur die USA haben gegenwärtig (deutlich) mehr Flugzeugträger als die Volksrepublik, nämlich elf, und auch viel mehr ausländische Militärbasen, nämlich knapp 800 in über 70 Ländern. David Vine, »Where in the World Is the U.S. Military?«, in: *Politico* (Juli / August 2015), online verfügbar unter {https://www.politico.com/magazine/story/2015/06/us-military-bases-around-the-world-119321/}. Zum Hintergrund der maritimen Rivalität siehe Bruce D. Jones, *To Rule the Waves: How Control of the World's Oceans Shapes the Fate of the Superpowers*, New York 2021, insbesondere S. 179-237.

12 Chin-Kuei Tsui, »China's Gray Zone Activities and Taiwan's Responses«, Stimson Center Policy Memo (12. Dezember 2022), online verfügbar unter: {https://www.stimson.org/2022/chinas-gray-zone-activities-and-taiwans-responses/}.

13 Siehe Mercedes Trent, *Over the Line – The Implications of China's ADIZ Intrusions in Northeast Asia*, Federation of American Scientists (August 2020). Vgl. außerdem Michael Cole, »A Primer on China's Aircraft Intrusions into Taiwan's ADIZ«, Macdonald-Laurier Institute (5. Oktober 2021), online verfügbar unter: {https://macdonaldlaurier.ca/primer-chinas-aircraft-intrusions-taiwans-adiz-j-michael-cole-inside-policy/}.

14 Interview in Taipei, 26. Juni 2023.

15 Ben Blanchard, »Taiwan Says Has Spent almost $900 Million Scrambling against China this Year«, Reuters (7. Oktober 2020), online ver-

fügbar unter: {https://www.reuters.com/article/us-taiwan-security-idUSKBN26SoK6}.

16 Lee Hsi-min, *Taiwans Siegeschance*, (臺灣的勝算), Taipei 2022, S. 215. Seitens amerikanischer Militärexperten wurde diese Forderung erstmals erhoben von Michael A. Hunzeker / Alexander Lanoszka, *A Question of Time: Enhancing Taiwan's Conventional Deterrence Posture*, Arlington 2018.

17 Lee Hsi-min / Eric Lee, »Taiwan's Overall Defense Concept, Explained«, in: *The Diplomat* (3. November 2020), online verfügbar unter: {https://thediplomat.com/2020/11/taiwans-overall-defense-concept-explained/}. Drew Thompson, »Hope On The Horizon: Taiwan's Radical New Defense Concept«, *War on the Rocks* (2. Oktober 2018), online verfügbar unter: {https://warontherocks.com/2018/10/hope-on-the-horizon-taiwans-radical-new-defense-concept/}.

4
Kann sich Taiwan verteidigen? Was werden die USA tun?

1 Für eine präzisere Rekonstruktion verschiedener Phasen der taiwanischen Verteidigungspolitik siehe Lee Hsi-min, *Taiwans Siegeschance*, (臺灣的勝算), Taipei 2022, S. 89.

2 David Albright / Andrea Stricker, *Taiwan's Former Nuclear Weapons Program: Nuclear Weapons On-Demand*, Washington, D. C., 2018.

3 Ian Easton et al., *Before Zero Day: Taiwans Evolving Defense Strategy and the Struggle for Peace*, Project 2049 Institute, Washington, D. C., September 2023, S. 29-42.

4 William S. Murray, »Revisiting Taiwan's Defense Strategy«, in: *Naval War College Review* 61/3 (2008), S. 13-38.

5 Eastons Einschätzung »Taiwan maintains one of the largest *and most sophisticated* reserve systems in the world« (Ian Easton, *The Chinese Invasion Threat: Taiwan's Defense and American Strategy in Asia*, Manchester 2017 [kindle-edition], pos. 3044, meine Hervorhebung), würden viele Fachleute so nicht mehr unterschreiben. Interview Lee Hsi-min, Taipei 26. Juni 2023. Siehe auch *Taiwans Siegeschance*, S. 422f.

6 *ROC National Defense Report 2021*, S. 67, online verfügbar unter: {http://www.mnd.gov.tw/NewUpload/歷年國防報告書網頁專區/歷年國防報告書專區.files/國防報告書-104/國防報告書-104-英文版.pdf}.

7 Lee, *Taiwans Siegeschance*, S. 210. Siehe außerdem Peter Robertson / Wilson Beaver, »China's Defense Budget Is much Bigger Than it Looks«, in:

Foreign Policy (19. September 2023), online verfügbar unter: {https://foreignpolicy.com/2023/09/19/china-defense-budget-military-weapons-purchasing-power/}.

8 Oriana Skylar Mastro, »The Challenges of Deterrence in the Taiwan Strait«, American Enterprise Institute (26. April 2023). Siehe auch Kevin Rudd, *The Avoidable War: The Dangers of a Catastrophic Conflict between the US and Xi Jinping's China*, New York 2022, S. 169.

9 Lee, *Taiwans Siegeschance*, S. 192f.

10 James Timbie / Adm. James O. Ellis Jr., »A Large Number of Small Things: A Porcupine Strategy for Taiwan«, in: *Texas National Security Review* 5/1 (Winter 2021/22), S. 83-93, online verfügbar unter: {https://tnsr.org/2021/12/a-large-number-of-small-things-a-porcupine-strategy-for-taiwan/}.

11 Lee, *Taiwans Siegeschance*, S. 245.

12 Easton, *Chinese Invasion Threat* (kindle-edition), pos. 1448.

13 »Taiwan's Ex-defense Chief Calls for Sweeping Military Reforms«, in: *Nikkei Asia* (20. Juli 2022), online verfügbar unter: {https://asia.nikkei.com/Editor-s-Picks/Interview/Taiwan-s-ex-defense-chief-calls-for-sweeping-military-reforms}. Easton et al., *Before Zero Day*, S. 73ff.

14 John Dotson, »Taiwan Contemplates Reforms to its Military Reserve Forces«, Global Taiwan Institute (6. April 2022), online verfügbar unter: {https://globaltaiwan.org/2022/04/taiwan-contemplates-reforms-to-its-military-reserve-forces/}.

15 Lee und Lee, »Taiwan's Overall Defense Concept, Explained«, in: *The Diplomat* (3. November 2020). Siehe auch Lee Hsi-min / Michael E. Hunzeker, »The View of Ukraine from Taiwan: Get Real About Territorial Defense«, *War on the Rocks* (15. März 2022), online verfügbar unter: {https://warontherocks.com/2022/03/the-view-of-ukraine-from-taiwan-get-real-about-territorial-defense/}.

16 John Dotson, »Taiwan's ›Military Force Restructuring Plan‹ and the Extension of Conscripted Military Service«, Global Taiwan Institute (8. Februar 2023), online verfügbar unter: {https://globaltaiwan.org/2023/02/taiwan-military-force-restructuring-plan-and-the-extension-of-conscripted-military-service/}.

17 Interview mit John Dotson in Washington, D.C., 18. Mai 2023. Siehe auch David Sacks, »Taiwan Announced a Record Defense Budget: But Is it Enough to Deter China?«, Council on Foreign Relations (30. August 2023), online verfügbar unter: {https://www.cfr.org/blog/taiwan-announced-record-defense-budget-it-enough-deter-china}.

18 Interview in Taipei, 26. Juni 2023.

19 Siehe den *ROC National Defense Report 2021*, S. 67. Lee, *Taiwans Sie-*

geschance, S. 13ff. Siehe auch Michael A. Hunzeker, »Taiwan's Defense Plans Are Going Off the Rails«, *War on the Rocks* (18. November 2021), online verfügbar unter: {https://warontherocks.com/2021/11/taiwans-defense-plans-are-going-off-the-rails/}.

20 Richard C. Bush, *Difficult Choices: Taiwan's Quest for Security and the Good Life*, Washington, D.C., 2021, S. 181.

21 Für den Hinweis auf diese ähnlich gelagerte Abhängigkeit danke ich Volker Stanzel.

22 Die Rede findet sich auf der offiziellen Website des Präsidentenpalasts: {https://www.president.gov.tw/NEWS/26356}. Lee Hsi-min weist darauf hin, dass der Kaufpreis für die 66 Jets das taiwanische Budget zur Anschaffung neuer Waffen für drei Jahre erschöpft. *Taiwans Siegeschance*, S. 104.

23 Raymond Kuo, »The Counter-Intuitive Sensibility of Taiwan's New Defense Strategy«, *War on the Rocks* (6. Dezember 2021), online verfügbar unter: {https://warontherocks.com/2021/12/the-counter-intuitive-sensibility-of-taiwans-new-defense-strategy/}. Siehe auch Tanner Greer, »Taiwan's Defense Strategy Doesn't Make Military Sense: But it Does Make Political Sense«, in: *Foreign Affairs* (17. September 2019), online verfügbar unter: {https://www.foreignaffairs.com/articles/taiwan/2019-09-17/taiwans-defense-strategy-doesnt-make-military-sense}.

24 Lee Hsi-min glaubt, dass Taiwan bei einer konsequenten Umsetzung des ODC auch ohne amerikanische Hilfe »gut gerüstet« wäre, um eine chinesische Invasion zurückzuschlagen. Zur Begründung verwies er mir gegenüber auf die Taiwanstraße, deren Überquerung die Volksbefreiungsarmee vor gewaltige Probleme stelle, »egal wie fortschrittlich die Militärtechnik auch ist«. Interview in Taipei, 26. Juni 2023. Bei meinen anderen Gesprächen in Taipei und Washington habe ich den Eindruck gewonnen, dass diese Einschätzung auf erhebliche Skepsis stößt.

25 Rush Doshi, *The Long Game: China's Grand Strategy to Displace American Order*, New York 2021, S. 6.

26 Bis vor kurzem galt es unter Fachleuten als sicher, dass China bald die stärkste Wirtschaftsnation der Welt sein wird, in letzter Zeit mehren sich skeptische Stimmen, siehe Mohamed El-Erian, »It's No Longer a Give that China Will Become the World's Largest Economy«, in: *Financial Times* (8. September 2023), online verfügbar unter: {https://www.ft.com/content/20a14331-d282-4039-97d2-71d777359733}.

27 Department of Defense, *Military and Security Developments Involving the People's Republic of China 2021*, online verfügbar unter: {https://media.defense.gov/2021/Nov/03/2002885874/-1/-1/0/2021-CMPR-FINAL.PDF}.

28 Siehe Daniel L. Davis, »The US Must Avoid a War with China Over Taiwan at All Cost«, in: *The Guardian* (5. Oktober 2021), online verfügbar unter: {https://www.theguardian.com/commentisfree/2021/oct/05/the-us-must-avoid-war-with-china-over-taiwan-at-all-costs}. Außerdem Lyle Goldstein, »How Progressives and Restrainers Can Unite on Taiwan and Reduce the Potential for Conflict with China«, Quincy Institute (17. April 2020), online verfügbar unter: {https://responsiblestatecraft.org/2020/04/17/how-progressives-and-restrainers-can-unite-on-taiwan-and-reduce-the-potential-for-conflict-with-china/}. Charles L. Glaser, »Washington Is Avoiding the Tough Questions on China and Taiwan«, in: *Foreign Affairs* (28. April 2021), online verfügbar unter: {https://www.foreignaffairs.com/articles/asia/2021-04-28/washington-avoiding-tough-questions-taiwan-and-china}.

29 Siehe Michael E. O'Hanlon, »But CAN the United States Defend Taiwan?«, Brookings Institution (1. Juni 2022), online verfügbar unter: {https://www.brookings.edu/articles/but-can-the-united-states-defend-taiwan/}, sowie Hal Brands, »Getting Ready for a Long War with China: Dynamics of Protracted Conflict in the Western Pacific«, American Enterprise Institute, Juli 2022, online verfügbar unter: {https://www.aei.org/wp-content/uploads/2022/07/Getting-Ready-for-a-Long-War-with-China-Dynamics-of-Protracted-Conflict-in-the-Western-Pacific.pdf?x91208}.

30 Michèle Flournoy / Michael Brown, »Time Is Running Out to Defend Taiwan: Why the Pentagon Must Focus on Near-Term Deterrence«, in: *Foreign Affairs* (14. September 2022), online verfügbar unter: {https://www.foreignaffairs.com/china/time-running-out-defend-taiwan}. Für grundsätzliche Überlegungen dazu siehe Hal Brands / Michael Beckley, *Danger Zone: The Coming Conflict With China*, New York 2022.

31 Ely Ratner, Assistant Secretary of Defense for Indo-Pacific Security Affairs, Aussage vor dem Armed Services Committee des US-Kongresses (19. September 2023), online verfügbar unter: {https://armedservices.house.gov/sites/republicans.armedservices.house.gov/files/09.19.23Ratner Statement_0.pdf}.

32 Zitiert nach John A. Tirpak, »Navy Intel Brief Urges Robust Challenge to China«, in: *Air & Space Forces* (6. Juli 2023), online verfügbar unter: {https://www.airandspaceforces.com/intel-challenge-china/}. Kritisch dazu Ryan Hass, »Taiwan Is a Partner with the United States, Not an Asset«, in: *Taipei Times* (24. Juli 2023), online verfügbar unter: {https://www.taipeitimes.com/News/editorials/archives/2023/07/24/2003803639}.

33 Daniel Davis, »Why Should American Soldiers Die for Taiwan?«, in:

1945 (21. Oktober 2021), online verfügbar unter: {https://www.19fortyfive.com/2021/10/why-should-american-soldiers-die-for-taiwan/}.

34 Ein im Frühjahr 2023 von mehreren Intellektuellen veröffentlichtes »Manifest gegen den Krieg« plädierte für eine Äquidistanz (*deng juli*) von Taiwan zu China und den USA. Insgesamt sind solche Stimmen so häufig, dass sich Einzelnachweise erübrigen.

35 »Military Sources Say Around 200 U.S. Advisors Currently in Taiwan«, in: *Focus Taiwan* (17. April 2023), online verfügbar unter: {https://focustaiwan.tw/politics/202304170022}.

36 Sam Lagrone / Aaron-Matthew Lariosa, »Pentagon Puts Out Call for Swarming Attack Drones That Could Blunt a Taiwan Invasion«, U.S. Naval Institute News (30. Januar 2024), online verfügbar unter: {https://news.usni.org/2024/01/30/pentagon-puts-out-call-for-swarming-attack-drones-that-could-blunt-a-taiwan-invasion}.

Das Narrativ des großchinesischen Nationalismus

1 Marijn Nieuwenhuis, »Merkel's Geography – Maps and Territory in China«, in: *Antipode Online* (11. Juni 2014), online verfügbar unter: {https://antipodeonline.org/2014/06/11/maps-and-territory-in-china}.

2 Johnny Erling, »Merkels Geschenk für Xi erzürnt Chinas Blogger«, in: *Die Welt* (5. April 2014), online verfügbar unter: {https://www.welt.de/politik/ausland/article126604689/Merkels-Geschenk-fuer-Xi-erzuernt-Chinas-Blogger.html}.

3 Bill Hayton, *The Invention of China*, New Haven / London 2020, S. 10ff. Zur Entstehung unseres Ausdrucks »China« siehe Geoff Wade, »The Polity of Yelang (夜郎) and the Origins of the Name ›China‹«, in: *Sino-Platonic Papers* 188 (Mai 2009), online verfügbar unter: {http://www.sino-platonic.org/complete/spp188_yelang_china.pdf}. Das chinesische Wort *zhongguo* (China), auf das die Bezeichnung »Reich der Mitte« zurückgeht, war ursprünglich ein Plural und bezeichnete »die mittleren Staaten« der nordchinesischen Ebene. Kai Vogelsang, *Geschichte Chinas*, Stuttgart 2012, S. 14.

4 James A. Millward, *Beyond the Pass: Economy, Ethnicity, and Empire in Qing Central Asia, 1759-1864*, Stanford 1998, S. 2ff., außerdem Emma Jinhua Teng, *Taiwan's Imagined Geography: Chinese Colonial Travel Writing and Pictures, 1683-1895*, Cambridge 2004, S. 34-59.

5 Siehe Peter C. Perdue, *China Marches West: The Qing Conquest of Central Eurasia*, Cambridge / MA 2005.

6 Millward, *Beyond the Pass*, S. 199. Pamela Kyle Crossley, *A Translucent*

Mirror: History and Identity in Qing Imperial Ideology, Berkeley 1999, S. 341.

7 Edward J.M. Rhoads, *Manchus & Han: Ethnic Relations and Political Power in Late Qing and Early Republican China*, Seattle 2000.

8 William A. Callahan, *China: The Pessoptimist Nation*, Oxford 2010, Kap. 4: »Where is China? The Cartography of National Humiliation«, S. 91-125, hier S. 96.

9 Peter Zarrow, *After Empire: The Conceptual Transformation of the Chinese State, 1885-1924*, Stanford 2012. Suisheng Zhao, *A Nation-State by Construction: Dynamics of Modern Chinese Nationalism*, Stanford 2004.

10 Hayton, *The Invention of China*, S. 241.

11 Die offensichtliche Ausnahme ist das japanische Kaiserreich zwischen dem späten 19. Jahrhundert und 1945. Zur Diskussion um den Qing-Imperialismus siehe außer den Büchern von Teng, Millward und Perdue auch die Darstellung in Sarah C.M. Paine, *Imperial Rivals: China, Russia and Their Disputed Frontier*, London/New York 1996.

12 Jürgen Osterhammel, *China und die Weltgesellschaft: Vom 18. Jahrhundert bis in unsere Zeit*, München 1989, S. 89f.

13 Bezüglich der Vernichtung des Dsungarischen Khanats in der Mitte des 18. Jahrhunderts spricht Osterhammel von einem Völkermord (wie vorige Fußnote). Siehe auch Perdue, *China Marches West*, S. 283ff.

14 Siehe Julia Lovell, *Maoismus: Eine Weltgeschichte*, übers. von H. Dierlamm und N. Juraschitz, Berlin 2023.

15 Ich zitiere hier direkt aus dem chinesischen Text, der online verfügbar ist unter: {http://www.sinofather.org/index.php?s=/Article/Content/article/content_id/800.html}. Erste Vorlesung, ohne Seitenangaben.

16 Benedict Anderson, *Imagined Communities: Reflections on the Origin and Spread of Nationalism*, London 2006, S. 86.

17 Die erste chinesische Volkszählung, die nach ethnischer Zugehörigkeit (*minzu*) fragte, sollte in den Jahren 1953/54 über 400 verschiedene Antworten erbringen! Dass darunter allerdings »Völker« waren, die nur eine Person umfassten, lässt vermuten, dass der aus dem Japanischen stammende Neologismus *minzu* Mitte des 20. Jahrhunderts vielen Befragten immer noch unverständlich war. Die Zahl 400 ist also sicher zu hoch. Siehe Thomas S. Mullaney, *Coming to Terms with the Nation: Ethnic Classification in Modern China*, Berkeley/Los Angeles 2012. Wolfgang Behr zufolge gibt es in der Volksrepublik heute außer den 55 offiziell anerkannten noch etwa 120 nichtanerkannte Minderheiten, die rund 190 nicht chinesische Sprachen sprechen, welche größtenteils vom Aussterben bedroht sind. »›To translate‹ is ›to exchange‹ 譯者言易也: Linguistic

Diversity and the Terms for Translation in Ancient China«, in: Michael Lackner / Natascha Vittinghof (Hg.), *Mapping Meanings: The Field of New Learning in Late Qing China*, Leiden 2004, S. 173-209, hier S. 199.

18 Zitiert aus derselben Quelle wie in Endnote 15: {http://www.sinofather.org/index.php?s=/Article/Content/article/content_id/800.html}. Erste Vorlesung, ohne Seitenangabe, Hervorhebungen von mir.

19 Zitiert nach Mullaney, *Coming to Terms with the Nation*, S. 28.

20 Der Hinweis auf den Gelben Kaiser fand sich bereits im berühmtesten Pamphlet des kaiserzeitlichen Antimandschuismus, *Geming jun* (*Die Revolutionäre Armee*) von Zou Rong (1885-1905), wo er interessanterweise die genau gegenteilige argumentative Funktion erfüllt hatte: Für Zou stand fest, dass nur die Han-Chinesen vom Gelben Kaiser abstammen, die Mandschus nicht, weshalb beide niemals ein Volk bilden konnten. In den 1940er Jahren musste Chiang Kai-shek allerdings nicht mehr gegen die untergegangene Mandschu-Herrschaft agitieren, sondern sicherstellen, dass alle Untertanen der Qing zu Bürgern des von ihm regierten Staates wurden. Also instrumentalisierte er denselben Mythos anders.

21 Beispiele liefert Hayton, *The Invention of China*, S. 94.

22 Siehe John Fitzgerald, *Awakening China: Politics, Culture, and Class in the Nationalist Revolution*, Stanford 1996, S. 20. Man darf nicht vergessen, dass Mao in den 1920er Jahren zeitweise im Exekutivkomitee der KMT (!) saß und in Guangzhou deren Propagandaarbeit leitete.

23 Die Rede (在文化传承发展座谈会上的讲话) findet sich auf der Website der Parteizeitung *Wahrheitssuche* (求是) (31. August 2023), online verfügbar unter: {http://www.qstheory.cn/dukan/qs/2023-08/31/c_1129834700.htm}. Siehe auch Aaron Glassermann, »Touting ›Ethnic Fusion‹, China's New Top Official for Minority Affairs Envisions a Country Free of Cultural Differences«, in: *ChinaFile* (24. Februar 2022), online verfügbar unter: {https://www.chinafile.com/reporting-opinion/viewpoint/touting-ethnic-fusion-chinas-new-top-official-minority-affairs-envisions}.

24 Es handelt sich um die nach 1945 und 1981 dritte derartige Resolution, die Xi Jinpings Vorstellungen kanonisieren und die Parteigeschichte so umschreiben soll, dass Xi als notwendiger Kulminationspunkt einer hundertjährigen Entwicklung erscheint. Von dem Dokument ist eine nichtpaginierte deutsche Version online verfügbar, aus der die folgenden Zitate stammen: {http://german.china.org.cn/txt/2021-11/17/content_77877415.htm}.

25 In den Worten von James Millward: »the leaders of the Republic and the People's Republic have generally sought to retain – and justify retention of – the Manchu empire while renouncing the Manchus.« *Beyond the Pass*, S. 13. In diesem Trachten waren sie außerordentlich erfolgreich: »for

most Chinese today, the former Qing frontiers, and not the narrower boundaries of the Ming, make up the ›natural‹ extent, or sacred space, of the Chinese nation.« An die eigene Zunft gerichtet, fügt Millward selbstkritisch hinzu: »Historians, too, in our readiness to neglect what was non-Chinese about the Qing, have followed the ideological contours of Chinese nationalism.« Ebd.

26 »The Taiwan Question and China's Reunification in the New Era«, online verfügbar unter: {https://english.www.gov.cn/archive/whitepaper/202208/10/content_WS62f34f46c6d02e533532f0ac.html}, ohne Seitenangaben.

27 Teng, *Taiwan's Imagined Geography*, S. 251.

28 Pamela Kyle Crossley, »Xi's China is Steamrolling Its Own History«, in: *Foreign Policy* (29. Januar 2019), online verfügbar unter: {https://foreignpolicy.com/2019/01/29/xis-china-is-steamrolling-its-own-history/}.

29 »Document 9: A ChinaFile Translation«, in: *ChinaFile* (8. November 2013), online verfügbar unter: {https://www.chinafile.com/document-9-chinafile-translation}. Siehe auch Johanna M. Costigan, »China's War on History Is Growing«, in: *Foreign Policy* (23. September 2022), online verfügbar unter: {https://foreignpolicy.com/2022/09/23/china-historical-nihilism-li-jiaqi-ccp/}.

30 Alan M. Wachman, *Why Taiwan? Geostrategic Rationales for China's Territorial Integrity*, Stanford 2007, S. 68.

31 Hayton, *The Invention of China*, S. 193ff.

32 Alan Wachman vermutet, dass diese Ansicht zunächst nicht öffentlich kommuniziert wurde, weil die Republik zu diesem Zeitpunkt Japan noch nicht den Krieg erklärte hatte. Siehe *Why Taiwan?*, S. 75.

33 Mullaney, *Coming to Terms with the Nation*, S. 26f. Xiaoyan Liu zufolge hat es sich schon damals eher um ein Lippenbekenntnis gehandelt. Xiaoyuan Liu, *Frontier Passages: Ethnopolitics and the Rise of Chinese Communism, 1921-1945*, Stanford 2004, S. 49.

34 Mullaney, *Coming to Terms with the Nation*, S. 29. Wie der Autor zeigt, zog die KMT genau den anderen Schluss: Die Anerkennung ethnischer Differenzen innerhalb Chinas ermöglichte es den Japanern, das chinesische Volk ideologisch zu spalten, um es dann militärisch zu unterwerfen.

35 Wachman, *Why Taiwan?*, S. 82.

36 Ebd., S. 96. Dem Autor zufolge lebten um 1945 etwa 100 000 Taiwaner in China.

37 Für die Zitate siehe Wachman, *Why Taiwan?*, S. 83f.

38 Edgar Snow, *Roter Stern über China: Mao Tse-tung und die chinesische Revolution*, übers. von G. Dommermuth und H. Reichling, Frankfurt / M.

1986 [1938], S. 112. Die Interviews, die Snow in Yan'an mit Mao Zedong führte, wurden von Letzterem ausführlich redigiert, da er sich in ihnen zum ersten Mal an ein amerikanisches Publikum wendete. Man kann also ausschließen, dass Snow etwas in Maos Ausführungen hineingelesen hat, was von diesem nicht gesagt wurde. Korea als »frühere chinesische Kolonie« zu bezeichnen ist übrigens historisch unangemessen, aber das muss uns hier nicht beschäftigen.

39 Zur Frage, inwiefern die damaligen Positionen von Mao – und bis zu einem gewissen Grad auch die von Chiang Kai-shek und der KMT – durch die Komintern vorgegeben wurden, vgl. Wachman, *Why Taiwan?*, S. 91ff., sowie Xiaoyuan Liu, *A Partnership for Disorder: China, the United States and their Policies for the Postwar Disposition of the Japanese Empire, 1941-1945*, Cambridge 1996, S. 161ff. Klar ist, dass die Komintern Taiwan primär als japanische Kolonie betrachtete, nicht als verlorenes chinesisches Territorium. Entsprechend bestand das Ziel der 1928 gegründeten Kommunistischen Partei Taiwans, die organisatorisch eher mit ihrer japanischen als mit der chinesischen Schwesterpartei verbunden war, in der Gründung einer Republik Taiwan, nicht in der Vereinigung mit China.

40 Liu, *A Partnership for Disorder*, S. 163. Ebenso Wachman, *Why Taiwan?*, S. 97.

41 Callahan, *China: The Pessoptimist Nation*, S. 105. Siehe auch Zheng Wang, *Never Forget National Humiliation: Historical Memory in Chinese Politics and Foreign Relations*, New York 2012.

42 Drei Tage nach der Abdankung des letzten Qing-Kaisers führte Sun Yat-sen seine Anhänger in Nanjing zum Grab von Kaiser Hongwu, dem Gründer der Ming-Dynastie, um dort zu verkünden, dass nach 268 langen Jahren die schmachvolle Besetzung Chinas durch die *dong hu* (ein abwertender Begriff für die Mandschus) endlich zu Ende gegangen sei. Rhoads, *Manchus & Han*, S. 228.

43 Steve Tsang / Olivia Cheung, *The Political Thought of Xi Jinping*, Oxford 2024, S. 203. Eine eingehende Analyse der verschiedenen chinesischen Nationalismen und ihres Verhältnisses zueinander liefert Gunter Schubert, *Chinas Kampf um die Nation: Dimensionen nationalistischen Denkens in der VR China, Taiwan und Hongkong an der Jahrtausendwende*, Hamburg 2002.

44 Bill Hayton, *The South China Sea: The Struggle for Power in Asia*, New Haven / London 2015, S. 55f. und 116f.

45 Hayton, *The Invention of China*, S. 186.

46 Maria Adele Carrai, *Sovereignty in China: A Genealogy of a Concept Since 1840*, Cambridge 2019, S. 225.

47 Der Text erschien ursprünglich auf der Website von Yale Global, ich habe ihn auf einer Seite von Prof. Wangs chinesischer Universität gefunden: »Economic Interests Attract China to Russia, Not Edgy Policies«, online verfügbar unter: {http://rdcy.ruc.edu.cn/yw/LATEST_INSIGHTS/dc8a41cced3e4fa8aac36721a9c5928d.htm}.

48 »In der Tat wurden Gebiete, die auf Karten aus dem 20. Jahrhundert als ›verlorenes Territorium‹ markiert sind, auf Karten der Qing-Dynastie aus dem 18. Jahrhundert oft noch als ›hinzugewonnenes Territorium‹ bezeichnet.« Callahan, *China: The Pessoptimist Nation*, S. 109.

49 Thomas Fröhlich hat mich darauf aufmerksam gemacht, dass Wang Yiwei hier möglicherweise an Diskurse aus dem frühen 20. Jahrhundert anschließt, die um die Frage kreisten, wie die lange historische Kontinuität der chinesischen Zivilisation zu erklären sei. Wieso ist das alte China nicht untergegangen wie das antike Griechenland oder das Römische Reich? Die Antwort lautete, grob formuliert, dass China bei seiner Expansion keine Gewalt angewendet, sondern sich auf sein kulturelles Charisma verlassen habe. Mit anderen Worten, da die Grenzvölker zu China gehören *wollten*, war Gewalt unnötig. Solche Diskurse sind die Quelle des in China bis heute weit verbreiteten Selbstbilds einer grundsätzlich friedlichen Macht frei von Aggression gegen andere. Dieses China war, so wie oben gesehen, nie Täter und ist auch heute bloß das Opfer amerikanischer Feindseligkeit. Sollte Wang an diese Diskurse gedacht haben, hätten wir es zwar mit keinem Kategorienfehler zu tun, wohl aber mit einem eklatanten Fall von Geschichtsklitterung.

50 Online verfügbar unter: {http://www.qstheory.cn/dukan/qs/2023-08/31/c_1129834700.htm}.

51 Siehe Perdue, *China Marches West*, S. 453ff.

Das Narrativ des neuen taiwanischen Nationalismus

1 Mahlon Meyer, *Remembering China from Taiwan: Divided Families and Bittersweet Reunions after the Chinese Civil War*, Hongkong 2012.

2 Siehe etwa Yang Rur-bin (楊儒賓), *Reflexionen über die Republik China* (思考中華民國), Taipei 2023.

3 Bei 16 offiziell anerkannten indigenen Völkern, deren Anteil an der Gesamtbevölkerung knapp zweieinhalb Prozent beträgt, ließe sich die Zahl der Narrative noch einmal deutlich erhöhen, aber aus Platzgründen kann ich auf ihr Schicksal hier nur punktuell eingehen. Für eine Reihe von Gesprächen über die Situation der indigenen Bevölkerung danke ich dem Schriftsteller Salizan »Shalilang« Takisvilainan vom Volk der Bunun.

4 Weltweit gibt es heute etwa 40 Millionen Hoklo, rund 16 Mio. davon leben in Taiwan, wo sie die größte Gruppe der gut 23 Mio. Bewohner ausmachen. Von den insgesamt etwa 80 Mio. Hakka auf der Welt leben zwischen vier und fünf Millionen in Taiwan, was einem Bevölkerungsanteil von 15 bis 20 Prozent entspricht.

5 Melissa J. Brown, *Is Taiwan Chinese? The Impact of Culture, Power, and Migration on Changing Identities*, Berkeley / Los Angeles 2004.

6 Das chinesische Pendant *yuanzhumin* hat keinen abwertenden Beiklang und ist die von Ureinwohnern selbst bevorzugte Bezeichnung (auf Englisch bevorzugen sie den Terminus »Aborigines«). Im Folgenden verwende ich »Ureinwohner« und »indigene Völker« synonym.

7 Bill Hayton, *The South China Sea: The Struggle for Power in Asia*, New Haven / London 2015, S. 3-9.

8 Paul C. Barclay, *Outcasts of Empire: Japan's Rule on Taiwan's »Savage Border«, 1874-1945*, Oakland 2017.

9 Siehe Brown, *Is Taiwan Chinese?*, S. 7ff. und 35ff. Auf S. 51 berichtet die Autorin allerdings, dass es zwischen 1730 und 1860 sehr wohl einige Ureinwohner aus der Ebene gab, die wegen exzessiver Besteuerung und dem Landraub durch chinesische Siedler in die niederen Regionen des Zentralmassivs auswichen.

10 John R. Shepherd, »Ethnicity, Mortality, and the Shinchiku (Xinzhu) Advantage in Colonial Taiwan«, in: Andrew D. Morris, *Japanese Taiwan: Colonial Rule and its Contested Legacy*, London 2015, S. 93-111.

11 Jonathan Manthorpe, *Forbidden Nation: A History of Taiwan*, London 2005, S. 157-164.

12 Chen Cui-lian (陳翠蓮), *Der Traum von der Selbstverwaltung: Taiwans Demokratiebewegung von der japanischen Kolonialzeit bis 228* (自治之夢: 日治時期到二二八的台灣民主運動), Taipei 2020, S. 87.

13 Zitiert nach E. Patricia Tsurumi, *Japanese Colonial Education in Taiwan, 1895-1945*, Cambridge / MA 1977, S. 93. Eine gegen die japanische Herrschaft in Korea gerichtete Rebellion im Jahr 1919 dürfte ein Grund gewesen sein, weshalb die Regierung in Tokio ihre Kolonialpolitik neu ausrichtete.

14 Ming-Cheng M. Lo, *Doctors within Borders: Profession, Ethnicity, and Modernity in Colonial Taiwan*, Berkeley / Los Angeles 2002. Für eine kritische Dekonstruktion des gesamten Dōka-Konzepts siehe Leo T. S. Ching, *Becoming Japanese: Colonial Taiwan and the Politics of Identity Formation*, Berkeley / Los Angeles 2001.

15 Chen, *Der Traum von der Selbstverwaltung*, S. 12.

16 Siehe Thomas Fröhlich / Yishan Liu (Hg.), *Taiwans unvergänglicher Antikolonialismus: Jiang Weishui und der Widerstand gegen die japanische*

Kolonialherrschaft, Bielefeld 2011. Der Text »Eine klinische Diagnose« findet sich im Anhang, S. 310-312, ich zitiere daraus mit minimalen Anpassungen.

17 Ming-Cheng M. Lo, *Doctors Within Borders*, 5. Zum Anspruch des japanischen Kolonialismus, seine Kolonien zu modernisieren, siehe Mark R. Peattie, »Japanese Attitudes Toward Colonialism, 1895-1945«, in: Ramon H. Myers / Mark R. Peattie, *The Japanese Colonial Empire, 1895-1945*, Princeton 1984, S. 80-127.

18 Stattdessen würde seine historische Mission darin bestehen, zwischen China und Japan zu vermitteln. Dass Chiang den Beruf des Patienten Taiwan bereits 1921 mit »Wächter des ersten Tors zum Weltfrieden« angab, war weniger ironisch gemeint, als es auf den ersten Blick scheint. Zehn Jahre später griff er die Formulierung erneut auf und forderte angesichts der Spannungen in der Mandschurei, Taiwan müsse als Vermittler des guten Willens zwischen beiden Nationen wirken. »Um es klar zu sagen, die Taiwaner besitzen den Schlüssel zum ersten Tor des Weltfriedens. Ist das nicht eine bedeutungsvolle und wichtige Mission?« Zitiert nach Leo T. S. Ching, *Becoming Japanese*, S. 79. Dessen lakonischer Kommentar lautet: »Quite an ambitious role for a colonized people!«

19 Zitiert nach Chen, *Der Traum von der Selbstverwaltung*, S. 86.

20 Siehe die Einleitung und den Beitrag »Identität und Widerstand: Jiang Weishuis Antikolonialismus und seine Nachwirkungen« in: Fröhlich / Yishan Liu (Hg.), *Taiwans unvergänglicher Antikolonialismus*, S. 43-92.

21 Leo T. S. Ching, *Becoming Japanese*, S. 94.

22 Siehe Evan N. Dawley, *Becoming Taiwanese: Ethnogenesis in a Colonial City, 1880's-1950's*, Cambridge / MA 2019.

23 Dies geschah im nordtaiwanischen Jinguashi (jap. Kinkaseki), wo sich eine große Kupfermine und das größte von insgesamt 14 Gefangenenlagern befanden. Arthur Titherington hat mit *Kinkaseki: One Day at a Time*, Weltevreden Park (Südafrika) 2000, einen beeindruckenden Bericht über seine dortige Leidenszeit verfasst. Für mehr über die taiwanischen Lager siehe die Website »Never Forgotten«: {http://www.powtaiwan.org}.

24 Chen, *Der Traum von der Selbstverwaltung*, 325 ff.

25 Interessante Ausführungen hierzu bei Joseph R. Allen, *Taipei: City of Displacements*, Seattle 2012.

26 Alan M. Wachman, *Taiwan: National Identity and Democratization*, New York 1994, S. 119.

27 Sie tut das unter Berufung auf den Politologen Edward Friedman. Brown, *Is Taiwan Chinese?*, S. 11. Da es sich bei den Festländern größtenteils um Soldaten handelte, gab es – so wie bei den Einwanderern des 17. Jahr-

hunderts – einen deutlichen Überschuss an Männern, die in Taiwan nur Familien gründen konnten, wenn sie einheimische Frauen heirateten. Folglich kam es in den folgenden Jahrzehnten sehr wohl zur teilweisen Vermischung beider Bevölkerungsgruppen, oft gegen erhebliche Widerstände im jeweiligen Umfeld.

28 Frank Muyard, »The Formation of Taiwan's New National Identity Since the End of the 1980's«, in: David Blundell (Hg.), *Taiwan Since Martial Law: Society, Culture, Politics, Economy*, Taipei 2012, S. 297-366. Eine konzise Zusammenfassung der Debatten liefert Gunter Schubert, *Kleine Geschichte Taiwans*, München 2024, S. 102-109.

29 Lee Teng-hui, »Understanding Taiwan: Bridging the Perception Gap«, in: *Foreign Affairs* (November / Dezember 1999), online verfügbar unter: {https://www.foreignaffairs.com/articles/asia/1999-11-01/understanding-taiwan-bridging-perception-gap?check_logged_in=1}.

30 Für eine detaillierte Rekonstruktion siehe Gunter Schubert, *Chinas Kampf um die Nation: Dimensionen nationalistischen Denkens in der VR China, Taiwan und Hongkong an der Jahrtausendwende*, Hamburg 2002, S. 277ff.

31 Bill Hayton, *The Invention of China*, New Haven / London 2020, S. 75, meine Hervorhebung.

32 Die Ergebnisse können online eingesehen werden unter: {https://esc.nccu.edu.tw/upload/44/doc/6960/People202206.jpg}, allerdings gibt es einige Graphen nur mit chinesischer Beschriftung.

33 Richard C. Bush, *Difficult Choices: Taiwan's Quest for Security and the Good Life*, Washington, D.C., 2021, S. 201.

34 Vielen Dank an Sven Meier für den Hinweis auf diese Erhebung, deren Daten am 27. November 2023 auf dem Onlinenachrichtenportal *Newtalk* (新聞) veröffentlicht wurden, leider nur auf Chinesisch: {https://newtalk.tw/news/view/amp/2023-11-27/898210}.

35 Auch hier gibt es aber eine Unklarheit: Drückt sich im Votum für die »gemischte« Identität eine innere Identifikation mit der Republik China aus oder bloß die Anerkennung einer Selbstverständlichkeit? Auf taiwanischen Reisepässen steht schließlich der Schriftzug »Republik China«; auch wer sich mit dieser nicht identifiziert, könnte seine Identität also mit »sowohl als auch« beschreiben.

36 Anders als die seit 1992 gestellte Identitätsfrage werden die Ansichten zu Unabhängigkeit bzw. Vereinigung erst seit 1994 erhoben. Der Höchstwert für »Vereinigung so schnell wie möglich« wurde in der allerersten Befragung von 1994 erzielt, betrug aber auch damals nur 4,4 Prozent, während »Unabhängigkeit so schnell wie möglich« gegen Ende der Amtszeit von Chen Shui-bian auf einen Höchstwert von 7,8 Prozent kam.

37 Auffällig ist, dass die Optionen »den Status quo für immer beibehalten« und »den Status quo bewahren und sich auf die Unabhängigkeit zubewegen« Ende 2020 mit 25 Prozent noch gleichauf lagen, inzwischen aber zwölf Prozent auseinanderliegen. Das könnte ein Hinweis darauf sein, dass Pekings Einschüchterungsversuche der letzten Jahre Wirkung zeigen, insofern sich die Bevölkerung von Positionen pro Unabhängigkeit wegbewegt. Auch in der Identitätsfrage zeigt sich in den letzten vier Jahren ein ganz leichter Trend zugunsten der gemischten Identität aus Kosten der rein taiwanischen. Ein Trend hin zu Positionen pro Vereinigung oder zu einer rein chinesischen Identität ist aber nicht auszumachen.

38 Siehe Nathan F. Batto, »Taiwan Is Already Independent: Why Most of the Island's People Don't Desire a Formal Declaration«, in: *Foreign Affairs* (12. Dezember 2022), online verfügbar unter: {https://www.foreignaffairs.com/taiwan/taiwan-already-independent}.

39 Im April 2024 wurde Ex-Präsident Ma Ying-jeou in China sogar von Xi Jinping persönlich empfangen. Der betonte bei dieser Gelegenheit einmal mehr die Zugehörigkeit beider Seiten der Taiwanstraße zur selben Nation, was Ma unterstrich, indem er an einer Zeremonie zu Ehren des Gelben Kaisers teilnahm, dem mythischen Begründer der chinesischen Zivilisation und vermeintlichen Urahn aller Chinesen. Wang Qi, »Xi Stresses Shared Culture and History in Meeting with Ma«, *Global Times* (10. April 2024), online verfügbar unter: {https://www.globaltimes.cn/page/202404/1310379.shtml}. Dass für die KMT der Rückweg an die Macht über Peking führt, halte ich derzeit aber für unwahrscheinlich.

40 Zheng Yongnian (郑永年), »Taiwan nach der Wahl: Wie soll die nationale Einheit vorangetrieben werden?« (台湾大选后，如何推进国家统一？), in: *GBA Review* (14. Januar 2024), online verfügbar unter: {https://mp.weixin.qq.com/s/h1UpzlbAxI1L6YOLctMA-A?utm_source=substack&utm_medium=email}.

41 Rory Sullivan, »Beijing Will ›Re-educate‹ Taiwan if it Takes over Island, Chinese Ambassador Warns«, in: *Independent* (4. August 2022), online verfügbar unter: {https://www.independent.co.uk/independentpremium/world/nancy-pelosi-china-taiwan-invasion-b2138314.html}.

Öffentlichkeit: Taiwans Kampf gegen Desinformationen und Fake News

1 Insofern die DPP das Ziel »Errichtung einer Republik Taiwan als souveräner, unabhängiger und autonomer Nation« nie aus ihrem offiziellen Programm gestrichen hat, wäre es falsch zu sagen, sie habe dieses Ziel

aufgegeben. De facto verfolgt sie es aber nicht mehr, weil sie erstens weiß, dass sie dafür kein Mandat der Bevölkerung besitzt, und zweitens, dass sie andernfalls die Unterstützung der USA verlieren würde.

2 »Typhoon Jebi Forces Closure of Kansai Airport, near Osaka in Japan«, BBC News (5. September 2018), online verfügbar unter: {https://www.bbc.com/news/world-asia-45417035}.

3 Ein *Guancha*-Bericht vom 5. September, in den die zitierten Meldungen eingearbeitet sind, findet sich hier: {https://www.guancha.cn/internation/2018_09_05_470949.shtml}.

4 Zu dem Ausdruck siehe das sehr hilfreiche Wörterbuch des China Media Project, »Positive Energy« (16. April 2021), online verfügbar unter: {https://chinamediaproject.org/the_ccp_dictionary/positive-energy/}.

5 Siehe die Richtigstellung bei Cofacts: {https://en.cofacts.tw/article/27kqzufnyx8t4} oder die Zusammenfassung im Bericht von Reporters Without Borders, *China's Pursuit of a New World Media Order*, (22. März 2019, updated 22. Oktober 2019), S. 17, online verfügbar unter: {https://rsf.org/en/rsf-report-chinas-pursuit-new-world-media-order}.

6 *Democracy Facing Global Challenges: V-Dem Annual Democrat Report 2019*, Göteborg 2019, S. 36, online verfügbar unter: {https://www.v-dem.net/documents/16/dr_2019_CoXPbb1.pdf}. Siehe auch Anne Applebaum, »China's War Against Taiwan Has Already Started«, in: *The Atlantic* (14. Dezember 2022), online verfügbar unter: {https://www.theatlantic.com/ideas/archive/2022/12/taiwan-china-disinformation-propaganda-russian-influence/672453/}.

7 Gary King / Jennifer Pan / Margaret E. Roberts, »How the Chinese Government Fabricates Social Media Posts for Strategic Distraction, not Engaged Argument«, in: *American Political Science Review* 111/3 (2017), S. 484-501, online verfügbar unter: {https://gking.harvard.edu/50C}.

8 Ebd., S. 494.

9 Siehe den Beitrag von Puma Shen (Shen Boyang), »Shen Boyang enthüllt die Wahrheit über den Zwischenfall am Kansai Airport, kritisiert das blaue und grüne Lager für Fake News ohne Faktencheck« (沈伯洋公布「關西機場事件真相」 批藍綠不查證假新聞), in: *Newtalk* (2. Dezember 2019), online verfügbar unter: {https://newtalk.tw/news/view/2019-12-02/334745}.

10 Für ein instruktives Beispiel siehe Jason Liu / Ko Hao-hsiang / Hsu Chia-yu, »The Content Mill Empire Behind Online Disinformation in Taiwan«, in: *The Reporter* (26. Dezember 2019), online verfügbar unter: {https://www.twreporter.org/a/information-warfare-business-disinformation-fake-news-behind-line-groups-english}.

11 Siehe die Rekonstruktion in Bill Hayton, *The Invention of China*, New Haven / London 2020, S. 184ff.

12 Doublethink Lab, *Deafening Whispers: China's Information Operation and Taiwan's 2020 Election* (21. Mai 2021), S. 5, online verfügbar unter: {https://medium.com/doublethinklab/deafening-whispers-f9b1d773f6cd}.

13 Scott W. Harold / Nathan Beauchamp-Mustafaga / Jeffrey W. Hornung, *Chinese Disinformation Efforts on Social Media*, RAND Corporation, Santa Monica 2021, S. 53.

14 Reporters Without Borders, »2023 World Press Freedom Index: Journalism Threatened by Fake Content Industry«, online verfügbar unter: {https://rsf.org/en/2023-world-press-freedom-index-journalism-threatened-fake-content-industry}.

15 Siehe die Detailseite zu Taiwan des »2023 World Press Freedom Index« von Reporters Without Borders, online verfügbar unter: {https://rsf.org/en/country/taiwan}.

16 David Sterrett et al., »Who Shared It? Deciding What News to Trust on Social Media«, in: *Digital Journalism* 7/6 (2019), S. 783-801.

17 Reporters Without Borders, *China's Pursuit of a New World Media Order*, S. 40.

18 Joshua Kurlantzick, »How China is Interfering in Taiwan's Election«, Council on Foreign Relations (7. November 2019), online verfügbar unter: {https://www.cfr.org/in-brief/how-china-interfering-taiwans-election}.

19 Doublethink Lab, *Deafening Whispers*, S. 7 und 97.

20 »As Taiwan's First Digital Minister, I Was Asked To Write My Own Job Description: A Conversation with Audrey Tang«, Asia Society (8. November 2021), online verfügbar unter: {https://asiasociety.org/switzerland/taiwans-first-digital-minister-i-was-asked-write-my-own-job-description}.

21 John Dotson, »Chinese Information Operation against Taiwan: The ›Abandoned Chess Piece‹ and ›America Skepticism Theory‹«, Global Taiwan Institute (August 2023), S. 5, online verfügbar unter: {https://globaltaiwan.org/wp-content/uploads/2023/08/OR_ASTAW0807FINAL.pdf}.

22 Zum Narrativ des Demokratieversagens in Taiwan siehe Doublethink Lab, *Deafening Whispers*, S. 7.

23 Jason Liu / Ko Hao-hsiang / Hsu Chia-yu, »Taiwan's Elderly Love Messaging App LINE. So Do Health Scammers and Propagandists From China«, in: *The Taiwan Gazette* (10. März 2020), online verfügbar unter: {https://www.taiwangazette.org/news/2020/3/9/content-farm-empire-part-1-meet-the-fact-checkers-helping-taiwanese-aunties-learn-about-fake-news}.

24 Harold / Beauchamp-Mustafaga / Hornung, *Chinese Disinformation Efforts on Social Media*, S. 38 und 66.

25 Sarah Cook, »Beijing's Global Megaphone: The Expansion of Chinese Communist Party Media Influence since 2017«, Special Report, *Freedom House*, Januar 2020, S. 10 ff. Zu den Präsidentschaftswahlen 2024 in Taiwan siehe Angela Köckritz, »In a Savvy Disinformation Offensive, China Takes Aim at Taiwan Elections«, MERICS Report (Dezember 2023), online verfügbar unter: {https://merics.org/en/report/savvy-disinformation-offensive-china-takes-aim-taiwan-election}; Albert Zhang, »As Taiwan Voted, Beijing Spammed AI Avatars, Faked Paternity Tests and ›Leaked‹ Documents«, Australian Strategic Policy Institute (18. Januar 2024), online verfügbar unter: {https://www.aspistrategist.org.au/as-taiwan-voted-beijing-spammed-ai-avatars-faked-paternity-tests-and-leaked-fake-documents/}.

26 Zum Schicksal verschiedener Gesetzesinitiativen siehe *Deafening Whispers*, S. 80-94.

27 Qiao Liang / Wang Xiangsui (乔良/王湘穗), *Krieg ohne Grenzen* (超限战), Peking 1999, S. 112. Mangels verfügbarer Printausgabe zitiere ich aus einer im Internet kursierenden PDF-Datei.

28 Tseng I-shuo (曾怡碩), »Chinas kognitive Kriegsführung« (中共認知作戰), Jahresbericht 2020 des Institute for National Defense and Security Research (2020中共政軍發展), Taipei 2020, S. 217-228, hier 219. Etwas genauer, aber umständlicher sind die beiden Begriffe auch mit »Macht zur Kontrolle von Wissen« bzw. »Macht zur Kontrolle von Gehirnen« zu übersetzen.

29 Nathan Beauchamp-Mustafaga, »Cognitive Domain Warfare: The PLA's New Holistic Concept of Influence Operations«, in: *China Brief* 19/15 (6. September 2019), online verfügbar unter: {https://jamestown.org/program/cognitive-domain-operations-the-plas-new-holistic-concept-for-influence-operations/}.

30 Siehe das Interview von Zeng Huafeng (曾华锋) mit Huang Kunlun (黄昆仑), »In künftigen Kriegen die Hoheit über die Gehirne gewinnen« (夺取未来战争制脑权), in: *PLA Daily* (16. Juni 2014), online verfügbar unter: {http://www.81.cn/jwgd/2014-06/16/content_5961384.htm}.

31 »Entschlossen eine modernisierte Information Support Force aufbauen« (努力建设一支强大的现代化信息支援部队), (20. April 2024), online verfügbar unter: {http://www.mod.gov.cn/gfbw/jmsd/16302172.html?utm_source=substack&utm_medium=email}.

32 Qiao Liang / Wang Xiangsui, *Krieg ohne Grenzen*, S. 332.

Diplomatie: Chinas Kampf gegen Taiwans internationale Sichtbarkeit

1 Maria Adele Carrai, *Sovereignty in China: A Genealogy of a Concept Since 1840*, Cambridge 2019, S. 149.

2 Der komplette englische Text findet sich auf Wikipedia unter »United Nations General Assembly Resolution 2758«: {https://en.wikipedia.org/wiki/United_Nations_General_Assembly_Resolution_2758}.

3 Zitiert nach Jessica Drun/Bonnie Glaser, »The Distortion of UN Resolution 2758 to Limit Taiwan's Access to the United Nations«, German Marshall Fund (24. März 2022), online verfügbar unter: {https://www.gmfus.org/news/distortion-un-resolution-2758-and-limits-taiwans-access-united-nations}. Wie die Autorinnen zeigen, gab es damals eine Reihe weiterer Resolutionsentwürfe, die auf unterschiedliche Weise den Status Taiwans zu bestimmen versuchten, aber am Ende wurde keiner davon zur Abstimmung gebracht. In der Vollversammlung herrschte also Klarheit darüber, dass man nur über eine einzige spezifische Frage abstimmte.

4 Jacques deLisle/Bonnie S. Glaser, *Why UN General Assembly Resolution 2758 Does Not Establish Beijing's »One-China« Principle: A Legal Perspective*, German Marshall Fund (April 2024), S. 10, online verfügbar unter: {https://www.gmfus.org/sites/default/files/2024-04/GMF_UNGA Res.2758_April 2024 Report.pdf}

5 Tung Cheng-chia und Alan H. Yang, »How China Is Remaking the UN In Its Own Image«, in: *The Diplomat* (9. April 2020), online verfügbar unter: {https://thediplomat.com/2020/04/how-china-is-remaking-the-un-in-its-own-image/}. Ausführlicher und ausgewogener ist die Analyse von Courtney J. Fung und Shing-Hon Lam, »Mixed Report Cards: China's Influence at the United Nations«, Loewy Institute (Dezember 2022).

6 »The Taiwan Question and China's Reunification in the New Era«, online verfügbar unter: {https://english.www.gov.cn/archive/whitepaper/202208/10/content_WS62f34f46c6d02e533532f0ac.html}, ohne Seitenangaben.

7 Die Rede ist online auf Englisch auf der Seite des chinesischen Außenministeriums einzusehen: {https://www.fmprc.gov.cn/mfa_eng/wjb_663304/wjbz_663308/2461_663310/202202/t20220228_10646243.html}.

8 Ebd.

9 Tsang/Cheung, *The Political Thought of Xi Jinping*, New York 2024, S. 188.

10 Keoni Everington, »UN Forces Colorado High School to Refer to Taiwan as Chinese Province«, in: *Taiwan News* (14. September 2021), online verfügbar unter: {https://www.taiwannews.com.tw/en/news/4286743}.

11 Bis April 2019 war das Dokument auf WikiSource einsehbar, seitdem nicht mehr. Es findet sich als Appendix B in Drun / Glaser, »The Distortion of UN Resolution 2758«, S. 40ff.

12 Siehe den Brief, mit dem WHO-Generaldirektorin Margaret Chan den taiwanischen Gesundheitsminister einlud, als Beobachter an der Weltgesundheitsversammlung (World Health Assembly, WHA) im Mai 2016 in Genf teilzunehmen. Abgedruckt in Drun / Glaser, »The Distortion of UN Resolution 2758«, S. 19. Inzwischen hat China freilich dafür gesorgt, dass Taiwan auch der WHA-Beobachterstatus aberkannt wurde, als Strafe für Tsai Ing-wens Weigerung, den Konsens von 92 anzuerkennen.

13 Das Dokument ist abgebildet in Drun / Glaser, »The Distortion of UN Resolution 2758«, S. 32.

14 »Piracy was not a fringe phenomenon in the rush to produce: It lay at the very heart of the economic boom.« Frank Dikötter, *China After Mao: The Rise of a Superpower*, London 2022, S. 239.

15 Von dieser wichtigen Passage aus dem Abschnitt »Zi Lu« in *Die Gespräche des Konfuzius* gibt es unzählige Übersetzungen, dies hier ist meine.

16 Andrew Small, *No Limits: The Inside Story of China's War with the West*, New York 2022, S. 182ff.

17 Die Spaltungsversuche gingen bis zu dem Vorschlag im Dezember 2020, die siebzehn Staaten sollten mit China ein separates Freihandelsabkommen schließen – nach EU-Statuten eine Unmöglichkeit, wie Peking sehr wohl wusste. Siehe Small, *No Limits*, S. 185.

18 Small, *No Limits*, S. 188.

19 »Punishing Lithuania Like Swatting a Fly«, in: *Global Times* (21. November 2021), online verfügbar unter: {https://www.globaltimes.cn/page/202111/1239425.shtml}.

20 Wie Andrew Small ausführt, wurde die Tilgung des Landes nach Protesten der EU zwar rückgängig gemacht, aber es traten immer wieder unerklärliche »technische« Probleme auf, wenn zu importierende Güter ihren Ursprung in Litauen hatten. *No Limits*, S. 189. Auch ohne offiziellen Einfuhrstopp gingen die Importe aus dem Land um 90 bis 95 Prozent zurück. Siehe Tomas Janeliūnas / Raigirdas Boruta, »Lithuania's Confrontation with China over Taiwan: Lessons from a Small Country«, Global Taiwan Institute (27. Juli 2022), online verfügbar unter: {https://globaltaiwan.org/2022/07/lithuanias-confrontation-with-china-over-taiwan-lessons-from-a-small-country/}.

21 Andrius Sytas / John O'Donnell, »Analysis: German Big Business Piles Pressure on Lithuania in China Row«, Reuters (21. Januar 2022), online verfügbar unter: {https://www.reuters.com/world/europe/german-big-business-piles-pressure-lithuania-china-row-2022-01-21/}.

22 Eva Fischer / Roman Tyborski, »Konflikt mit Litauen: China setzt Autozulieferer Continental unter Druck«, in: *Handelsblatt* (17. Dezember 2021), online verfügbar unter: {https://www.handelsblatt.com/unternehmen/industrie/taiwan-konflikt-mit-litauen-china-setzt-autozulieferer-continental-unter-druck/27903312.html}.

23 Small, *No Limits*, S. 190.

24 Janeliūnas / Boruta, »Lithuania's Confrontation with China over Taiwan«.

25 Thomas J. Shattuck, »Lithuania's Bet on Taiwan and What it Means for Europe«, Foreign Policy Research Institute (12. Juli 2023), online verfügbar unter: {https://www.fpri.org/article/2023/07/lithuanias-bet-on-taiwan-and-what-it-means-for-europe/}.

26 Chris Miller, »The Chips That Make Taiwan the Center of the World«, in: *Time* (5. Oktober 2022), online verfügbar unter: {https://time.com/6219318/tsmc-taiwan-the-center-of-the-world/}.

27 Gabrielė Eidėjūtė, »Lithuania Taiwan Cooperation: Macro Ambition for Microchips«, China Observers in Central and Eastern Europe (2. März 2023), online verfügbar unter: {https://chinaobservers.eu/lithuania-taiwan-cooperation-macro-ambitions-for-microchips/}.

28 Zitiert nach Stuart Lau / Laurens Cerulus, »Lithuania Wins Microchip Windfall from Taiwan in China Clash«, in: *Politico* (9. Januar 2022), online verfügbar unter: {https://www.politico.eu/article/lithuania-taiwan-china-microchip-windfall-clash/}. Siehe auch Mathieu Duchâtel, *Semiconductors in Europe: The Return of Industrial Policy*, Institut Montaigne (März 2022).

Halbleiter: Der Kampf um die Zukunft

1 Yimou Lee / Norihiko Shirouzu / David Lague, »Taiwan Chip Industry Emerges as Battlefront in U.S.-China Showdown«, Reuters Investigation (27. Dezember 2021), online verfügbar unter: {https://www.reuters.com/investigates/special-report/taiwan-china-chips}.

2 Siehe H.S. Philip Wong / Jim Plummer, »Implications of Technology Trends in the Semiconductor Industry«, in: Larry Diamond / James O. Ellis Jr. / Orville Schell (Hg.), *Silicon Triangle: The United States, Taiwan, China and Global Semiconductor Security*, Stanford 2023, S. 51-86.

3 Cheng Ting-Fang, »TSMC Founder Morris Chang Says Globalization ›Almost Dead‹«, in: *Nikkei Asia* (7. Dezember 2022), online verfügbar unter: {https://asia.nikkei.com/Spotlight/Most-read-in-2022/TSMC-founder-Morris-Chang-says-globalization-almost-dead}.

4 Jan-Peter Kleinhans nennt es »eine verständliche langfristige Ge-

schäftsentscheidung, um sich das Wohlwollen der US-Regierung zu erhalten«. Siehe »TSMC Prepares for US-China Chips Decoupling«, in: *Technode* (27. Mai 2020), online verfügbar unter: {https://technode.com/2020/05/27/tsmc-prepares-for-us-china-chips-decoupling/}.

5 Lee / Shirouzu / Lague, »Taiwan Chip Industry Emerges as Battlefront in U.S.-China Showdown«.

6 Jason Willick, »Blow up the Microchips? What a Taiwan Spat Says about U.S. Strategy«, in: *Washington Post* (12. Mai 2023), online verfügbar unter: {https://www.washingtonpost.com/opinions/2023/05/12/microchips-us-taiwan-strategy/}.

7 Zu diesem Absatz und den folgenden siehe Chris Miller, *Chip War: The Fight for the World's Most Critical Technology*, (kindle-edition) New York 2022. Auf pos. 139 nennt der Autor die Fertigungsstätte von TSMC im taiwanischen Hsinchu »the most expensive factory in human history«.

8 Ebd., pos. 1025.

9 Ebd., pos. 2227.

10 Wong / Plummer, »Implications of Technology Trends in the Semiconductor Industry«, S. 69. Siehe auch Miller, *Chip War* (kindle-edition), pos. 2279 ff.

11 Timothy B. Lee, »Intel Made a Huge Mistake 10 Years Ago. Now 12 000 Workers Are Paying the Price«, in: *Vox* (20. April 2016), online verfügbar unter: {https://www.vox.com/2016/4/20/11463818/intel-iphone-mobile-revolution}.

12 Pushkar Ranade, »The Apple-TSMC Partnership«, Bits and Bytes (7. März 2022), online verfügbar unter: {https://semiconductor.substack.com/p/the-apple-tsmc-partnership}.

13 Lee / Shirouzu / Lague, »Taiwan Chip Industry Emerges as Battlefront in U.S.-China Showdown«.

14 Tsai Ing-wen, »Taiwan and the Fight for Democracy«, in: *Foreign Affairs* (5. Oktober 2021), online verfügbar unter: {https://www.foreignaffairs.com/articles/taiwan/2021-10-05/taiwan-and-fight-democracy}.

15 Lee / Shirouzu / Lague, »Taiwan Chip Industry Emerges as Battlefront in U.S.-China Showdown«.

16 Interviews mit Bonnie Glaser, Ian Easton und John Dotson in Washington, D.C., 16. bis 18. Mai 2023. Ganz ähnlich argumentieren John Lee und Jan-Peter Kleinhans, »Would China Invade Taiwan for TSMC?«, in: *The Diplomat* (15. Dezember 2020), online verfügbar unter: {https://thediplomat.com/2020/12/would-china-invade-taiwan-for-tsmc/}.

17 Paul Triolo, »U.S. Finally Passes Semiconductor Subsidy Bill, But It's Not Going to Help Competition with China«, in: *The China Project* (18. August 2022), online verfügbar unter: {https://thechinaproject.com/2022/08/18/

u-s-finally-passes-semiconductor-subsidy-bill-but-its-not-going-to-help-competition-with-china/}.

18 Siehe noch einmal den Artikel in *Nikkei Asia*, »TSMC Founder Morris Chang Says Globalization ›Almost Dead‹«. Siehe außerdem Patrick Welter, »Misstrauensvotum gegen Taiwan«, in: *Frankfurter Allgemeine Zeitung* (5. August 2022).

19 Yip Wai Yee, »Is Taiwan Losing its ›Silicon Shield‹? TSMC Engineers Relocate to the US, Sparking Brain Drain Fears«, in: *Straits Times* (15. Dezember 2022), online verfügbar unter: {https://www.straitstimes.com/asia/east-asia/taiwan-semiconductor-talents-relocate-to-us-sparking-brain-drain-fears}.

20 Onlineinterview mit Jan-Peter Kleinhans, 22. Februar 2024.

21 Mehr dazu hier: {https://www.congress.gov/committee/house-select-committee-on-the-strategic-competition-between-the-united-states-and-the-chinese-communist-party/hlzs00}.

22 David Shepardson / Karen Freifeld, »China's Huawei, 70 Affiliates Placed on U.S. Trade Blacklist«, Reuters (16. Mai 2019), online verfügbar unter: {https://www.reuters.com/article/us-usa-china-huaweitech-idUSKCN1SL2W4}; John Sakellariadis / Lennart Pfahler, »Transatlantic Blame Game: Trump, Merkel, Biden and the Danger of Germany's Dependence on Huawei«, in: *Politico* (15. Oktober 2023), online verfügbar unter: {https://www.politico.com/news/2023/10/15/germany-huawei-relations-00119748}.

23 Jared M. McKinney / Peter Harris, *Deterrence Gap: Avoiding War in the Taiwan Strait*, Carlisle 2024, S. 73.

24 Siehe John Lee / Jan-Peter Kleinhans, *Mapping China's Semiconductor Ecosystem in Global Context: Strategic Dimensions and Conclusions*, Stiftung Neue Verantwortung 2021, S. 41, online verfügbar unter: {https://merics.org/de/studie/chinas-halbleiterindustrie-strategische-dimensionen-und-schlussfolgerungen}.

25 Cheng Ting-Fang / Lauly Li / R. Imadegawa-Bartlett, »Netherland Unveils Chip Tool Export Curbs in Fresh Blow to China«, in: *Nikkei Asia* (30. Juni 2023).

26 Jan-Peter Kleinhans et al., »Running on Ice: China's Chipmakers in a Post-October 7 World«, Rhodium Group (4. April 2023), online verfügbar unter: {https://rhg.com/research/running-on-ice/}.

27 Nämlich solche, die mit DUV-Strahlung (Deep Ultraviolet) arbeiten. Warren Murray, »China Dodges Western 5G Chip Embargo with New Huawei Mate 60 Phone«, in: *The Guardian* (6. September 2023), online verfügbar unter: {https://www.theguardian.com/technology/2023/sep/06/huawei-mate-60-pro-mobile-phone-china-dodges-5g-chip-embargo}.

28 Zhong Sheng (钟声), »Sich einzumauern, fällt letztlich auf einen selbst zurück« (构筑»小院高墙»终将反噬自身), in: *Volkszeitung* (12. September 2023), online verfügbar unter: {http://paper.people.com.cn/rmrb/html/2023-09/12/nw.D110000renmrb_20230912_2-17.htm}. Zhong Sheng – ein Homonym des Ausdrucks »Stimme Chinas« – ist keine Person, sondern ein redaktionelles Pseudonym, das das Parteiorgan der KP oft verwendet, um offizielle Positionen zu vertreten.

29 Reva Goujon / Jan-Peter Kleinhans, »All In: US Places a Big Bet with October 17 Controls«, Rhodium Group (6. November 2023), online verfügbar unter: {https://rhg.com/wp-content/uploads/2023/11/All-In-US-Places-a-Big-Bet-with-October-17-Controls.pdf}.

30 Onlineinterview vom 22. Februar 2024.

31 Sabine Gusbeth, »China führt Exportkontrollen für seltene Metalle ein«, in: *Handelsblatt* (4. Juli 2023), online verfügbar unter: {https://www.handelsblatt.com/politik/international/gallium-germanium-china-fuehrt-exportkontrollen-fuer-seltene-metalle-ein/29236902.html}.

32 Ian Easton, »What Rare Earths Tell Us About China's Competitive Strategy«, in: *The National Interest* (17. Juli 2019), online verfügbar unter: {https://nationalinterest.org/feature/what-rare-earths-tell-us-about-chinas-competitive-strategy-67507}.

33 »China to Strengthen Regulations Governing Rare-earths Exports: MOFCOM«, in: *Global Times* (7. November 2023), online verfügbar unter: {https://www.globaltimes.cn/page/202311/1301346.shtml}.

34 Siehe Matt Pottinger / Mike Gallagher, »No Substitute for Victory: America's Competition With China Must Bei Won, Not Managed«, in: *Foreign Affairs* (10. April 2024), online verfügbar unter: {https://www.foreignaffairs.com/united-states/no-substitute-victory-pottinger-gallagher}.

35 Ben Blanchard / Thomas Escritt, »Germany Spends Big to Win $11 Billion TSMC Chip Plant«, Reuters (8. August 2023), online verfügbar unter: {https://www.reuters.com/technology/taiwan-chipmaker-tsmc-approves-38-bln-germany-factory-plan-2023-08-08/}.

36 Siehe sein Statement im YouTube-Kanal des Wirtschaftsministeriums: {https://www.youtube.com/watch?v=q1Vi9TAEwDI}.

37 »TSMC beschließt Bau von Fabrik in Dresden«, in: *Tagesschau* (8. August 2023), online verfügbar unter: {https://www.tagesschau.de/wirtschaft/tsmc-dresden-100.html}.

5
Abschreckung: Das komplizierte Zusammenspiel von Angst und Zeit

1 Interview in Taipei, 26. Juni 2023. In den USA nennt man es die »Not-Today-Policy«, Interview Bonnie Glaser, Washington, D. C., 16. Mai 2023.

2 Thomas C. Schelling, *Arms and Influence*, New Haven 2020 [1966], (kindle-edition), pos. 1408.

3 Dazu grundsätzlich Robert Jervis, *Perception and Misperception in International Politics*, Cambridge / MA 1976. Auf Jervis beruft sich Thomas J. Christensen, »The Contemporary Security Dilemma: Deterring a Conflict in the Taiwan Strait«, in: *The Washington Quaterly* 25/4 (2002), S. 7-21. Auf Christensen wiederum verweist Richard Bush in *Difficult Choices: Taiwan's Quest for Security and the Good Life*,Washington, D. C., 2021, S. 165f.

4 Katja Drinhausen / Helena Legarda, »Confident Paranoia: Xi's ›Comprehensive National Security‹ Framework Shapes China's Behavior at Home and Abroad«, MERICS China Monitor, 15. September 2022.

5 »China's Xi Condemns US-led ›suppression‹«, in: *Le Monde* (7. März 2023), online verfügbar unter: {https://www.lemonde.fr/en/international/article/2023/03/07/china-s-xi-condemns-us-led-suppression-of-china_6018440_4.html#}.

6 Hal Brands / Michael Beckley, *Danger Zone: The Coming Conflict with China*, New York 2022 (kindle-edition), pos. 670.

7 Helen Davidson, »China Population Decline Accelerates as Birthrate Hits Record Low«, in: *The Guardian* (14. Januar 2024), online verfügbar unter: {https://www.theguardian.com/world/2024/jan/17/china-population-decline-accelerates-as-birthrate-hits-record-low}.

8 »Births in China Slide 10 % to Hit Their Lowest on Record«, Reuters (12. Oktober 2023), online verfügbar unter: {https://www.reuters.com/world/china/births-china-slide-10-hit-their-lowest-record-2023-10-12/}. Siehe auch Valerie M. Hudson / Andrea Den Boer, »A Surplus of Men, a Deficit of Peace: Security and Sex Ratios in Asia's Largest Societies«, in: *International Security* 26/4 (2002), S. 5-38.

9 Da die offizielle deutsche Version des Dokuments sehr ungelenk formuliert ist, habe ich hier größtenteils lieber paraphrasiert {http://german.china.org.cn/txt/2021-11/17/content_77877415.htm}

10 Sheena Chestnut Greitens, »Xi's Security Obsession: Why China Is Digging In at Home and Asserting Itself Abroad«, in: *Foreign Affairs* (28. Juli 2023), online verfügbar unter: {https://www.foreignaffairs.com/china/xis-security-obsession}.

11 Brands / Beckley, *Danger Zone* (kindle-edition), pos. 1003.

12 Die Zahlen liefern Gabriel Collins / Andrew S. Erickson, »U.S.-China Competition Enters the Decade of Maximum Danger«, Baker Institute for Public Policy, Dezember 2021, online verfügbar unter: {https://www.bakerinstitute.org/research/us-china-competition-enters-decade-maximum-danger}, S. 21 ff.

13 Ebd., S. 29 und 31.

6
Gibt es Hinweise auf Chinas kriegerische Absichten?

1 Graham Allison, *Destined for War*, Boston 2017, S. 110 ff.

2 Bill Bishop, Herausgeber des wichtigen *Sinocism*-Newsletters, kommentierte das Treffen so: »It is interesting how much the PRC has elevated Harvard's Allison and his ›Thucydides Trap‹; it seems almost like they see him as the best available replacement for Henry Kissinger.« *Sinocism* (2. April 2024), online verfügbar unter: {https://sinocism.com/p/march-politburo-meeting-prc-philippines#§xis-meeting-with-us-vips}.

3 Hal Brands / Michael Beckley, *Danger Zone: The Coming Conflict with China*, New York 2022 (kindle-edition), pos. 1367.

4 Steve Chan, *Rumbles of Thunder: Power Shifts and the Danger of Sino-American War*, New York 2023, S. 2.

5 Zitiert nach den Ausführungen im *Sinocism*-Newsletter vom 9. Juni 2023, online verfügbar unter: {https://sinocism.com/p/2023-weekly-discussion-thread-22/comments?utm_source=substack&utm_medium=email}. In leicht abgewandelter Form stand das Zitat als Motto dem dritten Kapitel voran.

6 Xu Wenxiu (徐文秀), »Warum die Betonung von Extremfalldenken notwendig ist« (为社么强调极限思维), CPC News, 6. Juni 2023, online verfügbar unter: {http://theory.people.com.cn/n1/2023/0607/c40531-40007959.html}.

7 Li Mengyun / Bai Shuchao (李梦云 / 白叔超), »Korrektes Verständnis der fünf Dimensionen von ›Extremfalldenken‹« (正確把握極限思維的五個維度), in: *China Youth Daily* (中國青年報) (5. September 2023), online verfügbar unter: {http://zqb.cyol.com/html/2023-09/05/nw.D110000zgqnb_20230905_2-10.htm}.

8 Jim Fanell, »Now Hear This – The Clock in China is Ticking: The Decade of Concern Has Begun«, U.S. Naval Institute (Oktober 2017), online verfügbar unter: {https://www.usni.org/magazines/proceedings/2017/october/now-hear-clock-ticking-china-decade-concern-has-begun}. Da

die Vergabe der Spiele an Peking bereits 2001 erfolgte, könnte man den Zeitraum ruhig noch kürzer ansetzen.

9 Kevin Rudd nennt es »the decade of living dangerously«. Kevin Rudd, *The Avoidable War: The Dangers of a Catastrophic Conflict between the US and Xi Jinping's China*, New York 2022, S. 331ff.

10 So Gabriel Collins / Andrew S. Erickson, »U.S.-China Competition Enters the Decade of Maximum Danger«, Baker Institute for Public Policy, Dezember 2021, online verfügbar unter: {https://www.bakerinstitute.org/research/us-china-competition-enters-decade-maximum-danger}, S. 38. Siehe außerdem Michèle Flournoy / Michael Brown, »Time is Running Out to Defend Taiwan: Why the Pentagon Must Focus on Near-Term Deterrence«, in: *Foreign Affairs* (14. September 2022), online verfügbar unter: {https://www.foreignaffairs.com/china/time-running-out-defend-taiwan}; Oriana Skylar Mastro, »The Taiwan Temptation: Why Beijing Might Resort to Force«, in: *Foreign Affairs* (Juli / August 2021), online verfügbar unter: {https://www.foreignaffairs.com/articles/china/2021-06-03/china-taiwan-war-temptation}.

11 Thomas H. Shugart III, »Trends, Timelines and Uncertainty: An Assessment of the Military Balance in the Indo-Pacific«, Testimony before the Senate Foreign Relations Committee, 17. März 2021, ohne Seitenangaben, online verfügbar unter: {https://www.cnas.org/publications/congressional-testimony/trends-timelines-and-uncertainty-an-assessment-of-the-military-balance-in-the-indo-pacific}.

12 Thomas H. Shugart III, »Trends, Timelines and Uncertainty«, ohne Seitenangaben.

13 Interview in Taipei, 26. Juni 2023. Daraus stammen auch die folgenden wörtlichen Zitate.

14 Interview in Taipei, 4. Juli 2023.

15 Ryan Hass / Jude Blanchette, »The Right Way to Deter China From Attacking Taiwan: American Hard Power Is Not Enough«, in: *Foreign Affairs* (8. November 2023), online verfügbar unter: {https://www.foreignaffairs.com/china/right-way-deter-china-attacking-taiwan}.

16 »Xi Jinping Worries that China's Troops Are not Ready to Fight: Now the War in Ukraine Has Revealed New Challenges for the PLA«, in: *Time* (6. November 2023), online verfügbar unter: {https://www.economist.com/special-report/2023/11/06/xi-jinping-worries-that-chinas-troops-are-not-ready-to-fight}.

17 Joel Wuthnow, »Why Xi Doesn't Trust His Own Military: The Real Meaning of China's Disappearing Generals«, in: *Foreign Affairs* (26. September 2023), online verfügbar unter: {https://www.foreignaffairs.com/china/why-xi-jinping-doesnt-trust-his-own-military}.

18 Mehr dazu bei Gerard DiPippo, »Economic Indicators of Chinese Military Action Against Taiwan«, Center for Strategic and International Studies, 16. August 2022, online verfügbar unter: {https://www.csis.org/analysis/economic-indicators-chinese-military-action-against-taiwan}.

19 John Culver, »How We Would Know When China Is Preparing To Invade Taiwan«, Carnegie Endowment for Peace, 3. Oktober 2022, online verfügbar unter: {https://carnegieendowment.org/2022/10/03/how-we-would-know-when-china-is-preparing-to-invade-taiwan-pub-88053}.

20 Siehe Lonnie D. Henley, »Civilian Shipping and Maritime Militia: The Logistics Backbone of a Taiwan Invasion«, in: *China Maritime Report No. 21*, China Maritime Studies Institute, Mai 2022. Zur Bedeutung der Bohai Ferry Group siehe den bereits zitierten Artikel von Conor M. Kennedy, »Getting There: Chinese Military and Civilian Sealift in a Cross-Strait Invasion«, in: Joel Wuthnow et al. (Hg.), *Crossing the Strait: China's Military Prepares for War with Taiwan*, Washington, D. C., 2002, S. 234f.

21 Mark F. Cancian / Matthew Cancian / Eric Heginbotham, *The First Battle of the Next War: Wargaming a Chinese Invasion of Taiwan*, Center for Strategic and International Studies, 9. Januar 2023, S. 70, online verfügbar unter: {https://www.csis.org/analysis/first-battle-next-war-wargaming-chinese-invasion-taiwan}.

22 Sydney J. Freedberg Jr., »›Constant Stare‹: US Pacific Commander Wants AI to Tell Chinese Military Exercises from Invasion«, in: *Breaking Defense* (14. Februar 2024), online verfügbar unter: {https://breakingdefense.com/2024/02/constant-stare-us-pacific-commander-wants-ai-to-tell-chinese-military-exercises-from-invasion/}.

Fazit mit Blick nach vorn: Deutschland, die EU und das Ticken der Uhren

1 Auswärtiges Amt, *Leitlinien zum Indo-Pazifik* (August 2020), online verfügbar unter: {https://www.auswaertiges-amt.de/blob/2380500/33f978a9d4f511942c241eb4602086c1/200901-indo-pazifik-leitlinien--1--data.pdf}, S. 35. Sogar die auf S. 64 abgedruckte Karte vermeidet die Bezeichnung »Taiwan«.

2 *China-Strategie der Bundesregierung* (Stand 2023), online verfügbar unter: {https://www.auswaertiges-amt.de/blob/2608578/810fdade376b1467f20bdb697b2acd58/china-strategie-data.pdf}. Die beiden Zitate finden sich darin auf S. 13 bzw. 55.

3 *China-Strategie der Bundesregierung*, S. 56.

4 Judy Dempsey, »Scholz's Visit to China Confirms Germany's Political Weakness«, Carnegie Europe (16. April 2024), online verfügbar unter: {https://carnegieeurope.eu/strategiceurope/92230}. Siehe auch den Leitartikel in *Le Monde*, der vor den Gefahren des »jeder für sich« warnt. »Olaf Scholz en Chine: les dangers du chacun pour soi«, in: *Le Monde* (16. April 2024), online verfügbar unter: {https://www.lemonde.fr/idees/article/2024/04/16/olaf-scholz-en-chine-les-dangers-du-chacun-pour-soi_6228137_3232.html}.

5 Die Gefahr, die von einer taiwanischen Unabhängigkeitserklärung ausgehen würde, halte ich gegenwärtig für gebannt; hier hat die Abschreckung durch Washington und Peking bereits gewirkt.

6 Max J. Zenglein, »Germany Needs a Show of Self-confidence in its China Policy«, MERICS (12. April 2024), online verfügbar unter: {https://www.merics.org/en/comment/germany-needs-show-self-confidence-its-china-policy}. Angesichts des sinkenden Marktanteils deutscher Firmen in China führt der Autor aus, dass ein »Weiter so« auch nicht länger im ökonomischen Interesse Deutschlands ist.

7 Thorsten Benner, »Peace Through Deterrence: Why Germany Needs to Invest More to Preserve the Status Quo in the Taiwan Strait«, in: *Internationale Politik Quarterly* 1/2022 (16. März 2022), online verfügbar unter: {https://ip-quarterly.com/en/why-germany-needs-invest-more-preserve-status-quo-taiwan-strait}. Siehe auch Antoine Bondaz / Bruno Tertrais, »Europe Can Play a Role in a Conflict over Taiwan. Will it?«, in: *World Politics Review* (23. März 2021), online verfügbar unter: {https://www.worldpoliticsreview.com/europe-can-help-prevent-a-taiwan-war/?one-time-read-code=53126169565124090169}.

8 Das unbetitelte, auf den 1. November 2022 datierte Papier ist mit »VS-NfD« (Verschlusssache – Nur für den Dienstgebrauch) markiert, aber online verfügbar unter: {https://cdn.businessinsider.de/wp-content/uploads/2022/11/Entwurf_ChinastrategieBR.pdf}. Zitat auf S. 59.

9 »Völkerrechtliche Aspekte eines potentiellen bewaffneten Konflikts zwischen der Volksrepublik China und Taiwan« (8. Februar 2023), online verfügbar unter: {https://www.bundestag.de/resource/blob/938168/bof334e6c4cb428134df8c069e2e3doc/WD-2-012-23-pdf-data.pdf}.

10 Siehe die Pressemitteilung vom 6. Dezember 2023, online verfügbar unter: {https://www.auswaertiges-amt.de/de/newsroom/-/2634782}.

11 Siehe das bereits erwähnte, unbetitelte und auf den 1. November 2022 datierte Papier aus dem Auswärtigen Amt: {https://cdn.businessinsider.de/wp-content/uploads/2022/11/Entwurf_ChinastrategieBR.pdf}. Auch die Chinastrategie der Bundesregierung gelobt den Einsatz für Deeskalation (S. 56), aber von einem Kräftegleichgewicht spricht sie wohlweislich nicht.

12 »DEFENSE / Visiting MEP Hints at Potential Arms Sales Policy Change«, in: *Focus Taiwan* (27. März 2024), online verfügbar unter: {https://focustaiwan.tw/politics/202403270026}.

13 Da sich die amerikanische Unterstützung nicht auf PR-Aktionen und Appelle beschränkt, genießt sie im Vergleich zur europäischen eine grundsätzlich höhere Glaubwürdigkeit. Siehe Yu-Fen Lai, »EU-Taiwan Beziehungen: Ringen um strategische Klarheit und gegenseitiges Vertrauen«, Friedrich Naumann Stiftung (15. Mai 2023), online verfügbar unter: {https://www.freiheit.org/de/taiwan/eu-taiwan-beziehungen-ringen-um-strategische-klarheit-und-gegenseitiges-vertrauen}.

14 Siehe Steve Tsang / Olivia Cheung, *The Political Thought of Xi Jinping*, New York 2024, S. 27ff. Dort werden unter Bezugnahme auf Xis Reden fünf Kriterien für die Erfüllung des Chinesischen Traum genannt. Die Nichterwähnung von Taiwan, auch nicht in Wendungen wie »Wiederherstellung der territorialen Integrität Chinas« oder »Wiedervereinigung des Mutterlands« erscheint mir sehr bemerkenswert.

15 Teils haarsträubende Beispiele finden sich bei Josh Rogin, *Chaos Under Heaven: Trump, Xi, and the Battle for the 21st Century*, Boston 2021.

16 Rogin, *Chaos Under Heaven* (kindle-edition), pos. 939.

Dank

Zahlreiche Personen haben mich bei der Arbeit an diesem Buch unterstützt und damit zu seinem Gelingen beigetragen. Auf einer Recherchereise nach Washington, D.C., im Mai 2023 waren Bonnie Glaser, Melanie Sisson, Ian Easton und John Dotson sehr großzügig mit ihrer Zeit, um meine vielen Fragen zu beantworten. Herzlichen Dank an Dimon Liu und Bob Suettinger für lehrreiche Gespräche sowie den gemeinsamen Besuch einer Kongressanhörung, die mir Amerikas Blick auf China anschaulicher vermittelt hat als manches Buch. Mit Don Keyser zu reden und von seinem schier endlosen Wissen über die chinesisch-amerikanischen Beziehungen zu profitieren war ein besonderes Vergnügen. Seit jenem Treffen komme ich außerdem in den Genuss von Dons privatem News-Service und werde fast täglich auf Texte zu China und Taiwan aufmerksam gemacht, die ich andernfalls übersehen hätte. Vielen Dank!

Ein besonderes Dankeschön gilt Volker Stanzel in Berlin, dessen weitläufige Kontakte mir in Washington viele Türen geöffnet haben und der die gesamte Entstehung des Buches mit klugen Fragen, Tipps und Hinweisen begleitet hat, inklusive einer eingehenden Lektüre des fertigen Manuskripts. Konstruktive und hilfreiche Kritik zum Text kam außerdem von Gunter Schubert und Thomas Fröhlich, die zu den besten Taiwankennern innerhalb der deutschen Sinologie gehören und als Politikwissenschaftler für die hier verhandelte Thematik besondere Kompetenz besitzen. Eine schriftliche Stellungnahme von Jürgen Osterhammel war der Anlass zu Umarbeitungen, durch die Aufbau und Argumentation des Buches um einiges klarer geworden sind. Als ausgewiesene Kennerin der Qing-Geschichte hat mich Sabine Dabringhaus vor Fehlern in meiner Darstellung dieser Zeit bewahrt. Allen Genannten bin ich außerdem dankbar dafür, dass sie mich durch ihr Lob in diesem ehrgeizigen Vorhaben bestätigt haben!

Ein von Harald Brandt initiiertes Radioprojekt, das vom Deutschlandfunk als »Lange Nacht über Taiwan« gesendet wurde, war im

Sommer 2023 ein willkommener Anlass, um auch in Taiwan eine Reihe von Interviews zu führen, die mein Verständnis der hiesigen Verhältnisse erweitert und vertieft haben. Insbesondere gilt das für die Unterredung mit dem ehemaligen Generalstabschef der taiwanischen Streitkräfte Admiral Lee Hsi-min. Ein herzlicher Dank für bereitwillige Auskünfte geht außerdem an Emily Wu, Vivi Lin, Vincent Chao, Sheu Jyh-shyang, Salizan Takisvilainen (Shalilang), Brian Hioe, Lin Fei-fan sowie an die Professoren Hsueh Hua-yuan und Yang Rurbin.

Ein Onlineinterview mit Jan-Peter Kleinhans war sehr hilfreich für die Arbeit am Kapitel über Halbleiter. Für verbleibende Fehler oder Ungenauigkeiten im gesamten Text bin natürlich alleine ich selbst verantwortlich.

Unter den Freunden in Taiwan und Deutschland, mit denen ich mich seit langem über den Konflikt in der Taiwanstraße austausche, gilt mein herzlicher Dank Sven Meier, Kai Marchal, Mathias Obert und Georg Royl für die Lektüre des Manuskripts und viele Hinweise, Einwände und Korrekturvorschläge. Nicht allen bin ich gefolgt, aber über alle habe ich intensiv nachgedacht.

Die Zusammenarbeit mit dem Suhrkamp Verlag war wie immer ein großes Vergnügen. Jonathan Landgrebe und meine langjährige Lektorin Doris Plöschberger haben mich nachdrücklich zu diesem Buch ermutigt und in Kauf genommen, dass dafür andere Projekte aufgeschoben werden mussten. Christian Heilbronn hat kompetent, enthusiastisch und akribisch das Lektorat besorgt. Genau wie bei früheren Büchern war ich auch diesmal wieder ein bisschen traurig, als der intensive Austausch über den Text schließlich zu Ende ging. Fortsetzung folgt, zum Glück!

Von Peter Palm stammen die fünf großartigen, genau auf den Buchinhalt zugeschnittenen Karten, die meine Darstellung um einiges anschaulicher machen. Auch ihm gilt mein herzlicher Dank.

Das Buch Knut Dethlefsen zu widmen lag aus mehreren Gründen nahe. Dass wir vor dreißig Jahren gemeinsam begonnen haben, Chinesisch zu lernen, war der Beginn einer wunderbaren Freundschaft wie auch eines bis heute andauernden Dialogs über China, Taiwan und die Welt, ohne den es dieses Buch vielleicht nicht geben würde. Also danke, Genosse!

Die mit Abstand häufigsten und eindringlichsten Gespräche über alles, was auf den vorangegangenen Seiten diskutiert wurde, habe ich mit meiner Frau Ni Jo-chiao geführt. Ohne sie würde es das Buch ganz sicher nicht geben! Ich danke ihr für kleinere Orientierungshilfen im Dschungel der Zeichen, vor allem aber für das große Glück unseres gemeinsamen Lebens.

Taipei, im Mai 2024

Ausgewählte Literatur

Allen, Bethany, *Beijing Rules: China's Quest for Global Influence*, London 2023.

Andrade, Tonio, *How Taiwan Became Chinese: Dutch, Spanish, and Han Colonization in the Seventeenth Century*, 2008, Gutenberg-e-Ausgabe, online verfügbar unter: {http://www.gutenberg-e.org/andrade/}.

Bernkopf-Tucker, Nancy, *Strait Talk: United States-Taiwan Relations and the Crisis with China*, Cambridge / MA 2011.

Brands, Hal / Beckley, Michael, *Danger Zone: The Coming Conflict with China*, New York 2022.

Brown, Kerry, *China's Dream: The Culture of Chinese Communism and the Secret Sources of its Power*, Cambridge 2018.

Brown, Kerry / Wu, Tzu-hui Kalley, *The Trouble with Taiwan: History, the United States and a Rising China*, London 2019.

Brown, Melissa J., *Is Taiwan Chinese? The Impact of Culture, Power, and Migration on Changing Identities*, Berkeley / Los Angeles 2004.

Bush, Richard C., *Difficult Choices: Taiwan's Quest for Security and the Good Life*, Washington, D. C., 2021.

Callahan, William A., *China: The Pessoptimist Nation*, Oxford 2010.

Chen, Cui-lian (陳翠蓮), *Der Traum von der Selbstverwaltung: Taiwans Demokratiebewegung von der japanischen Kolonialzeit bis 228* (自治之夢：日治時期到二二八的台灣民主運動), Taipei 2020.

Ching, Leo T. S., *Becoming Japanese: Colonial Taiwan and the Politics of Identity Formation*, Berkeley / Los Angeles 2001.

Diamond, Larry / Ellis, James O. Jr. / Schell, Orville (Hg.), *Silicon Triangle: The United States, Taiwan, China and Global Semiconductor Security*, Stanford 2023.

Doshi, Rush, *The Long Game: China's Grand Strategy to Displace American Order*, New York 2021.

Duara, Prasenjit, *Rescuing History from the Nation: Questioning Narratives of Modern China*, Chicago 1995.

Easton, Ian, *The Chinese Invasion Threat: Taiwan's Defense and American Strategy in Asia*, Manchester 2017.

Eason, Ian et al., *Before Zero Day: Taiwans Evolving Defense Strategy and the Struggle for Peace*, Project 2049 Institute, Washington, D. C., 2023.

Fulda, Andreas, *Germany and China: How Entanglement Undermines Freedom, Prosperity and Security*, London 2024.

Gompert, David C. / Stuth Cevallos, Astrid / Garafola, Christina, *War with China: Thinking Trough the Unthinkable*, RAND Corporation, Santa Monica 2016.

Fravel, M. Taylor, *Active Defense: China's Military Strategy since 1949*, Princeton 2019.

Hass, Ryan / Glaser, Bonnie / Bush, Richard C., *U.S.-Taiwan Relations: Will China's Challenge Lead to a Crisis?*, Washington, D.C., 2023.

Hayton, Bill, *The South China Sea: The Struggle for Power in Asia*, New Haven / London 2015.

Hayton, Bill, *The Invention of China*, New Haven / London 2020.

Hilpert, Hanns Günther / Sakaki, Alexandra / Wacker, Gudrun (Hg.), *Vom Umgang mit Taiwan*, Stiftung Wissenschaft und Politik, Berlin 2022.

Hsueh, Hua-yuan (薛化元) (Hg.), *Die Entwicklung der Republik China auf Taiwan* (中華民國在台灣的發展), Taipei 2021.

Kerr, George, *Formosa Betrayed: The Definitive Account of Modern Taiwan's Founding Tragedy*, Manchester 2017 (Originalausgabe 1965).

Lee, Hsi-min (李喜明) *Taiwans Siegeschance* (臺灣的勝算), Taipei 2022.

Liu, Xiaoyuan, *A Partnership for Disorder: China, the United States and their Policies for the Postwar Disposition of the Japanese Empire, 1941-1945*, Cambridge 1996.

Mann, James, *About Face: A History of America's Curious Relationship with China, from Nixon to Clinton*, New York 2000.

Miller, Chris, *Chip War: The Fight for the World's Most Critical Technology*, New York 2022.

Millward, James A., *Beyond the Pass: Economy, Ethnicity, and Empire in Qing Central Asia, 1759-1864*, Stanford 1998.

Mullaney, Thomas S., *Coming to Terms with the Nation: Ethnic Classification in Modern China*, Berkeley / Los Angeles 2012.

Paine, Sarah C.M., *The Sino-Japanese War of 1894-1895: Perceptions, Power, and Primacy*, Cambridge 2009.

Pantsov, Alexander V., *Victorious in Defeat: The Life and Times of Chiang Kai-shek, China, 1887-1975*, New Haven / London 2023.

Perdue, Peter C., *China Marches West: The Qing Conquest of Central Eurasia*, Cambridge 2005.

Phillips, Steven E., *Between Assimilation and Independence: The Taiwanese Encounter Nationalist China, 1945-1950*, Stanford 2003.

Qiao, Liang / Wang, Xiangsui (乔良 / 王湘穗), *Krieg ohne Grenzen* (超限战), Peking 1999.

Rigger, Shelley, *The Tiger Leading the Dragon: How Taiwan Propelled China's Economic Rise*, Lanham 2021.

Romberg, Alan D., *Rein in at the Brink of the Precipice: American Policy Toward Taiwan and U.S.-PRC Relations*, Washington, D.C., 2003.

Saich, Tony, *From Rebel to Ruler: One Hundred Years of the Chinese Communist Party*, Cambridge 2021.

Saunders, Phillip C. et al. (Hg.), *Chairman Xi Remakes the PLA: Assessing Chinese Military Reforms*, Washington, D. C., 2019.

Schubert, Gunter, *Kleine Geschichte Taiwans*, München 2024.

Shirk, Susan L., *Overreach: How China Derailed its Peaceful Rise*, New York 2023.

Small, Andrew, *No Limits: The Inside Story of China's War with the West*, New York 2022.

Strittmatter, Kai, *Die Neuerfindung der Diktatur. Wie China den digitalen Überwachungsstaat aufbaut und uns damit herausfordert*, München 2018.

Su, Chi, *Taiwan's Relations with Mainland China: A Tail Wagging two Dogs*, New York 2009.

Taylor, Jay, *The Generalissimo's Son: Chiang Ching-kuo and the Revolutions in China and Taiwan*, Cambridge 2000.

Teng, Emma Jinhua, *Taiwan's Imagined Geography: Chinese Colonial Travel Writing and Pictures, 1683-1895*, Cambridge 2004.

Tsang, Steve / Cheung, Olivia, *The Political Thought of Xi Jinping*, New York 2024.

Tyler, Patrick, *A Great Wall: Six Presidents and China*, New York 1999.

Wang, Zheng, *Never Forget National Humiliation: Historical Memory in Chinese Politics and Foreign Relations*, New York 2012.

Van De Ven, Hans, *China at War: Triumph and Tragedy in the Emergence of the New China, 1937-1952*, London 2017.

Wachman, Alan M., *Why Taiwan? Geostrategic Rationales for China's Territorial Integrity*, Stanford 2007.

Westad, Odd Arne, *Restless Empire: China and the World Since 1750*, London 2012.

Wuthnow, Joel et al. (Hg.), *Crossing the Strait: China's Military Prepares for War with Taiwan*, Washington, D. C., 2022.

Yoshihara, Toshi / Holmes, James R., *Red Star Over the Pacific: China's Rise and the Challenge to U. S. Maritime Strategy*, 2. Aufl., Annapolis 2018.

Zeng, Jianmin (曾健民), *1945: Taiwan bei Anbruch der Morgendämmerung* (1945：破曉時刻的台灣), Taipei 2005.

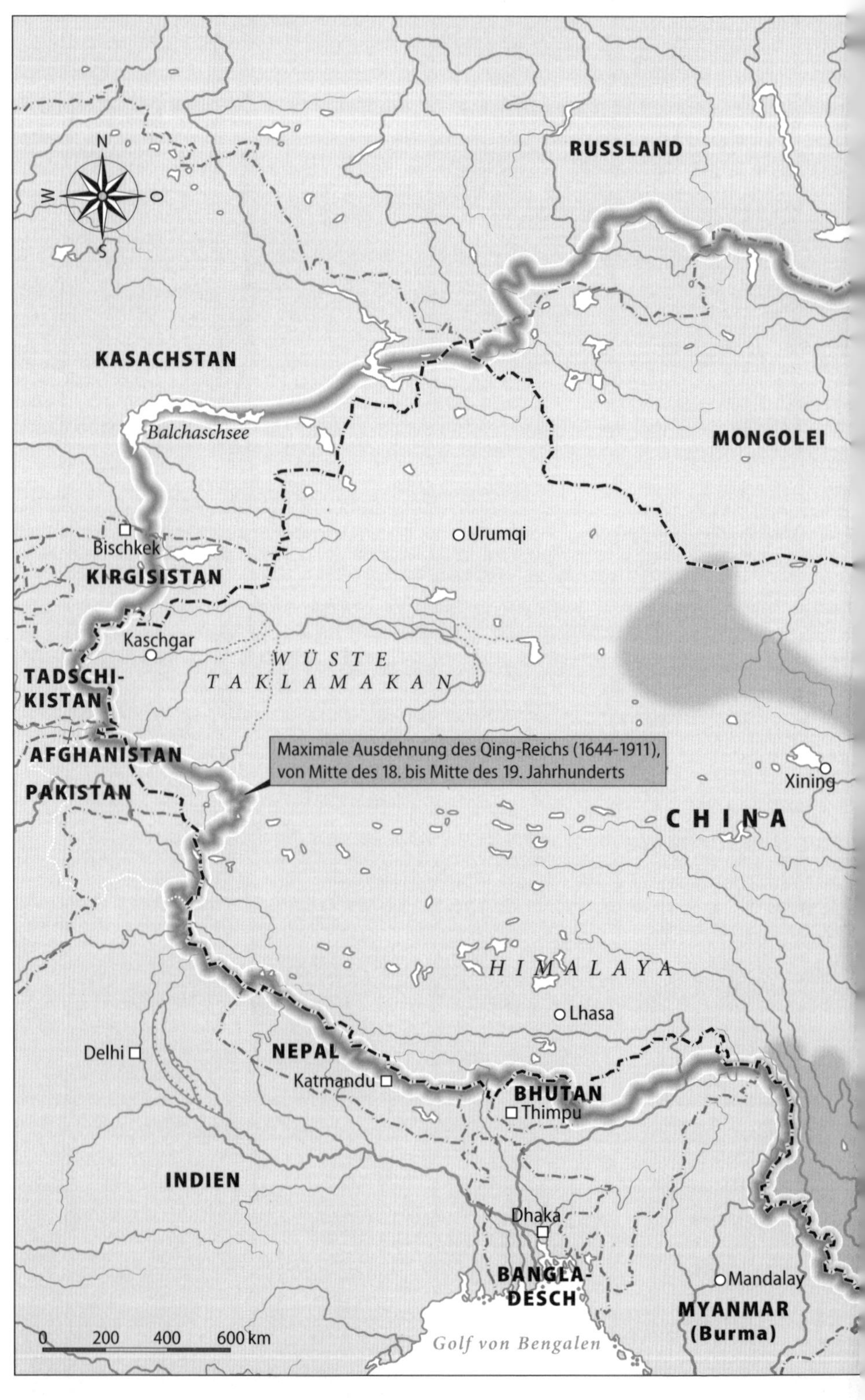

N
W
O
S
RUSSLAND
KASACHSTAN
Balchaschsee
MONGOLEI
Urumqi
Bischkek
KIRGISISTAN
Kaschgar
WÜSTE
TAKLAMAKAN
TADSCHI-
KISTAN
AFGHANISTAN
PAKISTAN
Maximale Ausdehnung des Qing-Reichs (1644-1911),
von Mitte des 18. bis Mitte des 19. Jahrhunderts
Xining
CHINA
HIMALAYA
Lhasa
Delhi
NEPAL
Katmandu
BHUTAN
Thimpu
INDIEN
Dhaka
BANGLA-
DESCH
Mandalay
MYANMAR
(Burma)
0 200 400 600 km
Golf von Bengalen